ZU DIESEM BUCH

Angst ist ein Phänomen, das jeder kennt – und mit dem viele Menschen in ihrem Leben zu kämpfen haben. Angst ist eines der grundlegenden Gefühle und eines, das schnell bedrohliche oder pathologische Dimensionen annehmen kann. Die Gründe kennt kaum einer. Warum hat jemand Angst vor Spinnen oder Sex, vor einem dunklen Keller oder vor dem Fliegen?

Angst ist aber nicht nur eine Plage der Menschheit, sondern auch eine ihrer wichtigsten Triebkräfte. Wer Angst hat, mobilisiert Energien – und vollbringt nicht selten ganz besondere Leistungen. Viele herausragende Künstler und Wissenschaftler, Sportler und Politiker wurden von ihren Ängsten inspiriert und angetrieben.

DER AUTOR

Prof. Dr. med. Dipl.-Psych. Borwin Bandelow arbeitet an der Psychiatrischen Klinik der Universität Göttingen. Er behandelt seit vielen Jahren Angstpatienten, ist einer der weltweit führenden Angstforscher und Autor zahlreicher Fachpublikationen, darunter des Grundlagenwerks «Panik und Agoraphobie. Diagnose, Ursache, Behandlung» (2001). Mit dem «Angstbuch» legt er sein erstes populäres Buch für ein breites Publikum vor.

Borwin Bandelow

DAS ANGSTBUCH

Woher Ängste kommen und wie man
sie bekämpfen kann

Rowohlt Taschenbuch Verlag

Die in dem Buch vorgestellten Fallberichte
sind so verändert worden, dass das Wiedererkennen
der betroffenen Personen nicht möglich ist.

Sonderausgabe Mai 2010

Veröffentlicht im Rowohlt Taschenbuch Verlag,
Reinbek bei Hamburg, Februar 2006
Copyright © 2004 by Rowohlt Verlag GmbH,
Reinbek bei Hamburg
Grafiken Peter Palm, Berlin
Umschlaggestaltung ZERO Werbeagentur, München,
(Umschlagabbildung A. Schneider/Getty Images)
Satz bei KCS GmbH, Buchholz bei Hamburg
Druck und Bindung GGP Media GmbH, Pößneck
Printed in Germany
ISBN 978 3 499 62642 5

INHALT

Vorwort 9

Kapitel 1 – DAS RÄTSEL ANGST 13
Angst ist allgegenwärtig 16
Unbegründete und absurde Ängste 18
Der Angst auf der Spur 19

Kapitel 2 – WELCHEN SINN HAT DIE ANGST? 23
Gibt es Menschen, die keine Angst haben? 25
Lust auf Angst 28
Muss man Angst haben? 29
Angst ist das Superbenzin für Erfolg 31
Die Angst des Dagobert Duck 37

Kapitel 3 – KRANKHAFTE ANGST 39
Ab wann wird Angst krankhaft? 41
Angst vor Erdnussbutter – die Einfache Phobie 42
Falscher Alarm – die Panikstörung 50
Agoraphobie 59
Ist wirklich alles untersucht? 64
Welche Krankheiten könnte man mit der
Panikstörung verwechseln? 66
Generalisierte Angststörung – geboren,
um sich Sorgen zu machen 69
Mehr als Schüchternheit – die Soziale Phobie 73

Sind Angstpatienten ängstliche Menschen? 91
Angst vor Krankheiten 92
Angst vor dem Alleinsein 93
Angst vor Sex 96
Angst vor dem Fliegen 99
Massenpanik 100
Die kleine Schildkröte 103
Wer Sorgen hat, hat auch Likör 106
Die Häufigkeit von Angsterkrankungen 108
Leiden immer mehr Menschen unter Angst? 108
Die Zeit heilt die Angst 110
Ängste bei Kindern 111
Warum treten Angsterkrankungen
bei Frauen häufiger auf? 113

Kapitel 4 – WOHER KOMMT DIE ANGST? 117
Die Briefmarkentheorie 119
Stress und die erlernte Hilflosigkeit 122
Seelische Belastungen in der frühen Kindheit 125
Wie entsteht die Angst vor dem Alleinsein? 133
Als Kind zu heiß gebadet 135
Besoffene Hühner 138
Der Coitus interruptus, die Cousine und die rote Couch:
die Psychoanalyse 141
Der kleine Albert und die Ratte: die Lerntheorie 161
Doppelgänger und Gene 176
Das Ministerium für absurde Angst 179
So entsteht absurde Angst 212

Kapitel 5 – VIER LÖSUNGEN 229
Was hilft wirklich gegen Ängste? 231
Kann es die Oma besser? 233
Lösung 1: Psychotherapie 237
Lösung 2: Medikamente 284
Lösung 3: Was man selbst tun kann 316
Lösung 4: Das Verstreichen der Zeit 337
Der sechste Sinn und die Wunderdroge 338

Schlusswort 341
Wörterbuch der Angst 343
Test: Leiden Sie unter einer Angsterkrankung? 349
Dank 357
Anmerkungen und Literatur 359
Register 373
Bildnachweis 379

VORWORT

Angst vor Terror und Krieg ist in unserer Zeit ein ständiges Thema in den Medien. Doch es sind eher die alltäglichen Ängste, beispielsweise die Angst vor harmlosen Dingen, wie Fahrstühlen, Supermärkten, Kinosälen, Fußgängerzonen, Insekten oder Katzen, aber auch Ängste vor Krankheit, Verletzungen, Tod, Verlusten und die Angst vor dem Alleinsein, die die Menschen krank machen. So krank, dass der Alltag nur noch durch die Angst bestimmt wird, dass manche Menschen in Depressionen verfallen, sich in die Sucht flüchten oder keinen Sinn mehr im Leben finden.

Wie kommt es, dass Menschen von Angst zerfressen werden? War es die böse Stiefmutter oder die überfürsorgliche Mutter, die zu strenge Sauberkeitserziehung oder der autoritäre Vater? Sind Onanie, Coitus interruptus, Gedanken an schmutzigen Sex oder außerehelicher Verkehr die Ursachen? Sind es die falsche Atemtechnik, zu wenig frisches Gemüse, zu wenig Schlaf, zu viel Pizza? Sind Einzelkinder stärker gefährdet? Ist die kleine Schwester schuld, die immer bevorzugt wurde? Fördert unsere schnelllebige Zeit den Stress? Sind die Medien oder das Internet verantwortlich?

Lange Zeit gab es keine schlüssige Erklärung für die Entstehung von Ängsten. In jüngerer Zeit hat sich die Wissenschaft intensiv mit der Entstehung von Ängsten beschäftigt. Unsere heutigen Vorstellungen zu ihren Ursachen haben wenig zu tun mit Theorien, die in den letzten hundert Jahren größte Verbreitung gefunden haben.

In den deutschsprachigen Ländern gibt es, grob geschätzt, 17 Millionen Menschen mit Angsterkrankungen – das bedeutet einen unglaublichen Markt, an dem nicht nur diejenigen verdienen, die nachweislich wirksame Behandlungsmethoden oder Medikamente anbieten, sondern auch Tausende von Gurus, Wunderheilern und Pillendrehern. Sie wollen uns mit Hypnose, Zen-Meditation, Rebirthing-Wochenenden in der Toskana, Traumdeutung, endlosen Gesprächen über unsere Kindheit, Tanztherapie, Akupunktur, Bach-Blüten, Veilchenwurzel oder Rauschpfeffer heilen. Wie kann der Laie aber nun herausfinden, welche der angepriesenen Methoden wirklich helfen und welche nur die Finanzen ihrer Anbieter sanieren sollen?

Zahllose Menschen mit Angst wissen zudem nicht, dass es überhaupt Hilfe für ihr Problem gibt. Oft dauert es sehr lange, bis die Angsterkrankung erkannt wird und bis man eine geeignete Behandlung angeboten bekommt.

Dabei ist es nicht schwierig, eine Angsterkrankung in den Griff zu bekommen. Es ist sogar verblüffend einfach, wenn man nur die richtigen Methoden anwendet. Während all der Jahre, in denen ich in unserer Spezialabteilung für Angsterkrankungen in der Göttinger Klinik für Psychiatrie und Psychotherapie arbeitete (und immer noch arbeite), habe ich unzählige Menschen gesehen, die nach einem leidvollen, isolierten, von Angst bestimmten Leben ihre Ruhe, Freiheit und Lebensfreude wiedergewinnen konnten.

Ein spannender Aspekt der Angst ist aber, dass sie nicht nur negative Seiten hat. Sie ist nicht nur quälend, sondern auch der Ursprung der schöpferischen Kraft des Menschen.

Wenn Sie dieses Buch gelesen haben, werden Sie etwas über die wirklichen Ursachen der Angst gelernt haben, und Sie werden verstehen, wie leicht es ist, den Weg aus der Angst zu finden.

Dieses Buch ist für drei Arten von Menschen geschrieben worden. Menschen, die unter einer echten Angsterkrankung leiden, können dieses Buch als eine Art Ratgeber verwenden. Menschen, die unter kleinen oder mittleren alltäglichen Ängsten leiden, die noch nicht die Form einer Krankheit angenommen haben, werden nach Lektüre des Buches hoffentlich diese Ängste besser verstehen und meistern können. Und zu guter Letzt ist dieses Buch auch für

Menschen geeignet, die völlig frei von jeder Angst sind, aber an einem unterhaltsamen Streifzug durch die Wissenschaft interessiert sind und verstehen wollen, auf welchem Wege in unserem Gehirn Ängste entstehen und wie sie wieder verschwinden können.

Göttingen, den 1. Juni 2004

Kapitel 1

DAS RÄTSEL ANGST

Ein ganz normaler Tag in Hessisch Lichtenau. Einzelhandelskauffrau Sybille G. (37) nach einem Einkaufsbummel:

Ich war mit meinen Kindern bei Aldi in der Stadt einkaufen. Da begann von einem Moment zum anderen plötzlich mein Herz zu jagen. Schreckliche Angst aus dem Nichts überfiel mich. Ich keuchte, bekam keine Luft mehr. Da schnürte es mir die Brust zu, als ob jemand einen Gürtel darum immer enger ziehen würde. Todesangst überfiel mich. Kalter Schweiß stand auf meiner Stirn. Ich schwitzte und meine Hände zitterten. Ich hatte das Gefühl, dass sich mein Gehirn auflöst und dass ich die Kontrolle über meinen Körper und über meine Gedanken verlieren könnte. Irgendeine unbekannte Gefahr kroch in mir hoch, breitete sich aus und drohte mich zu vernichten. Ich fühlte mich so bedroht, dass ich glaubte, sofort sterben zu müssen. Ich wurde völlig von der Situation überwältigt.

Dies ist die Schilderung einer typischen Panikattacke, wie sie Sybille G. mehrmals im Monat hat.

Flug GH 3463, Singapur–Frankfurt. Das Flugzeug ist gerade auf dem Flughafen Frankfurt gelandet. Ein Mann mit arabischem Aussehen läuft hektisch zu den vorderen Sitzreihen der Maschine. Als eine Stewardess neben dem Notausgang von ihrem Sitz aufsteht, tritt er plötzlich von hinten an sie heran, zieht ihren Kopf an den Haaren nach hinten und hält ihr ein blitzartig hervorgezogenes großes Klappmesser an die Kehle. Der markerschütternde Schrei der jungen Frau gellt durch die Kabine. Die Passagiere sitzen wie angewurzelt da. Keiner wagt es, sich zu bewegen. Der Mann wirkt extrem nervös und verwirrt. Lange steht er bewegungslos mit seiner Geisel da und sagt nichts. Es ist nicht klar, was er mit seiner Aktion bezwecken will.

Durch die Fenster sehen die Passagiere, wie bewaffnete, vermummte Männer in schwarzen Uniformen auf den Tragflächen herumlaufen. Zwei mutige Passagiere in der zweiten Reihe sprechen sich leise ab. Plötzlich springt einer von ihnen hinter den Geiselnehmer, reißt unmittelbar über seinem Kopf das grüne «Exit»-Schild von der Decke ab und schlägt es mit voller Wucht auf den Kopf des Mannes. Anschließend greift der zweite Passagier in das Handgemenge ein. Es gelingt den beiden Männern, den Täter zu überwältigen, ihm das Taschenmesser aus der Hand zu winden und die Stewardess zu befreien. In diesem Moment geht die Tür des gegenüberliegenden Notausgangs auf, und die Männer des Sondereinsatzkommandos kommen hereingestürmt. Sie fesseln den Geiselnehmer mit weißen Plastikbändern.

«Am meisten wunderte mich», so eine Passagierin, die den Vorfall aus nächster Nähe miterlebte, «dass ich die ganze Zeit keine Angst hatte. Obwohl das Geschehen eine halbe Stunde gedauert hatte, bin ich ruhig geblieben. Erst nachdem der Spuk vorüber war, fiel mir auf, dass ich weiche Knie hatte.»

Dieser Vorfall hat sich tatsächlich zugetragen – im Jahre 1991, also lange vor dem 11. September 2001. Die Passagierin, die diesen Vorfall miterlebte und ihn mir erzählte, war eine meiner Patientinnen: Sybille G., die unter jenen Panikattacken litt, die sie in harmlosen Supermärkten befielen. Sybille G. hat eine Angsterkrankung – wie mehrere Millionen andere auch in Deutschland und über eine Milliarde Menschen auf der ganzen Welt. Wie kann es aber sein, dass jemand, der aus heiterem Himmel beim Einkaufen unter vernichtenden Panikattacken leidet, in einer echten Gefahrensituation völlig ruhig bleibt? Die Ängste der Menschen geben viele Rätsel auf. Sie zu verstehen ist eine interessante Aufgabe für die Wissenschaft.

ANGST IST ALLGEGENWÄRTIG

Menschen in Israel haben den Terrorismus ständig vor Augen – und damit auch die Angst. Sie ist ein Teil ihres Lebens. Der Terror kann jederzeit zuschlagen: im belebten Straßencafé, im Bus, in der Diskothek oder auf dem Marktplatz. Menschen, die von Terror und Krieg bedroht werden, leben in einem chronischen Alarmzustand. Eine

Gefahr lauert, deren Wesen sie nur ungefähr erahnen können und die jederzeit ohne Warnung zuschlagen kann.

Aber auch in den bisher friedlichen Industrieländern ist es aus mit der Ruhe. Die Anschläge der ETA, der IRA, der al-Qaida oder der Hisbollah demonstrieren uns deutlich, dass man sich kaum vor mörderischen Terroranschlägen mit vielen Toten und Verletzten schützen kann. Terroristen nutzen die Ängste der Menschen aus, in der meist trügerischen Hoffnung, ihre Ziele erreichen zu können. Noch schlimmere Anschläge, die bisher nur die Bösewichte in James-Bond-Filmen planten, könnten bald schreckliche Wirklichkeit werden, und es gibt kaum Möglichkeiten, solche Szenarien zu verhindern. Terroristen könnten Tausende von Pilgern auf dem Petersplatz in Rom mit Nervengas angreifen oder die Golden Gate Bridge mit einem sprengstoffbeladenen Lastwagen in die Luft jagen, wahnsinnig gewordene Wissenschaftler könnten tödliche Bakterien verbreiten, Kamikaze-Piloten sich mit ihren Flugzeugen in Atomkraftwerke stürzen, fanatische Selbstmordattentäter könnten sich mit aus Laboren gestohlenen Pockenviren infizieren und sich im Hyde Park unter die Leute mischen, durchgeknallte Diktatoren könnten in Nordkorea gegen ein paar Reissäcke Nuklearwaffen eintauschen und sie auf Frankfurt richten.

Viele Ereignisse und Phänomene, die die Geschicke der Welt beeinflussen, wie Kriege, Terrorismus oder Revolutionen, sind durch die Ängste der Menschen erklärbar.

Aus Angst, verhungern zu müssen, begannen die Menschen schon früh, gegen andere Menschen zu kämpfen (meist mit dem Erfolg, dass sie danach noch weniger zu essen hatten). Zum Zwecke ihres eigenen Machterhalts schüren Politiker Angst vor anderen Nationen und schicken uns in kriegerische Auseinandersetzungen. Um andere Völker in Angst zu versetzen, werden heute riesige Arsenale atomarer Vernichtungswaffen angesammelt. Schon die Inquisition rechtfertigte ihre Verbrechen mit der Angst vor Ketzern. Die Flucht mancher Menschen in fanatische Religiosität ist oft durch eine allgemeine Lebensangst begründet, die bei denen entsteht, die in Armut, sozialer Ungerechtigkeit oder Unfreiheit leben.

Während in den Medien die Ängste vor Krieg und Gewalt im Vordergrund stehen, so sind es doch die ganz alltäglichen Befürchtungen, die Menschen mehr beschäftigen. Nach einer großen Umfrage der «Apotheken Umschau» zu den Ängsten der Deutschen wurde von mehr als der Hälfte der Befragten am häufigsten die Angst genannt, unheilbar krank zu werden. Es folgten die Furcht, im Alter zum Pflegefall zu werden oder dass dem Lebenspartner oder den Kindern etwas zustößt. Auch die Angst, in wirtschaftliche Not zu geraten, oder dass die Rente im Alter nicht ausreicht, plagt die Menschen.[1]

Aber auch die positiven Gefühle, die wir anderen Menschen entgegenbringen, sind eng mit Angst verknüpft. Die Emotionen, die uns am meisten beschäftigen, sind die, die mit unserem Verlangen nach Wärme, Geborgenheit, Liebe oder Sex verbunden sind. Und die Angst, diese vertraut gewordenen und angenehmen Gefühle wieder verlieren zu können, ist nicht weit davon entfernt.

Angst ist allgegenwärtig. Sie bestimmt, ob wir verzagte oder mutige, strebsame oder untätige, nachgiebige oder durchsetzungsfähige, liebenswürdige oder streitbare, disziplinierte oder nachlässige, humorvolle oder ernste, fröhliche oder niedergeschlagene, charmante oder unhöfliche, nachdenkliche oder sorglose Menschen werden.

Der Verlauf unseres Lebens ist zum großen Teil durch unsere Ängste bestimmt. Wenn Menschen Spitzensportler, kreative Künstler, ehrgeizige Wissenschaftler, erfolgreiche Geschäftsleute oder mächtige Politiker werden, dann haben die bewussten und unbewussten Ängste einen großen Teil dazu beigetragen.

UNBEGRÜNDETE UND ABSURDE ÄNGSTE

Ängste vor Krieg, Unglück, Krankheit oder Verlust sind begründete Ängste vor real existierenden Gefahren. Aber es gibt nicht nur die Angst vor echten Gefährdungen, die eine Schutzfunktion hat und uns am Leben erhalten soll, sondern auch die übertriebene, unnötige Angst, die in diesem Buch eine große Rolle spielen wird.

In den letzten Jahren habe ich mich vor allem mit Menschen beschäftigt, die unter tief greifenden Ängsten leiden. Ich baute in der psychiatrischen Universitätsklinik in Göttingen eine «Angstambulanz» auf, in der sich Menschen mit krankhaft übersteigerten Ängsten zur Behandlung melden können. Hier werden sie von Ärzten und Psychologen betreut. Bei dieser Arbeit wird vor allem eines deutlich: Bei Menschen, die unter krankhafter Angst leiden, treten die alltäglichen Sorgen und Befürchtungen im Vergleich zu ihren vernichtenden unrealistischen Ängsten deutlich in den Hintergrund.

Diese Ängste haben letztlich wenig mit den wirklichen Gefahren zu tun, die uns bedrohen: Angela F. leidet mehrmals am Tag unter der Angst, im nächsten Moment zu sterben, obwohl sie körperlich völlig gesund ist. Jeanine D. verlässt in den Sommermonaten das Haus nicht, weil sie befürchtet, eine Wespe könne ihr in den Mund fliegen und sie stechen, sodass sie ersticken muss. Bernhard T. argwöhnt, dass der israelische Geheimdienst Mossad hinter ihm her ist und dass ihn fremde Wesen aus dem All bestrahlen, um seine Gedanken im Internet verbreiten zu können. Jürgen L. wagt es nicht, andere Menschen zu berühren, da er Angst hat, von ihnen ansteckende Krankheiten zu bekommen. Elke S. versucht, sich mit Tabletten das Leben zu nehmen, weil sie Angst vor dem Sterben hat. Karl G. hat keine Zähne mehr im Mund, weil er eine übermächtige Angst vor Zahnärzten hat.

Diese Menschen leiden an krankhaften Ängsten. Sie haben Furcht vor Dingen, vor denen man normalerweise keine Angst haben muss. Wie erklärt man diese rätselhaften Befürchtungen? Brauchen wir solche Ängste? Ergeben sie einen Sinn?

DER ANGST AUF DER SPUR

Während wir noch vor einigen Jahrzehnten nur sehr rudimentäre Vorstellungen von der Angst hatten, wissen wir heute einiges mehr über das Zusammenwirken komplexer Mechanismen, die dazu führen, dass wir unter übertriebenen, unrealistischen oder absurden Ängsten leiden können.

Lange war unsere Anschauung über Angst von der Psychoanalyse geprägt. In dem fabelhaften Buch «Grundformen der Angst» stellte beispielsweise der deutsche Psychoanalytiker Fritz Riemann die Theorie auf, dass praktisch jeder Mensch durch eine von vier Formen der Angst charakterisiert werden kann, die er im Laufe der Kindheit erworben hat, die aber auch zum Teil konstitutionell bedingt ist.[2] Dabei gibt es keine klare Grenze zwischen krankhafter und «normaler» Angst. Riemann teilt die Menschen in depressive, schizoide (unnahbare), zwanghafte und hysterische Personen ein. Alle guten und schlechten Eigenschaften können aus diesen Grundformen abgeleitet werden. Der Zwanghafte ist pedantisch, unnachgiebig, geizig, zögerlich, phantasielos und eigensinnig, aber auch ordentlich, konsequent, ehrlich und verlässlich. Der hysterische Mensch dagegen ist unberechenbar, unpünktlich, unlogisch, egoistisch und genusssüchtig, aber auch anpassungsfähig, unbekümmert, leidenschaftlich und phantasievoll. Wenn eine dieser Persönlichkeitsstrukturen zu ausgeprägt oder einseitig ist, dann sei es wahrscheinlich, so Riemann, dass sie aufgrund einer frühkindlichen Entwicklungsstörung entstanden ist. Eine zwanghafte Persönlichkeit könne beispielsweise entstehen, wenn die Mutter zwischen dem zweiten und vierten Lebensjahr des Kindes die Sauberkeitserziehung zu streng vollziehe. Die vier Persönlichkeitsformen seien durch die dahinter stehende Angst geprägt – so habe der Schizoide Angst vor Abhängigkeit, der Depressive vor Ungeborgenheit, der Zwanghafte vor Unsicherheit und der Hysterische vor Einschränkung seines Freiheitsdrangs. Nach der Lektüre dieses anschaulich geschriebenen Buches hatte ich es tatsächlich leichter, bestimmte Verhaltensweisen meiner Mitmenschen besser einschätzen und auch mich selbst besser erkennen zu können – ein Effekt, den die wenigsten psychologischen Bücher auslösen. Und doch erfasste dieses Buch das Phänomen Angst nur aus einer vereinfachenden Sichtweise.

Die Psychoanalyse war die Richtung in der Psychologie, die sich als Erste ausführlich mit Ängsten beschäftigte. Sie lieferte ausgefeilte Erklärungen, die in sich stimmig und plausibel wirkten. Aus heutiger Sicht allerdings erscheinen die tiefenpsychologischen Erklärungen zu einseitig, denn sie ignorierten die Erkenntnisse der Genetik, der Biologie, der Biochemie, der Verhaltensforschung und anderer wissenschaftlicher Gebiete. Ängste wurden vorwiegend aus der Lebensgeschichte der Menschen erklärt. Die Einflüsse der Umwelt und der Erziehung wurden überbetont.

Viele dieser Hypothesen gewannen ihren Reiz vor allem dadurch, dass sie spannend, spektakulär, poetisch oder einfach «sexy» waren. Um ihre Wissenschaftlichkeit war es dagegen weniger gut bestellt: Entweder entzogen sich die Theorien einer wissenschaftlichen Überprüfbarkeit, oder sie stellten sich als unhaltbar heraus, wenn sie überprüft wurden.

Die Behandlung von Ängsten wurde in der Psychoanalyse zudem als schwierig und langwierig angesehen; man gab sich oft genug mit Teilbesserungen zufrieden. Dass sich Ängste durch eine klassische Psychoanalyse grundlegend bessern können, wurde jedoch niemals wissenschaftlich korrekt nachgewiesen.

Inzwischen hat sich in der Angstforschung einiges getan. Auf der ganzen Welt beschäftigen sich Wissenschaftlerteams mit der Untersuchung von Ängsten. Auch wenn wir noch weit davon entfernt sind, sagen zu können, dass wir die Ursprünge der Angst genau erklären können, so kristallisiert sich heute ein immer deutlicheres Bild heraus, wie Ängste aus einem komplizierten Zusammenspiel vielfältiger Faktoren entstehen. Dabei spielt die Neurobiologie, die sich mit den chemischen und molekularen Vorgängen im Gehirn beschäftigt, eine immer größere Rolle.

In der Folge wurden neue Therapien entwickelt, und ein Arsenal neuer Medikamente steht zur Verfügung, um krankhafte Ängste zu bekämpfen. Und das ist die gute Nachricht: Man muss die Angst nicht hinnehmen, man kann sich dagegen wehren, sich dagegen auflehnen, man kann sie abtrainieren, sich aus eigener Kraft helfen oder sich helfen lassen. Es ist gar nicht so schwierig.

Kapitel 2

WELCHEN SINN HAT DIE ANGST?

GIBT ES MENSCHEN, DIE KEINE ANGST HABEN?

Evel Knievel war ein Draufgänger, ein Mann ohne Angst, wie es schien. Er war Skispringer, Radkappendieb, Minenarbeiter, Entführer, Elchjäger, Versicherungsagent und Bankräuber. Häufig wechselte er seine legalen und illegalen Berufe, bis er schließlich der beste Motorrad-Stuntman der Welt wurde. Er sprang über 50 Autos, 13 Lastwagen und über ein Becken mit hungrigen Haien. Einmal flog er elegant über einen Berglöwen, landete aber danach unglücklich auf einer Kiste mit Klapperschlangen, worauf die Schlangen, aber auch die meisten Zuschauer das Weite suchten.

Er steht im «Guinness Buch der Rekorde» als der Mann, der die meisten Knochen gebrochen hat. Eines Tages wachte er nach einem missglückten Sprung über die Wasserfontänen vor dem Luxus-Casino Caesar's Palace in Las Vegas aus einem dreißigtägigen Koma auf. Während er noch im Krankenhaus aus der Schnabeltasse trank, beschloss er, einen Sprung zu wagen, der alle seine bisherigen Abenteuer übertrumpfen würde. Er kündigte an, dass er mit einem Motorrad über den Snake River Canyon in Idaho springen wolle. Um die große Entfernung von 400 Metern von einem Rand der Schlucht zum anderen zurückzulegen, wollte Knievel sich mit seinem raketenangetriebenen Motorrad hinüberschießen lassen, um auf der anderen Seite wieder auf den Rädern zu landen. Er sorgte dafür, dass er für den Fall, dass er seinen Sprung überleben sollte, durch Eintrittsgelder und andere Tantiemen sechs Millionen Dollar verdienen würde. Am Tag des großen Ereignisses waren Zehntausende von Menschen gekommen. Presse, Funk und Fernsehen waren versammelt, denn sie alle wollten Evel Knievel sterben sehen. Zwar trauten sie ihm zu, dass er, wie bei seinen früheren Unternehmungen, alles einigermaßen genau planen würde – die Schubkraft der Rakete, die ballistische Flugbahn des Motorrades und den Seitenwind. Aber, so dachten sie auch, die Chance war sehr hoch, dass er sich diesmal verrechnen würde, so wie er sich schon oft verrechnet hatte. Er würde in den Canyon stürzen; oder selbst wenn der Flug bis zur anderen Seite gut ginge, würde er dort kopfüber mit dem Motorrad aufschlagen und sich das Genick brechen.

Zwei vorher zum Test abgeschossene Raketen landeten nicht, wie vorgesehen, auf der anderen Seite der Schlucht, sondern im reißenden Wasser des Snake River. Als der große Moment gekommen war, wurde Evel Knievel mit seinem Motorrad von der Rakete über den Fluss geschleudert. Aber er kam nicht weit. Sein Fallschirm öffnete sich zu früh, und er erreichte nicht das andere Ende der Schlucht, sondern landete sicher neben dem Fluss. Obwohl ihm wegen der starken Beschleunigungskräfte Blut aus den Augen und der Nase lief, fühlten sich die Leute betrogen. Sie sagten, er habe dies alles mit Absicht so berechnet und habe nie wirklich vorgehabt, auf der anderen Seite anzukommen. Sie wollten ihr Eintrittsgeld zurück. Sie hätten es lieber gesehen, wenn er gestorben wäre. Nach dieser Geschichte kam Evel Knievel auf keinen grünen Zweig mehr. Er zeigte seine Kunststückchen nur noch auf zweitrangigen Veranstaltungen.

Klar ist: Stuntmen wie Evel Knievel sind furchtloser als andere Menschen. Trotzdem sind sie nicht lebensmüde. Sie versuchen es zumindest, ihre Stunts so zu drehen, dass sie im schlimmsten Fall mit ein paar gebrochenen Knochen davonkommen. Was sagt Evel Knievel über Angst? «Die meisten Menschen behaupten, ich hätte keine Angst vor meinen Sprüngen gehabt. Das ist Quatsch. Ich brauchte vor jedem Sprung einen Schuss Wild Turkey Whisky. Ich hatte jedes Mal diesen Knoten im Bauch und einen Kloß im Hals. Und ich liebte dieses Gefühl. Angst ist das 98-Oktan-Benzin für den Überlebenserfolg. Du musst wissen, wie du damit umgehst, wie du dich absicherst. Wenn du dein Leben riskieren willst, brauchst du Angst.»

Aber haben Stuntmen, Tieftaucher, Extrembergsteiger, Survivalkünstler, Skysurfer oder Fremdenlegionäre wirklich keine Angst? Kein Mensch ist ohne Angst – die Ängste dieser wagemutigen Menschen liegen woanders. Es stellt sich wirklich die Frage, warum Menschen in eiskalte, nasse Höhlen kriechen, mit Haien schwimmen, mit Klapperschlangen schlafen, den Salto mortale ohne Netz versuchen, auf acht Meter hohen Wellen surfen und sich in einem Fass die Niagarafälle hinunterstürzen. Sie könnten doch stattdessen lieber bei schönem Wetter im lauwarmen Meer planschen oder sich ein eiskaltes Bier genehmigen.

Welche Motivation haben Menschen, sich derart in Gefahr zu begeben?

Der Südtiroler Bergsteiger Reinhold Messner hat als Erster den 8846 Meter hohen Mount Everest ohne Sauerstoffflaschen bestiegen. Bei allen seinen Unternehmungen war er – trotz der Verwendung einer Hightech-Ausrüstung – in allerhöchster Lebensgefahr. Was trieb ihn dazu, alle Achttausender dieser Erde zu besteigen sowie den Süd- und Nordpol zu überqueren? «Sie haben wenigstens einen sinnvollen Beruf als Arzt», offenbarte er mir in einem persönlichen Gespräch selbstkritisch, «Was ich mache, das ist die Eroberung des Nutzlosen.» Steht bei Messner etwa die Angst im Vordergrund, nicht anerkannt zu werden?

Es gibt aber auch Menschen, die anscheinend überhaupt keine Furcht vor Schmerzen und Tod haben. Warum hatten japanische Kamikaze-Piloten keine Angst, sich mit ihrem Flugzeug in einen feindlichen Zerstörer zu bohren? Was geht in jugendlichen Selbstmordattentätern vor, die sich in Diskotheken zwischen zwanzigjährigen Mädchen und Jungen in die Luft sprengen?

Mohammed Atta, der Terrorist, der als Flugzeugentführer den Anschlag auf das World Trade Center mutmaßlich zu verantworten hatte, fing wegen eines überhöhten Whiskypreises in einer Hotelbar in Los Angeles einen fürchterlichen Streit an. Einen Tag zuvor hatte er bei der Lufthansa ein *Miles & More*-Vielfliegerkonto eröffnet. Am nächsten Tag kidnappte er ein Flugzeug und steuerte es in einen der Zwillingstürme. Religiöser oder politischer Fanatismus kann das Gehirn so manipulieren, dass die Angst vor dem Sterben ausgeschaltet wird.

Man kann sich auch an reale Angst gewöhnen. Dies ist übrigens auch ein weiterer Unterschied zu den übertriebenen, krankhaften Ängsten, an die man sich nie gewöhnt. Menschen, die in Kriegsgebieten leben, stumpfen nach und nach ab. Meine Mutter berichtete über den Bombenkrieg in Stuttgart: «Wir saßen stundenlang in den Luftschutzbunkern, während die Bomben fielen. Wenn die Flugzeuge eine Pause machten, liefen wir schnell durch die zerstörten Straßen zum Bäcker, um Brötchen zu kaufen. Das Leben musste ja weitergehen.»

Als ich einmal in Tel Aviv über den Dizengoff Boulevard ging, war hier am Vortag in einem Bus eine Bombe explodiert. Der Selbstmordattentäter hatte gewartet, bis ein anderer Bus an seinem vorbeifuhr, sodass beide Busse und einige Straßencafés in die Luft flogen. Bei dem Attentat waren 44 Menschen gestorben. Unzählige Kerzen standen auf der Straße. Unmittelbar neben den zerstörten Cafés hatten die Besitzer der benachbarten Restaurants die Trümmer wieder weggeräumt. Leute saßen in der Sonne, tranken Bier und Kaffee und aßen Lammspieße und Falafel. Ich fragte eine Israelin, warum die Leute hier so scheinbar teilnahmslos zwischen den Trümmern saßen und aßen. Sie sagte: «Das ist genau die Art, wie wir Israelis damit umgehen. Wir tun so, als sei nichts passiert. Wir gehen sofort zu unserem normalen Alltag über. Sonst würde uns die Angst auffressen; das Leben wäre nicht auszuhalten.»

LUST AUF ANGST

Angstgefühle können aber auch mit Lust verbunden sein. Im Zirkus sehen wir es am liebsten, wenn die Hochseilartisten ohne Netz arbeiten. An einem normalen Wochentag haben wir im Fernsehen die Auswahl zwischen mindestens acht verschiedenen Psychothrillern, Action- oder Gruselfilmen. Es werden weit mehr Kriminalfilme gedreht als Komödien. Offensichtlich fühlen wir uns wohl, wenn wir im Fernsehen sehen, wie Menschen ermordet oder bedroht werden.

In Filmen ist die Angst um die Darsteller natürlich nur virtuell. Aber auch echtes Unglück scheint die Menschen zu faszinieren, sonst würde man mit Zeitungen und Nachrichtensendungen kein Geld verdienen. Live-Übertragungen aus dem Krieg haben die höchsten Einschaltquoten und können die Finanzen der Nachrichtenkanäle innerhalb weniger Wochen sanieren.

Und es macht unzweifelhaft Laune, wenn man sich selbst in Gefahr begibt. Bungee Jumping scheint höchste Glücksgefühle auszulösen. In den Vergnügungsparks in Las Vegas gibt es die brutalsten Fahrgeschäfte der Welt, die stets regen Zuspruch finden. Allerdings bitte schön mit der Garantie, dass nichts passieren kann. Auch wenn ab und zu einmal ein Wagen der Raupenbahn auf dem Jahrmarkt aus den Schienen springt, wissen wir doch, dass uns eigentlich in diesen Fahrgeschäften nicht wirklich etwas zustoßen kann. Und so sind sie angelegt: Trotz maximaler TÜV-Sicherheit hinterlassen sie bei uns das Gefühl, dass wir uns in allerhöchster Gefahr befinden und uns nicht dagegen wehren können. Es scheint so zu sein, dass wir uns durch diese virtuellen Gefahren von den wirklichen Gefahren ablenken wollen, die uns bedrohen.

Viele Menschen begeben sich aber absichtlich in tatsächliche, wenn auch berechenbare Gefahrensituationen. Motorbootrennen, Fallschirmspringen von einem Hochhaus, Surfen in sechs Meter hohen Wellen oder Eisklettern – das Spiel mit der Angst findet immer wieder Liebhaber. Warum das so ist: Die Überwindung von Ängsten ist immer mit Genuss verbunden. Winston Churchill formulierte treffend: «Nichts im Leben löst ein größeres Hochgefühl aus, als beschossen und nicht getroffen zu werden.»

MUSS MAN ANGST HABEN?

Angst sichert das Überleben – diese Erfahrung mussten Aquarienfische machen, die unfreiwillig an einer Untersuchung in Kanada teilnahmen. Die Guppys wurden 60 Stunden mit einem Raubfisch, dem Gemeinen Schwarzbarsch, konfrontiert. Fische, die den Barsch mieden wie die Pest, hatten eine Überlebensrate von 40 Prozent. Von den mittelgradig Ängstlichen, die sich ab und zu einmal dem Raubfisch näherten, um ihn näher zu betrachten, überlebten nur noch 15 Prozent. Die Furchtlosen allerdings, die ausgiebig die Nähe des Killerbarsches suchten, hatten eine Überlebensrate von exakt null Prozent.[3]

Auch für Menschen gilt, dass Angst das Überleben garantiert. Ein bisschen Angst muss jeder haben – diese allgemeine Weisheit trifft zu. Wer vorsichtig Auto fährt, die Türen gut abschließt oder sich auf Prüfungen aus Angst vor dem Versagen lange vorbereitet, hat durchaus Vorteile im Leben.

Wenn jemand aber krankhafte Angst hat, so hat diese Angst keine Schutzfunktion mehr. Bei Angsterkrankungen oder Phobien handelt es sich nicht um Ängste, die durch wirklich bestehende Gefahren begründbar sind. Phobische Ängste sind unrealistisch oder übertrieben und folgen nicht den Gesetzen der Logik. Die häufigste Phobie in Deutschland ist beispielsweise die Spinnenphobie – obwohl es in Deutschland nicht eine einzige Spinnenart gibt, die gefährlich ist oder zumindest unangenehm stechen oder beißen könnte. Viele Patienten mit einer Panikstörung haben Angst, Fahrstuhl zu fahren, obwohl Lifte zu den sichersten Transportmitteln gehören.

Menschen mit Angststörungen sind jedoch nicht grundsätzlich ängstlich. Sie haben vor tatsächlich gefährlichen Dingen nicht unbedingt mehr Angst als andere Menschen. Scheinbar sind im Gehirn die Instanzen für reale und unbegründete Ängste getrennt. Dies erklärt, warum meine Patientin Sybille G. bei der Geiselnahme weniger Angst hatte als in einem Supermarkt. Angstpatienten können durchaus in der Lage sein, mit Fallschirmen abzuspringen, mit Motorrädern zu fahren, mit Ultraleichtfliegern zu fliegen, der Fremdenlegion beizutreten, in der Innenstadt von Johannesburg spazieren zu gehen oder einen japanischen Fugufisch zu essen. Vor harmlosen Dingen haben sie dagegen große Angst. Die Furcht, die sie vor einem Theaterbesuch in Köln, vor einer Straßenbahnfahrt in Wien oder vor einem Einkaufsbummel in der Bahnhofsstraße von Zürich empfinden, hat überhaupt keine Schutzfunktion und ist scheinbar völlig überflüssig und irrational.

Während jeder zustimmen würde, dass die Angst vor tatsächlichen Gefahren notwendig und zweckmäßig ist, sollte man meinen, dass die unbegründete phobische Angst nur eine lästige Plage ist und keinen höheren Sinn hat. Man muss allerdings kein Philosoph sein – nur ein nachdenklicher Mensch –, um zu dem Schluss zu kommen, dass nichts in dieser Welt überflüssig ist, auch wenn es auf den ersten Blick so scheint – nicht die Wespen, die Brennnesseln, die Löcher in der Hosentasche oder Akne vulgaris. Und auch nicht diese Art der Angst.

ANGST IST DAS SUPERBENZIN FÜR ERFOLG

In meiner Arbeit mit Menschen, die Ängste haben, interessieren mich nicht nur die negativen Folgen der Angst, sondern auch ihre positiven, faszinierenden Seiten. Angst ist nicht nur ein Hemmnis, sondern auch eine Herausforderung, eine Chance. «Die Angst lähmt nicht nur», so der dänische Philosoph Søren Kierkegaard, «sondern enthält die unendliche Möglichkeit des Könnens, die den Motor menschlicher Entwicklung bildet.»[4] Angst kann die treibende Kraft sein, die uns zu schöpferischem Handeln anregt, zu herausragenden Leistungen anstachelt und unsere Phantasie und Kreativität steigert. Fast alle Eigenarten der Menschen – die schlechten und die guten – sind wie gesagt durch ihre Ängste erklärbar.

Menschen, die unter vielen kleinen Ängsten leiden, wünschen sich oft, so normal und furchtlos zu sein wie «Durchschnittsleute». So normal wie der Mann im Bauamt, der mit stoischer Ruhe Bauanträge durchblättert. Normal wie der behäbige Taxifahrer, der über Radfahrer schimpft und im Radio deutsche Schlager hört, normal wie der Krankenpfleger, der Kaffee trinkt und Zeitung liest, während der Intensivpatient nebenan röchelt. Normal wie der 120-Kilogramm-Stemmer im Fitnessstudio, dumm, stark und wasserdicht und frei von sämtlichen Ängsten. Wie schön wäre es, jeden Tag so sorgenfrei zu beginnen!

Wenn Sie auch zu den Menschen gehören, die sich über alles Gedanken machen, ständig ängstlich sind, sich über jede Kleinigkeit aufregen und immer leicht aus der Ruhe zu bringen sind: Trösten Sie sich. Ängstlichkeit und Sensibilität haben auch ihr Gutes. Leute, die völlig unneurotisch sind, sind oft komplett langweilig. Die Neurotiker dagegen – auch wenn sie nicht gerade glücklicher sind – erzählen die spannenderen Geschichten, sie sehen interessanter aus, haben mehr Phantasie, führen ein aufregenderes Leben und faszinieren andere Menschen durch ihren Esprit. Wenn wir Menschen attraktiv finden, dann sind es oft solche Charaktere, die gerade nicht «normal» oder «durchschnittlich» sind. Was uns an Popstars, Hollywood-Schauspielern und Politikern fasziniert, sind oft nicht allein ihre künstlerischen oder beruflichen Fähigkeiten, sondern auch ihr außergewöhnlicher Lebensstil und ihre exaltierten, neurotischen Verhaltensweisen.

Es ist nicht verwunderlich, dass viele Prominente Ängste haben – oder besser gesagt, dass ängstliche Menschen prominent geworden sind. Der Engländer Charles Darwin, der Begründer der Evolutionstheorie, bekam mit 28 Jahren unerklärliche Anfälle mit Herzklopfen, Luftnot *(air fatigues)*, Zittern, Weinen, Todesangst, Magen-Darm-Beschwerden, Benommenheit *(head swimming)* und Entfremdungserlebnissen *(treading on air and vision)*. Er hatte große Angst vor Menschenmengen, Festen, Reisen und vor dem Alleinsein. Heute würde man seine Krankheit als Panikstörung etikettieren.[5]

Robert Falcon Scott hätte niemand als ängstlich bezeichnet. Er leitete im Jahre 1912 eine Expedition zum Südpol. Am Ziel angekommen, musste er feststellen, dass der Norweger Amundsen dort schon vor ihm gezeltet hatte. Auf dem Rückweg starben Scott und alle Teilnehmer seiner Expedition an Hunger – elf Meilen vor dem nächsten Nahrungsmittellager. Der Arzt Edward Wilson, der Scott auf seinen Reisen begleitete und mit ihm bei diesem Abenteuer starb, hatte über seinen Freund geschrieben: «Als er noch zu Hause war, fand er den sozialen Umgang so schwierig, dass er seinem Tagebuch anvertraute, dass er vor Festen Beruhigungsmittel einnahm, und einer seiner Biographen schrieb, dass es für ihn erheblich mehr Mut erforderte, vor einer Zuhörerschaft zu reden, als eine Gletscherspalte zu überqueren.»[6]

Auch andere Prominente litten oder leiden unter Angsterkrankungen. Schriftsteller wie Johann Wolfgang von Goethe, Bertolt Brecht, Samuel Beckett oder Franz Kafka hatten ein Problem mit der Angst. Der italienische Komponist Antonio Vivaldi wurde von Panikattacken geplagt. Die Sängerin Barbara Streisand litt unter einer solch schweren Sozialen Phobie, dass sie zwanzig Jahre lang nicht mehr öffentlich auftrat, nachdem sie einmal bei einem Konzert im Central Park in New York ein paar Wörter eines Songs vergessen hatte. Der Schauspieler Sir Lawrence Olivier litt über fünf Jahre lang unter einer ausgeprägten Sozialen Phobie. Er befürchtete ebenfalls, bei Aufführungen den Text zu vergessen. Der Autor John Steinbeck war derart von starken sozialen Ängsten befallen, dass er zum Alkoholiker wurde und sich einmal zwei Jahre lang in eine einsame Berghütte zurückzog. Der deutsche Komiker Heinz Erhardt trug beim Auftritt immer eine Brille mit Fensterglas, durch die er nur verschwommen sehen konnte – mit Absicht, denn er hatte ein solches Lampenfieber, dass er die Blicke der Zuschauer nicht ertragen konnte. Die eindrücklichsten künstlerischen Darstellungen der Angst stammen von dem norwegischen Maler Edvard Munch, der allerdings nicht nur unter Ängsten, sondern auch unter Depressionen, Psychosen und Alkoholabhängigkeit litt.

Sigmund Freud, der Begründer der Psychoanalyse, soll Panikattacken und andere Ängste gehabt haben.[7] Sein Psychoanalytiker-Kollege Alfred Adler hatte schon in jungen Jahren eine so ausgeprägte Angst vor dem Tod, dass er beschloss, Arzt zu werden, um sich im Notfall selbst kurieren zu können – was ihm auch nichts nützte, denn er brach eines Tages mit 67 Jahren nach einem Herzanfall tot auf der Straße zusammen.

Treten Angsterkrankungen bei talentierten Schriftstellern, Sängern, Schauspielern, Buchautoren oder Komponisten gehäuft auf?

Ortrud Schweigert nach dem Besuch des Munch-Museums

Beim Studium der Biographien prominenter Künstler fällt immer wieder auf, dass neben anderen psychischen Problemen auch häufig über ihre Angstsymptome berichtet wird.

Ist es so, dass ein Leben als Prominenter anfälliger für Ängste macht? Nein. Eher scheint es umgekehrt zu sein: Ängstliche Leute werden schneller prominent. Dass berühmte Künstler oft unter Angst leiden, könnte einen bestimmten Grund haben. Angst ist der Motor, der perfektionistische Menschen zu Höchstleistungen anspornt. Nehmen wir einmal an, Sie wollen ein berühmter Saxophonist werden. Sie haben ein bisschen Talent. Talent allein reicht aber nicht, denn talentierte Saxophonisten gibt es in großer Zahl. Wie kann man sich gegen diese Konkurrenz durchsetzen? Man muss üben. Zwei Stunden am Tag reichen nicht. Andere junge und talentierte Saxophonisten üben fünf Stunden am Tag. Also müssen Sie zehn Stunden blasen. Dazu müssten Sie Ihren Beruf aufgeben. Sie müssten von Ihrem Heimatort Esens-Bensersiel nach München ziehen. Sie müssten alle bisherigen Beziehungen abbrechen und nur noch für die Musik leben. So unglaublich es klingen mag: Das geht nur, wenn man Angst hat.

Warum Angst? Angst gibt uns die unendliche Energie, die für Spitzenleistungen erforderlich ist. Berühmte Musiker haben oft Angst zu versagen. Sie können es nicht ertragen, nicht die Besten zu sein. Bei anderen Leuten gut anzukommen mindert ihre Angst; Kritik verstärkt dagegen ihre Angst. Also üben sie mehr und denken sich phantasievolle, kreative Musik aus, um besser zu sein als der Rest. Angst vor dem Versagen, vor dem Abgewertetwerden, vor der Mittelmäßigkeit treibt die Menschen auch dazu, anerkannte Schauspieler, Schriftsteller, Maler, Sportler, Politiker oder Wissenschaftler zu werden.

Zu Beginn des 20. Jahrhunderts fanden der amerikanische Psychologe Robert M. Yerkes und sein Student John D. Dodson heraus, dass ein Zuviel an Angst bestimmte Leistungen verschlechtert, während mittelgradige Angst die Menschen zu Bestleistungen antreiben kann. Wenn man zum Beispiel ein Examen ablegen oder einen Vortrag halten muss, kann ein mittlerer Angstlevel nach dem Yerkes-Dodson-Gesetz zum besten Ergebnis führen.

Es gibt noch einen anderen Grund, warum Menschen mit Angst die besseren Künstler werden: Wer häufig unter Angst leidet, kann diese Emotionen bekämpfen, indem er bis zur Erschöpfung Musik komponiert, Kunstwerke malt oder Bücher schreibt. Daher sind kreative Menschen, die unter Ängsten leiden, oft gefühlvoller, emotionaler und leidenschaftlicher als andere. Sie schaffen es, ihre tiefen Gefühle, die aus der Angst geboren sind, in ihre Musik und in ihre Bilder zu übertragen, sodass sich ihre Emotionen auf den Hörer oder Betrachter übertragen. Vielleicht ist das der Grund dafür, dass das Publikum Menschen liebt, die neurotisch und ängstlich sind.

Wenn Künstler Drogen nehmen oder Alkoholiker werden, wird oft behauptet, dass dies eine Folge ihres Umgangs sei, weil eben «in der Szene» viel getrunken, gekifft und gefixt wird. Oder dass sie mit dem Erfolg nicht fertig geworden sind. Das trifft aber nicht den Kern der Sache. Liest man beispielsweise die Biographien von Musikern, so hatten diese ihre seelischen Probleme oft schon, bevor sie überhaupt die erste Schallplatte besungen hatten. Viele dieser Menschen hatten sich bereits mit Drogen betäubt, bevor sie in die Musikerszene gekommen waren. Es gibt einen gemeinsamen Grund, warum man Musiker und zugleich drogenabhängig wird: Angst. Die Angst hat viele berühmte Musiker dazu getrieben, die besten Gitarristen, Sänger, Pianisten oder Schlagzeuger zu werden. Die Angst trieb aber auch diese Menschen dazu, Alkohol oder Drogen zu nehmen. Jimi Hendrix, Elvis Presley, Janis Joplin sind Beispiele dafür. Alle drei starben an einer Mischung von zu viel Drogen, Pillen und Alkohol. Nicht, weil sie Selbstmord begehen wollten, sondern weil sie versucht hatten, möglichst viele Drogen auf einmal zu nehmen, um ihre Ängste zu bekämpfen. Wer an der Spitze steht, hat Angst, wieder abzusteigen, ins Mittelmaß abzudriften.

Angst kann Menschen auch im Sport zu Höchstleistungen führen. Berichte über das Privatleben von Sportlern zeigen, dass sie häufig unter ausgeprägten Ängsten leiden. Warum nehmen Eiskunstläufer, Radfahrer oder Zehnkämpfer unglaubliche Strapazen auf sich, um an die Medaillen zu kommen? Warum riskieren sie ihre Gesundheit mit Dopingmitteln? Weil sie von übermäßigem Ehrgeiz, aber auch von Versagensängsten gesteuert sind.

Eine weitere Gruppe von Prominenten, die häufig unter Ängsten leidet, sind mächtige Politiker. Julius Caesar und Napoleon hatten eine schwere Katzenphobie. Der amerikanische Präsident Abraham Lincoln litt unter Agoraphobie und der Angst, krank oder verrückt zu werden. Aber das sind nur Begleiterscheinungen ihrer tief verwurzelten Angst, nicht der anerkannteste Staatsmann ihrer Zeit zu sein. Mit Künstlern und Sportlern haben die Politiker den übersteigerten Ehrgeiz gemein, der letztlich dafür sorgt, dass sie alle anderen Mitbewerber im knallharten Politikgeschäft überflügeln können. Die unglaubliche Entschlossenheit, Ausdauer, Tatkraft und Beharrlichkeit, die es erfordert, ein erfolgreicher Machtpolitiker zu werden, kann nur durch eine dahinter stehende Angst erklärt werden. Ängste unter Politikern, so berichten Psychiater mit einer Praxis in der unmittelbaren Nähe eines Parlaments, seien erschreckend häufig.

DIE ANGST DES DAGOBERT DUCK

Auch finanziell erfolgreiche Menschen sind vielleicht deshalb reich geworden, weil sie unter verborgenen Ängsten leiden. Wenn ein Milliardär in eine Nervenkrise gerät, nachdem er gemerkt hat, dass er für eine Flasche Ketchup 20 Cent zu viel zahlte, dann steckt oft die tief greifende Angst dahinter, etwas zu verlieren, was man einmal besessen hat.

Zu den Urängsten aller Lebewesen gehört die Angst vor dem Verhungern. Wenn jemand allerdings wegen eines immensen Vermögens weit vom Verhungern entfernt ist und trotzdem bei geringen finanziellen Verlusten in panische Angst gerät, dann hat sich bei ihm diese Urangst so verselbständigt, dass ihm eine sachliche Einschätzung seiner Situation nicht mehr möglich ist. So ist auch leicht erklärlich, warum Menschen, die sehr reich sind, oft extrem geizig sind, während ein armer indonesischer Bauer ein Jahresgehalt für die Hochzeit seiner Tochter ausgibt. Die lautesten Klagen über den allgemeinen Niedergang der Wirtschaft kommen meist von denjenigen, die dadurch am wenigsten Einbußen erleiden müssen. Menschen, die sich emporgearbeitet und ein Vermögen angehäuft haben, können oft nicht verstehen, wie sorglos ihre Töchter und Söhne mit dem Geld umgehen. In Wirklichkeit haben diese Kinder, die in Reichtum aufgewachsen sind, vielleicht nur ein realistischeres Verhältnis zum Geld als ihr Vater.

Wohlhabend wird man nicht durch «eigener Hände Arbeit», sondern durch geschicktes Organisieren, besessene Beschäftigung mit Gewinnoptimierungsstrategien und unermüdliches Nachdenken über neue Einnahmequellen – oft aber auch durch Rücksichtslosigkeit gegenüber anderen Menschen. Die hierfür erforderliche Energie wird aus Angst erschaffen. Man kann es auf eine einfache Formel bringen: Diese Menschen sind reich geworden, weil sie Angst haben. Sie betreiben Angstabbau durch unermüdliches Geldscheffeln. «Geld macht nicht glücklich, aber es beruhigt», sagen solche Menschen gelegentlich. Daher können sie meist auch nicht mit dem Anhäufen von Geld aufhören, bevor sie feststellen, dass das letzte Hemd keine Taschen hat.

Diese Angst entsteht nicht unbedingt nur bei Menschen, die als Kinder in bitterer Armut gelebt haben. Wie auch bei anderen Ängsten ist es nicht notwendig, eine schlechte Erfahrung gemacht zu haben, um eine derartige Angst zu erwerben.

Auch der Typ, der «Workaholic» genannt wird, der, wie das Wort sagt, suchtartig der Arbeit verfallen ist, ist in Wirklichkeit von Angst getrieben. Es geht diesen Menschen nicht immer nur darum, viel Geld zu verdienen oder bestimmte berufliche Ziele zu erreichen – die Tätigkeit an sich ist das Ziel. Workaholics werden immer dann nervös, wenn sie durch äußere Umstände von der Arbeit abgehalten werden, sei es durch einen Gipsarm oder – ganz furchtbar – durch einen Urlaub. Der entstehende Leerlauf zwingt sie nachzudenken, über sich, über das Leben – und das macht ihnen Angst. Und die können sie nur dadurch abbauen, indem sie sich wieder in Arbeit stürzen.

So sind viele Verhaltensweisen von Menschen durch Angst erklärbar. Angst ist ein Teil von uns, und wenn wir sie nicht hätten, würde unser Leben banal verlaufen. Angst ist die Würze in der Suppe des Lebens.

Bei manchen Menschen sind die Ängste allerdings so stark, dass sie sie nicht mehr allein bewältigen können.

Kapitel 3

KRANKHAFTE ANGST

AB WANN WIRD ANGST KRANKHAFT?

Die Übergänge zwischen kleinen, alltäglichen Ängsten und echten Angsterkrankungen sind fließend. Wer beim Anblick einer Spinne laut «huch!» schreit, wer vor einer Führerscheinprüfung vor Angst schwitzt, wer sich nicht traut, auf einer Hochzeitsfeier eine Brautrede zu halten, der hat noch lange keine Angsterkrankung. Menschen aber, die aus Angst das Haus nicht verlassen, die schon morgens mit unerklärlichem Herzrasen und Zittern aufstehen oder die ein Treffen mit guten Freunden nicht überstehen könnten, ohne sich vorher Mut anzutrinken, sind mit großer Sicherheit schwer krank. Dazwischen gibt es viele Fälle, in denen die Betroffenen selbst nicht sicher sind, ob sie nun eine ernsthafte Angstkrankheit haben, die behandelt werden sollte, oder ob sich ihre Ängste im Rahmen des Üblichen bewegen. Im Zweifelsfall sollte man eher früher als später zum Fachmann gehen, um sich beraten zu lassen. Etwa die Hälfte aller Menschen mit therapiebedürftigen Angsterkrankungen ist nicht in Behandlung, entweder, weil der Arzt die Erkrankung nicht erkennt oder weil sie gar nicht erst zum Arzt gehen. Manche wissen selbst nicht, dass sie eine solche Erkrankung haben, die man gut behandeln könnte. Andere wiederum trauen sich nicht, mit ihrem Arzt darüber zu sprechen – aus Scham oder weil sie Angst haben, mit dem Stigma des psychisch Kranken versehen zu werden.

Auf S. 349 befindet sich ein Test, mit dem Sie feststellen können, ob Ihre Angst noch «normal» oder bereits krankhaft ist.

ANGST VOR ERDNUSSBUTTER – DIE EINFACHE PHOBIE

Charles Darwin ging eines Tages in einen Zoo, um seine Angst vor Schlangen zu überwinden. Er näherte sich einem Terrarium, in dem sich eine Puffotter befand. Kaum richtete sich die Schlange auf, sprang Darwin, obwohl die Schlange hinter einer Glasscheibe saß, «ein oder zwei Yards mit erstaunlicher Geschwindigkeit zurück. Mein Wille und mein Verstand waren kraftlos gegen die Einbildung einer Gefahr, welche niemals direkt erfahren worden war.»

Charles Darwin litt nicht nur unter einer Panikstörung, wie bereits erwähnt wurde, sondern auch an einer Einfachen Phobie. Mit dem Begriff «Einfache Phobie» soll ausgedrückt werden, dass die Betroffenen nur vor einer einzigen Sache Angst haben, zum Beispiel vor Tieren, Höhen oder Spritzen. Vor einigen Jahren wurde dieser Begriff in «Spezifische Phobie» umbenannt, da die Phobie ja nicht gerade einfach für die Betroffenen ist.

Unter einer Phobie versteht man die Angst vor Dingen, vor denen man eigentlich keine oder nur geringe Angst haben müsste. Das Objekt der Phobie ist meist etwas völlig Harmloses. Nehmen wir die weit verbreitete Spinnenphobie: Auch wenn viele Menschen sagen würden, dass Spinnen einfach «eklig» sind, so sind doch die in Deutschland lebenden Spinnen völlig ungefährlich. Mücken dagegen, die unangenehm stechen können, sind fast nie das Objekt einer Phobie.

Der Begriff Phobie stammt aus der griechischen Mythologie. Der Gott Phobos («Furcht») war die Personifikation von Flucht und Urängsten. Er sorgte nicht nur für Kriegsschrecken, sondern auch in der Liebe für Eifersucht, Gewalt und Hörigkeit.[8]

Menschen können vor den ausgefallensten Sachen, wie etwa Frisören, Staubsaugern oder Jazzmusik, Phobien haben. Auf einer Internetseite[9] werden viele dieser Phobien aufgeführt und mit einem griechisch-lateinischen Fachausdruck belegt, wie zum Beispiel:

Alliumphobie	Furcht vor Knoblauch
Alektorophobie	Furcht vor Hühnern
Aulophobie	Furcht vor Flöten
Venustraphobie	Furcht vor schönen Frauen
Siderodromophobie	Furcht vor Eisenbahnen
Coulrophobie	Furcht vor Clowns
Zemmiphobie	Furcht vor Maulwürfen
Peladophobie	Furcht vor Glatzköpfigen
Paraskavedekatriaphobie	Furcht vor Freitag, dem 13.
Automatonophobie	Furcht vor Bauchrednerpuppen
Arachibutyrophobie	Furcht vor Erdnussbutter, die am Gaumen festklebt
Hippopotamomonstrosesquipedaliophobie	Furcht vor langen Wörtern

Wenn Sie wissen wollen, warum Menschen vor Erdnussbutter, die am Gaumen festklebt, Angst haben, dann probieren Sie es einfach einmal aus.

Allerdings sind diese exotischen Phobien eher selten. Die Ängste, über die Menschen mit einer Spezifischen Phobie berichteten, konzentrieren sich auf einige wenige Objekte. Am häufigsten ist, wie bereits erwähnt, die Spinnenphobie. Oft findet man auch die Furcht vor Haustieren wie Hunde oder Katzen.

Sven und Jessica fuhren mit ihrem offenen Auto durch Italien. Sven hatte die bezaubernde Jessica erst vor ein paar Tagen kennen gelernt. Spontan hatten sie beschlossen, in den Süden zu fahren. An einem schönen Strand in Kalabrien angekommen, parkte Sven das Cabrio. Sie setzten sich in den Garten eines Restaurants am Meer. Sven bestellte eine Meeresbarbe, Jessica ein vegetarisches Pastagericht. «Wahnsinn», sagte Sven nach dem Essen glücklich strahlend zu Jessica. «Das Meer, eine laue Brise, eine kühler Weißwein, und ich sitze hier mit dem schönsten Mädchen von Südniedersachsen. Oh, schau mal, die süßen Kätzchen», sagte Sven und warf den drei Katzen, die sich an

sein Bein schmiegten, die Fischgräten zu. «Katzen?», schrie Jessica spitz, sprang auf, lief zum Auto, setzte sich hinein und machte das Verdeck zu. «Was ist mit dir los?», fragte Sven erstaunt. – «Ich kann Katzen nicht ab! Lass uns abhauen! Schnell!» – «Stell dich nicht an! Was hast du gegen ein paar süße Kätzchen? Die tun dir doch nichts!», rief Sven aufgebracht. «Scheißkatzen», kreischte Jessica. «Ich will hier weg. Sofort!»
Was ist mit der Frau los?, fragte sich Sven, als sie stumm durch die Nacht fuhren. Angst vor Katzen – was soll das? Ist sie nicht ganz richtig im Kopf? Ich hab's mir doch gedacht – irgendwo muss der Haken sein.

Jessica ist nicht allein mit ihrer Angst vor Katzen, und Sven braucht sich keine Sorgen zu machen, dass seine Freundin nicht «normal» sei. Es gibt viele Menschen, die Furcht vor Katzen haben. Für andere Menschen völlig unverständlich, treten sie sofort die Flucht an, wenn harmlose Schmusekatzen in der Nähe sind. Eine Schlangenphobie wird von anderen Menschen durchaus akzeptiert, aber so mancher reagiert mit Unverständnis, wenn jemand vor seinem kleinen Hund Bello oder seinem Kater Fritz Angst hat.

Auch die Angst vor Höhen ist häufig. Wer ein mulmiges Gefühl hat, während er von einem Fernsehturm herunterschaut, hat noch keine Höhenphobie. Es gibt aber Menschen, die noch nicht einmal eine Zweimeterleiter besteigen würden und heftige Schwindelgefühle bekommen, wenn sie im dritten Stock aus dem Fenster schauen. In schlimmen Fällen befürchten die Betroffenen, dass sie am Balkongeländer bewusstlos werden und hinunterstürzen könnten. Manche Menschen haben sogar Phantasien, dass sie, am Balkon stehend, plötzlich den Verstand verlieren und mit Absicht herunterspringen könnten.

Zusammenfassend kann man sagen, dass Menschen mit einer Einfachen Phobie am häufigsten Angst vor den Gegebenheiten der Natur haben: vor Tieren, Insekten, Dunkelheit, tiefem Wasser, schroffen Abhängen, Blitz und Donner oder dem eigenen Blut.

Charakteristisch ist, dass diese Ängste unrealistisch oder übertrieben sind. Durch eine kleine Blutabnahme ist noch keiner gestorben. Die Begegnung eines Menschen mit einer Maus kann lediglich für die Maus tödlich enden. In einem tiefen, dunklen See kann man genauso wenig ertrinken wie in einem türkis gekachelten Swimmingpool mit klarem Wasser, vorausgesetzt, dass man schwimmen kann.

Merkwürdig ist, dass Dinge, die reale Risiken darstellen, selten das Objekt einer phobischen Furcht sind. Schnäpse, Zigaretten, Pommes frites, gesättigte Fettsäuren, ungeschützter Sex oder Motorräder sind fast nie Gegenstand einer Phobie, selbst wenn die Menschen verstandesmäßig die Gefahr erkennen. Dafür gibt es eine Antwort, die von Charles Darwin stammen könnte: Diese Ängste sind ein Erbe aus unserer Höhlenmenschenzeit. Später wird der Gedanke noch eine wichtige Rolle spielen, wenn nämlich die Ursprünge der Ängste erklärt werden (siehe S. 165).

Phobien sind derart verbreitet, dass fast jeder Mensch ein oder zwei Phobien hat. Daher kann man durchaus noch als normal gelten, wenn man kleinere Ängste hat. Manchmal nimmt aber die Phobie beachtliche Ausmaße an. Eine Frau mit einer Arachnophobie (Spinnenphobie) prüft in jedem Raum, den sie betritt, ob sich nicht Spinnen unter dem Schrank oder unter dem Bett befinden. In den Keller geht sie nur mit einem Besen bewaffnet, und jedes Mal bezieht sie das Bett neu, wenn tatsächlich eine Spinne darüber gekrabbelt ist. Niemals würde sie eine Wiese oder einen Wald betreten.

Einfache Phobien beeinträchtigen die Menschen jedoch lange nicht so stark wie andere Angsterkrankungen. Wer eine Höhenphobie hat, meidet eben den Stuttgarter Fernsehturm oder Wanderungen am Großglockner, während dagegen ein Student mit einer Panikstörung, derentwegen er Hörsäle meidet, nicht mehr weiterstudieren kann.

So kommen die meisten Menschen mit einer Einfachen Phobie ganz gut zurecht, ohne sich in ihrer Bewegungsfreiheit oder in ihrer Lebensqualität einschränken zu müssen. Obwohl sich diese Phobien leicht behandeln lassen, meldet sich selten jemand mit einer Einfachen Phobie beim Arzt oder Psychologen zur Therapie. Eine Ausnahme ist die Blut- und Verletzungsphobie.

Die Blut- und Verletzungsphobie

Menschen mit einer solchen Phobie können nicht mit ansehen, wenn andere Menschen eine Spritze bekommen. Harmlose Verletzungen bei anderen Menschen bringen sie völlig aus der Fassung. Sie haben auch allgemein Angst vor Krankenhäusern und Ärzten und bekommen einen Kreislaufkollaps, wenn ihnen die Krankenschwester Blut abnimmt. Das ist ein bemerkenswerter Unterschied zu allen anderen Angsterkrankungen. Bei diesen hat man vielleicht das Gefühl, dass man in Ohnmacht fallen könnte – es kann aber nicht wirklich passieren. Bei der Blut- und Verletzungsphobie kann es dagegen tatsächlich zur Ohnmacht kommen.

Niemand sieht gerne Blut, Verletzungen oder Deformitäten bei anderen Menschen. Die Blut- und Verletzungsphobie geht aber über eine natürliche Abneigung gegen diese Dinge hinaus und kann schwerwiegende Folgen haben, wenn dringend notwendige medizinische Behandlungen umgangen werden. Manche Menschen verlieren nach und nach alle Zähne, weil sie sich vor Zahnärzten fürchten. Nierenkranke verweigern die lebensnotwendige Dialyse aus Angst vor dem Nadeleinstich. So manches Medizinstudium ist nicht am Numerus clausus, sondern an einer Blut- und Verletzungsphobie gescheitert. In einem Fall hatte eine Blut- und Verletzungsphobie katastrophale Auswirkungen:

Ein 56-jähriger Mann hatte eine Arztphobie – das heißt, er hatte vor allem Angst, was mit Krankheiten, Ärzten, Krankenhäusern, Spritzen, Blut, Verbänden zu tun hatte. Und das, obwohl er selbst Zahnarzt war. Dies ging lange Zeit gut, bis der Mann ein Geschwür am Rücken entwickelte. Er weigerte sich monatelang, zum Arzt zu gehen, obwohl das Geschwür immer größer wurde und bedrohliche Ausmaße annahm – durch die Entzündung wurde bereits der Knochen angefressen. Als schließlich seine Frau gegen seinen Willen einen Arzt ins Haus holte und der das Geschwür sah, kriegte der einen Schreck und teilte dem Zahnarzt mit, dass er sofort in die Klinik müsse. Er werde wahrscheinlich um eine größere Operation nicht herumkommen. Darüber regte sich der Zahnarzt derart auf, dass er einen schweren Herzinfarkt und zusätzlich einen Schlaganfall bekam und in eine Intensivstation eingewiesen wurde, wo ich ihn betreue. Die Infarkte überlebte er nur knapp. Er musste lange in der Klinik bleiben, und die notwendige Operation des Geschwürs brachte ihm noch viele weitere Wochen im Krankenhaus ein. Nach einiger Zeit, in denen er rund um die Uhr von Ärzten und Krankenpflegern umgeben war, fragte ich ihn, ob er inzwischen seine Angst vor Ärzten verloren hatte – die Antwort lautete: «Nein!»

Angst vor Ansteckung

Wer kennt sie nicht, die Bilder von Superstar Michael Jackson mit einem umgebundenen Mundschutz? Eine panische Angst vor Ansteckung durch Bakterien oder Viren steckt hinter dieser ungewöhnlichen Maßnahme. Aber Jackson ist nicht der erste Prominente mit solch einer unrealistischen Angst vor Keimen.

Howard Hughes war ein Multitalent und Multimillionär. Er war ein erfolgreicher Geschäftsmann, Filmproduzent, Regisseur und Flugzeughersteller. Als mutiger Pilot brach er mehrere Weltrekorde. Er produzierte berühmte Filme wie *Scarface* und *Hell's Angels* und entdeckte Jean Harlow und Jane Mansfield. Er hatte Affären mit den schönsten Frauen der Welt – unter anderem mit Katharine Hepburn, Ginger Rogers und Bette Davis.

Seit seiner Kindheit hatte er Angst vor Bakterien und anderen Keimen.[10] Im Erwachsenenalter nahm seine Angst vor Ansteckung bizarre Formen an. Wenn einer seiner unzähligen Angestellten ihm einen Löffel reichen wollte, musste dieser zunächst den Griff des Löffels in ein Kleenex-Tuch einwickeln und mit Zellophanpapier versiegeln. Dann wurde ein zweites Papiertuch als Schutz um das erste gewickelt.

Folgende Prozedur war zum Beispiel nötig, um das Kabel seines Hörgeräts aus dem Badezimmer zu holen: «Benutzen Sie 6–8 Kleenex-Tücher, um die Badezimmertür aufzumachen, und nehmen Sie ein unbenutztes Stück Seife. Waschen Sie Ihre Hände mit der Seife. Benutzen Sie mindestens 15 Papiertücher, um die Tür des Faches mit dem Hörgerät zu öffnen. Entnehmen Sie den versiegelten Umschlag mit dem Hörgerät mit beiden Händen, benutzen Sie dabei mindestens 15 Tücher.»

Die Angst vor Ansteckung durch Bakterien war so stark, dass Hughes kaum die exklusiven Hotelzimmer, in denen er wohnte,

Multimillionär Howard Hughes litt an einer schweren Zwangsstörung

verließ. Kaum jemand bekam den scheuen Millionär in seinen späteren Jahren zu Gesicht. In seinem letzten Lebensjahrzehnt arbeitete Hughes tagelang ohne Schlaf in Räumen, die mit schwarzen Vorhängen verhüllt waren. Er war von Kodein und anderen Drogen abhängig und aß kaum etwas, sodass er immer mehr abmagerte. Seine Ess- und Toilettenrituale dauerten den ganzen Tag an. Später war er nicht mehr in der Lage, für sich selbst zu sorgen. Er schnitt sich die Finger- und Zehennägel nicht mehr, sodass sie grotesk lang wurden. Er starrte vor Dreck, seine Haare waren verfilzt und ungewaschen. Als er 1976 starb, war er so dünn und verdreckt, dass er wie ein Heimkehrer aus japanischer Kriegsgefangenschaft aussah. Er musste anhand seiner Fingerabdrücke identifiziert werden.

Röntgenbilder zeigten, dass er Stücke von dünnen Injektionsnadeln, die beim Spritzen abgebrochen waren, in seinen Armen hatte.

Angst vor Ansteckung ist ein häufiges Symptom einer rätselhaften Krankheit – der Zwangskrankheit. Unter dieser Erkrankung litt Howard Hughes. Menschen mit Zwangskrankheiten waschen sich sechzigmal am Tag die Hände, ordnen zwei Stunden lang die Zahnbürsten im Badezimmer, kontrollieren fünfmal hintereinander, ob sie alle Lichter ausgeschaltet haben. Menschen mit Zwangsgedanken leiden unter tagelangen Grübeleien, zum Beispiel unter der Vorstellung, dass sie jemanden ermorden könnten. Die Zwangskrankheit wird im weitesten Sinne auch zu den Angstkrankheiten gerechnet. Wenn ein Zwangskranker seine Zwangshandlungen, wie ordnen, waschen, kontrollieren oder zählen, nicht ausüben kann, wird er von Angst- und Ekelgefühlen gequält. In diesem Buch wird allerdings die Zwangskrankheit nicht weiter behandelt, denn es würde ein weiteres komplettes Buch brauchen, um diese mysteriöse Erkrankung hinreichend darzustellen.

Den Teufel mit dem Beelzebub austreiben
Menschen mit Phobien neigen manchmal zu kontraphobischem Verhalten. Damit ist gemeint, dass jemand, der unter Phobien leidet, sich erst recht gefährlichen Situationen aussetzt. Ein Mann, der eine extreme Angst vor Schlangen hat, reist um die ganze Welt, um Menschen zu treffen, die sich mit Schlangen beschäftigen. Er redet mit Schlangenbeschwörern in Indien, mit Ärzten, die in Bangkok Königskobras das Gift abnehmen, um ein Schlangenserum herzustellen, und mit Cowboys, die mit Klapperschlangen in der Wüste schlafen. Besonders faszinieren ihn die Grüne Viper, eine Schlange, die den Menschen mit einem einzigen Biss töten kann, die Königskobra, die vor den Menschen nicht flieht, sondern sie angreift und dabei schneller zuschlägt als ein Boxer, oder die Wasserschlange Anakonda, die bis zu 25 Meter lang werden soll und ganze Wildschweine und angeblich auch kleine Babys verschlingen kann.

Dieses Verhalten ist wahrscheinlich so zu interpretieren, dass sich manche Menschen ihre sinnlosen und übertriebenen Phobien selbst nicht erklären können. Man darf Phobien und Ängstlichkeit nicht verwechseln. Da diese Menschen zumindest ahnen, dass sie nicht wirklich ängstlich sind, und sich ihr Verhalten rational nicht erklären können, versuchen sie sich zu beweisen, dass sie doch keine Angst haben, indem sie sich in reale Gefahren begeben.

FALSCHER ALARM – DIE PANIKSTÖRUNG

Die 31-jährige Fleischerei-Fachverkäuferin Karin S. berichtet:

Ich war gestern im neuen Einkaufszentrum Kaufpark unterwegs. Es war Freitagnachmittag und ziemlich voll. Plötzlich hatte ich das Gefühl, dass ich keine Luft mehr bekomme. Ich atmete schneller. Meine Kehle schnürte sich zu. Mir wurde schwindelig, und ich glaubte, dass ich gleich in Ohnmacht falle. Die Gedanken fuhren Karussell. Ich setzte mich auf einen Stuhl, aber es wurde nicht besser. Ich hatte das Gefühl, dass die Luft im Kaufpark schlecht war, und ich sah zu, dass ich möglichst schnell ins Freie kam. Aber draußen wurde es auch nicht besser; mein Herz klopfte bis zum Hals, ich hatte das Gefühl, dass es gleich aussetzt. Ich kam mir vor wie in einem Traum. Mein Gesicht fühlte sich wie taub an.
Zufällig sah ich eine Frau, die ich nur flüchtig kannte. Ich sprach sie an und erzählte, was mit mir los sei. Sie wollte mich nach Hause fahren, aber ich meinte, es wäre besser, den Notarztwagen zu rufen. Ich wurde mit Blaulicht in die Klinik gebracht. Kaum hatte ich mit dem Arzt gesprochen, ging es mir schon besser. Ich wurde mehrere Stunden lang untersucht. Dann teilte man mir mit, dass sie nichts gefunden hätten. Den Rest des Tages war ich völlig fertig, wie gerädert.

Dies ist eine typische Beschreibung einer Panikattacke, wie sie bei Patienten mit einer Panikstörung manchmal mehrmals täglich auftreten kann. Wir haben sie schon bei meiner Patientin Sibylle G. kennen gelernt. Auf der ganzen Welt leiden wahrscheinlich fünfzig bis hundert Millionen Menschen immer wieder unter Panikattacken.

Die meisten Menschen, die das Wort «Panik» hören, denken an eine Massenpanik, die zum Beispiel ausbrechen kann, wenn in einem überfüllten Fußballstadion plötzlich sämtliche Zuschauer das

Stadion verlassen wollen und dabei alle, die zu Fall kommen, tottrampeln. Zunächst hat aber eine Panikattacke nichts mit einer Massenpanik zu tun.

Woher kommt der Begriff «Panik»? Nach der griechischen Mythologie schlich sich der Gott Pan – halb Mensch, halb Geißbock – in der griechischen Provinz Arkadien während der Mittagshitze an Gruppen ahnungsloser Reisender heran. Unerwartet tauchte er in ihrer Mitte auf und verbreitete dabei einen solch fürchterlichen Schrecken, dass die Reisenden kopflos und erfüllt von Angst und Panik auseinander liefen, worauf Pan so schnell wieder verschwand, wie er gekommen war.[11]

Heute wird der Begriff für eine der häufigsten Angsterkrankungen verwendet – die Panikstörung. Bei einer Panikattacke tritt urplötzlich ein starkes Angstgefühl auf. Es wird von körperlichen Symptomen begleitet. Dabei treten die meisten (aber nicht immer alle) dieser Symptome gleichzeitig auf: Das Herz klopft bis zum Hals, es kommt einem vor, als ob es nicht mehr regelmäßig schlägt, sondern stolpert. Die Brust schnürt sich zusammen, man spürt ein Enge- oder Druckgefühl oder sogar stechende Schmerzen in der Brust. Diese Schmerzen können auch in den linken Arm ausstrahlen. Der Hals ist wie zugeschnürt, oder man hat einen Kloß im Hals. Die Luft bleibt weg. Man hat das Gefühl der Atemnot, die sich bis zu einem Erstickungsgefühl steigern kann. Dies kann so schlimm sein, dass man das Gefühl hat, immer schneller atmen zu müssen, um noch Luft zu bekommen. Dies nennt man Hyperventilation (überstarke Atmung). Wenn die Hyperventilation ausgeprägte Formen annimmt, kommt es zu einer Tetanie: Dabei verschieben sich im Körper chemische Substanzen, sodass man die Hände nicht mehr bewegen kann und sie in der so genannten Pfötchenstellung verharren. Im Zusammenhang mit der Luftnot treten auch Taubheits- und Kribbelgefühle auf – vor allem an den Händen und Füßen oder im Gesicht. Manchmal wird ein halbseitiges Taubheitsgefühl angegeben, aus bisher ungeklärten Gründen meist linksseitig. Schwitzen, vor allem kalter Schweiß, wird als unangenehm empfunden. Die Hände zittern, oft auch der ganze Körper. Manchmal hat man nur das Gefühl, dass man zittert, ohne dass dies allerdings von anderen Personen wahrgenommen wird. Es handelt sich dabei um ein «innerliches Beben». Heiß und kalt läuft es einem den Rücken hinunter. Diese Hitzewallungen und Kälteschauer machen sich als gleichzeitiges Schwitzen und Frieren bemerkbar. Wegen der Schwindel- oder Benommenheitsgefühle hat man den Eindruck, dass man gleich in Ohnmacht fallen könnte. Die Knie sind «weich», oder man ist «wie gelähmt». Man hat die Empfindung, dass die Dinge um einen herum unwirklich sind. Man fühlt sich wie im falschen Film. Diese Empfindung wird *Derealisation* genannt. Oder man hat die Wahrnehmung, «weit weg» oder «nicht richtig da» zu sein. Häufig berichten mir die Patienten: «Ich stehe neben mir. Ich bin nicht ich selbst. Ich beobachte, wie ich im Auto sitze und den zweiten Gang schalte, aber das bin nicht ich.» Dieses Gefühl wiederum heißt *Depersonalisation*.

Manche Menschen befürchten während einer Panikattacke, wahnsinnig zu werden oder durchzudrehen. Sie haben Angst, dass sie die Kontrolle verlieren und verrückte Dinge machen könnten – beispielsweise laut schreiend davonzulaufen oder sich gar aus dem Fenster zu stürzen. Es können auch Mundtrockenheit, Übelkeit, Magenbeschwerden oder Harn- und Stuhldrang auftreten, aber diese Symptome sind seltener als die übrigen.

Jemand, der eine Panikattacke bei einem anderen Menschen beobachtet, würde nur die auffallende Blässe, Schwitzen oder einen ängstlichen Gesichtsausdruck bemerken. Innerhalb von höchstens zehn Minuten kommen Panikpatienten von null auf hundert – so lange dauert es von den ersten Symptomen bis zur voll ausgebildeten Panikattacke. Eine Panikattacke kann nach fünf Minuten schon vorbei sein, kann aber auch mehrere Stunden anhalten. Im Durchschnitt dauert es 30 bis 45 Minuten, bis der Spuk vorbei ist. Nach dem Abklingen eines schweren Angstanfalls kann es zu einem Erschöpfungszustand mit Müdigkeit, Abgeschlagenheit, Kopfdruck und Depressionen kommen, der mehrere Stunden anhalten kann. Man fühlt sich «wie gerädert».

Panikattacken treten in unterschiedlicher Häufigkeit auf – von einmal pro Jahr bis zu mehrmals täglich. Sie können «aus heiterem Himmel» oder aber in bestimmten gefürchteten Situationen auftreten, wie weiter unten im Kapitel «Agoraphobie» beschrieben wird. Spontane Panikattacken treten oft in Ruhephasen auf, etwa beim Zeitungslesen auf dem Sofa. Manche Patienten haben ihre Panikattacken typischerweise kurz vor dem Einschlafen. Aber auch direkt aus dem Schlaf heraus kann es zu Panikattacken kommen.

Unter Erwartungsangst (Angst vor der Angst) versteht man die Angst, eine erneute Panikattacke zu bekommen. Manche Patienten haben nur selten Panikattacken, leiden aber unter der ständigen Angst, es könnte sie demnächst eine Panikattacke überfallen. Gerade Patienten, die nicht unter Agoraphobie leiden, sondern unter unerwarteten Panikattacken, werden durch diese ständige Angst vor der Angst in ihrer Lebensqualität erheblich eingeschränkt.

Wenn Sie wissen möchten, ob Sie eine Panikstörung haben, sollten Sie den Test «Leiden Sie unter einer Angsterkrankung?» ab S. 349 durchführen.

Kampf oder Flucht

Wer eine Panikattacke hat, fühlt sich dem Tode nahe. Das Herz klopft bis zum Hals, stechende Schmerzen in der linken Brusthälfte, die in den linken Arm ausstrahlen, man kriegt kaum Luft – sind das nicht die typischen Anzeichen eines Herzinfarkts? Hat mein letztes Stündlein geschlagen, obwohl ich doch zu jung zum Sterben bin?, denken viele meiner Panikpatienten. Andere haben so starke Schwindelgefühle, dass sie glauben, im nächsten Moment ohnmächtig hinstürzen zu müssen und sich dabei zu verletzen. Ist das ein Gehirntumor oder ein Schlaganfall?, fragen sich andere. Und deutet die Enge im Hals nicht auf einen Asthmaanfall hin? Bin ich etwa am Ersticken?

Betrachtet man die Symptome im Einzelnen, so sind sie nicht gefährlich. Ist Schwitzen gefährlich? Warum gehen dann Menschen in die Sauna? Ist ein schneller Puls gefährlich? Warum spielen dann Menschen Fußball? Ist kurzfristige Luftnot gefährlich? Warum tauchen dann Kinder im Meer?

In Wirklichkeit sind die körperlichen Symptome, die bei einer Angstattacke auftreten, Ausdruck durchaus normaler Funktionen, die das Überleben in einer Kampf- oder Fluchtsituation ermöglichen sollen. Ein Tier, das seinem natürlichen Feind begegnet, hat die gleichen Symptome, aber auch ein Soldat in einer Kampfhandlung. Alle diese Erscheinungen haben ihren Sinn: Das Herz schlägt schneller, der Blutdruck steigt an, damit mehr Blut durch die Muskeln gepumpt werden kann, die Arm- und Beinmuskeln spannen sich an und werden besser durchblutet. Letztlich soll man dadurch besser auf den Kampf vorbereitet sein. Man ist «auf dem Sprung». Diese Muskelanspannungen sind übrigens oft der Hintergrund für Verspannungen und Rückenschmerzen bei Angstpatienten. Die Haut erscheint blutleer und bleich, und man hat ein flaues Gefühl im Magen, weil das Blut im Körper derart umverteilt wird, dass es für die Flucht gebraucht wird. Man kann aber auch «starr vor Angst» sein. Dies ist die menschliche Variante des tierischen Totstellreflexes. Manche Tiere retten sich auf diese Weise vor dem Feind.

Die Luftwege erweitern sich, damit man besser atmen kann. Die Atmung wird somit schneller. Die Taubheits- und Kribbelgefühle in den Händen und Armen sind eine Folge der stärkeren Atmung, die durch Verschiebungen im chemischen Gleichgewicht des Blutes entstehen. Das Schwitzen ist ein Zeichen dafür, dass die Regulierung der Körpertemperatur an das Geschehen angepasst wird. Der Körper wird «vorgekühlt», damit er bei einer Flucht nicht «zu heiß läuft». Die Pupillen erweitern sich, die Augen sind weit aufgerissen, damit einem keine Gefahr entgeht.

Die «Haare stehen zu Berge», es zeigt sich eine Gänsehaut. Dies liegt vielleicht daran, so vermuten Wissenschaftler, dass wir Menschen früher einmal einen Pelz hatten. Wenn die Haare aufgestellt wurden, sahen wir für einen Gegner größer und furchteinflößender aus. Leber und Bauchspeicheldrüse arbeiten zusammen, damit Zucker frei wird. Auch diese Reaktion macht Sinn: Zucker hat die gleiche Funktion wie Benzin im Auto, es werden auf diese Weise

Energievorräte bereitgestellt, da dieser Vorgang Brennstoff verbraucht. Nach einer Panikattacke hat der Körper dann meist unnötig viel Energie konsumiert, was sich in einer Abgeschlagenheit bemerkbar machen kann. Im Darm wird Stuhldrang erzeugt, in der Blase Harndrang.

Die beschriebenen körperlichen Symptome sind aber noch nicht einmal charakteristisch für Panikattacken. Ähnliche Symptome können ebenso in realen Angstsituationen entstehen, beispielsweise wenn man von einem Räuber in einer dunklen Seitenstraße bedroht wird, bei einem Pokerspiel, bei dem es um viel Geld geht, oder vor einer Strafrechtsprüfung. Das Schlimme bei einer Panikstörung ist, dass man sich so fühlt, als ob man jeden Tag vor einem Examen steht.

Diese Symptome sind aber nicht typisch für Gefahrensituationen. Wenn man 90 Minuten intensiv Fußball spielt, um die Wette läuft oder eine Skipiste im Schuss hinunterfährt, treten auch Herzrasen, Schwitzen, Zittern, Luftnot, Schwindel und andere vergleichbare Symptome auf. In diesen Momenten empfindet man diese Symptome sogar als angenehm, und wenn nicht als wohltuend, dann wenigstens nicht als gefährlich. Auch Menschen mit einer Panikerkrankung, die während einer Panikattacke einen Puls von 110 Schlägen pro Minute als lebensgefährlich empfinden, würden nicht im Traum daran denken, dass ihr Herz in Gefahr ist, wenn sie beim Joggen einen Herzschlag von 130 haben. Es ist also nicht das Symptom an sich, das die Angst verursacht, sondern die falsche Deutung des Symptoms als hoch gefährliches Krankheitszeichen. Manche Leute bezahlen in der Sauna Geld dafür, dass sie beim Eukalyptus-Latschenkiefer-Aufguss die gleichen Symptome bekommen wie andere unfreiwillig bei einer Panikattacke. Was eine Panikattacke von anderen schweißtreibenden Zuständen unterscheidet, ist also die falsche Interpretation der Symptome. Selbst jemand, der in der U-Bahn von einem Messerstecher bedroht wird, würde sich wenig Gedanken über die Gefährlichkeit der eigenen Angstsymptome machen, sondern vor allem vor dem Messerstich Angst haben. Ein Panikpatient weiß dagegen nicht, warum diese Symptome in einer absolut harmlosen Situation auftreten. Daher werden die körperlichen Ereignisse als Bedrohung, als lebensgefährlicher Zustand interpretiert.

Was genau während einer Panikattacke im Körper passiert, hat man herausgefunden, indem man Panikpatienten tragbare Geräte mitgegeben hat, die ständig das EKG (Elektrokardiogramm) und die Atmung maßen. Das Erstaunliche war: Obwohl die Patienten regelmäßig berichteten, ihr Herz würde so schnell schlagen, dass sie befürchteten, es könne zerspringen, war der Herzschlag gar nicht oder nur unwesentlich erhöht gewesen. Auch die Atmung war während einer Panikattacke nur geringfügig schneller.[12] Wie wir später sehen werden, sind nicht Körperfunktionen bei einer Panikerkrankung gestört, sondern die Wahrnehmung dieser Funktionen.

Bei der Hälfte der Panikpatienten kann es direkt aus dem Schlaf heraus zu Panikattacken kommen. Manche Menschen haben deswegen sogar Angst vor dem Einschlafen. Eine Patientin berichtete mir: «Ich hatte Angst, dass ich nicht mehr aufwachen würde. Woran ich eigentlich sterben könnte, war mir nicht klar. Ich habe sogar versucht, wach zu bleiben, indem ich den Fernseher laufen ließ.»

Kann man vor Angst sterben? Im Prinzip nicht. Zwar können Kaninchen tatsächlich vor Angst sterben, Menschen mit einem gesunden Herzen jedoch nicht. Es gibt natürlich Ausnahmen: Wer ein schwer geschädigtes Herz hat, kann natürlich durch jede Art von Aufregung einen Herzinfarkt bekommen, ob durch eine lebensbedrohliche Situation oder durch ein im Fernsehen beobachtetes Eigentor von Oliver Kahn.

Panikpatienten sind aber meist in einem Alter, in dem man in der Regel noch keine Herzerkrankungen hat. Und Menschen, die Herzinfarkte bekommen, sind in der Regel aus dem Alter heraus, in dem man Panikattacken bekommt. Dass jemand durch eine Panikattacke stirbt, ist also so gut wie ausgeschlossen. Die normalen Vorgänge, die während einer Kampf- oder Fluchtreaktion auftreten, schaden dem Körper genauso wenig, wie es einem Porsche schadet, ab und zu einmal mit 200 Stundenkilometern gefahren zu werden.

Das Paniksyndrom – eine Modekrankheit?

Ist das Paniksyndrom eine Modeerkrankung? Da der Begriff «Panikstörung» erst in den sechziger Jahren des 20. Jahrhunderts aufkam, taten einige Mediziner diese Diagnose als amerikanische Modeerscheinung ab. Noch heute gibt es einige Fachleute, die diesen Begriff nicht akzeptieren. Dabei gibt es zahlreiche Beschreibungen von Panikattacken in älteren Büchern.

Der Wiener Sigmund Freud, der Begründer der Psychoanalyse, beschäftigte sich ausführlich mit Angstneurosen und beschrieb auch ein Krankheitsbild, das der heutigen Panikstörung ähnelt. 1895 veröffentlichte er seine Schrift «Über die Berechtigung, von der Neurasthenie einen bestimmten Symptomenkomplex als ‹Angstneurose›

Sigmund Freud,
der Begründer der
Psychoanalyse

abzutrennen».[13] Er schilderte zwei Arten von Angstneurosen, die den heutigen Begriffen der Panikstörung und der Generalisierten Angststörung, die später beschrieben wird, sehr nahe kommen. Die folgende Beschreibung entspricht der heutigen Definition einer Panikattacke:

> Ein solcher Angstanfall besteht entweder einzig aus dem Angstgefühle ohne jede assoziierte Vorstellung oder mit der nahe liegenden Deutung der Lebensvernichtung, des «Schlagtreffens», des drohenden Wahnsinns, oder aber dem Angstgefühle ist irgendwelche Parästhesie beigemengt (ähnlich der hysterischen Aura), oder endlich mit der Angstempfindung ist eine Störung irgendeiner oder mehrerer Körperfunktionen, der Atmung, Herztätigkeit, der vasomotorischen Innervation, der Drüsentätigkeit verbunden. Aus dieser Kombination hebt der Patient bald das eine, bald das andere Moment besonders hervor, er klagt über «Herzkrampf», «Atemnot», «Schweißausbrüche», «Heißhunger» u. dgl., und in seiner Darstellung tritt das Angstgefühl häufig ganz zurück oder wird recht unkenntlich als ein «Schlechtwerden», «Unbehagen» usw. bezeichnet.

Freuds Verdienst war es, die ersten Theorien zur Entstehung und Behandlung der Angstneurosen zu entwickeln, die allerdings später neu durchdacht werden mussten.

Anfang der sechziger Jahre führte der amerikanische Psychiater Donald Klein als Erster den Begriff der «Panikstörung» ein. Bis dahin gab es für Menschen mit Angstzuständen eine verwirrende Vielfalt von Diagnosen wie «Angstneurosen», «Angstattacken», «phobischer Attackenschwindel», «Herzneurosen» oder «vegetative Labilität». Diese uneinheitlichen Diagnosen haben einen guten Teil dazu beigetragen, dass man viele Jahre lang keinen Plan hatte, wie man eine Panikstörung behandeln sollte. Erst Ende der siebziger Jahre räumte man in den USA mit der Begriffsverwirrung in der Psychiatrie auf. Es wurde eine einheitliche Nomenklatur aller psychischen Erkrankungen festgelegt, das Diagnostische und Statistische Manual Seelischer Erkrankungen (DSM). Dies sollte sich als Vorteil für die Patienten erweisen. Jede psychiatrische Erkrankung wurde jetzt anhand von «Checklisten» genau beschrieben, nach denen die Diagnosen jetzt viel eindeutiger und genauer gestellt werden konnten als früher. Jetzt wurde der Begriff der «Panikstörung» zum ersten Mal offiziell eingeführt. Erst nachdem die Krankheit einen Namen hatte, wurden die ersten kontrollierten Therapiestudien durchgeführt, die später zu einer deutlichen Verbesserung der Behandlungsmöglichkeiten führten.

AGORAPHOBIE

Etwa zwei Drittel der Panikpatienten leiden zusätzlich unter einer Agoraphobie. Menschen mit Agoraphobie haben beispielsweise in Menschenmengen oder engen Räumen Angst. Das griechische Wort *Agorá* (αγορά) heißt «Platz», sodass Agoraphobie oft mit «Platzangst» übersetzt wird. Allerdings haben nur wenige Menschen Angst vor großen leeren Plätzen. In Wirklichkeit geht es um enge, volle Plätze. Die Agorá in Athen war ein Marktplatz, auf dem auch Versammlungen abgehalten wurden. *Agorázo* (αγοράζω) heißt «einkaufen», sodass Agoraphobie auch mit «Einkaufphobie» übersetzt werden könnte. So haben die Menschen mit Agoraphobie auch vielfach Angst, in einen Supermarkt oder in eine Fußgängerzone zu gehen.

Was aber befürchten die Betroffenen in diesen Situationen? Im Vordergrund steht die Angst, eine Panikattacke zu bekommen. Freud schrieb bereits 1885: «Im Falle der Agoraphobie ... finden wir häufig die Erinnerung an eine Angstattacke; und was der Patient in Wirklichkeit fürchtet, ist das Auftreten einer solchen Attacke unter den speziellen Verhältnissen, in denen er glaubt, ihr nicht entkommen zu können.»[14]

Typischerweise fürchtet der Patient, dass er etwa in einer Menschenansammlung einen Panikanfall erleiden könnte, dass er dann ärztliche Hilfe benötigen würde und der Abtransport durch die Menschenmenge behindert werden könnte. Häufig berichteten mir meine Patienten von solchen Phantasien:

Schon allein die Vorstellung: Ich sitze in einem Theater, eingezwängt zwischen vielen Menschen – wenn ich dann eine Panikattacke bekommen und ohnmächtig zusammenbrechen würde. Der Notarzt müsste kommen, die Sanitäter müssten mich da herausholen, das würde ja peinliches Aufsehen erregen, das ganze Theaterstück müsste unterbrochen werden.

Neben den Panikattacken fürchten die Menschen mit Agoraphobie auch, ohnmächtig zu werden oder zusammenzubrechen, die Darm- oder Blasenkontrolle zu verlieren, sich zu übergeben oder einen Herzinfarkt zu bekommen.

In engen Räumen haben Agoraphobiker besonders große Angst. Das betrifft oft Fahrstühle. In einem Lift befürchten Fahrstuhlphobiker, dass dieser stecken bleiben und dass dann der Sauerstoff ausgehen könnte. Nur wenige machen sich Gedanken darüber, dass ein Fahrstuhl niemals ein Vakuum ist, sondern durch Lüftungsschächte eine ständige Verbindung zur Außenluft haben muss. Selbst wenn der Ventilator aussetzen sollte, wäre ein Ersticken im Fahrstuhl unmöglich. Die meisten Fahrstuhlphobiker haben Angst, ganz allein im Fahrstuhl zu sein, da im Falle einer Panikattacke keiner Hilfe herbeitelefonieren könnte. Manche haben aber wiederum in sehr vollen Fahrstühlen Angst, da sie nach ihrer Logik befürchten, dass im Falle des Steckenbleibens die Luft dann schneller ausgehen würde.

Oft werden die Regeln des Verstandes aufgegeben, wenn die Patienten ihr Vermeidungsverhalten rechtfertigen. Das Verlassen eines vollen Raumes wird damit begründet, dass in dem Raum die Luft zu warm und zu stickig sei, auch wenn Temperatur und Sauerstoffgehalt von anderen für normal gehalten werden. Eine meiner Patientinnen zog von Baden-Baden ins norddeutsche Flachland, weil die Tallage der badischen Stadt ihrer Meinung nach das Atmen erschwere. Man darf jetzt aber nicht annehmen, dass Agoraphobiker allgemein unlogische Menschen sind. Die meisten Agoraphobiker werden alle anderen Situationen des Lebens völlig vernunftgemäß einschätzen können – nur bei ihrer eigenen Angst setzt die Urteilskraft teilweise aus. Dies ist eine wichtige Eigenschaft von Phobien – dass sie die Klarsicht für bestimmte Sachlagen trüben können, während alle anderen Dinge des Lebens völlig sachlich beurteilt werden können. Davon aber später.

Auch öffentliche Verkehrsmittel werden von Agoraphobikern vielfach gemieden. In einem Bus könnte es peinliches Aufsehen erregen, wenn man den Busfahrer bitten müsste, an der nächsten Ecke anzuhalten. Große Angst haben die Betroffenen auch vor Schiffs- oder Flugreisen, da ja ärztliche Hilfe erst nach einigen Stunden verfügbar wäre. Beim Fliegen kommt noch die Angst vor dem Abstürzen hinzu, sodass Flugreisen bei Panikpatienten häufig ganz oben auf der Liste der zu vermeidenden Situationen stehen. Interessanterweise sagen aber die meisten Agoraphobiker, dass sie sich vor einer Flugreise weniger Gedanken über das Abstürzen als über eine mögliche Panikattacke machen.

Reisen, bei der der Patient sich weit entfernt von zu Hause befinden würde, werden also möglichst umgangen. Besonders Auslandsreisen werden als problematisch angesehen, da man ja bei Sprachproblemen nur schwer Hilfe bekommen könnte oder weil man annimmt, dass das Gesundheitssystem in manchen Ländern nicht so gut sei wie zu Hause. Waldspaziergänge werden nicht unternommen, da man ja im Falle einer Panikattacke hilflos im Gestrüpp liegen bleiben könnte.

Zahlreiche Agoraphobiker haben Angst vor dem Autofahren. Dabei befürchten sie vor allem Situationen, in denen der Verkehrsfluss zum Erliegen kommt, zum Beispiel vor einer roten Ampel, im Stau oder auf Autobahnbaustellen. Andere vermeiden Autobahnfahrten, bei denen sie sich zwischen den Lastwagen eingeengt fühlen, oder sie haben Bedenken, dass durch die langen Abstände zwischen den Ausfahrten ein «Entkommen» erschwert werden könnte. Natürlich wird auch angenommen, dass es während der Autofahrt zu einer Panikattacke kommen könnte, bei der man die Kontrolle über das Fahrzeug wahrscheinlich verlieren würde. Kein Patient hat mir allerdings jemals über tatsächliche Autounfälle in Verbindung mit Panikattacken berichtet. Da während der Panikattacke meist sogar eine erhöhte Aufmerksamkeit besteht, sind Unfälle sogar eher unwahrscheinlich.

Die meisten Attacken überfallen die Patienten nach einer Studie des niederländischen Psychiaters Edwin de Beurs zu Hause (45 Prozent). Weitere häufige Situationen sind Kaufhäuser (13 Prozent), Autofahren (elf Prozent), auf der Straße (neun Prozent) oder beim Besuch von Freunden (acht Prozent).[15]

In den meisten Fällen treten zuerst die unerwarteten Panikattacken auf. Erst später, nach durchschnittlich einem halben Jahr, entwickelt sich die Agoraphobie.

Man sollte meinen, dass besonders diejenigen Menschen eine Agoraphobie entwickeln, die einmal schlechte Erfahrungen in engen Räumen gemacht hatten – wie etwa längere Zeit in einem Fahrstuhl stecken geblieben, im Krieg verschüttet oder in einer Tropfsteinhöhle eingeschlossen gewesen zu sein. Dies ist aber nicht der Fall, und diese Tatsache spielt eine ziemlich wichtige Rolle, wenn es um die Ursachen der Ängste geht. Aber davon später.

Auch die Agoraphobie ist nicht eine erfundene Krankheit der heutigen Zeit. Sie ist ein altbekanntes Phänomen, das bereits früh in wissenschaftlichen Abhandlungen beschrieben wurde. Der Wiener Neurologe Moritz Benedikt berichtete bereits 1870 über den «Platzschwindel».[16] Der Berliner Psychiater Karl Otto Westphal veröffentlichte 1872 die Beschreibung von vier Patienten mit einem Krankheitsbild, das wir heute als «Panikstörung mit Agoraphobie» diagnostizieren würden. Der Begriff der «Agoraphobie», wie er in seiner heutigen Form verwendet wird, wurde übrigens von ihm geprägt. Westphal berichtete über einen jungen Mann, der auf großen Plätzen in Berlin Angst hatte, so auf dem Dönhoffplatz, beim Exerzierhaus oder bei der Artillerieschule Unter den Linden. Der Patient versuchte, diese Plätze in Begleitung oder in nicht allzu weiter Entfernung von einem Pferdewagen zu überqueren (heute versuchen Menschen mit Agoraphobie oftmals, sich in der Nähe ihres Autos aufzuhalten, wahrscheinlich, weil sie denken, dass sie damit im Falle einer Panikattacke schneller einen Arzt erreichen könnten). Westphals wohl intuitiv geäußerter therapeutischer Vorschlag, täglich die gefürchteten Punkte aufzusuchen, blieb ohne Erfolg.[17]

Eine wunderbare Beschreibung eines Angstanfalls im Rahmen einer Agoraphobie finden wir bei Theodor Fontane in einem Brief von 1889 an Karl Zöllner:

Berlin, 19. August 1889

... Von Kissingen aus war ich drei Tage in Bayreuth, um «Parsifal» und «Tristan und Isolde» zu hören. Sonnabend Nachmittag kam ich an und fiel aus einem Hotel und Kaffeehaus in das andere, was sehr interessant war. So international, dass die Promenade von Kissingen bloß wie Zoologischer Garten daneben wirkte.
Sonntag «Parsifal», Anfang vier Uhr. Zwischen drei und vier natürlich Wolkenbruch; für zwei Mark, trotzdem ich ganz nahe wohnte, hinausgefahren. Mit aufgekrempelten Hosen hinein. Alles nass, alles klamm, kalt. Geruch von aufgehängter Wäsche. Fünfzehnhundert Menschen drin, jeder Platz besetzt. Mir wird so sonderbar. Alle Türen geschlossen. In diesem Augenblick wird es stockeduster. Nur noch durch die Gardinen fällt ein schwacher Lichtschimmer, genau wie in «Macbeth», wenn König Duncan ermordet wird. Und nun geht ein Tubablasen los, als wären es die Posaunen des Letzten Gerichts. Mir wird immer sonderbarer, und als die Ouvertüre zu Ende geht, fühle ich deutlich: «Noch drei Minuten, und du fällst ohnmächtig oder tot vom Sitz.» Also wieder raus. Ich war der Letzte gewesen, der sich an vierzig Personen vorbei bis auf seinen Platz, natürlich neben der «Strippe», durchgedrängt hatte, und das war jetzt kaum zehn Minuten. Und nun wieder ebenso zurück. Ich war halb ohnmächtig; aber ich tat so, als ob ich's ganz wäre, denn die Sache genierte mich aufs äußerste. Gott sei Dank wurde mir auf mein Pochen die Tür geöffnet, und als ich draußen war, erfüllte mich Preis und Dank. Nur das Dankesgefühl des Türhüters konnte mit dem meinigen vielleicht rivalisieren. Denn er kriegte nun mein Billett, das er sofort für fünfzehn Mark oder auch noch teurer (denn es wurden unsinnige Preise bezahlt) an draußen Wartende verkaufen konnte. Mein «Tristan-Billett» schickte ich am Morgen zurück und vermachte den Betrag einer «frommen Stiftung».
Ich hätte diese lächerliche Großmuts- oder Anstandkomödie nicht aufgeführt, wenn ich nicht ein von mir bestelltes Billett gleich beim Einkauf am Tage zuvor zurückgegeben hätte, worauf der Kassenbeamte sehr liebenswürdig einging. Diese Szene nun zu wiederholen war mir doch gegen die Ehre. Ich hebe dieses eigens hervor, damit ich nicht alberner erscheine als nötig. Die ganze Geschichte – außerdem eine Strapaze – hatte gerade hundert Mark gekostet, und doch bedaure ich nichts. Bayreuth inmitten seiner Wagnersaison und seines Wagnerkultus gesehen zu haben ist mir soviel wert.[18]

Fast immer berichten Menschen, die unter Agoraphobie leiden, dass sie in den betreffenden Situationen weniger Angst haben, wenn sie in Begleitung sind. Sie hoffen, dass der Beistand im Notfall Hilfe herbeiholen könnte, indem er zum Beispiel einen Krankenwagen ruft. Es wird ja phantasiert, dass man sterben könnte, wenn man im Falle einer Panikattacke nicht ärztlich versorgt wird. Dies führt oft dazu, dass der Ehepartner den Angstpatienten zur Arbeit bringen oder auf Behördengängen, bei Arztbesuchen oder in anderen Situationen begleiten muss. Angst vor dem Alleinsein ist daher bei Agoraphobikern weit verbreitet. Abwesenheiten des Ehemannes oder der Ehefrau werden angstvoll durchlebt.

Allerdings scheint auch ein Begleiter kaum vor Panikattacken zu schützen, denn mehr als die Hälfte der Panikattacken treten in Anwesenheit eines Begleiters auf, wie eine Untersuchung mit Panikpatienten ergab.[19]

IST WIRKLICH ALLES UNTERSUCHT?

«Ab 30 ist man nicht mehr gesund, sondern nicht gut durchuntersucht.» Dieser Spruch könnte von einem Panikpatienten stammen. Menschen, die unter Panikattacken leiden, werten ihre Symptome ja oft als Ausdruck einer körperlichen Erkrankung, zum Beispiel als Vorboten eines Herzinfarkts, eines Schlaganfalls oder eines Gehirntumors.

So mancher Panikpatient hat schon eine Blaulichtfahrt ins Krankenhaus hinter sich. Im Krankenhaus angekommen, wird ein solcher Patient dann tatsächlich wie ein Herzinfarktpatient behandelt. Alle entsprechenden Maßnahmen werden eingeleitet – mit einem gewissen Recht, denn die Symptomschilderung des Patienten legt ja tatsächlich den Verdacht auf einen Infarkt oder eine Lungenembolie nahe. Die Hightechmedizin, die auf der Notfallstation angewandt wird, bestärkt allerdings den Patienten wiederum in seiner Annahme, dass er unter einer lebensbedrohlichen Krankheit leidet.

Aber auch Allgemeinärzte, Internisten, Neurologen, Hals-Nasen-Ohren-Ärzte, Orthopäden oder andere Fachärzte werden immer wieder frequentiert. Trotz der Versicherung, dass keine körperliche Krankheit vorliegt, lassen sich manche Patienten immer wieder komplett medizinisch untersuchen. Denn für sie besteht ein Widerspruch zwischen den beruhigenden Worten des Hausarztes, der die Symptome zu bagatellisieren versucht, und den Todesängsten, die sie während der Panikanfälle durchstehen müssen.

Schlägt der Hausarzt dann vor, doch einmal einen Psychiater aufzusuchen, fühlt sich so mancher Patient, als habe ihm jemand einen Kübel Jauche über den Kopf geschüttet. «Bisher war ich immer der Meinung, dass ich keinen Sprung in der Schüssel habe. Anstatt mich mal richtig zu untersuchen, will der mich gleich für geisteskrank erklären und zum Irrenarzt schicken» – diesen oder ähnliche Sätze habe ich oft gehört. Es ist immer wieder erstaunlich, wie viele Menschen noch Vorurteile gegen Psychiater oder Psychologen hegen. Der Hauptgrund aber, warum die Betroffenen eine psychiatrische Behandlung ablehnen, ist, dass die Panikkrankheit selbst dafür sorgt, dass eine schwere körperliche Ursache der Beschwerden vermutet wird. Ein Chip im Gehirn scheint das Symptombild einer lebensgefährlichen internistischen Krankheit täuschend echt nachzuahmen. Selbst nach einer wochenlangen erfolgreichen Behandlung durch einen Psychiater glauben manche Panikpatienten noch immer, dass sie bei ihm «auf der falschen Baustelle» sind.

Im Schnitt dauert es bei Menschen mit einer Panikstörung dreieinhalb Jahre von den ersten Symptomen bis zur richtigen Diagnose. Zum einen trägt die Erkrankung an sich schon ihren Teil dazu bei, dass die Betroffenen lieber einen Internisten als einen Seelenklempner aufsuchen – eben weil der Chip im Gehirn perfekt das Bild einer lebensgefährlichen Krankheit nachzuahmen versucht. Zum anderen ist bei den Allgemeinärzten die Erkennungsrate bei der Panikstörung auch nicht besonders hoch. Die Wiener Psychiaterin Michaela Amering stellte fest: Nur bei etwa sechs Prozent der Panikpatienten, die sich bei einem Arzt vorgestellt hatten, wurde die Möglichkeit einer Panikattacke als Diagnose überhaupt erwähnt, 26 Prozent der Patienten erhielten die «kränkende und verwirrende Auskunft», dass sie «nichts» hätten.[20]

In manchen Fällen wird aber gleich die Maximaldiagnostik betrieben, ohne dass die Möglichkeit einer Angsterkrankung überhaupt nur in Erwägung gezogen wird. Durch Fehldiagnosen kommt es zu unnötigen medizinischen Maßnahmen. In den USA werden im Jahr 90 Millionen Dollar allein für überflüssige Herzkatheteruntersuchungen bei Panikpatienten ausgegeben.[21] Bei dieser Technik handelt es sich um eine nicht ganz risikolose Methode, bei der ein Schlauch in die Beinschlagader bis zur Herzkammer vorgeschoben wird und die bei einer guten körperlichen Untersuchung, zusätzlichen Labortests sowie EKG-Ableitungen vermeidbar wäre.

Mit zunehmender Zahl zu Rate gezogener Fachärzte steigt die Chance, dass bei den Patienten dann eines Tages tatsächlich kleinere Gesundheitsstörungen gefunden werden. Werden dann diese Gesundheitsstörungen auch noch objektiv belegt, beispielsweise durch einen minimal veränderten Laborwert, geraten manche Patienten geradezu in eine völlig unbegründete Euphorie, da sie jetzt hoffen, dass der Fehler endlich gefunden sei.

Meist unterstützen Menschen mit einer Panikstörung alle Maßnahmen, die zur Entdeckung einer körperlichen Ursache ihrer Symptomatik führen könnten. Manche drängen ihren Hausarzt zu übertriebenen oder ungerechtfertigten diagnostischen Maßnahmen. Sie hoffen insgeheim, dass endlich doch eine «handfeste» Ursache, wie zum Beispiel ein zu hoher Schilddrüsenwert, gefunden wird. Dann, so ihre Vorstellung, wäre die Erkrankung leichter zu behandeln. Dann könnte man endlich ein «richtiges» Medikament geben. Die Annahme allerdings, dass es ihnen folglich besser gehen würde, ist meist ungerechtfertigt. Die körperlichen Krankheiten, die alternativ in Frage kämen, wären allemal schlimmer und schwerer zu behandeln als eine Panikstörung.

WELCHE KRANKHEITEN KÖNNTE MAN MIT DER PANIKSTÖRUNG VERWECHSELN?

Es kommt zwar viel häufiger vor, dass eine Panikstörung für ein körperliches Krankheitsbild gehalten wird, als der umgekehrte Fall, dass eine körperliche Erkrankung für eine Panikstörung gehalten wird. Dennoch ist ein Arzt verpflichtet, zunächst abzuklären, ob nicht tatsächlich eine körperliche Krankheit vorliegt. Es wäre zum Beispiel fatal, wenn der Arzt eine so genannte koronare Herzkrankheit nicht erkennt und stattdessen eine Angsterkrankung vermutet. Eine koronare Herzkrankheit entsteht durch eine Einengung der Herzkranzgefäße und kann zu einem tödlichen Herzinfarkt führen. Die Symptome sind ähnlich wie bei einer Panikattacke. Die Krankheit betrifft meist ältere Menschen, die die entsprechenden Risikofaktoren haben.

Auch eine Überfunktion der Schilddrüse und einige andere Erkrankungen könnten mit einer Panikstörung verwechselt werden. Mit einer körperlichen Untersuchung, einer Blutabnahme, einem EKG und vielleicht noch ein paar anderen Untersuchungen kann man allerdings ziemlich rasch ausschließen, dass körperliche Erkrankungen vorliegen.

Panikattacken können aber auch bei anderen seelischen Störungen auftreten. Andere Angsterkrankungen gehen auch mit Panikattacken einher, so zum Beispiel die Soziale Phobie oder die Einfache Phobie. Wenn jemand Angst in Menschenmengen hat, muss es sich nicht um eine Agoraphobie im Rahmen einer Panikstörung handeln; es wäre auch möglich, dass er unter einer Sozialen Phobie leidet (siehe S. 73). Bei dieser Angsterkrankung wird aber nicht das Gedränge der Menschen als bedrohlich empfunden, sondern das Gefühl, von anderen kritisch beobachtet zu werden.

Auch eine Depression kann mit Panikattacken einhergehen. Depressionen können selbst Menschen heimsuchen, die keinen äußeren Anlass für eine niedergeschlagene Stimmung haben – wie der Tod eines nahen Angehörigen oder der Verlust des Arbeitsplatzes. Die Depression beginnt oft schleichend. Eine niedergeschlagene Stimmung, die jeder einmal kurz haben kann, bleibt bei Depressionen tage- und wochenlang bestehen. Man hat keinen Antrieb, keine Energie. Man möchte sich am liebsten kurz nach dem Aufstehen wieder hinlegen. Dinge, die früher einmal Spaß gemacht haben, wie Tennis spielen oder bestimmte Fernsehserien ansehen, werden vernachlässigt. Menschen, mit denen man sich früher gerne unterhalten hat, geht man aus dem Weg. Man kann seine Gedanken nicht mehr zusammenhalten, vergisst Telefonnummern oder wichtige Termine. Das Essen schmeckt nicht mehr, man nimmt mehrere Kilo ab. Oder aber man nimmt zu, weil man aus Frust alles in sich hineinstopft. Man schläft schlecht ein, wacht manchmal nachts auf oder kann morgens ab vier Uhr schon nicht mehr schlafen, weil der Zwang zum Grübeln einen daran hindert. Man sinniert darüber nach, was man falsch gemacht haben könnte. Bei allen Dingen, die schief gelaufen sind, sucht man die Schuld bei sich und nicht bei anderen. Man hat das Gefühl, nichts mehr wert zu sein. Die Zukunft wird als schwarz, hoffnungslos, pessimistisch angesehen. Wenn das so weitergeht, sagen mir Patienten mit solchen Problemen, welchen Sinn macht das Leben noch?

Solche Depressionen gehen oft mit starken Ängsten und Befürchtungen einher. Man macht sich Sorgen um die Zukunft, oder man weiß nicht, wovor man eigentlich Angst hat. Diese Ängste können so stark werden, dass sie schließlich die Form von Panikattacken annehmen.

Was das Ganze jetzt kompliziert macht, ist, dass die Grenzen zwischen den Angsterkrankungen und den Depressionen oft nicht einmal für einen Psychiater klar zu bestimmen sind. Manche Symptome, wie Appetitmangel, Konzentrations- oder Schlafstörungen können bei beiden Erkrankungen auftreten. Es gibt sogar Menschen, die sowohl eine Panikstörung als auch eine Depression haben. Es kann aber auch passieren, dass jemand, der jahrelang unter unbehandelten Panikattacken leidet, eine «sekundäre Depression» als Folge der Angsterkrankung entwickelt. Die ständig wiederkehrenden, zermürbenden Anfälle demoralisieren die Betroffenen. In der Folge können sogar Selbstmordgedanken aufkommen. Mit einer erfolgreichen Behandlung der Angsterkrankung verschwindet aber auch diese Depression.

GENERALISIERTE ANGSTSTÖRUNG – GEBOREN, UM SICH SORGEN ZU MACHEN

Sabine S. ist 41 Jahre alt. Sie arbeitet halbtags als Pflegerin in einem Altenheim. Seit Jahren leidet sie unter körperlichen Symptomen: Übelkeit, Bauchschmerzen, Durchfall, Stuhl- und Harndrang, schmerzhafte Blähungen. Oft beklagt sie auch Muskelverspannungen, Hitzewallungen, Schwitzen, Herzrasen, unregelmäßigen Herzschlag und Enge in der Brust. In wechselnder Kombination treten diese Symptome fast ganztägig auf. «Morgens, wenn ich aufwache, geht es gleich los. Ich zittere und habe diese Angst, und ich weiß nicht, wovor», teilt sie mir mit.
Ihrer Familie war in letzter Zeit ihre übergroße Schreckhaftigkeit und Besorgtheit aufgefallen. Dazu Sabine S.: «Ich verstehe es nicht. Früher war ich ganz anders. Als junges Mädchen habe ich Fußball gespielt und bin im Schwimmbad vom Zehnmeterbrett gesprungen. Jetzt rege ich mich schon auf, wenn mein Mann auch nur zehn Minuten später von der Arbeit kommt. Ich habe schon ein paar Mal in seiner Firma angerufen, um zu wissen, wann er losgefahren ist. Immer denke ich, dass ihm unterwegs etwas passiert sein könnte. Der größte Horror für mich war, als meine Tochter nach Mallorca fliegen wollte. Ich konnte einfach nicht glauben, dass sie gesund zurückkommen würde.»

Diese übergroßen Sorgen der Patientin hatte der Hausarzt der Familie als die typische Fürsorglichkeit einer Mutter gewertet. Bevor sie zu mir kam, waren wegen der körperlichen Symptome zahlreiche Untersuchungen eingeleitet worden. Nachdem diese ohne Befund blieben, erfolgten mehrfache Facharztkonsultationen. Röntgenuntersuchungen des Bauches, Stuhlproben und «Schlauchschlucken» erbrachten letztlich keine körperliche Ursache der Bauchbeschwerden.

Meine Patientin Frau S. leidet unter einer Generalisierten Angststörung. Die typischen Symptome dieser Angsterkrankung sind Herzklopfen, schneller Puls, Schweißausbrüche, Zittern, Luftnot, Beklemmungsgefühle, Brustschmerzen, Übelkeit, Kribbeln im Magen, Gefühllosigkeit in den Händen oder Kribbelgefühle im Gesicht. Dazu jagen Hitzegefühle oder Kälteschauer durch den Körper. Man wird von Mundtrockenheit, einem Kloßgefühl im Hals oder Schluckbeschwerden gequält. Schwindelgefühle, Unsicherheit, Schwäche und Benommenheit geben den Betroffenen das Gefühl, «wie im Tran» herumzulaufen.

Der ständige Stress, unter dem Menschen mit einer Generalisierten Angststörung stehen, kann weitere körperliche Folgen haben, wie etwa Kopfschmerzen, Schlaflosigkeit oder chronische Schmerzen. Die Muskeln, die sich als Folge der unangebrachten Kampf- oder Flucht-Reaktion ständig in Anspannung befinden, fangen an zu schmerzen. Solche Menschen sind die besten Kunden der Masseure. Das Kneten und die Fangopackungen helfen aber nur vorübergehend, da die Ursache ja im Kopf und nicht in den Muskeln sitzt.

Ruhelosigkeit und die Unfähigkeit, sich zu entspannen, Aufgedrehtsein, Nervosität und psychische Anspannung sind Zustände, die bei Menschen mit einer Generalisierten Angststörung zum Alltag gehören. Konzentrationsstörungen treten auf, denn man kann nicht Steuererklärungen ausfüllen, einen Videorecorder programmieren oder das Passwort der Mikrowelle memorieren, während das Gehirn mit 95 Prozent seines Arbeitsspeichers über Leben und Sterben nachgrübelt. Jemanden mit einer Generalisierten Angststörung zu erschrecken ist ziemlich leicht. Eine solche Person ist «ständig auf dem Sprung» oder «kurz vor dem Durchdrehen».

Typisch für diese häufige Angstkrankheit ist die «frei flottierende Angst» – man hat Angst und weiß nicht, wovor. Die Angst tritt nicht wie bei der Panikstörung in Form von plötzlichen Angstanfällen auf, sondern mehr oder weniger als Dauerzustand (wobei die Angst allerdings dann nicht so heftig ist wie bei einer Panikattacke, dafür aber länger anhält).

Aber es ist auch typisch für eine Generalisierte Angststörung, dass man sich ständig Sorgen macht. Man kann diese Form der Angststörung auch als «Sorgenkrankheit» bezeichnen. Die Sorgen machen sich die Betroffenen nicht nur um sich selbst, sondern vor allem um Angehörige, um die Kinder, die Ehefrau, den Lebensgefährten. Würde es eine Arbeitsplatzbeschreibung für Menschen mit einer Generalisierten Angststörung geben, würde sie lauten: «Muss in der Lage sein, sich 24 Stunden am Tag Sorgen zu machen.»

Menschen mit einer Generalisierten Angststörung finden oft keinen Schlaf, da sie ständig über ihre Probleme nachdenken müssen. Sie sind auch diejenigen, die am ehesten beunruhigt sind, wenn im täglichen Leben Bedrohungen zunehmen. Ein Patient mit einer Generalisierten Angststörung würde sich niemals in ein Flugzeug in die USA setzen, wenn eine Terrorwarnung ausgegeben wird. Viele Geschäftsleute, die zwei- bis dreimal pro Woche fliegen müssen, überlegen sich: «Jeden Tag landen Tausende von Flugzeugen allein in Frankfurt, so weit ich denken kann, ist nicht eines davon beim Landen abgestürzt. Die Terroristen können ein paar Flugzeuge abschießen, aber es ist statistisch unwahrscheinlich, dass ausgerechnet ich darin sitze.» So denkt jemand mit einer Generalisierten Angststörung nicht. Er interpretiert die Statistik immer zu seinen Ungunsten. Er hat sofort die 144 Menschen vor Augen, die beim letzten Flugzeugabsturz in der Ukraine starben. Keinesfalls kommt er auf die Idee, die Millionen Menschen in Betracht zu ziehen, die an jenem Tag sicher gelandet sind.

Wie auch bei der Panikstörung sorgen die vorwiegend körperlichen Symptome der Generalisierten Angststörung dafür, dass Arzt und Patient oft lange im Dunkeln tappen, bevor die richtige Diagnose gestellt wird. Im Durchschnitt dauert es hier sogar sieben Jahre nach Beginn der ersten Symptome, bis die exakte Diagnose gefunden ist.

Die Generalisierte Angststörung hat eine große Nähe zur Depression, sodass manchmal auch Fachleute Probleme haben, zwischen einer Depression und einer Generalisierten Angststörung zu unterscheiden.

Neidisch auf die Sorglosen

«Warum, zum Teufel, mache ich mir ständig Sorgen?», fragt sich jemand, der unter einer Generalisierten Angststörung leidet. «Wird das Finanzamt die Steuererklärung anerkennen, taugt der Kerl, der meine Tochter heiraten will, wirklich was; wird meine Rente reichen; und was wird die Heizungsreparatur wieder kosten? Bin ich eigentlich nett genug zu meinen Angestellten? Wird die Sekretärin

Helga wieder schwanger? Hätte ich Tante Hilda zum Geburtstag anrufen sollen? Wird meine Mutter langsam senil? Gibt der Fernseher wohl bald seinen Geist auf? Warum war ich eigentlich noch nie bei einer Krebsvorsorgeuntersuchung? Und warum liegt meine Frau neben mir und schläft den Schlaf der Gerechten, macht sich überhaupt keine Sorgen und denkt lieber über den Sommerurlaub nach?»

Warum werden manche Menschen ständig von den Anfeindungen des Lebens gequält, während andere mit Ruhe und Grazie durch die Klippen des Lebens schiffen? Wie kann es sein, dass zwei Menschen, die genau die gleichen Probleme haben müssten, so unterschiedlich reagieren? Menschen mit der «Sorgenkrankheit» beneiden oft andere, die sich keine Sorgen machen.

Sascha G. jobbt als Kellner in einem Bistro, und man sagt, dass er den besten Cappuccino von Oldenburg macht. Ansonsten ist er auf der ganzen Linie ein Versager. Vor einigen Jahren hatte er seine Lehre als Diplomkaufmann abgebrochen. Seitdem arbeitete er nie länger als drei Monate im selben Job. Er hat zwei uneheliche Kinder, aber keinen Kontakt mehr zu den Müttern. Stets ist er gut gekleidet, obwohl er nie Geld besitzt. Von seiner Mutter erbte er ein kleines Häuschen. Vom Verkaufserlös finanzierte er sich einen Porsche, den er binnen kurzem vor einen Baum setzte – ohne sich deswegen lange zu grämen. Liebend gern pumpt er sich Zigaretten. Er hat keinen Führerschein mehr, trotzdem fährt er mit geliehenen Autos, ohne erwischt zu werden. Er braucht 15 Minuten, um sich eine Zigarette zu drehen. Alkohol trinkt er nur in Maßen, da er nie so viel Stress hat, dass er dagegen antrinken muss. Obwohl er schon 43 Jahre alt und gar kein Adonis ist, kommen 20- bis 30-jährige hübsche Frauen gern in das Bistro, um ihm bei der Cappuccino-Zubereitung zuzusehen. Sie lieben sein gewinnendes Lächeln und vor allem sein völlig sorgloses Auftreten. Von Zeit zu Zeit lässt ihn eine von ihnen bei sich zu Hause einziehen. Er hört sich immer geduldig ihre neurotischen Problemgeschichten an. Die Frauen leihen ihm Geld, das er nie zurückzahlt.

Was ist das Geheimnis von Sascha G.? Er hat jede Menge Probleme – aber keine Sorgen. Andere Menschen dagegen, bei denen alles wunderbar läuft – die Kinder sind gesund, der Job einträglich, das Haus abbezahlt –, werden ohne Ende von ihren Kümmernissen geplagt. Offensichtlich ist es so, dass tatsächliche äußere Probleme wenig mit den inneren Nöten zu tun haben. Man kann eine Generalisierte Angststörung auch bekommen, wenn im Leben alles normal läuft. Andererseits können Menschen auch unbekümmert durch das Leben tändeln, obwohl alles schief geht. Dies liegt daran, dass die Ursachen der Angsterkrankungen eben nicht nur in einer widrigen Umwelt, sondern auch in den Molekülen und Nervenzellen des Gehirns zu suchen sind. Hierauf wird im vierten Kapitel näher eingegangen.

MEHR ALS SCHÜCHTERNHEIT – DIE SOZIALE PHOBIE

Sonja E., eine 23-jährige Frau in der Ausbildung zur Polizeibeamtin, hat große Angst vor dem Unterricht in der Polizeischule. Wenn sie an die Tafel gehen muss, zittert ihre Hand, und sie schreibt unvollständige Sätze an die Tafel. Wenn sie ein Referat halten soll, meldet sie sich an dem Tag krank. Wenn sie einfach nur eine Frage des Lehrers beantworten muss, wird sie rot und bringt keinen Ton heraus. Ihre schriftlichen Leistungen sind dagegen sehr gut. Sie überlegt sich, dass sie vielleicht den Beruf aufgeben sollte, denn von Polizisten erwartet man ja schließlich Autorität und ein sicheres Auftreten.
Im Privatleben klappt nichts. Sie hat noch nie einen Mann kennen gelernt, obwohl sie recht hübsch und nicht auf den Mund gefallen ist, wenn sie sich in ihrem persönlichen Umfeld sicher fühlt. Wenn sie von einem Mann angesprochen wird, bricht nach ein paar Floskeln der Gesprächsfaden ab, da sie immer befürchtet, etwas Dummes oder Uninteressantes zu sagen. Entnervt brechen die jungen Männer ihre Annäherungsversuche ab, da sie Sonjas Schweigen als Desinteresse werten.
«In der U-Bahn habe ich immer das Gefühl, dass mich die anderen Menschen anstarren», beklagt sich Sonja. «Sehe ich wirklich so blöd aus? Ist meine Frisur etwa so schrecklich? Meine Klamotten sehen wahrscheinlich völlig altmodisch aus, denke ich. Und wenn ich mit Leuten spreche, die ich nicht gut kenne, werde ich rot und fange an zu stammeln.»

Sonja leidet unter einer Sozialen Phobie. Charakteristisch für die Soziale Phobie, die auch Soziale Angststörung genannt wird, ist die Angst, von anderen Menschen negativ bewertet zu werden. Man meint ständig, dass andere Menschen einen beobachten und einen für ungeschickt, unbeholfen, unattraktiv oder unintelligent halten.

Man fürchtet deshalb auch Situationen, in denen man im Mittelpunkt stehen muss: Bei der Ansprache zur Konfirmation der Tochter bebt die Stimme. Vor einem ganz harmlosen Gespräch mit dem Chef muss man mehrfach auf die Toilette. Beim Erzählen eines Witzes vor Freunden verhaspelt man sich und verpatzt die Pointe. Beim Unterschreiben eines Formulars, zum Beispiel in einer Bank, zittern die Hände. Wenn man vor anderen Leuten eine Rede halten soll, steht man da wie «Häuptling Hochroter Kopf», ohne einen Ton herauszubringen. Man hat Angst, einen Raum zu betreten, in dem schon andere sitzen. Gespräche mit Fremden werden gefürchtet. Direkter Blickkontakt wird als belastend empfunden. In einem Geschäft versteckt man sich hinter einem Ständer mit Mänteln, um nicht vom Verkäufer angesprochen zu werden. Vor dem Telefonieren hat man regelrecht Angst; man überlegt sich lange, ob man überhaupt irgendwo anruft oder ob man nicht besser einen Brief schreibt.

Menschen mit einer Sozialen Phobie würden sich wünschen, dass sie sich mündlich genauso gewählt und elegant ausdrücken könnten wie in Briefen. Eine mündliche Prüfung fürchten sie erheblich mehr als eine schriftliche.

Man sollte meinen, dass Leute, die unter einer Sozialen Phobie leiden, so zurückhaltend sind, weil sie klein, dick oder hässlich sind. Aber die meisten Menschen mit sozialen Ängsten sehen völlig normal oder gar sehr gut aus. Trotzdem denken sie immer, dass sie auf andere Leute unangenehm, lächerlich oder gar abstoßend wirken. Die meisten können sich wortgewandt ausdrücken, denken aber, dass alles, was sie sagen, von anderen als peinlich, unüberlegt oder belanglos empfunden wird.

Auch Gespräche mit Bekannten sind oftmals nicht leicht für sie. Sie vermeiden das gemeinsame Essen mit Arbeitskollegen in der Kantine. Nichts wird so gefürchtet wie das Kaffeetrinken mit Verwandten bei der Oma. Wenn man die Kaffeetasse halten will, klappert sie so stark, dass es alle hören. Der Kaffee trägt sein Übriges dazu bei, denn er steigert die Nervosität noch. Dabei sind es doch nur Verwandte, vor denen man doch keine Angst haben müsste: Vetter Karl, die Cousine Rita mit ihren Kindern, Onkel Herbert ...

Ich bin schon seit einem Jahr nicht mehr in einem Restaurant gewesen, berichtet Uwe J., 34 Jahre. Wenn ich dort essen müsste, würde ich die ganze Zeit befürchten, dass ich nicht anständig esse, dass ich vielleicht Geräusche dabei mache, dass mir das Essen aus dem Gesicht fällt, dass ich den Wein auf der weißen Tischdecke umkippe. Ich fühle mich nicht nur von den Leuten beobachtet, die mit mir am Tisch sitzen, sondern auch von allen anderen im Lokal. Mir zieht sich der Magen zusammen, und das Essen schmeckt nicht mehr. Ich zittere so, dass ich das Weinglas nicht halten kann. Ich muss ein paar Mal auf die Toilette. Das Ganze macht keinen Spaß mehr und ist das Geld nicht wert.

Die Angst der Patienten äußert sich in körperlichen Symptomen wie Herzrasen, Herzklopfen, Zittern, Schwitzen, Erröten, Harn- oder Stuhldrang. Diese Symptome können sich bis zu einer vollständigen Panikattacke steigern. Die Patienten befürchten, dass man ihnen die Angstsymptome wie Erröten, Schwitzen oder Zittern ansehen könnte.

Einer meiner Patienten war Bankdirektor. Wenn er zu einer Sitzung ging, nahm er immer mehrere Aktenordner unter beide Arme, damit er niemandem die Hand geben musste. «Wenn ich jemandem die Hand geben würde, würde der Gesprächspartner ja merken, dass ich schweißnasse Hände habe, das wäre nicht nur peinlich gewesen. Stellen Sie sich vor, Sie verhandeln mit einem Banker um ein paar hunderttausend Euro, und dieser Banker schwitzt – könnte da nicht der Gedanke aufkommen, dass mit dem Geschäft irgendwas nicht ganz in Ordnung ist?»

Eine besondere Form der Sozialen Phobie ist die Angst mancher Männer, öffentliche Toiletten zu benutzen. Wenn eine Toilette gut besucht ist – oder wenn sie unter Zeitdruck stehen –, können sie trotz voller Blase nicht Wasser lassen. Eine unerklärliche Blockade, die durch rationale Gedanken nicht zu brechen ist, verhindert das Urinieren.

Krank oder einfach nur schüchtern?

Man könnte jetzt sagen, dass der Begriff «Soziale Phobie» nur ein neuer Ausdruck für extreme Schüchternheit ist. Seit wann ist das eine Krankheit?, wird oft gefragt. Wenn man Menschen interviewen würde, ob sie Angst hätten, in einem Raum vor 200 Zuhörern eine Rede zu halten, würden wahrscheinlich 80 Prozent mit «Ja» antworten. Auch würden die meisten Menschen sich nicht trauen, vor einer Gesellschaft ein Lied zu singen oder öffentlich einen Witz zu erzählen. Das allein reicht aber noch nicht aus, um eine Soziale Phobie zu diagnostizieren.

Aber wo hört die bescheidene Zurückhaltung, Hemmung oder Unsicherheit auf, wo fängt die Soziale Phobie an? Ich stelle meinen Patienten häufig spezielle Fragen, um herauszufinden, ob sie nur etwas zurückhaltend sind oder ob sie eine behandlungsbedürftige Soziale Phobie haben:

- Machen Sie sich manchmal schon tagelang vorher Gedanken über einen Gang zu einer Behörde, wie zur Kfz-Zulassungsstelle?
- Hatten Sie heute Angst, in die Sprechstunde zu kommen und über Ihr Problem zu sprechen?
- Hätten Sie Angst, dass Ihnen jemand Ihre Angst bei persönlichen Gesprächen anmerken könnte, weil Sie erröten oder an den Händen schwitzen?
- Hätten Sie Angst, vor anderen Menschen zu essen oder zu trinken?
- Könnte es passieren, dass Sie sich nicht trauen, Schuhe, die Sie zu klein gekauft haben, umzutauschen?
- Fangen Sie an zu zittern, wenn Sie ein Telefon auch nur anfassen?

Wenn solche Fragen bejaht werden, so kann man davon ausgehen, dass deutliche soziale Ängste bestehen. Wenn Sie sich nicht sicher sind, ob Sie eine Soziale Phobie haben, dann sollten Sie den Test auf Seite 353 durchführen.

Die virtuelle Welt

Unsere moderne Welt fördert sozialphobisches Verhalten. Früher musste man, um in der Welt zurechtzukommen, viel mehr mit den

Mitmenschen reden als heute. Früher fragte man nach dem Weg – heute ist Deutschland komplett ausgeschildert, und es gibt Navigationssysteme. Früher musste man beim Einkaufen noch sagen «100 Gramm Gouda in Scheiben, einen Liter Vorzugsmilch ...» – heute geht man wortlos zur Kasse; die Kassiererin scannt schweigend die Waren ein; man liest die Endsumme vom Display ab und zahlt stumm. Früher hatte man ein ausführliches Gespräch mit dem Autoverkäufer – heute konfiguriert man das Wunschauto zu Hause im Internet. Früher telefonierte man – heute schreibt man E-Mails und SMS.

Menschen mit einer Sozialen Phobie finden sich in der virtuellen Welt gut zurecht. Sie sitzen stundenlang am PC, spielen Spiele mit Menschen in einem fremden Land, von denen sie nur einen Aliasnamen kennen, chatten mit Hunderten von anonymen PC-Usern oder verabreden sich sogar zum Schein mit Internetbekanntschaften. Es gibt keinen Blickkontakt; keiner sieht das Erröten oder den Schweiß auf der Stirn. Irgendwann besteht ihr Leben zu 80 Prozent aus Träumen.

Bescheidenheit ist eine Zier ...

... doch weiter kommt man ohne ihr – so reimte Wilhelm Busch. Das gilt vor allem für Menschen mit einer Sozialen Phobie. Menschen mit einer derartigen Angststörung sind bei anderen Menschen oft beliebt. Schüchternheit, dezente Zurückhaltung und Bescheidenheit sind Tugenden, die in unserer Gesellschaft durchaus als liebenswert angesehen werden. Und solche Menschen brauchen wir in unserer Gesellschaft. Stellen Sie sich vor, alle Menschen wären penetrant selbstbewusst, hemmungslos durchsetzungsfähig oder aufdringliche Nervensägen. Wie wäre es, wenn jeder Zweite ein Alleinunterhalter wäre?

Vor allem rücksichtslose Vorgesetzte schätzen Menschen mit einer Sozialen Phobie als die willkommenen Mitarbeiter, die ihre Arbeit immer bestens und ohne zu murren machen. Sie beschweren sich nicht, wenn sie ausgenutzt werden, und verlangen mangels Traute keine höhere Entlöhnung.

In Ausbildung und Beruf kommen die Menschen mit einer Sozialen Angststörung jedoch oft nicht so weit, wie sie es verdient hätten. Sie haben oft eine schlechtere Schul- und Berufsausbildung, als es ihren Fähigkeiten entspricht. Sie zögern Prüfungen endlos hinaus. Bei einem Vorstellungsgespräch für einen neuen Job macht man den denkbar unsichersten Eindruck. Sie vermeiden alle Tätigkeiten, bei denen sie sich zwar bewähren könnten, die aber auch mit dem Risiko verbunden sind, vermehrt in die Kritik zu geraten. Im Berufsleben stehen sie sich manchmal selbst im Weg: Wenn eine Beförderung anliegt, lehnen sie diese ab, weil sie die damit verbundenen vermehrten sozialen Kontakte oder öffentlichen Auftritte scheuen. Wenn ein leitender Posten winkt, sind sie nicht gerade diejenigen, die laut «Hier!» schreien. Sie sind dazu verdammt, sich anderen Mitarbeitern unterzuordnen, die womöglich nicht bessere berufliche Fertigkeiten, aber mehr Selbstbewusstsein und Durchsetzungsvermögen haben.

Das große Buch der verpassten Gelegenheiten

Menschen mit einer Sozialen Phobie sind auch Meister in einer Technik, die unter Skatbrüdern «Leichenreden» genannt wird. Zocker lieben es nämlich nicht, wenn einer von ihnen anfängt, ein bereits beendetes Spiel zu analysieren: «Wenn ich die Kreuzdame gezogen hätte, dann ...» Genauso pflegen Menschen mit sozialen Ängsten sich auszudenken, was sie in einer Konfliktsituation gemacht hätten, wenn sie nur schnell genug reagiert hätten oder wenn sie mutig gewesen wären. Ein Maurer, der von einem Kollegen am Bau vor allen anderen mit üblen Schimpfworten belegt worden ist, aber nicht kontern konnte, sondern schweigend weggegangen ist, überlegt sich im Nachhinein, wie er hätte reagieren sollen: «Jetzt weiß ich, was ich zu ihm hätte sagen sollen, zum Beispiel: ‹Wenn mein Hund so ein Gesicht hätte wie du, würde ich seinen Hintern rasieren und ihn rückwärts laufen lassen›, genau das hätte ich sagen sollen.»

Menschen mit einer Sozialen Phobie haben im Umgang mit anderen Personen kaum schlechte Eigenschaften, da sie sich ja immer bemühen, es allen recht zu machen, und so nach und nach alle Mankos abbauen. Bis auf zwei Ausnahmen: Sie sind zwar von sich nicht besonders überzeugt, reden jedoch trotzdem gerne über sich, wenn sie mit vertrauten Personen sprechen, wobei sie auf ihre Erfolge hinweisen und sich gerne selbst loben. Auf die Probleme ihres Gesprächspartners können sie aber oft nicht genügend eingehen. Eine weitere schlechte Eigenschaft ist, dass sie gerne über andere Menschen abfällige Bemerkungen machen, wenn diese gerade nicht anwesend sind.

Man sollte meinen, dass Diskotheken für Sozialphobiker erfunden worden sind. Die Beleuchtung ist schummrig, weil Sozialphobiker denken, dass sie sowieso nicht gut aussehen und dass das im Halbdunkel praktischerweise nicht auffallen würde. Die Musik ist laut, sodass man sich nur durch Zeichen verständigen kann – vielleicht, weil die Sozialphobiker immer denken: «Wenn ich anfange zu reden, bringe ich sowieso nur Mist heraus.» Wegen des Krachs kommen sie nicht in Verlegenheit, ein Gespräch führen zu müssen. Außerdem wird in einer Diskothek Alkohol ausgeschenkt, der hilft, die sozialen Ängste abzubauen. Aber wie die folgende Geschichte zeigt, nützt das alles nichts:

John saß schon lange an der Bar in der Diskothek Culture Club. Tanzen war nicht sein Ding. Groß gewachsen, wie er war, hatte er eine sehr schlaksige Figur und immer das Gefühl, er würde sich ungelenk bewegen und beim Tanzen den denkbar schlechtesten Eindruck machen. Schon länger sah er Julia beim Tanzen zu. Julia hatte lange schwarze Haare, ein sehr hübsches Gesicht und dunkle Augen. Sie war groß und schlank. Er kannte sie flüchtig vom Sehen, denn sie war mit ihm im selben Semester im Biologiestudium.
Wenn ich mich nicht täusche, dachte Julia, sieht der Typ da drüben immer zu mir herüber. Oder bilde ich mir das ein? Warum kommt er nicht auf die Tanzfläche? Ich versuche mal, mich neben ihn an die Theke zu setzen. Vielleicht spricht er mich ja an. Er sieht ja irgendwie traumhaft aus und hat ein knackiges Hinterteil.
John kippte noch einen Cola Whisky. Jetzt quatsche ich sie an, kam es ihm in den Kopf. Oder lieber doch nicht. Warum schaffe ich das nicht? Seit anderthalb Jahren habe ich keine Freundin mehr. Ich werde noch verrückt. Aber wahrscheinlich werde ich mich wieder völlig blöd verhalten.

Fast eine halbe Stunde saß er so an der Theke, sah mal zur Tanzfläche, mal zu Julia rüber, in der Hoffnung, einen Blick mit ihr austauschen zu können. Die starrte unverwandt auf die schönen bunten Flaschen im Regal hinter dem Barkeeper, machte aber keine Anstalten, zu John hinüberzusehen.

Ich schaffe es doch nicht, sie anzusprechen. Das Beste ist, ich gehe jetzt nach Hause, dachte John. Abrupt stand er auf und wandte sich zum Gehen. Doch plötzlich – der Whisky hatte ihn mutig gemacht – drehte er sich um und sprach Julia an. «Willst du mit mir tanzen?», fragte John. Er hätte sich ohrfeigen können, wie unbeholfen und ungeschmeidig dieser Auftritt war.

Julia wurde rot. Damit hatte sie nicht gerechnet. «Nein, eigentlich im Moment nicht», rutschte es ihr heraus. Bin ich denn blöd?, fragte sie sich im selben Moment. Jetzt habe ich so viel investiert, um von diesem Typen angesprochen zu werden, und jetzt wimmele ich ihn einfach ab.

Gerade in diesem Moment drängte sich ein breitschultriger Mann zwischen die beiden, um sich ein Bier zu bestellen. Es entstand eine lange Pause, und John überlegte sich, dass er am liebsten eine Fliege sein wollte. Er drehte sich von Julia weg. Nachdem der Mann verschwunden war, spürte er plötzlich eine Hand auf seiner Schulter. «Vielleicht will ich ja doch tanzen ...», stotterte Julia zaghaft.

Eine Stunde später tanzten sie immer noch. Eine Unterhaltung war bei der lauten Musik nicht möglich, aber Julia lächelte ihn mit ihrem schönsten Lächeln an, und John lächelte zurück. Gegen drei Uhr morgens waren sie noch immer auf der Tanzfläche. Dann ging das Licht an, und der DJ forderte sie zum Gehen auf.

«Was hältst du davon, wenn wir noch zu mir gehen und ein bisschen quatschen?», fragte John Julia. «Ich bin überhaupt noch nicht müde.»

«Ja ... äh ... warum nicht ...», stammelte Julia.

«Wartest du hier auf mich? Ich muss nochmal dringend aufs Klo», sagte John hastig und lief weg.

Julia stand da wie vom Donner gerührt. Während John verschwunden war, fragte sie sich: «War ich das, die eben ja gesagt hat? Bin ich denn blöd? Bestimmt will er was von mir. Und dann? Wenn wir Sex haben, mache ich garantiert alles falsch. Ich verhalte mich bestimmt superblöd. Ich werde alles verderben. Er wird mich für bescheuert halten. Ich bin so eine Versagerin ... Ich ...»

Als John von der Toilette wieder zurückkam, war Julia verschwunden. War sie auch noch auf die Toilette gegangen? Er wartete bestimmt noch eine halbe Stunde, bis der mitleidige Barkeeper, der die Stühle hochstellte, ihn ansprach: «Die Frau, die mit dir hier saß, ist schon lange weg. Sie hatte es plötzlich ganz eilig.»

Dies ist eine typische Geschichte, die passiert, wenn zwei Sozialphobiker aufeinander treffen. Sozialphobiker lernen wegen ihrer Ängste im Umgang mit dem anderen Geschlecht deutlich seltener einen Partner kennen. Obwohl sie eigentlich zueinander passen, verpassen sie sich. Jeder glaubt, nicht den ersten Schritt machen zu können. Jeder denkt, dass er es nicht wert sei, den anderen zu bekommen. Und so laufen viele Töpfchen und Deckelchen in der Welt herum, aber sie finden nicht zueinander. Millionen von Sozialphobikern sind einsam und warten, dass ein Wunder passiert. Dieses Wunder tritt nicht ein, denn nur eins ist sicher, nämlich, dass sie selbst nicht dazu beitragen, dass das Wunder geschieht. So sitzen sie einsam zu Hause und füllen das große Buch der verpassten Gelegenheiten mit unzähligen neuen Kapiteln.

Eine Folge dieser Angsterkrankung ist, dass auch andere Situationen vermieden werden, in denen man mit anderen Menschen zusammentreffen könnte. Einschränkungen der Bewegungsfreiheit und soziale Isolation sind das Ergebnis. Depressionen können als Konsequenz dieses freudlosen Lebens auftreten. Personen mit Sozialphobie begehen dreizehnmal häufiger Suizidversuche als der Bevölkerungsdurchschnitt.

Sappho, die Liebe und die Soziale Phobie

Nicht nur aus diesem Grund wäre es zynisch, das Problem der Sozialen Phobie als «erfundene Krankheit» abzutun. Als ich mich Ende der achtziger Jahre zum ersten Mal mit dieser Angststörung befasste, hörte ich oft, dass es sich dabei um eine Modeerscheinung handele oder um eine neue Diagnose, die ausgebrütet wurde, um den Absatz neuer Medikamente gegen diese Krankheit zu fördern. Aber so neu scheint die Erkrankung nicht zu sein.

Im Jahre 1621 beschrieb der englische Geistliche Robert Burton in seinem Buch «Die Anatomie der Schwermut» eine Panikattacke bei Menschen mit sozialen Ängsten: «Viele beklagenswerte Auswirkungen hat diese Furcht bei Menschen, wie Erröten, Blässe, Zittern und Schwitzen, plötzliche Kälteschauer und Hitzewallungen am ganzen Körper, Herzklopfen, Ohnmachtsgefühle usw. Sie befällt viele Männer, die in der Öffentlichkeit sprechen oder auftreten müssen.»[22]

Aber das war nicht die erste Beschreibung einer Sozialen Phobie. Burton berichtete in seinem Buch auch über einen Patienten des Arztes Hippokrates (460 bis ca. 370 v. Chr.): «Er wagte es nicht, sich in Gesellschaft zu begeben, wegen der Furcht, dass er verlacht oder beschämt werden könnte, dass er durch seine Gesten oder seine Sprache auffallen oder dass ihm schlecht werden könnte. Er dachte, dass ihn jeder beobachtete.»

Etwa um das Jahr 600 vor Christus verfasste die griechische Dichterin Sappho das berühmte Gedicht «Symptome der Liebe»:[23]

Scheint er nicht den seligen Göttern ähnlich,
Jener Mann, der dort gegenüber, vor dir
Sitzen darf und nahe den Klang der süßen
Stimme vernehmen,

Und des Lachens lieblichen Reiz! Das hat mir
Starr gemacht das Herz in der Brust vor Schrecken.
Schon ein Blick auf dich, und es kommt kein Laut mehr
Mir aus der Kehle.

Ach, die Zunge ist mir gelähmt, ein zartes
Feuer rieselt unter der Haut mir plötzlich,
Nichts vermag mein Auge zu sehn, ein Rauschen
Braust in den Ohren,

Und der Schweiß rinnt nieder an mir, das Zittern
Packt mich ganz, noch fahler als Gras des Feldes
Bin ich; wenig fehlt, und in tiefer Ohnmacht
Schein ich gestorben …

Da dieses Gedicht nicht vollständig erhalten ist (am Ende bricht es mitten im Satz ab) und die Poetin auch keine Gebrauchsanweisung mitgeliefert hat, haben viele Literaturwissenschaftler versucht, es

Die griechische Dichterin Sappho (610–580 v. Chr.)

auf ihre Weise zu interpretieren. Keinem ist jedoch aufgefallen, was eigentlich offensichtlich ist: Die (lesbische) Dichterin Sappho beschreibt alle Symptome einer Panikattacke – in einer sozialphobischen Situation. Eine junge Dame plaudert mit einem jungen Herrn, der ihr offensichtlich gefällt. Auch der Herr bewundert ihren liebreizenden Körper. Alles scheint nach Plan zu laufen. Doch plötzlich kommt es zu einer Panikattacke: Herzrasen («Starr gemacht das Herz»), Mundtrockenheit («die Zunge ist mir gelähmt»), Hitzewallungen («Feuer rieselt unter der Haut»), verschwommenes Sehen («Nichts vermag mein Auge zu sehn»), Ohrgeräusch («ein Rauschen braust in den Ohren»), Schwitzen («Schweiß rinnt nieder an mir»), Zittern, Blässe («fahler als Gras»), aber auch Ohnmachtsgefühle und

Todesangst («Schein ich gestorben»). Vielleicht hat das junge Mädchen sich auf das Zusammensein mit dem Mann gefreut. Als es dann zur Verabredung kommt, befällt sie plötzlich eine unerklärliche Angst, die sich bis zu einer Panikattacke steigert.

Zwar kennt jeder, der einmal verliebt war, die Nervosität vor dem ersten Kuss. Wird sie sich abwenden, wird sie mich ohrfeigen, oder wird sie es angenehm finden? Hat sie vielleicht schon lange darauf gewartet, dass ich es tue? Für die meisten Menschen gehört dieser prickelnde Augenblick zu den schönsten Dingen, die man erleben kann. Für die Menschen mit einer Sozialen Phobie enden solche Situationen aber oft mit einer Niederlage, da sie im letzten Moment selbst einen Rückzieher machen.

Nobody is perfect

Laura M., 21 Jahre, war eine Schönheit. Sie hatte langes goldblondes Haar, grüne, mandelförmige Augen, eine olivfarbene Haut, ebenmäßige Gesichtszüge und einen vollen Mund. Sie besaß eine Figur, die jedem männlichen Wesen die Sprache verschlug. Sie hatte einen vollen Busen und perfekt geformte Beine. Vor allem verfügte sie über einen Gesichtsausdruck, dem kein Mann widerstehen konnte. Fotomodelle in Hochglanzjournalen sahen im Vergleich zu Laura belanglos aus.

«Was kann ich für Sie tun?», begrüßte ich sie. Sie war eine der attraktivsten Patientinnen, die jemals in meine Sprechstunde gekommen waren.

«Ich hasse meinen Körper», klagte Laura. «Nichts stimmt. Hier an den Hüften habe ich zu viel, der Bauch steht vor. Am schlimmsten ist die Nase. Ich würde gerne eine gerade Nase haben. Meine Lippen sind zu schmal. Ich habe mir vorgenommen, mehrere Schönheitsoperationen durchführen zu lassen. Zuerst die Nase. Ich habe schon mit einem Spezialisten in München gesprochen. Dann will ich mir die Lippen aufspritzen lassen, damit sie voller werden. Dann Fett aus dem Bauch absaugen. Und die Hüften. Meine Brüste sind zu groß, finde ich. Ich will sie verkleinern lassen. Aber mein Problem ist, dass ich das ganze Geld nicht habe, um diese Operationen zu bezahlen.»

«Sie sind also der Meinung, dass Sie nicht gut genug aussehen ...», stammelte ich, wobei ich meine Fassungslosigkeit kaum verbergen konnte. «Ich weiß, was Sie sagen wollen», sagte Laura. «Sie meinen, ich sehe ganz passabel aus. Alle wollen mir das einreden. Alle sagen, ich wäre schön genug. Aber mein Problem ist: Ich denke das selber nicht. Alle meine Gedanken drehen sich nur darum, dass ich unzufrieden mit meinem Körper bin. Ich will perfekt sein. Davon bin ich weit entfernt. Ich bin unglücklich.»

Erstaunlich fand ich auch den Fall von Stefanie U.:

Stefanie U., 16, wurde von ihrer Mutter in meine Sprechstunde gebracht. Als sie zur Tür hereinkam, konnte ich ihr Gesicht nicht sehen, da sie es hinter einem Vorhang langer schwarzer Haare verbarg. Sie wandte mir sofort den Rücken zu. Stefanie war völlig überzeugt, so hässlich zu sein, dass alle Menschen entsetzt wären, wenn sie sie sehen würden. In den letzten zwei Jahren hatte sie überhaupt nicht mehr das Haus verlassen und war auch nicht mehr zur Schule gegangen. Ihren Eltern war es in dieser Zeit nicht gelungen, sie zu einem Arzt oder Psychologen zu bringen. Die Familie bekam wegen der Schulpflicht bereits Probleme mit den Behörden. Stefanie verbrachte ihre Zeit hauptsächlich in ihrem Zimmer am Computer und surfte im Internet herum. Nur kurz konnte ich im Spiegel einen Blick von ihrem Gesicht erhaschen. Sie war bleich, aber ungewöhnlich hübsch.

Laura und Stefanie litten an einer rätselhaften Erkrankung, die einen schwer auszusprechenden Namen hat: Dysmorphophobie. Menschen, die unter dieser Krankheit leiden, haben die unverrückbare Vorstellung, dass irgendetwas an ihrem Körper nicht stimmt. Ein für andere Menschen als vollkommen normal erscheinender Körperteil wird als unschön, hässlich, Ekel erregend oder monströs empfunden. Allen Versicherungen Außenstehender zum Trotz, dass die Nase völlig in Ordnung erscheine oder sogar sehr hübsch sei, beharren sie auf ihrem Standpunkt, dass sie abstoßend aussehen. Solche Menschen wenden sich oft an Schönheitschirurgen. Wenn einer dieser Operateure sich weigert, die Operation durchzuführen, suchen sie so lange weiter, bis sie schließlich jemanden finden, der sie unter das Messer nimmt. Manchmal ist das Ergebnis nicht zufrieden stellend, oder sie empfinden sich als noch hässlicher als vorher, sodass sie von einer Operation zur nächsten hetzen.

Über die Ursachen dieser rätselhaften Form der Angst ist so gut wie nichts bekannt.

Angst am Arbeitsplatz

Von den realen Ängsten hat in Umfragen oft eine bestimmte immer einen sicheren Platz in den vorderen Rängen: die Angst am Arbeitsplatz. Dabei spielt die Furcht vor dem Verlust des Jobs die größte

Rolle. Aber auch ein anderes Phänomen hat zugenommen: Die persönlichen Ansprüche an Perfektionismus, das Streben nach Erfolg und Aufstieg sind gestiegen. Während in den siebziger und achtziger Jahren der sympathische Loser gefragt war, ist heute der Erfolgsmensch angesagt.

Die Angst vor Verlust des Arbeitsplatzes hat nicht nur negative Seiten. Aus der Sicht der Arbeitgeber ist sie regelrecht ein Geschenk. Die Furcht vor Entlassungen schürt den Leistungsdruck. Wer Angst vor einem Jobverlust hat, strengt sich an und macht auch mal freiwillig und unbezahlt Überstunden.

Ängste am Arbeitsplatz kann man grob in drei Formen einteilen. Die erste hat überhaupt nichts mit der Person oder den Fähigkeiten des Betroffenen zu tun. Das ist der Fall, wenn zum Beispiel eine Firma aus betrieblichen Gründen Mitarbeiter entlässt. Die zweite Form hängt mit einer tatsächlichen Unfähigkeit oder dem mangelnden Fleiß des Arbeitnehmers zusammen. Die dritte Form, wahrscheinlich die häufigste, beruht auf einer übersteigerten Befürchtung, nicht gut genug zu sein und deswegen entlassen zu werden.

Nur zu diesem letzteren Fall soll hier etwas gesagt werden – denn für die anderen beiden Fälle wüsste ich keine Patentlösung. Die Zahl der Entlassungen nimmt leider ständig zu, aber gegen diese realen Probleme helfen nicht die Ratschläge eines Psychiaters. Verhält es sich aber so, dass jemand übertriebene Angst vor dem Arbeitsplatzverlust hat, kann das im weitesten Sinne auf einer Sozialen Phobie beruhen, wie das folgende Beispiel zeigt:

Heinrich K., 56, arbeitet seit 28 Jahren in einer Versicherungsgesellschaft. Immer hat er seine Arbeit zur Zufriedenheit der Vorgesetzten erledigt. Zwar ist er wegen seines Alters nicht mehr der dynamischste Mitarbeiter, aber man schätzt andererseits seine große Erfahrung. Eine Entlassung wäre schon wegen der langen Dienstzeit rein rechtlich problematisch, aber niemand denkt im Entferntesten daran, ihn zu entlassen. Da es der Firma gut geht, sind auch betriebsbedingte Kündigungen nicht wahrscheinlich. Dennoch befürchtet er ständig, dass ihm ein Fehler unterlaufen, dass sein Chef unzufrieden mit ihm sein oder dass er plötzlich einfach ohne Grund entlassen werden könnte. Er wird nervös, wenn ihm jemand bei der Arbeit zuschaut. Er geht nicht mit seinen Kollegen in die Kantine zum Essen, da er annimmt, dass man ihn dort öffentlich kritisieren könnte. Eine vorgeschlagene Beförderung hat er abgelehnt, da er die damit verbundene größere Verantwortung scheut.

Die Ängste von Heinrich K. sind also nicht in einem tatsächlichen Risiko, entlassen zu werden, begründet, sondern durch eine Soziale Phobie erklärbar. Durch diese Angsterkrankung hat Heinrich K. eine sehr eingeschränkte Möglichkeit, seine eigenen Fähigkeiten und Vorteile in irgendeiner Weise realistisch einzuschätzen.

Auf S. 334 finden sich Ratschläge zum Umgang mit der Angst am Arbeitsplatz.

Prüfungsangst

So manche Berufsausbildung und so manches Studium sind schon daran gescheitert, dass der Kandidat sich im letzten Moment von der Prüfung abgemeldet hat. In den ersten Jahren der Ausbildung hat alles ganz gut funktioniert. Dann kommt aber der Moment, in dem man sich einer Prüfung stellen muss. Prüfungsängste können sich in schweren körperlichen Angstsymptomen bis hin zu Panikattacken sowie in Konzentrationsstörungen, Unfähigkeit zu arbeiten und Schlafstörungen äußern. Die Kandidaten fühlen sich wie bei einem Gang auf das Schafott, obwohl es ja nicht um ihr Leben, sondern im schlimmsten Fall meist nur darum geht, die Prüfung nach einem halben Jahr zu wiederholen, wenn sie nicht bestanden wurde. Schon während der Vorbereitung auf die Prüfung fühlen sie sich wie gelähmt und unfähig, einen klaren Gedanken zu fassen. Da das Gehirn hauptsächlich damit beschäftigt ist, darüber nachzudenken, was passiert, wenn man durch die Prüfung fällt, bleiben nur noch wenige Prozent der Denkfähigkeit übrig, um Gleichungen zu lösen oder Vokabeln zu lernen.

In meiner Tätigkeit als Prüfer im medizinischen Staatsexamen stellte ich fest, dass es merkwürdigerweise oft gerade die Einserkandidaten sind, die extreme Prüfungsangst haben. In solchen Fällen gehört die Prüfungsangst auch zu den unrealistischen Ängsten. Sie ist dann eine Unterform der Sozialen Phobie. Es geht ja letztlich um das Versagen, um die Blamage. Man fürchtet, vor den Freunden, vor den Eltern, vor den Kollegen als unzureichend und minderwertig dazustehen. Und Einserkandidaten sind oft Einserkandidaten, weil sie sich aus Angst vor dem Durchfallen extrem gut vorbereiten.

Man kann aber nur von einer Sozialen Phobie sprechen, wenn die Angst vor der Prüfung nicht berechtigt ist. Wenn jemand einfach zu wenig gelernt hat oder tatsächlich den Anforderungen nicht genügt, so ist die Angst nicht krankhaft, sondern angebracht. Und dagegen ist kein Kraut gewachsen.

Womit kann man eine Soziale Phobie verwechseln?
Da Patienten mit Sozialphobie auch über Panikattacken berichten, muss die Sozialphobie gegenüber der Panikstörung abgegrenzt werden. Im Gegensatz zu Panikpatienten, die häufig eine körperliche Erkrankung als Ursache ihrer Symptome vermuten, weiß der Patient mit Sozialphobie meist genau, wovor er Angst hat. Patienten mit Agoraphobie haben auch Angst in Menschenansammlungen, das gilt aber nur für größere, anonyme Menschenmengen (beispielsweise in Kaufhäusern oder öffentlichen Verkehrsmitteln). Patienten mit Sozialphobie meiden dagegen solche Situationen nicht, haben aber wiederum in kleineren, überschaubaren Menschenmengen Angst, selbst bei Bekannten, Verwandten oder Arbeitskollegen.

Wenn jemand keine Freunde und Verwandten besucht oder anruft und sich immer weiter sozial isoliert, so muss nicht unbedingt eine Soziale Phobie vorliegen. Auch bei einer Depression kommt es vor, dass jemand seine Außenkontakte immer weiter reduziert. Bei der Sozialphobie wird die kritische Bewertung durch andere Menschen befürchtet; bei der Depression ist aber der Verlust der Freude der Grund für die Meidung von Begegnungen mit Bekannten.

Menschen mit einer Sozialen Angststörung berichten nicht selten, dass sie sich beobachtet fühlen. Es gibt aber noch andere Krankheiten, bei denen sich die Betroffenen überwacht und beschattet fühlen – bei so genannten Psychosen.

Konrad M., 34, lebt bei seiner alten Mutter. Wenn er durch die Straßen geht, hat er das Gefühl, dass ihm Menschen folgen. In der U-Bahn meint er, dass drei junge Mädchen über ihn lachen. Er ist sich sicher, dass sein Telefon abgehört wird. Er hat den Verdacht, dass sich seine Nachbarn und ein Arbeitskollege zusammengetan haben, um ihm zu schaden. Konrad M. vermutet, dass diese Menschen mit einem Geheimbund, den Freimaurern, gemeinsame Sache machen. Er weiß, dass die Freimaurer seine Gedanken lesen und ihm über den Fernseher Drohungen senden können. Er hört Stimmen, die sich über ihn lustig machen und ihm Befehle geben.

Eine Form der Psychose ist die Schizophrenie, die bei Konrad M. vorliegt. Bei den Psychosen kann die Angst, beobachtet, belauert, bespitzelt, ausgehorcht oder abgehört zu werden, ganz im Vordergrund stehen. Während Menschen mit einer Sozialen Phobie sich kritisch betrachtet oder negativ beurteilt fühlen, geht die psychotische Angst, von den Blicken anderer durchbohrt zu werden, darüber hinaus. Bei einer Psychose denkt man auch, dass die anderen einen nicht nur geringschätzig beurteilen, sondern auch etwas Böses im Schilde führen, oder dass sich sogar mehrere Menschen zu einem Netzwerk zusammengeschlossen haben, um dem Betroffenen zu schaden oder ein Mordkomplott zu planen.

Außer den Ängsten, beobachtet zu werden, haben die Soziale Phobie und die Schizophrenie aber sonst überhaupt nichts gemeinsam. Die Ursachen sind andere, und auch die Behandlung ist verschieden.

Vom Sozialphobiker zum Erfolgsmenschen

Sie würden sich wundern, wenn Sie wüssten, wie viele erfolgreiche Showmaster, Alleinunterhalter, Popstars, Opernsänger, Kabarettisten, Schauspieler oder Politiker vor ihrer Karriere Sozialphobiker waren. Dies erscheint zunächst paradox. Wer Angst vor negativer Bewertung durch andere Menschen hat, der, so sollte man meinen, meidet Bühnenauftritte wie der Teufel das Weihwasser. Aber merkwürdigerweise kann die Soziale Angststörung Menschen auch dazu bringen, die Nähe des Publikums mit Absicht zu suchen. Denn diese Personen sind nicht etwa zurückhaltend, weil sie sich nicht für andere Menschen interessieren. Es ist nur so, dass das, was sie darstellen, nicht im Einklang mit dem ist, was sie darstellen wollen.

Wer den Drang hat, sich auf einer Bühne zu produzieren, braucht zunächst einmal einen gesunden Ehrgeiz. Den haben die meisten Sozialphobiker. Dazu kommt bei Menschen mit sozialen Ängsten die Furcht, sich vor anderen zu blamieren. Wer davor Angst hat, bereitet sich gut vor. Zwar ist Talent eine Grundvoraussetzung für einen gelungenen Bühnenauftritt, aber unermüdliches Arbeiten und Üben sind ebenso wichtig. Ein Sozialphobiker, der einen Auftritt hat, wird immer – getrieben von seiner Angst zu versagen – alles doppelt und dreifach einstudieren. Er würde sich einige Tricks und Kniffe ausdenken, wie er seine Darbietung möglichst unterhaltsam und überragend gestaltet, um zu vermeiden, dass er ausgepfiffen wird oder schlechte Kritiken bekommt.

Hat ein solcher Mensch mit sozialen Ängsten einmal einen erfolgreichen Auftritt hingelegt, so hat er die besten Möglichkeiten, sich selbst zu heilen. Der Applaus des Publikums ist der beste Beweis, dass man nicht der Versager ist, für den man sich gehalten hat. Viele bekannte Stars haben in späteren Lebensjahren in Interviews zugegeben, dass sie früher immer unter schrecklichem Lampenfieber gelitten hatten.

Und dies ist eine gute Nachricht für Menschen, die unter sozialen Ängsten leiden: Bei keiner Angsterkrankung zeigt sich so deutlich wie bei der Sozialen Phobie, wie sich Angst in kreative Energie umwandeln lässt. Hat man einmal verstanden, dass man sich nicht vor anderen verstecken muss, sondern durchaus Fähigkeiten hat, mit denen man andere Menschen beeindrucken kann, so vermag man höchste Erfüllung in Tätigkeiten zu finden, die man bisher tunlichst vermieden hat. Wenn man es einmal geschafft hat, die Angst zu überwinden, kann sich die schüchterne Zurückhaltung ins Gegenteil verkehren.

Sie müssen nicht ein bekannter Sänger, ein begnadeter Zauberkünstler oder ein beliebter Politiker werden. Ein Mann, der große Angst vor dem Sprechen in der Öffentlichkeit hatte, kann plötzlich eine witzige Rede auf der Weihnachtsfeier halten. Eine junge Frau, die sich hässlich fand, spielt auf einer Laienbühne die jugendliche Liebhaberin. Ein früher schüchterner Mann wird zum Kreisvorsitzenden seiner Partei gewählt. Eine ängstliche Frau, die sich bisher zu ungeschickt fand, eine Kaffeetasse einzuschenken, erntet bei einer Tanzvorführung großen Beifall.

Oder wenn es für die schönen Künste nicht reicht, können Sie einfach nur ein charmanter, wortgewandter, sozial kompetenter und allseits beliebter Mensch werden.

SIND ANGSTPATIENTEN ÄNGSTLICHE MENSCHEN?

März 1999. NATO-Bomben hageln auf Belgrad. Der Belgrader Angstexperte Vladan Starcevic hatte seine Klinik in der Nähe einiger kriegswichtiger Gebäude, als die Nato-Bomben auf Serbien fielen. Er untersuchte seine Panikpatienten während und nach den Luftangriffen mit einem von mir entwickelten Fragebogen, der «Panik- und Agoraphobieskala», und verglich die Ergebnisse mit den vor dem Krieg erhobenen Werten. Zu seiner Überraschung waren sie nicht angestiegen, sondern abgefallen, die Patienten hatten in der Zeit der Luftangriffe weniger Angst. Die tatsächliche Gefahr führte nicht zu einer Verstärkung der Angst, sondern schien eher von den irrealen Ängsten abzulenken.[24] Andere Wissenschaftler fanden in Israel keinen Anstieg der Angst bei Panikpatienten nach irakischen Scud-Raketen-Angriffen im ersten Golfkrieg.

Diese Beispiele zeigen, dass Menschen mit einer Panikstörung nicht ängstlicher sind als andere Menschen und dass die Angst vor realen Gefahren und die unbegründete Angst bei Angststörungen zwei verschiedene Dinge sind. Bei den Angststörungen sind die Ängste oft wie ausgestanzt auf eine ganz bestimmte Situation gerichtet, die nicht unbedingt eine echte Gefahr darstellt, während andere, tatsächlich gefahrvolle Situationen nicht mehr Ängste auslösen als bei gesunden Menschen. Offensichtlich sind im Gehirn für die realen und die unbegründeten Ängste verschiedene Gebiete zuständig.

ANGST VOR KRANKHEITEN

Eleonore T., 43 Jahre, ist Sekretärin auf dem Finanzamt. Sie ist eine der häufigsten Patientinnen ihrer Hausärztin – und wahrscheinlich die am besten untersuchte. Sie leidet unter ständigen Befürchtungen, an einer schlimmen Krankheit sterben zu müssen.
Gelegentlich auftretende Kopfschmerzen und Schwindelgefühle deutet sie als untrügliches Zeichen eines Gehirntumors, häufiges Wasserlassen als Folge einer bisher unentdeckten Zuckerkrankheit. Beim Auftreten von Durchfall vermutet sie Darmkrebs, bei Rückenschmerzen Knochenkrebs. Eine kleine Hauterscheinung neben der Scheide wird als Anzeichen einer Geschlechtskrankheit gewertet – obwohl sie seit Jahren kein Liebesleben hat. Oder sie nimmt an, dass sie sich an einer unsauberen Toilette in einem Vorortzug infiziert hat. Sie hat sich alle Amalgamfüllungen ihrer Zähne ersetzen lassen, da sie Symptome wie Kopfschmerzen, Unruhe, Schlaflosigkeit oder Müdigkeit auf diese Füllungen zurückführte.
Eleonore T. verschlingt alle Artikel in Zeitschriften, die sich mit tödlichen Krankheiten beschäftigen. Wenn sie im Fernsehen Berichte über Prominente sieht, die eine lebensbedrohliche Krankheit hatten, beobachtet sie auch bei sich Anzeichen dieser Erkrankung. Alle Versuche ihrer Hausärztin, sie mit Hilfe von Röntgenbildern und Laborbefunden davon zu überzeugen, dass sie keine körperliche Krankheit hat, schlagen fehl.
Obwohl ich mir alle Mühe gab, ihr klar zu machen, dass sie eine psychische Erkrankung habe, aber körperlich gesund sei, kam sie nicht wieder in meine Sprechstunde.

Solche unbegründeten oder übertriebenen Ängste vor diversen Krankheiten können im Rahmen mehrerer psychiatrischer Erkrankungen auftreten, so zum Beispiel bei Depressionen oder bei einer Hypochondrie.

Ein Hypochonder ist jemand, der die unkorrigierbare Überzeugung hat, an einer körperlichen Erkrankung zu leiden. Obwohl ihm die Ärzte ständig Befunde vorlegen, die beweisen, dass er körperlich gesund ist, ist er dennoch der Meinung, organisch krank zu sein. Er bezweifelt die Kompetenz seiner Ärzte und wechselt sie daher wie andere ihre Hemden. Ein Hypochonder darf nicht mit einem Simulanten verwechselt werden. Ein Simulant ist jemand, der eine Krankheit vortäuscht, wobei ihm sehr genau klar ist, dass er nicht wirklich krank ist und dass er den Arzt – vielleicht wegen eines Rentenbegehrens oder aus welchen Gründen auch immer – hinters Licht führen will. Der Hypochonder dagegen fühlt die Beschwerden oder Schmerzen tatsächlich, und es bleibt ihm verborgen, dass die Ursache seines Leidens eine seelische und keine körperliche ist.

Menschen mit einer Angststörung sind im Prinzip keine Hypochonder, obwohl auch sie nicht selten mutmaßen, dass sie nicht psychisch, sondern körperlich krank sind. Trotzdem lassen sie sich – leichter als ein echter Hypochonder – davon überzeugen, dass ihr Problem nicht ein körperliches im eigentlichen Sinne ist.

Ängste vor Umweltgiften sind in unserer Zeit sicherlich oft begründet. Nicht selten gibt es aber Menschen, die unter Angstsymptomen wie Herzrasen, Zittern und Schwindel, Konzentrationsstörungen oder Luftnot leiden und die diese Symptome dann auf die Lackierung der Küchenmöbel, den Teppichkleber, Elektrosmog, Handys, ungünstig verlaufende Wasseradern oder Amalgamfüllungen zurückführen. Alle Versuche, diese vermeintlichen Umweltgifte zu vermeiden, bringen diese Symptome nicht zum Verschwinden. Mit anderen Worten: Hinter übertriebenen Umweltängsten verbirgt sich oft eine seelische Krankheit.

ANGST VOR DEM ALLEINSEIN

Menschen mit Angststörungen haben fast immer Angst vor dem Alleinsein. Dabei spielt nicht nur eine Rolle, dass sie stets denken, sie müssten ständig jemand bei sich haben, der sie vor dem nahen Tod durch eine Angstattacke rettet, indem dieser Begleiter den Notarzt anruft. Allgemein fürchten Menschen mit Angsterkrankungen, ohne ihren Partner nicht zurechtzukommen.

Martina S. hatte schon seit vier Jahren keine Panikattacken mehr gehabt. Als die 38-Jährige eines Tages den Computer ihres Mannes, der unterwegs war, anschaltete, stieß sie mehr durch Zufall auf das E-Mail-Programm. Sie las eine Nachricht, die ihr Mann bekommen hatte. «Ich kann es nicht erwarten, dich wiederzusehen, deine Sabrina», hieß es da. Offensichtlich hatte Martinas

Mann eine Geliebte. Unglücklicherweise war in der E-Mail auch der Text zu sehen, den der Ehemann zuvor an seine Freundin abgeschickt hatte. Aus den genüsslichen Beschreibungen, was er beim nächsten Treffen mit ihr im Bett anstellen würde, wurde klar, dass es zwischen den beiden schon öfter zu einem intimen Kontakt gekommen war. Der Ehemann war so unbedacht gewesen, Sabrinas E-Mails nicht zu löschen. Er hatte seiner Frau nicht zugetraut, dass sie es schaffen würde, seinen Computer anzuschalten und das Mail-Programm aufzurufen. Martina stellte ihren Mann zur Rede. Er gestand, bereits seit einem halben Jahr mit Sabrina ein Verhältnis zu haben. Er versprach, dieses Verhältnis zu beenden.
Am nächsten Tag wurde Martina von einer heftigen Panikattacke geschüttelt.

Psychiater sind eigentlich eher gewohnt, dass sich die meisten ihrer Patienten über eine unglückliche Ehe oder Partnerschaft beschweren. Dies gilt aber nicht unbedingt für Menschen mit Angststörungen. Diese berichten erstaunlicherweise oft, dass ihre Beziehung in Ordnung sei. Dies mag daran liegen, dass Menschen mit Ängsten so sehr an einer Partnerschaft hängen, dass sie sich selbst dann nicht vom Partner trennen, wenn er trinkt, das Geld verspielt und ständig untreu ist. Ihre übergroße Angst, dann ganz allein zu sein, hält sie davon ab, diesen Schritt zu tun.

Angst vor einer Trennung ist aber nicht nur bei Menschen mit Angsterkrankungen ein Thema. Wer hat es noch nicht erlebt, dieses schreckliche Gefühl, wenn der Partner nachts nicht nach Hause kommt, wenn man einen Brief vorfindet, in dem steht, dass die Freundin Schluss gemacht hat, oder wenn man schon seit Monaten immer mehr Gewissheit bekommt, dass die Ehe vor dem Aus steht? Die körperlichen Symptome, die dieses Gefühl auslöst, sind dieselben, die auch schon im Zusammenhang mit den Angsterkrankungen beschrieben worden sind: Der Magen dreht sich um, die Hände zittern, das Herz rast, und man kann nachts nicht einschlafen. Das Ausmaß dieser Angstgefühle unterscheidet sich kaum von der Verzweiflung, die Menschen befällt, die sich in echter Lebensgefahr befinden. Die Angst vor dem Verlust des geliebten Partners gehört zu den tiefsten Gefühlen, die Menschen empfinden können. Ist Ihnen schon einmal aufgefallen, dass neun von zehn Liedtexten von unerfüllter Liebe handeln?

Die Angst vor einer Trennung ist in den meisten Fällen eine ganz natürliche, da sie vielfach einen konkreten Hintergrund wie Untreue, Streit oder das Nachlassen der Liebe hat. Fast allen Psychiatern ist klar, dass sie bei Liebeskummer wenig ausrichten können. Wenden sich Menschen mit solchen Problemen an uns, bleibt uns nur übrig, auf das Verstreichen der Zeit zu warten und diese schmerzvolle Periode mit stützenden Gesprächen zu überbrücken. Die uns zur Verfügung stehenden therapeutischen Maßnahmen sind aber fast nie ausreichend, die tiefen Gefühle zu beeinflussen, die durch Liebesschmerz entstehen.

Liest man in Statistiken, wie oft Ehepaare sich trennen und wie viele Menschen als Singles leben, so gewinnt man den Eindruck, dass eine lebenslange Partnerschaft zweier Menschen eher die Ausnahme als die Regel darstellt. Menschen finden sich, leben eine Zeit lang zusammen, haben Affären, trennen sich, wohnen ein paar Jahre allein und finden dann wieder einen neuen Partner. Das klingt traurig, ist aber in gewisser Weise auch ein (zugegebenermaßen schwacher) Trost. Denn es heißt ja auch: Wenn man einen Partner verliert, hat man ihn nicht lebenslang verloren, denn man hätte ihn ohnehin nur für einige Jahre gehabt.

In einigen Fällen kann diese Trennungsangst übertrieben und wirklichkeitsfern sein, wenn zum Beispiel eine Frau ihren treuen Ehemann derart mit übertriebener Eifersucht verfolgt, dass er sich eingeengt und kontrolliert fühlt und sie nur wegen ihres ständigen Misstrauens verlässt.

Die Angst vor dem Verlassenwerden kann so übersteigert sein, dass manche Menschen lieber sterben wollen, als das Alleinsein zu ertragen. Nach der Erfahrung von Psychiatern sind es oft junge Menschen, die das ganze Leben noch vor sich haben, die einen solchen Schritt tun.

Die 18-jährige Yvonne M. wurde morgens von ihrer Mutter tief schlafend aufgefunden. Sie war nicht erweckbar. Auf dem Nachttisch fanden sich mehrere leere Tablettenschachteln, die Yvonne offensichtlich wahllos aus dem Arzneischrank ihrer Großmutter genommen hatte. Sie wurde in die Klinik gebracht. Da sie eine große Dosis eines rezeptfrei erhältlichen Schmerzmittels eingenommen hatte, machten sich die Ärzte große Sorgen, dass ihre Leber versagen und sie sterben könnte, bevor man eine geeignete Leber für die Transplantation gefunden hätte.

Als ich sie in der Intensivstation besuchte, gab sie als Grund für ihren Suizidversuch an, dass sie von ihrem Freund drei Tage lang keine SMS auf ihrem Handy bekommen hatte und deswegen dachte, dass er mit ihr Schluss gemacht habe.

In den nächsten Tagen erholte sich jedoch, wie durch ein Wunder, die Leber wieder, sodass sie gesund nach Hause gehen konnte – mit ihrem Freund, der sie abholte.

Die übergroße Angst vor dem Verlust einer Beziehung bringt manche Menschen dazu, sich überhaupt nicht auf eine Bindung einzulassen. Sie betreiben eine Art Enttäuschungsprophylaxe und sagen sich: «Wenn ich keinen Geliebten habe, kann ich ihn auch nicht verlieren.» Wenn sich doch einmal eine Gelegenheit bietet, einen Menschen näher kennen zu lernen, erfinden sie alle möglichen Entschuldigungen, warum es mit diesem oder jenem Partner nicht klappen kann: «Er ist zu dick, er hat zu wenig Haare auf dem Kopf, zu viele Haare auf der Brust, zu wenig Muskeln ...» Es gibt auch diese Variante: «Er sieht viel zu gut aus, er ist ein richtiger Schönling, er will mit mir wahrscheinlich nur eine kurze Affäre anfangen, darauf bin ich nicht aus.» Viele Menschen sind nur wegen ihrer immensen Trennungsangst einsam.

ANGST VOR SEX

Eine häufige Angst ist die Angst vor Sex. Während die meisten Menschen ständig über Sex nachdenken und dies – neben dem Küssen – für die schönste Sache der Welt halten, so ist andererseits die Angst vor Sex weiter verbreitet, als man annehmen sollte.

Daniela F., eine 25-jährige Medizinstudentin, berichtete mir, dass sie Angst vor Sex habe. Sie hatte noch nie mit einem Mann geschlafen. Das fand ich erstaunlich, denn sie sah überaus attraktiv aus. An Angeboten mangele es

nicht, erzählte sie. Auf einer Party hatte sie im Alter von 22 Jahren Felix, einen ungefähr gleichaltrigen Mann, kennen gelernt. Am Ende des Abends kam es zum Austausch von Zärtlichkeiten; sie küssten sich. Der junge Mann wollte mehr; sie konnte ihn aber leicht abwimmeln, indem sie darauf verwies, dass ein anständiges Mädchen nicht sofort mit jedem ins Bett gehe. Nachher machte sie sich Vorwürfe, dass sie die günstige Gelegenheit verpasst hatte, ihre Jungfernschaft zu verlieren.
In den nächsten Tagen traf sie sich mehrfach mit Felix, mit dem sie wirklich gut reden konnte. Immer wieder versuchte er, behutsam die Intensität des Körperkontakts zu steigern, doch sie wies ihn regelmäßig ab, mit der Begründung, dass sie ihn noch nicht so gut kenne. Allmählich kamen ihr die eigenen Bedenken gegen einen näheren Kontakt selbst übertrieben vor.
Nach ein paar Wochen hatte sich eine gute Freundschaft entwickelt. Sie und Felix unternahmen viel zusammen. Eines Tages, nach einer Feuerzangenbowle, gelang es dem jungen Mann, sie auf sein Zimmer zu locken. Zusammen lagen sie auf dem Bett, und sie spürte seinen steifen Penis durch ihr Kleid. Er versuchte, ihren Busen zu berühren, was sie zunächst auch zuließ. Plötzlich verkrampfte sich alles in ihr. Ihr Herz schlug unangenehm, der Mund war trocken, und sie hatte nur einen Wunsch, nämlich die Wohnung zu verlassen.
Trotzdem traf sie sich weiter mit Felix. Noch ein paar Mal kam es zu ähnlich verqueren Intimitäten, wobei sie jedes Mal den Rückzug antrat.
Daniela überlegte sich, was sie eigentlich davon abhielt, mit Felix Sex zu haben. Unattraktiv war er auf keinen Fall. Ihre Freundinnen beneideten sie um ihn. Nach ein paar weiteren Wochen kam sie zu dem Schluss, dass sie ihn einfach nicht sexuell anziehend, sondern sogar abstoßend fand, und trennte sich von ihm.
Ein paar Tage später lernte sie auf einem Tennisturnier einen ziemlich gut aussehenden Jurastudenten kennen. Der dunkelhaarige, etwas schüchterne Thomas war begeistert von ihr. Nach mehreren Abenden mit Rotwein, Kino und Sushibars, nach denen sich Daniela immer «gekonnt aus der Affäre gezogen hatte», kam es auf einer Juristenparty zu einem schweren Kampftrinken. Es gelang Thomas, die ziemlich angetrunkene Daniela auf seine Bude zu locken. Als er plötzlich in seinen Boxershorts neben ihr auf dem Bett lag, kam wieder ein Ekelgefühl in ihr hoch. Bis dahin hatte sie sich sehr wohl gefühlt. Sie hatte irgendwie damit gerechnet, dass heute die Nacht war, in der es passieren musste. Als er vorsichtig seine Hand in ihren Ausschnitt schob und begann, sanft ihre Brüste zu streicheln, zog sich wieder alles in ihr zusammen. Erst hatte sie es sich sehnlich gewünscht, mit diesem gut gebauten Mann mit den breiten Schultern zu kuscheln, und jetzt meldete sich eine innere Stimme in ihr, die sagte, dass es am besten sei, sich jetzt wieder anzuziehen und wegzugehen.

Sie fragte sich natürlich, was mit ihr los sei. «Bin ich lesbisch?», überlegte sie. Eigentlich war sie sich sicher, dass sie sich eindeutig zu Männern hingezogen fühlte. In ihren Phantasien beschäftigte sie sich mit Typen, die ein knackiges Hinterteil und muskulöse Arme hatten. Was war es dann? Sie fühlte sich von einem Mann angezogen, sie suchte seine Nähe, um ihn schließlich, sowie es ernst wurde, ganz weit weg ins Pfefferland zu wünschen. Da konnte doch mit ihr etwas nicht stimmen!
Es war wohl so, dass sie übergroße Angst hatte, im Bett zu versagen. Danielas Gedanken drehten sich nur darum, dass sie etwas falsch machen könnte: «Wenn er seinen Penis reingesteckt hat, was mache ich dann? Ich muss mich dann irgendwie bewegen. Frauen, die wie ein Brett daliegen, mögen Männer nicht. Ich werde völlig versagen. Er wird denken, dass Sex mit mir keinen Spaß macht, und er wird sich von mir trennen. Ich werde wieder allein sein. Und wenn ich wieder einen anderen Mann kennen lerne, wird genau wieder das Gleiche passieren. Ich werde nie einen Mann kennen lernen und nie heiraten und nie Kinder kriegen.»

Man erkennt hier wieder die Merkmale der Sozialen Phobie: die übergroße Angst, zu versagen, sich zu blamieren, als minderwertig angesehen und dann verlassen zu werden und allein zu sein. Aber es ist mehr: In Daniela kämpften zwei gegensätzliche Kräfte. Es war nicht nur so, dass sie Sex eklig und abstoßend fand, sondern sie fand ihn gleichzeitig auch begehrenswert.

Vielleicht kann hier eine tiefenpsychologische Erklärung weiterhelfen. Nach Sigmund Freud gibt es im Unbewussten eines jeden Menschen zwei Instanzen, die «Es» und «Über-Ich» genannt werden. Während das Es «immer nur an das Eine denkt», will das Über-Ich den Intimverkehr um jeden Preis verhindern. Das Über-Ich beschwört die schlimmen Folgen des Geschlechtsakts herauf, wie eine ungewollte Schwangerschaft, ansteckende Krankheiten oder einfach nur die moralische Verwerflichkeit eines außerehelichen Verkehrs. Es ist also möglich, dass zwei Seelen in einer Brust wohnen, die beide Gegensätzliches wollen. So erklärt sich, dass Daniela einerseits die Nähe von Männern suchte, andererseits sofort auf Distanz gehen wollte. Bei ausgeglichenen Menschen stehen Es und Über-Ich im Gleichgewicht. Ein ungesundes Überwiegen der einen oder anderen Kraft führt dagegen zu neurotischen Symptomen.

Solche Erklärungen sind auf den ersten Blick sehr einleuchtend – aber sie sind immer mit einer gewissen Vorsicht zu betrachten, wie wir weiter unten sehen werden.

ANGST VOR DEM FLIEGEN

Fliegen steht bei vielen Menschen ganz oben auf der Liste der gefürchteten Situationen. Es gibt zwei Gründe, warum man Angst vor dem Fliegen haben kann. Zum einen ist es die Angst vor dem Abstürzen, zum anderen die Angst vor engen Räumen.

Statistiken sagen, dass man eher in der Bahn oder in einem Auto verunglücken kann, als mit einem Flugzeug abzustürzen. Dennoch gibt es sehr viele Menschen, die lieber zehn Stunden mit dem Auto fahren, anstatt eine Stunde zu fliegen. Überlegen Sie einmal, wie viele Hunderte von Flugzeugen täglich allein in Frankfurt landen und starten, ohne dass ständig in der Zeitung steht, dass diese Maschinen abstürzen. Eine Stewardess muss täglich fliegen – warum also machen sich Leute Sorgen, die nur einmal im Jahr nach Mallorca fliegen? Solche Wahrscheinlichkeitsrechnungen sind aber für viele Menschen nicht beruhigend. Dass man vor Flugzeugen mehr Angst hat als vor Busreisen, muss daran liegen, dass der Mensch kein Vogel ist und nicht dafür gebaut ist, durch die Lüfte zu fliegen. Jeder Mensch hat, wie wir gesehen haben, eine natürliche, angeborene Höhenangst. Diese Furcht sorgt dafür, dass wir Flugzeuge mehr fürchten als andere Verkehrsmittel.

Viele Menschen haben im Flugzeug aber auch agoraphobische Ängste. Sie kennen die Situation: Sie sitzen eingeklemmt und thrombosegefährdet in der Holzklasse. Wenn Sie jetzt eine Panikattacke bekommen würden, würden Sie peinliches Aufsehen erregen. Wenn Sie aufstehen wollen, um auf die Toilette zu gehen, müssen Sie die zwei Passagiere neben sich bitten, ihre Tische hochzuklappen, dabei ihre Esstabletts zu balancieren, ihre Kopfhörer abzubauen und aufzustehen, damit Sie auf den Gang kommen können. Auf dem Gang versperrt dann noch der Getränkewagen den Weg.

Und man kann ja den Piloten nicht bitten, an der nächsten Ecke anzuhalten. Würde man zudem medizinische Hilfe benötigen, dann wäre ja vielleicht kein Arzt an Bord.

Die Angst vor dem Fliegen stellt für die Fluggesellschaften ein großes wirtschaftliches Problem dar, da viel zu viele Menschen wegen ihrer Furcht auf das Fliegen verzichten. Raten Sie einmal, warum immer reichlich Alkohol an Bord ist und die Menschen in der Business Class noch vor dem Start ein Gläschen Veuve Cliquot genießen dürfen: Dadurch soll die Angst vor dem Fliegen eingedämmt werden.

Aber nicht nur die Passagiere haben Angst. Auch unter Stewardess und Piloten ist die Angst vor dem Fliegen weiter verbreitet, als die Luftfahrtgesellschaften zugeben.

MASSENPANIK

Es passierte am 30. Oktober 1938, einen Tag vor Halloween. Millionen Amerikaner schalteten das Radio an, um eine beliebte Sendung zu hören. An diesem Tag wurde das Hörspiel «Krieg der Welten» nach dem Sciencefiction-Roman von H. G. Wells live über den Sender ausgestrahlt. Der geniale Schauspieler und Regisseur Orson Welles hatte, um den dramatischen Effekt zu erhöhen, das Hörspiel so inszeniert, dass es sich wie eine echte Nachrichtensendung über eine Invasion vom Mars anhörte. Tanzmusik wurde mehrfach unterbrochen, um Nachrichten über ein «riesiges flammendes Objekt» einzublenden, das bei einer Farm in Grovers Mill, New Jersey, niedergegangen sei. Zwar gab es am Anfang der Sendung eine kurze Erklärung, dass es sich um ein Hörspiel handele; wer aber später eingeschaltet hatte, bekam erst nach 40 Minuten den nächsten Hinweis, dass es Fiktion und nicht Realität sei.

«Gott im Himmel, da windet sich etwas aus dem Schatten wie eine graue Schlange», sagte der Sprecher mit einem dramatischen Ton in der Stimme, «jetzt noch eine, und noch eine. Sie sehen aus wie Tentakeln. Dort, jetzt kann ich den Körper des Wesens sehen. Es

Orson Welles, der Regisseur des Hörspiels «Krieg der Welten», das eine Massenpanik in den USA auslöste

ist so groß wie ein Bär und glänzt wie weißes Leder. Aber das Gesicht – es ist unbeschreiblich! Ich kann mich kaum zwingen hinzusehen. Die Augen sind schwarz und glänzen wie bei einer Schlange. Der Mund ist V-förmig, Speichel tropft von den schmalen, vibrierenden und pulsierenden Lippen. Das Wesen erhebt sich. Die Menge weicht zurück. Es ist ein unglaubliches Erlebnis. Ich kann keine Worte finden. Ich muss kurz meine Beschreibung unterbrechen, um eine neue Position zu finden. Bleiben Sie dran, ich bin in einer Minute zurück.»

An dieser Stelle gerieten Millionen von Zuhörern in Panik, weil sie annahmen, dass es sich um eine tatsächliche Invasion vom Mars handelte. Nachbarn steckten sich gegenseitig mit ihrer Kopflosigkeit an. Sie setzten sich in ihre Autos, um weit wegzufahren, horteten Lebensmittel, versteckten sich in Kellern, luden ihre Gewehre und wickelten ihre Köpfe in nasse Tücher, um sich vor einem Giftgasangriff der Marsmenschen zu schützen. Manche Menschen nahmen auch an, dass es sich nicht um einen Angriff der Marsianer, sondern um einen gut getarnten Überfall der Deutschen handeln würde.

Eine ähnliche Geschichte spielte sich im November 1998 in McMinnville, Tennessee, ab. Eine Lehrerin der Warren County High School stellte in ihrem Klassenzimmer einen «benzinähnlichen» Geruch fest. Kurz danach bekam sie Kopfschmerzen, Übelkeit, Luftnot und Schwindel. Man vermutete einen Chemieunfall mit Austritt eines unsichtbaren Gases, eine Umweltkatastrophe. Die Lehrerin informierte den Direktor, dieser löste die Feuersirene aus, und die Schule wurde evakuiert. Insgesamt 80 Schüler und 19 Schulangestellte wurden in die Notfallstation des Krankenhauses gebracht. Fünf Tage später, nachdem die Schule wieder eröffnet wurde, brach sofort wieder Panik aus, und wieder mussten diesmal 71 Personen in die Notfallaufnahme. Verschiedene Umweltbehörden und Spezialisten suchten verzweifelt nach chemischen Giften. Was war die Ursache dieser Massenerkrankung? Intensivste Untersuchungen ergaben: nichts.

Niemals konnte ein vernünftiger Grund für die Symptome dieser Menschen gefunden werden. Es gab keinen Gasaustritt. Der Chemieunfall hatte einfach nicht stattgefunden. Die Massenpanik war von der Panikattacke einer Lehrerin ausgegangen. Alle Beteiligten hatten sich wechselseitig in Angst versetzt.[25]

Diese Beispiele von Massenhysterien zeigen, dass Menschen sich gegenseitig mit Angst und Panik anstecken können. Angst hat immer ein reales Moment und einen psychologischen Aspekt. Dabei sind Massenängste häufig nicht von der statistischen Wahrscheinlichkeit einer Gefahr abhängig. Alle Menschen haben Angst vor Krankheiten wie Aids, Ebola oder SARS. Diese unheimlichen Krankheiten erscheinen besonders bedrohlich für uns, weil wir noch keine Behandlungsmöglichkeiten für sie gefunden haben. Warum aber lösen Bluthochdruck und Zigarettenrauchen keine kollektiven

Ängste aus? Durch solche Zivilisationskrankheiten sterben heute die meisten Menschen. Diese Volkskrankheiten erscheinen weniger bedrohlich als die neuen heimtückischen Viruskrankheiten, denn sie gelten als vermeidbar – was sie aber offensichtlich nicht sind. Kollektive Angst ist dann besonders stark, wenn wir vermuten, dass wir die Gefahr nicht unter Kontrolle haben.

Das japanische Wort shi bedeutet «vier», aber auch «Tod». Die Vier gilt im asiatischen Kulturkreis als Unglückszahl. Während es in kanadischen Hotels keinen 13. Stock gibt, haben japanische Krankenhäuser keinen vierten Stock. Manche Japaner verreisen nicht am Vierten eines Monats. In chinesischen Restaurants gibt es keinen Tisch mit der Nummer vier. Der kalifornische Wissenschaftler David Phillips untersuchte in seinem Artikel «The Hound of the Baskervilles Effect» die Todesdaten von 200 000 in den USA lebenden Chinesen und Japanern, um herauszufinden, ob der Vierte eines Monats tatsächlich ein Unglückstag für Asiaten ist. Und wirklich: Tod durch Herzversagen trat an solchen Tagen um 27 Prozent häufiger auf.[26]

Man könnte natürlich eine parapsychologische Erklärung für dieses Phänomen finden, aber eine psychologische ist plausibler: Der Aberglaube kann derart angstauslösend sein, dass die Menschen allein deswegen einen Herzinfarkt bekommen.

DIE KLEINE SCHILDKRÖTE

Angststörungen sind nicht ein Phänomen unserer modernen Zeit, das nur in westlichen Industrieländern auftritt, wie manche behaupten. In Taipeh, in Beirut, in Lagos, in Puerto Rico, in Paris, in São Paulo, in München – überall haben Menschen Panikattacken, die weltweit sehr ähnlich aussehen. Auch die Häufigkeitszahlen weichen kaum voneinander ab. Das spricht dafür, dass kulturelle Einflüsse bei der Entstehung von Panikattacken eine untergeordnete Rolle spielen. Jedoch gibt es auch Ängste, die nur in bestimmten Kulturen auftreten.

In Indonesien, Indien oder bei Chinesen kommt es bei Männern zu einem Symptombild namens *Koro* (auch *Suo-yang* oder *Kattaow*, kleine Schildkröte, genannt). Es handelt sich dabei um Angstattacken, bei denen die Männer bangen, dass der Penis plötzlich immer kleiner wird und im Bauchraum verschwindet. Dabei befürchten die Männer, dass sie unweigerlich daran sterben müssen. Sie schreien um Hilfe und halten ihr Geschlechtsteil fest, damit es nicht «entwischen» kann. Dazu benutzen sie Bänder, Wäscheklammern, kleine Gewichte oder sogar Essstäbchen. Die übrige Symptomatik ähnelt einer Panikattacke. Bei den Frauen ist dieses Phänomen seltener. Sie befürchten, dass ihre Brustwarzen, die Schamlippen oder die Scheide einschrumpfen könnten.[27] Manchmal tritt Koro in Epidemien auf, so zum Beispiel 1967 in Singapur, als Hunderte von Männern davon befallen wurden. Vor allem in Gegenden, in denen der Aberglauben noch großen Einfluss hat, waren Koro-Epidemien zu beobachten. Auf der chinesischen Insel Hainan glauben die Menschen, dass die Geister der Toten Penisse stehlen, um wieder zum Leben erweckt zu werden. Auf diese Weise versuchen sie – in der Anschauung dieser Menschen –, das Gleichgewicht des *Yin* und *Yang* wiederherzustellen. So werden dann als Gegenmittel *Yang*-Nahrungsmittel empfohlen, wie Ingwersaft, Roter-Pfeffer-Marmelade oder Schnaps.[28]

Chinesische Männer können von *Shen-k'uei* befallen werden. Sie bekommen auch panikähnliche Symptome, weil sie befürchten, dass sie zu viel Samen verloren haben, was zum Verlust der Lebenskraft und somit zum Tod führen könnte.

Bei den Eskimos ist die *Kajak-Angst* weit verbreitet. Sie befällt Robbenjäger, wenn sie allein mit ihrem Boot auf dem Meer fahren. Besonders an Tagen mit ruhiger See und sonnigem Wetter kommt es bei den Eskimos zu der Angst, nicht mehr zurückfahren zu können, sich zu verirren oder zu ertrinken. Die dabei auftretenden Symptome ähneln wiederum einer Panikattacke.[29]

In der Dominikanischen Republik und in Puerto Rico gibt es die Panik-Variante *Ataque de nervios* (Nervenattacke). Personen, die von solchen Zuständen befallen werden, haben Symptome einer Panik-

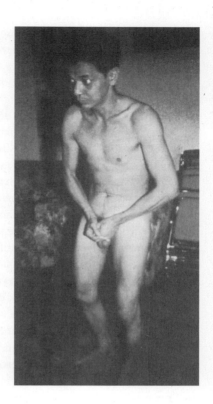

Ein von Koro befallener Patient hat Angst, dass sein Geschlechtsteil im Körper verschwindet

attacke, wie Zittern, Herzklopfen, Hitzewallungen im Kopf und Taubheitsgefühle der Hände. Zusätzlich beginnen die Personen zu schreien, fluchen und andere zu schlagen. Dann fallen sie auf den Boden, zeigen krampfartige Zuckungen oder liegen wie tot da. Solche Attacken ereignen sich oft bei Beerdigungen, nach Unfällen oder Familienkonflikten.

Taijin kyofu-sho ist eine japanische Variante der Sozialen Angststörung.[30] Sie befällt oft intelligente, junge und kreative Männer mit einem Hang zum Perfektionismus. Dabei befürchten diese Menschen in extremem Maß, andere Personen, zum Beispiel Freunde oder Bekannte, zu stören, zu belästigen oder in Unannehmlichkeiten zu bringen – durch unangemessene Kleidung, schlechten Körpergeruch, durch eine unachtsame Berührung oder einfach dadurch, dass sie erröten.

WER SORGEN HAT, HAT AUCH LIKÖR

Dieser Sinnspruch von Wilhelm Busch trifft leider auch für Menschen mit Angsterkrankungen zu. Alkohol wird seit Jahrtausenden benutzt, um Stress und Angst zu bekämpfen. Hippokrates stellte bereits fest: «Wein gemischt mit einer gleichen Menge Wasser vertreibt Angst und Schrecken.» Alkohol ist ein potentes Mittel gegen Ängste. Es liegt daher nahe, dass Menschen mit Angsterkrankungen versuchen, ihre Ängste mit Alkohol zu «behandeln». Nicht selten entwickelt sich daraus eine Alkoholabhängigkeit. Fast die Hälfte aller Alkoholiker hat eine Angsterkrankung.[31] Dies könnte zwei Gründe haben: Zum einen könnte die hohe Alkoholismusrate bei Angstpatienten ein Ausdruck eines untauglichen Versuchs sein, die Angststörung zu bekämpfen. Alkohol hat eine starke angstlösende Wirkung oder, wie die alten Psychiater sagten: «Das Über-Ich ist in Alkohol löslich.» Es könnte aber auch so sein, dass beide Krankheiten – nämlich die Alkoholkrankheit und die Angsterkrankung – die gleiche Ursache haben: etwa Erbfaktoren oder belastende Ereignisse in der Kindheit.

Man kann Folgendes sagen: Wer eine Angsterkrankung hat, der hat ein Problem. Wer noch dazu eine Alkoholabhängigkeit bekommt, der hat ein echtes Problem. Eine Alkoholsucht ist erheblich schwerer zu behandeln als eine Angsterkrankung. Aus der Sicht eines Psychiaters gilt die Alkoholabhängigkeit als eine der schlimmsten Krankheiten, die das Fach zu bieten hat. Wenn wir als junge Assistenzärzte im psychiatrischen Notfalldienst der Klinik arbeiteten, waren fast 50 Prozent unserer Patienten Alkoholiker. Was uns am meisten erschütterte, waren die vielen Rückfälle, die trotz all unserer Bemühungen auftraten.

Viele unserer nächtlichen Notfallpatienten erstaunten uns immer wieder. Nachdem sie nachts von der Polizei gebracht worden waren, weil sie in einer Kneipe randaliert hatten, beleidigten sie alle, die ihnen helfen wollten, und wurden oft handgreiflich. Umso überraschter waren wir am nächsten Tag, wenn sie in unserer Klinik ihren Rausch ausgeschlafen hatten. Dann waren sie oft zerknirscht, lammfromm, freundlich und konnten durchaus feinsinnige, empfindsame, liebenswürdige und sympathische Züge zeigen.

Ich lernte, dass sich unter den Patienten mit Alkoholproblemen häufig Menschen befinden, die unter einer Sozialen Phobie leiden. Bei Alkoholabhängigen besteht neunmal häufiger eine Sozialphobie, als es dem Vorkommen in der Gesamtbevölkerung entspricht. Umgekehrt sind Alkoholprobleme bei einer Sozialphobie gegenüber dem Durchschnitt doppelt so häufig.[32]

Wenn Menschen mit einer Sozialen Angststörung mit ihren Freunden zusammensitzen, sind sie zunächst zurückhaltend und lassen die anderen reden. Die überzogene Angst weicht dann aber schon nach dem zweiten Doppelkorn einem gesunden Selbstbewusstsein. Schnell sind die übertriebenen Hemmungen verschwunden, und man sagt auch mal laut seine Meinung. Manche Menschen können sich dann sogar von ihrer dunklen, auch aggressiven Seite zeigen.

Ich habe schon darauf hingewiesen, dass von vielen Menschen die Soziale Phobie nicht als Krankheit angesehen wird, sondern nur als eine ausgeprägte Form der Schüchternheit. Wenn jemand diese Angsterkrankung dadurch bagatellisieren will, dass er sie für eine Normvariante menschlichen Verhaltens erklärt, dann hat er auch nicht bedacht, dass hinter dem riesigen Problem des Alkoholmissbrauchs oft eine Soziale Phobie steht.

Diese unglückliche Verkettung von Angst und Sucht muss bei der Behandlung berücksichtigt werden. Wenn man nur die Alkoholkrankheit behandelt, ohne gleichzeitig die Angsterkrankung zu therapieren, ist das Risiko eines Rückfalls hoch.

DIE HÄUFIGKEIT VON ANGSTERKRANKUNGEN

Menschen, die eine Angsterkrankung haben, berichten mir immer wieder, dass Folgendes passiert, wenn sie gegenüber guten Freunden und Bekannten zum ersten Mal von ihren Ängsten berichten – der Zuhörer verfällt nicht in Mitleid, sondern entgegnet: «Ach, das wollte ich dir schon lange mal erzählen, ich habe genau das Gleiche ...» Möglicherweise liegt das daran, dass Angsterkrankungen extrem häufig sind.

Man schätzt, dass 25 Prozent aller Menschen einmal in ihrem Leben von einer Angsterkrankung betroffen sind. Über den Zeitraum eines Jahres betrachtet, sind es immerhin noch 19 Prozent. Wenn man jetzt diejenigen Menschen zählt, bei denen nicht nur harmlose, sondern krankhafte, behandlungspflichtige Ängste bestehen, bleiben zwölf Prozent Menschen übrig, die im Laufe des letzten Jahres einmal unter einer handfesten Angststörung gelitten haben.[33] Damit nehmen Angsterkrankungen vor allen anderen psychischen Erkrankungen eine Spitzenstellung ein. Angststörungen sind häufiger als Depression, Alkoholabhängigkeit und Schizophrenie.

Die häufigste Angststörung ist die Soziale Phobie, gefolgt von der Einfachen Phobie. An nächster Stelle rangieren die Panikstörung mit Agoraphobie sowie die Generalisierte Angststörung.[34]

Die Angststörungen scheinen sich über alle sozialen und Einkommensschichten gleichmäßig zu verteilen. Auch treten sie in vielen verschiedenen Ländern und Kulturen gleichmäßig auf (siehe S. 103). Dies spricht dafür, dass Angststörungen nicht nur durch äußere Einflüsse wie Milieu- oder Umweltbedingungen entstehen.

LEIDEN IMMER MEHR MENSCHEN UNTER ANGST?

«Immer mehr Menschen leiden unter Panikattacken», «Angst – die neue Volkskrankheit» – so oder ähnlich beginnen zahlreiche Zeitungsartikel. Hängt das damit zusammen, dass Journalisten einem alltäglichen Thema neue Aufmerksamkeit geben wollen, oder hat

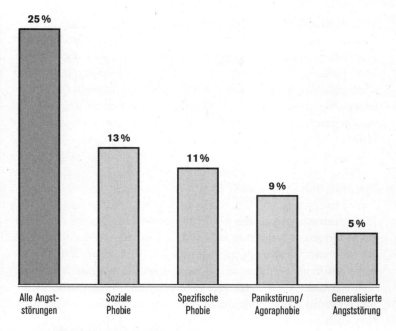

Lebenszeithäufigkeit von Angststörungen

es tatsächlich eine Zunahme von Angsterkrankungen gegeben? Oder ist es vielmehr so, dass uns heute weniger echte Sorgen quälen als früher, sodass wir jetzt einfach mehr Zeit haben, uns Modekrankheiten zuzulegen? Oder liegt es daran, dass die Angsterkrankungen erst seit den achtziger Jahren einen Namen bekommen haben und deshalb endlich richtig diagnostiziert werden?

Eines ist klar: Angsterkrankungen hat es schon immer gegeben. Aber sind sie heute wirklich häufiger als früher? Diese Frage lässt sich nicht so eindeutig beantworten. Denn um präzise festzustellen, dass wir heute mehr unter Ängsten leiden, hätte man vor hundert Jahren eine aufwendige Umfrage mit Zehntausenden von Menschen machen müssen, mit genau dem gleichen Fragebogen, wie man sie heute in derartigen Untersuchungen verwendet. Die damals erhobenen Zahlen hätte man dann mit den heutigen Häufigkeiten vergleichen müssen, um eine tatsächliche Zunahme der Angsterkrankungen nachweisen zu können. Da es jedoch solche Untersuchungen in früheren Zeiten nicht gab, sind entsprechende Vergleiche nicht möglich. Betrachtet man aber Studien, die in den achtziger Jahren gemacht wurden, mit heutigen Erhebungen, sieht man schon eine deutliche Zunahme – allein in diesem kurzen Zeitraum.

DIE ZEIT HEILT DIE ANGST

Mit krankhaften Ängsten wird man nicht geboren. Die meisten Angsterkrankungen entwickeln sich erst zu Beginn des Erwachsenenalters. Eine Panikstörung beginnt im Durchschnitt mit 29 Jahren – das heißt natürlich nicht, dass sie nicht auch mit 20 oder 45 Jahren anfangen kann. Im Kindesalter ist eine echte Panikstörung nur selten zu beobachten, ohne dass man die genauen Gründe hierfür kennt.

Auch die Generalisierte Angststörung beginnt in den meisten Fällen erst nach dem 25. Lebensjahr. Menschen mit einer Sozialen Phobie dagegen berichten, dass sie bereits schon früh erste Anzeichen ihrer sozialen Ängste hatten; im Durchschnitt macht sich diese Angsterkrankung ab dem 15. Lebensjahr bemerkbar. Diese Personen haben große Angst, wenn die Lehrerin sie bittet, an der Tafel zu rechnen oder Schillers «Glocke» vorzutragen. Die Einfachen Phobien – wie die Angst vor Tieren oder Zahnärzten – beginnen meist schon im Kindesalter, mit acht bis elf Jahren.

Menschen, die sich wegen Ängsten in Behandlung begeben, sind im Durchschnitt etwa 36 Jahre alt. Da die Krankheit aber meist früher beginnt, heißt das, dass die Betroffenen oft jahrelang unter den Beschwerden leiden, ohne dass sie jemals therapiert wurden – sei es, dass sie nicht wussten, dass man sich dagegen behandeln lassen kann, oder dass die Ärzte die Erkrankung nicht erkannt haben.

Angsterkrankungen verlaufen oft schubförmig. Mal hat man

eine mehrere Monate dauernde schlimme Phase mit starken Ängsten, dann verschwinden plötzlich die Symptome, auch ohne Behandlung, ohne dass man weiß, warum.

«Habe ich das mein Leben lang?», fragen mich immer wieder Patienten, die schon seit Jahren von Ängsten geplagt werden. Diese Frage kann ich ruhigen Gewissens verneinen. Die Altersverteilung von Menschen, die sich wegen einer Angststörung in unserer Angstambulanz meldeten, sieht pyramidenförmig aus, wobei der Gipfel bei den Mittdreißigern liegt. Ab dem 40. Lebensjahr bessern sich die Angstkrankheiten zusehends, und es kommt fast nie vor, dass sich über 50-Jährige wegen einer Angsterkrankung bei mir zur Behandlung melden.

Daraus sollte man nicht schließen, dass ältere Menschen nicht von Ängsten geplagt werden. Es kommt nur zu einer Verlagerung: Die Realängste nehmen zu, während die unrealistischen Ängste, die für Angsterkrankungen charakteristisch sind, abnehmen. Die begründeten Befürchtungen, krank zu werden, zu verunfallen, einsam zu sein oder geliebte Mitmenschen zu verlieren, erhalten immer mehr einen realen Hintergrund, je älter man wird.

ÄNGSTE BEI KINDERN

Wenn man sieht, wie ein dreijähriger Junge eine Skipiste hinunterflitzt oder wie ein vierjähriges Mädchen, das gerade sein «Seepferdchen» gemacht hat, vom Fünfmeterbrett springt, sollte man meinen, dass Kinder keine Angst vor realen Gefahren haben. Dagegen kommen unbegründete Ängste, wie die Furcht vor Monstern, recht häufig vor. Jüngeren Kindern ist es allerdings häufig schwer klar zu machen, wo die Grenze zwischen realen Gefahren und der Phantasie liegt. Unrealistische Ängste bei Kindern sind normal, solange sie nicht stark ausgeprägt und vorübergehend sind.

So haben einjährige Kinder Angst vor fremden Menschen, Höhen oder vor lauten Geräuschen wie Bohrmaschinen oder Staubsaugern. Die Zwei- bis Vierjährigen fürchten sich vor bestimmten Tieren und vor der Dunkelheit. Bei den Vier- bis Sechsjährigen kommt vielfach die Angst vor Gespenstern oder vor Donner und Blitz vor. In den ersten Schuljahren sind dagegen Blut- und Verletzungsphobien sowie Trennungsängste häufig. Ab dem achten Lebensjahr treten auch Ängste vor dem Versagen im Sport oder in der Schule hinzu. Einfache Phobien wie die Ängste vor Tieren sind auch in diesem Alter vorzufinden. Ab dem zwölften Lebensjahr treten die ersten sozialen Ängste auf. «Große» Angsterkrankungen wie die Panikstörung oder die Generalisierte Angststörung sind im Kindes- und Jugendalter aber selten.

Wenn ein Kind zum ersten Mal in den Kindergarten kommt, sich schluchzend an die Mutter klammert und nicht dableiben will, so ist das zunächst einmal ganz natürlich. Solche Trennungsängste sollten sich aber nach vier bis acht Wochen legen. In manchen Fällen halten diese Ängste jedoch lange an. Die Kinder können die Besorgnis entwickeln, dass den Eltern etwas zustoßen könnte oder dass die Eltern weggehen und nie mehr wiederkehren könnten.

«Lieber Papi, bitte sei vorsichtig bei der Arbeit und nimm dich in Acht vor gefährlichen Dingen. Ich liebe dich und Mami mehr als alles in der Welt», schrieb ein achtjähriger Junge, der sich weigerte, in die Schule zu gehen, in einem Brief an seinen Vater. «Schulangst» ist nur in seltenen Fällen eine Furcht vor strengen Lehrern oder vor hänselnden Mitschülern. Meist steckt dahinter die Angst, sich von den Eltern trennen zu müssen. Kinder können aber auch entsetzliche Angst davor haben, dass sie weggebracht, gekidnappt oder getötet werden. Solche Kinder schlafen schlecht ein oder wachen nachts auf, um zu überprüfen, ob die Eltern noch im Bett sind. Sie leiden unter Albträumen, in denen es um eine Trennung von den Eltern geht. Ihre Ängste äußern sich auch in körperlichen Beschwerden wie Übelkeit, Erbrechen oder Bauchschmerzen.

WARUM TRETEN ANGSTERKRANKUNGEN BEI FRAUEN HÄUFIGER AUF?

Sämtliche Angsterkrankungen treten bei Frauen ungefähr doppelt so häufig auf wie bei Männern. Warum das so ist, wissen wir nicht genau. Mehrere Gründe kommen infrage.

Wenn eine Frau Angst zeigt, gilt das als «normal». Männer ziehen mutig in den Krieg, während Frauen vor kleinen Mäusen auf einen Stuhl flüchten – so die traditionelle Rollenerwartung. Manche Männer finden eine gewisse Ängstlichkeit bei Frauen nicht nur nicht schlimm, sondern geradezu vorteilhaft. Dann können sie nämlich ihrem Beschützerinstinkt nachkommen und sich selbst als Häuptling Der-die-große-Ruhe-ausstrahlt hervortun.

Von den Männern wird dagegen erwartet, dass sie sich nicht wie Weicheier geben. Als richtig männlich gilt es, wenn man ein oder zwei halbwegs gefährliche Sportarten beherrscht, wie Kitesurfen oder Freeclimbing. So könnte es sein, dass allein wegen der Rollenerwartungen, die an die verschiedenen Geschlechter gestellt werden, Frauen und Männer sich dahingehend unterscheiden, wie sie ihre Ängste nach außen zeigen. Frauen bringen sowohl positive als auch negative Gefühle offener, lebhafter und mit stärkerer innerer Beteiligung zum Ausdruck als Männer. Sie sprechen häufiger, ausführlicher und ausgefeilter über ihr psychisches Erleben. Das könnte aber auch dazu führen, dass Angsterkrankungen bei Frauen für den Arzt eher und deutlicher erkennbar werden und damit als häufiger angesehen werden, obwohl sie in Wirklichkeit vielleicht gleichmäßig unter den Geschlechtern verteilt sind.

Eine Angst ist aber von Natur aus bei Frauen stärker ausgeprägt – die Angst um die Kinder. Die Natur hat Mütter mit einem Beschützerinstinkt ausgestattet, der dafür sorgt, dass die ansonsten einer widrigen Umgebung schutzlos ausgelieferten Kinder überleben können. Die Angst um den Nachwuchs schießt manchmal über das Ziel hinaus. So muss sich ein Vater, der meint, dass er sein kleines Kind angemessen warm angekleidet hat, von seiner Frau als verantwortungslos schelten lassen, weil er dem Sohn an einem lauen

Frühlingstag nicht mindestens sechs Kleidungsschichten übereinander angezogen hat.

Es könnte aber auch sein, dass Frauen in unserer Gesellschaft tatsächlich mehr echte Gründe haben, Angst zu bekommen. Frauen sind zum Beispiel oft immer noch finanziell von ihrem Mann abhängig oder werden durch häusliche Gewalt in einer anderen Form der Abhängigkeit gehalten. Es ist statistisch belegt, dass Frauen häufiger Opfer von kriminellen Taten sind. Ihre geringere Körperkraft schränkt die Verteidigungsmöglichkeit bei einem Angriff ein. Aber auch andere, durch die derzeitige gesellschaftliche Position der Frauen bedingte Konstellationen, wie zum Beispiel eine Doppelbelastung durch Mutterrolle und Berufstätigkeit, könnte die größere Häufigkeit von Ängsten bei Frauen begründen. Die Ängste, die bei Frauen häufiger sind, beruhen aber meist nicht auf realen Gefahren, sodass diese Erklärung problematisch ist.

Frappierend ist auch die Tatsache, dass bei der Häufigkeit von Angsterkrankungen in fast allen Kulturen das Verhältnis von Frauen zu Männern etwa 2:1 beträgt – ob es sich nun um Frauen in Taiwan, Paris, Puerto Rico oder Beirut handelt. Man hätte eher erwartet, dass in bestimmten Kulturen, zum Beispiel in islamischen Ländern, Frauen viel häufiger unter Ängsten leiden, weil sie (noch) mehr unterdrückt werden als in Westeuropa. Da sich das offensichtlich nicht in unterschiedlichen Häufigkeitszahlen auswirkt, sollte man sich überlegen, ob es noch andere Gründe geben könnte, warum Frauen verstärkt unter Angst leiden.

Die weiblichen Hormone könnten schuld sein. So haben wir in einer Untersuchung herausgefunden, dass während einer Schwangerschaft Panikattacken seltener auftreten. In der Schwangerschaft steigen weibliche Hormone stark an. In den ersten paar Tagen nach der Geburt fallen diese Hormone aus astronomischer Höhe wieder auf Normalwerte ab – in dieser Zeit haben viele Frauen ihre erste Panikattacke im Leben. Bei anderen, die schon vor der Schwangerschaft unter Angstanfällen gelitten hatten, kann es in den Tagen und Wochen nach der Niederkunft zu einem Rückfall kommen. Dies spricht dafür, dass die Ängste unter dem Einfluss von Hormonen stehen. Allerdings wissen wir noch nicht genau, wie genau dieser Einfluss der Hormone ein stärkeres Auftreten von Ängsten bei Frauen begünstigt.[35]

Noch einen weiteren Grund könnte es geben, warum das weibliche Geschlecht mehr Angst hat: Es könnte schlicht so sein, dass die Angst auf den Geschlechtschromosomen sitzt.

Insgesamt muss man allerdings feststellen, dass der Grund für das Überwiegen der Ängste bei Frauen noch nicht wirklich aufgeklärt ist.

Kapitel 4

WOHER KOMMT DIE ANGST?

DIE BRIEFMARKENTHEORIE

Ich möchte Sie warnen. Sie werden unzählige Artikel und Bücher über die Ursachen von Angsterkrankungen finden. In diesen Werken werden zahllose verschiedene Theorien und Hypothesen aufgestellt, und jeder der Autoren hat eine ausgefeilte Vorstellung davon, wie Ängste entstehen. Aber je mehr Bücher Sie lesen, desto weniger Übereinstimmung werden Sie finden. Woran liegt es eigentlich, dass so viele teilweise sich gegenseitig ausschließende Theorien zu den Ursprüngen der Angst entwickelt wurden?

Zum einen daran, dass man, ehrlich gesagt, die Hintergründe der Entstehung von Ängsten noch nicht bis in alle Einzelheiten geklärt hat. Deswegen darf jeder erst einmal fröhlich vor sich hin spekulieren. Ein weiterer Grund ist aber wahrscheinlicher und besteht darin, dass die Ursachen der Angststörungen kompliziert zu sein scheinen und nicht mit einfachen Modellen wie zum Beispiel der Verursachung einer Gelbsucht durch eine Hepatitis-B-Virus-Infektion zu erklären sind. Die Menschen wollen aber keine umständlichen und ausführlichen Erklärungen, sondern geben sich stattdessen viel lieber mit «Briefmarkentheorien» zufrieden:

> «Eine wissenschaftliche Theorie, deren Kernaussage man in Briefmarkengröße in der BILD-Zeitung unterbringen kann, hat die größte Chance, bekannt zu werden.»

Diese Theorie erfüllt übrigens selbst die Kriterien einer Briefmarkentheorie. Sie besagt, dass ein Wissenschaftler, der eine Theorie verbreitet, die sich mit einem einfachen Satz beschreiben lässt, eher berühmt wird als einer, der eine sehr komplexe und ausgefeilte Theorie hat, wie in dem folgenden Satz: «Bei einer Panikstörung dagegen können Stimuli, die normalerweise ‹nur› anxiogen sind, panikogen werden. Dies kann entweder dadurch entstehen, dass das PAG durch den DRN nicht ausreichend inhibiert wird, oder durch die mangelnde Fähigkeit des MRN, eine stressinduzierte Überstimulation des Nucleus centralis der Amygdala-PAG-Verbindung zu inhibieren.» Alles klar? Dieses Zitat stammt übrigens aus einem meiner wissenschaftlichen Bücher.[36] Einer solchen komplizierten Theorie bleibt normalerweise die Popularität versagt. Sie führt in der Regel dazu, dass der Forscher, der sie aufgestellt hat, nicht in Wochenzeitungen und Gesundheitssendungen im Fernsehen erwähnt oder zu Talkshows eingeladen wird. Aber nicht nur in der Laienpresse, sondern auch in der Wissenschaftswelt gibt es eine Vorliebe für Briefmarkentheorien. Wissenschaftler setzen sich ebenfalls lieber mit einfachen, klaren Theorien auseinander. Der Grund: Komplizierte Theorien führen dazu, dass der Forscher, der sie vertritt, weniger von den Universitäten zu Vorträgen eingeladen wird, seltener in wissenschaftlichen Zeitschriften zitiert wird und keine Forschungsgelder vom Forschungsministerium bewilligt bekommt.

Leider sind es aber gerade die komplexen Theorien, die die Wirklichkeit genauer abbilden, die meisten Widersprüche ausräumen und sich länger bewähren. Albert Einstein sagte einmal: «Man sollte die Dinge so einfach wie möglich darstellen – aber nicht einfacher.» Briefmarkentheorien, die versuchen, ein Maximum an Phänomenen des Lebens mit einem Minimum an Ursachen zu erklären, versuchen das KISS-Prinzip einzuhalten («Keep it simple and stupid»). In einem Rundumschlag will man die Welt, das Universum und den ganzen Rest erklären. Beispiele für Briefmarkentheorien sind:

- Das Fernsehen ist schuld an der Zunahme der Gewalt bei Jugendlichen.
- Eine Zwangsstörung bekommt man, wenn die Mutter zu früh mit der Sauberkeitserziehung angefangen hat.
- Ausnahmslos alle Krankheiten entstehen durch psychische Faktoren.
- Überfürsorgliche Mütter sind daran schuld, dass Kinder unter Ängsten leiden.

Die meisten Menschen, die mit einer Theorie zur Entstehung von Ängsten berühmt werden wollen, versuchen dies, indem sie ihre Theorie auf eine griffige, für jeden verständliche Formel bringen – auf Kosten der Wahrheit oder Genauigkeit und mit fatalen Folgen für die betroffenen Patienten. Differenzierte Darstellungen wurden dagegen mit Nichtbeachtung gestraft.

Leider ist die Diskussion über die Ursachen der Angststörungen aber nicht nur von unzulässigen Vereinfachungen, sondern auch von Ideologien bestimmt. Das heißt, dass manche wissenschaftlichen Ergebnisse, die nicht in eine bestimmte Ideologie passen, einfach ignoriert werden. Die Geschichte der Erforschung der Angststörungen war während des letzten Jahrhunderts fast vorwiegend durch Streit zwischen den verschiedenen Therapierichtungen bestimmt. Dabei vermied man es, sich an nüchternen Fakten zu orientieren. Jedermann versuchte, engstirnige Theorien mit Alleinvertretungsanspruch zu verbreiten, und wertete die wissenschaftlichen Befunde, die nicht in den Rahmen passten, als Luftnummer ab. Daher kann nur geraten werden, alle Theorien – auch diejenigen, die in diesem Buch aufgestellt werden – sehr kritisch zu betrachten.

Gleich eine Mahnung zur Vorsicht: Vereinfachend wird oft angenommen, dass, wenn eine bestimmte Behandlungsmethode bei Ängsten wirkt, damit auch gleich die Ursache für die Angststörung gefunden wurde. Wenn zum Beispiel ein Medikament, das den Botenstoff Serotonin im Gehirn erhöht, bei einer Angststörung wirkt, kann man nicht automatisch annehmen, dass bei Angststörungen der Serotonin-Haushalt gestört ist und alle anderen Ursachen nicht infrage kommen.

Wenn wiederum eine verhaltenstherapeutische Methode hilft, kann nicht zwangsläufig gefolgert werden, dass die Lerntheorie als einzige Erklärung für Ängste heranzuziehen ist. So einfach sind die Verhältnisse nicht. Eine Verhaltenstherapie hilft zum Beispiel auch bei jemandem, der geistig behindert ist. Diese geistige Behinderung beruht aber nicht auf einem Lernprozess, sondern kann eine eindeutig körperliche Ursache haben, zum Beispiel einen Ziegelstein, der dem Betroffenen im Kindesalter auf den Kopf gefallen ist.

Es ist auch denkbar, dass eine rein psychisch verursachte Störung durch Medikamente kurzfristig gebessert wird – beispielsweise eine Trauerreaktion durch das Medikament Valium, das zu den Schlaf- und Beruhigungsmitteln aus der Gruppe der Benzodiazepine gehört. Niemand würde deswegen annehmen, dass jemand, der um einen verstorbenen Angehörigen weint, eine Störung der Benzodiazepinrezeptoren im Gehirn hat.

Mit anderen Worten: Wenn wir eine wirkungsvolle Therapie gefunden haben – haben wir noch nicht die Ursache der Angsterkrankungen. Das Prinzip «Wer heilt, hat Recht» gilt also nicht.

STRESS UND DIE ERLERNTE HILFLOSIGKEIT

Chronischer Stress kann auf die Dauer Gesundheitsschäden verursachen. Er führt zu einem ständig gesteigerten Blutdruck, wodurch das Risiko für Herzinfarkte oder Schlaganfälle steigt. Die Immunabwehr wird geschwächt, sodass der Körper anfälliger für Infektionskrankheiten wird. Migräneanfälle oder Magenschleimhautentzündungen können ebenso auftreten wie Gedächtnis- oder Konzentrationsstörungen. Der Blutzuckerspiegel steigt. Auch Muskelverspannungen betrachtet man als Folge von chronischem Stress. Der Sexualtrieb wird unterdrückt, und bei Frauen können Störungen der Regelblutung auftreten.

Wie hängen nun aber Angsterkrankungen und Stress zusammen? Oft wird diese Beziehung auf eine einfache Formel gebracht: Der allgemeine Stress nimmt immer mehr zu, und deswegen leiden immer mehr Menschen unter Angst. Als Grund hierfür wird oft angegeben, die heutige Zeit sei «schnelllebig» oder «hektisch» und mit mehr Stress verbunden als frühere Zeiten. Aber was ist daran wirklich wahr?

Waren die guten alten Zeiten wirklich stressfreier? Als ich ein Kind war, mussten die Menschen sehr viel länger und körperlich härter arbeiten. Die Zahl der Autounfälle war dreimal so hoch wie heute, und das Risiko eines Atomkriegs stand ständig im Raum. Und wie war es noch früher, vor 150 Jahren, als die Menschen im Durchschnitt mit 38 Jahren starben? Die Meinung, dass die Gegenwart im Gegensatz zu früheren Zeiten viel stressiger ist, wird wohl seit der Einführung von Pfeil und Bogen immer wieder verbreitet.

Nicht jede Art von Stress ist schädlich. Der kanadische Stressforscher Hans Selye prägte die Begriffe «Distress» für krank machenden Stress und «Eustress» für gesund erhaltenden Stress. Wenn jemand zehn Stunden in einem Architekturbüro ein Kulturhaus entwirft, dann zwei Stunden Badminton spielt und anschließend den Rest des Abends im Karnevalskomitee einen Festabend plant, hat er vielleicht einen stressigen Tag gehabt. Solcher Stress aber ist nicht krank machend, vorausgesetzt, dass Arbeit und Freizeitgestaltung Spaß gemacht haben. Distress kann dagegen jemand haben, der keine Kontrolle über sein Leben hat, der stets von anderen bestimmt wird, dem alles schief läuft und der immer Pech hat, obwohl er sich angestrengt hat.

Martin Seligmann, ein amerikanischer Psychologe, führte ein raffiniertes Experiment durch. Zwei Ratten saßen in benachbarten Käfigen. Jede hatte einen Hebel in ihrem Käfig. Der Laborant setzte beide Käfige unter Strom, sodass die Ratten empfindliche (aber nicht tödliche) Stromschläge erhielten. Die rechte Ratte konnte mit ihrem Hebel den Strom abschalten, während die linke Ratte mit dem Hebel machen konnte, was sie wollte – die Elektroschocks ließen sich dadurch nicht beeinflussen. Allerdings, und das ist das Spannende an dem Versuch: Beide Ratten erhielten immer gleichzeitig ihre elektrischen Schläge, aber allein die rechte Ratte schaltete durch Umlegen ihres Hebels nicht nur in ihrem Käfig, sondern gleichzeitig auch im Nachbarkäfig den Strom ab. Beide Ratten erhielten also exakt die gleiche Anzahl von Schlägen, und bei beiden dauerte es exakt genauso lange, bis der Strom abgeschaltet war. Dennoch hatte die rechte Ratte die Macht über ihr Schicksal, während die andere dem Unheil hilflos ausgeliefert war. Die rechte Ratte hatte zwar auch nicht gerade ein angenehmes Leben, aber sie lernte damit umzugehen. Die linke Ratte aber bekam Magengeschwüre.

Dieses Modell wird das «Modell der erlernten Hilflosigkeit» genannt.[37] Eine der Theorien über die Entstehung von Depressionen begründet sich auf diesem Modell. Es konnte im Tierversuch zeigen, dass es Lebewesen besser geht, wenn sie Kontrolle über ihre Umwelt haben. Wie bei den Ratten nicht die Anzahl der elektrischen Schläge, sondern ihre Kontrollierbarkeit über das Wohlergehen der Psyche entscheidet, kann es sein, dass bei Menschen nicht die Anzahl der Schicksalsschläge, sondern die Kontrollierbarkeit bestimmend ist.

So ist es auch mit der Angst: Sie entsteht immer dann, wenn man meint, dass man die Situation nicht unter Kontrolle hat. Der lausigste Autofahrer fühlt sich immer noch am sichersten, wenn er selbst am Steuer sitzt. Als aber einmal berühmte Autorennfahrer eingeladen wurden, in der höchsten Achterbahn Europas in Rust mitzufahren, weigerten sich die meisten von ihnen, und einer stieg nur mit Sturzhelm ein.

Häufig wird so getan, als sei Stress die einzige Ursache für die Entstehung von Angsterkrankungen, wobei Stress häufig mit viel Arbeit gleichgesetzt wird. Wie wir sehen werden, gibt es nicht nur einen Grund, sondern eine Reihe von Ursachen für Angsterkrankungen. Zwar können schwierige Lebenssituationen Ängste verstärken; Stress (und schon gar nicht ein anstrengender Job) ist aber sicher nicht die Hauptursache für diese Ängste.

SEELISCHE BELASTUNGEN IN DER FRÜHEN KINDHEIT

Seelische Belastungen in der frühen Kindheit und die Erziehung sind daran schuld, dass Menschen später unter Ängsten leiden: Bis vor einigen Jahrzehnten war dies die einzige als gültig angesehene Theorie, und es gibt auch heute noch viele Ärzte und Psychologen, die keine andere Ursache für krankhafte Ängste anerkennen.

Die Einflussfaktoren der ersten Lebensjahre, die man im Zusammenhang mit der späteren Entwicklung einer psychischen Störung diskutiert, müssen zunächst grob in zwei Bereiche eingeteilt werden. Zum einen werden schwerwiegende Traumata (belastende Lebensereignisse wie zum Beispiel der Tod der Mutter im ersten Lebensjahr) mit seelischen Störungen in Verbindung gebracht. Man wusste, dass Kinder, deren Eltern früh gestorben waren und die in Heimen aufwuchsen, Verhaltensauffälligkeiten und Ängste zeigen. Aber auch die Erziehung war als einer der wichtigsten Faktoren angesehen worden. Generationen von Eltern gingen davon aus, dass die seelische Gesundheit ihrer Kinder zu hundert Prozent von ihrer Erziehung und ihrem Verhalten gegenüber den Kindern abhing. Welchen Einfluss aber haben diese Faktoren wirklich?

Graugänse und Rhesusaffen

Wenn ein Tierkind geboren wird, entwickelt es eine intensive Beziehung zu seiner Mutter. Auf eine Trennung von der Mutter reagiert es mit Angst. Dies wird «Prägung» genannt. Allerdings muss es nicht die leibliche Mutter sein, auf die das Tierkind geprägt wird. Wenn zum Beispiel die Mutter ums Leben gekommen ist, könnte es auch ein anderes weibliches Tier, der Vater oder ein fremdes männliches Tier sein, zu dem das Tierkind eine besondere Bindung entwickelt. Wichtig ist, dass diese «Bezugsperson» immer in der Nähe ist und für die Nahrung sorgt. Das Phänomen der Prägung hatte der Österreicher Konrad Lorenz, der «Vater der Graugänse», schon als Kind durch Beobachtung von Entenküken entdeckt.

Später zeigte der amerikanische Psychologe Harry Harlow, dass neugeborene Rhesusaffen, die monatelang von ihren Artgenossen getrennt wurden, körperlich und in Hinblick auf ihr Sozialverhalten in einen desolaten «seelischen» Zustand kamen.[38] So wies er nach, dass die Trennung von der Mutter oder einem anderen Lebewesen, auf das ein junges Tier geprägt wurde, katastrophale Folgen für die seelische Gesundheit in späteren Lebensjahren haben konnte.

Harlow machte auch Versuche, bei denen ein Äffchen statt auf seine Mutter auf ein mit Fell überzogenes Drahtgestell geprägt wurde. Das Affenkind entwickelte tatsächlich eine Mutterbeziehung zu dem Drahtgestell. Scheinbar war schon das Fell ausreichend, um bei dem Äffchen eine Prägung auszulösen. Selbst ein Lamm, das auf einen laufenden Fernseher geprägt wurde, bekam eine emotionale Krise, wenn die Flimmerkiste ausgestellt wurde. Sicher, eine solche Prägung hatte eine andere Qualität als eine Beziehung zu einer leiblichen Mutter. Es ging Harlow aber darum, zu zeigen, dass die Prägung nach sehr einfachen Schemata verläuft.

In einem Versuch von Harry Harlow wurde ein Äffchen, das man seiner Mutter weggenommen hatte, auf Drahtgestelle «geprägt». Das linke Gestell gab Milch, das rechte war mit einem Fell überzogen. Wenn es trinken wollte, wandte sich das Äffchen an die milchgebende Drahtmutter, danach kletterte es aber schnell wieder zu dem weicheren Mutterersatz zurück.

Ende der vierziger Jahre wurde der amerikanische Psychoanalytiker John Bowlby von der Weltgesundheitsorganisation beauftragt, die Folgen der Trennung eines Kindes von der Mutter zu erforschen. Bowlby untersuchte 44 jugendliche Straftäter; 17 dieser Jugendlichen waren vor dem fünften Lebensjahr zumindest zeitweise von ihren Müttern getrennt worden. Dies war signifikant häufiger als bei einer ebenso großen Kontrollgruppe von normalen Jugendlichen. Er führte die Straffälligkeit also im Wesentlichen auf die frühe Trennung von der Mutter zurück.[39] Bowlby vermutete, dass es bei Menschen so etwas gibt wie die Prägung, die Konrad Lorenz bei den Graugänsen entdeckt hatte. «Man muss annehmen, dass eine warme, enge und konstante Beziehung zur Mutter wichtig für die seelische Gesundheit der Kinder ist», war seine Schlussfolgerung aus diesen Studien.

Das Verdienst von John Bowlby bestand darin, dass er zum ersten Mal statistisch abgesicherte Untersuchungen durchführte – ein Kontrast zu der damaligen vorherrschenden Vorgehensweise der Psychoanalyse, die mehr durch Theoretisieren als durch kontrollierte Untersuchungen charakterisiert war. Worauf er auch prompt von seinen psychoanalytischen Kollegen und sogar von seinem Lehranalytiker Donald W. Winnicott massiv angegriffen wurde. Dennoch setzten sich Bowlbys Gedanken durch. Allerdings führten sie dazu, dass man von da an pauschal alle psychischen Erkrankungen einzig und allein auf frühkindliche Traumata zurückführte.

Die Klärung dieses Zusammenhangs ist jedoch von gewisser Bedeutung: Könnte man beispielsweise nachweisen, dass Angststörungen oder andere psychische Störungen im Kindesalter durch bestimmte Verhaltensweisen oder Erziehungsstile der Eltern verursacht werden, so könnte man für die Kindererziehung Empfehlungen ausgeben, um die Entwicklung späterer Angststörungen zu vermeiden. Aber auch für die unendliche Diskussion über die Wirksamkeit von Psychotherapie-Methoden hätte diese Frage Bedeutung. Die psychoanalytische Therapie beruht fast ausschließlich auf der Annahme, dass frühe Traumata oder eine ungünstige Erziehung in Gesprächen bearbeitet werden können, sodass sich die zugrunde liegenden Konflikte später in Luft auflösen. Nur wenn Traumata oder fehlgeleitete Erziehungsversuche einen erheblichen Anteil an der Verursachung der psychischen Krankheit haben, kann eine solche Therapie ein voller Erfolg sein. Was, wenn die Genetik eine entscheidende Rolle spielt, wenn die Natur von vornherein ein Gehirn angelegt hat, das empfindlicher auf Angstreize reagiert? Wie könnte man Moleküle durch Gespräche in tiefen Ledersesseln beeinflussen?

Es ist erstaunlich, dass es über dieses Thema einen jahrzehntelangen Streit gab.

Sigmund Freud war ein genauer und scharfsinniger Beobachter. Seine Theorien beruhten aber nur auf einer kleinen Zahl von Patienten. Im Freud'schen Gesamtwerk werden Sie kaum jemals Statistiken, Tabellen, ja überhaupt Zahlen finden. Dies ist nicht nur durch Nachlässigkeit zu erklären, sondern dadurch, dass vor hundert Jahren die Methoden der Statistik noch in den Kinderschuhen steckten und dass ein auf Statistiken basierendes wissenschaftliches Vorgehen noch nicht weit verbreitet war. Man konnte von Freud nicht erwarten, dass er seine gerade neu aufgestellten Theorien mit den gleichen ausgeklügelten Methoden untersuchte, wie sie heute in der Psychologie üblich sind – genauso, wie man Nikolas August Otto nicht vorwerfen kann, dass er neben dem Ottomotor nicht gleich noch den Dieselmotor erfunden hat. Allerdings kann man auch nicht gerade sagen, dass Freud sich sehr bemüht hatte, seine Theorien wissenschaftlich zu untermauern. Andere Psychiater seiner Zeit, wie der Zürcher Psychiater Eugen Bleuler, hatten schon damals bereits mit ausgefeilten Statistiken gearbeitet.

Warum ist die Statistik so entscheidend? Wenn man aufgrund von ein paar Einzelfallberichten Theorien aufstellt und sie dann auf die Allgemeinheit überträgt, besteht die große Gefahr, dass man sich über die tatsächlichen Verhältnisse täuscht. Wenn man dann noch von einer bestimmten Theorie sehr überzeugt ist, kann es passieren, dass man auf einem Auge blind wird und andere Fälle, die nicht in den Rahmen passen, unter den Tisch fallen lässt. Die Psychologie in der ersten Hälfte des vorigen Jahrhunderts war fast ausschließlich von solchen Spekulationen geprägt.

Trotz der mittlerweile verfügbaren statistischen Techniken ist es auch heute immer noch nicht einfach, wissenschaftlich genau zu belegen, dass sich frühe Erfahrungen später in Form von Angsterkrankungen auswirken. Um zu beweisen, dass ein Ereignis in den ersten fünf bis sechs Lebensjahren, zum Beispiel eine Scheidung der Eltern, sich viele Jahre später in einer Angststörung äußert, muss man zahlreiche Patienten (sagen wir 100) mit dieser Angsterkrankung zu zurückliegenden Ereignissen befragen. Genauso wichtig ist, eine ebenso große Gruppe von Personen zu interviewen, die diese Angststörung mit Sicherheit nicht haben – so wie es Bowlby mit seinen jugendlichen Delinquenten machte. Es könnte sonst ja sein, dass beispielsweise Scheidungen der Eltern in den ersten Lebensjahren in dieser Kontrollgruppe ebenso häufig vorkommen wie in der Patientengruppe. Dann könnte kein Einfluss von Scheidungen der Eltern auf die Entstehung von Ängsten bei den Kindern nachgewiesen werden. Eine Untersuchung ist also wegen der hohen Zahl an Versuchspersonen sehr aufwendig.

Ein weiteres Problem ist die Erinnerung. Angstpatienten, die an solchen Untersuchungen teilnehmen, sind im Durchschnitt etwa 36 Jahre alt. Sie müssen sich also an über 30 Jahre zurückliegende Ereignisse erinnern oder sich auf die Erzählungen ihrer Eltern verlassen. Schwerwiegende Ereignisse wie der Tod des Vaters werden sicher in den meisten Fällen verlässlich mit genauen Datumsangaben wiedergegeben, andere belastende Geschehnisse, wie die psychische Erkrankung der Mutter, aber weniger genau.

Die Erinnerung kann verblassen. Viel mehr noch: Sie kann verzerrt werden. Mark Twain schrieb einmal: «Je älter man wird, desto besser erinnert man sich an die Dinge, die früher so nie passiert sind.» Wenn Personen, die im Erwachsenenalter darüber berichten, dass sie sich häufig von ihren Eltern allein gelassen fühlten, könnte dies zum einen daran liegen, dass sie tatsächlich häufiger von den Eltern getrennt wurden. Wenn aber die Angststörung schlicht auf einer ererbten Ängstlichkeit beruhen würde, könnte es natürlich andererseits auch sein, dass sie nicht wirklich häufiger als alle anderen von ihren Eltern getrennt wurden, sondern einfach Trennungen negativer wahrgenommen haben und schlechtere Erinnerungen damit verknüpfen. Mit diesen Vorbehalten müssen die wissenschaftlichen Untersuchungen betrachtet werden, die im Folgenden dargestellt werden.

Um herauszufinden, inwieweit tatsächlich belastende Erfahrungen in der Kindheit mit einer späteren Panikstörung zusammenhängen, führten wir daher eine kontrollierte Studie mit 239 Personen durch.[40] Patienten mit einer Panikstörung, aber auch Menschen ohne eine psychische Erkrankung (die «gesunden Kontrollpersonen») wurden rückblickend mit einem umfangreichen Fragebogen untersucht, der über zweihundert Fragen zu frühkindlichen Traumata umfasste. Neben frühen traumatischen Erlebnissen wurden die Testpersonen auch zum Erziehungsverhalten ihrer Eltern, dem familiären Vorkommen von Angsterkrankungen, Geburtsrisiken und anderen Faktoren befragt.

Bevor sich unsere Arbeitsgruppe daranmachte, belastende Ereignisse in der Kindheit von Patienten mit einer Panikstörung mit einer gesunden Kontrollgruppe zu vergleichen, durchsuchten wir natürlich mit Hilfe des Internets die Weltliteratur. Wir wollten wissen, ob nicht schon jemand vor uns diese Frage untersucht hatte. Die Recherche ergab, dass es praktisch keine geeignete Studie gab, die verlässliche Aussagen zu dieser Fragestellung zulassen würde. Wir waren überrascht, dass man lange nicht auf den Gedanken gekommen war, diese nahe liegende Untersuchung bei Menschen mit Angstattacken durchzuführen, und dass jahrzehntelang unbewiesene Behauptungen aufgestellt wurden.

Bei der Auswertung unserer Untersuchung mit Panikpatienten zeigte sich allerdings, dass die frühen Vermutungen von Freud, die er nie wissenschaftlich überprüft hatte, zum Teil tatsächlich eine gewisse Grundlage hatten. Folgende Ereignisse wurden häufiger von den Patienten als von den Kontrollpersonen berichtet: Tod des Vaters, Aufwachsen bei Verwandten (und damit Trennung von den Eltern), länger dauernde Erkrankungen der Patienten in der Kindheit, Alkoholmissbrauch der Eltern sowie Gewaltanwendung in der Familie. Zehn Prozent der Panikpatienten berichteten, dass sie als

Kinder Opfer sexuellen Missbrauchs waren (zum Vergleich: In der Kontrollgruppe waren es zwei Prozent). Rechnete man noch die Fälle sexueller «Grenzüberschreitungen» dazu, waren es 19 Prozent der Panikpatienten und sieben Prozent der Normalpersonen, die solche Ereignisse berichteten.

Eins wurde aber auch klar: 31 Prozent der Panikpatienten gaben an, nie ein schwerwiegendes negatives Erlebnis in ihrer Kindheit gehabt zu haben. Umgekehrt hatte auch ein Drittel der Personen aus der gesunden Kontrollgruppe besonders belastende Lebensereignisse zu verzeichnen. Mit anderen Worten: Man kann eine Panikstörung bekommen, obwohl man gar keine emotionalen Belastungen in der Kindheit erfahren hatte, und es besteht eine gute Chance, trotz solcher Erlebnisse gesund zu bleiben. Aus dieser wichtigen Tatsache lernen wir Folgendes: Zum einen muss es außer den Traumata in der Kindheit, die bis dahin immer als Alleinverursacher angeschuldigt worden waren, noch andere Ursachen für eine Panikstörung geben. Zum anderen lernen wir, dass einst alle seelischen Störungen unzulässigerweise über einen Kamm geschoren wurden, was die Verursachung durch belastende Lebensereignisse anging. Da man außer Traumata alle anderen möglichen Ursachen ignorierte, machte man sich auch keine Gedanken, ob zwischen den verschiedenen psychiatrischen Erkrankungen Unterschiede hinsichtlich ihrer Verursachung durch Traumata bestanden. Von den 44 jugendlichen Delinquenten Bowlbys ausgehend, wurden die Erkenntnisse auf alle psychischen Erkrankungen verallgemeinert.

In einer Studie mit demselben Fragebogen, den wir bei Patienten mit Angststörungen angewandt hatten, untersuchten wir auch eine Gruppe von Personen mit einer «Borderline-Störung». Menschen mit dieser schweren seelischen Erkrankung neigen zu emotionaler Instabilität, Depressionen, Selbstmordgedanken, selbstverletzendem Verhalten, Drogenabhängigkeit, Delinquenz und anderen Symptomen. Unter diesen Patienten befanden sich erheblich mehr Personen, die eine schwere Jugend gehabt hatten, als in der Gruppe der Panikpatienten. So berichteten die Borderline-Patienten in 74 Prozent über sexuellen Missbrauch in ihrer Kindheit und Jugend.[41] Der Anteil der Verursachung durch Traumata scheint bei den verschiedenen Krankheiten somit unterschiedlich zu sein.

Die ersten fünf Jahre

«Es scheint, dass Neurosen nur in der ersten Kindheit (bis zum sechsten Lebensjahr) erworben werden, wenn auch ihre Symptome erst viel später zum Vorschein kommen mögen.» Diese recht knappe Feststellung Freuds hatte einen unglaublichen Einfluss auf unsere Ansichten zur Entstehung von Ängsten und anderen seelischen Erkrankungen.[42] Seine Botschaft lautete: Was immer in den ersten Lebensjahren passiert, bestimme, ob aus dem Kind später im Leben ein zu Depressionen und Ängsten neigender oder ein fröhlicher, ausgeglichener Mensch werde. Danach ist alles gelaufen; sosehr sich später Eltern und Erzieher abmühen, sie können nicht mehr verhindern, dass das Kind später zum Stadtneurotiker wird. Psychologische Werke wurden in der Folge geschrieben, in denen dargelegt wurde, was genau man falsch machen muss, damit das Kind später Zwangsneurosen oder Pferdephobien bekommt.

Wie steht es nun um den Wahrheitsgehalt dieser Annahme? In unserer Untersuchung zu den seelischen Traumata in der Kindheit gingen wir auch dieser Frage nach. Da wir sämtliche traumatischen Ereignisse von der Geburt bis zum 15. Lebensjahr erfassten, konnten wir auch nachprüfen, ob Erlebnisse in den ersten Jahren überhaupt mehr Schaden anrichten konnten als Ereignisse in späteren Lebensjahren. Zu unserer Überraschung war dies aber nicht der Fall. Es war also egal, ob der schädliche Einfluss im vierten oder im neunten Lebensjahr auftrat. Auch alle anderen Untersuchungen zu diesem Thema konnten nicht zeigen, dass die ersten fünf Lebensjahre wichtiger sind als die folgenden. Vielleicht liegt dies daran, dass ungünstige Familienverhältnisse sich meist nicht nur über eine kurze Zeitspanne auswirken, sondern sich manchmal durch die ganze Kindheit ziehen.

Nichtsdestotrotz muss man festhalten, dass die unglaublich weit verbreitete Ansicht, dass belastende Ereignisse in den ersten fünf bis sechs Lebensjahren wichtiger sind als spätere Schädigungen, in den Bereich der Gerüchteküche gehört, zumindest, was Angstpatienten angeht.

WIE ENTSTEHT DIE ANGST VOR DEM ALLEINSEIN?

Nicht nur Ereignisse in der frühen Kindheit wurden mit Angsterkrankungen in Zusammenhang gebracht, sondern auch spezifische Belastungen im Erwachsenenalter. Interviews mit Panikpatienten haben ergeben, dass in den letzten Monaten vor den ersten Panikattacken oder aber vor der Verschlimmerung einer schon bestehenden Panikstörung bestimmte bedrückende Ereignisse stattgefunden hatten.[43] Diese Vorkommnisse hatten fast immer etwas mit einer Trennung zu tun. Entweder handelte es sich um eine tatsächliche Trennung von einer geliebten Person oder aber um Anzeichen einer drohenden Trennung.

Menschen mit einer Panikstörung berichten außerdem häufiger als gesunde Kontrollpersonen, dass sie schon in ihrer Kindheit unter Trennungsängsten gelitten hatten. Sie sträubten sich als Kind beispielsweise, die Ferien bei einer Tante zu verbringen, wollten nicht auf eine Klassenfahrt oder weigerten sich sogar, in die Schule zu gehen.

Das sei nicht verwunderlich, sagten die Psychoanalytiker, die sowieso davon ausgingen, dass Ängste im Erwachsenenleben durch eine längere Trennung von den Eltern in der Kindheit entstehen. So seien Trennungsängste dadurch erklärbar, dass die Kinder tatsächlich früher einmal von ihren Eltern getrennt worden waren. Sie wurden als Folge eines «Mangels an oraler Befriedigung» gedeutet. Das heißt im Klartext: Wenn es nichts zu nuckeln gab, weil die Mutterbrust nicht verfügbar war, dann speicherten die Kinder im Gedächtnis, dass Trennung von der Mutter Verhungern oder Tod bedeuten könnte.

Ähnlich erklärten aber auch die Lerntheoretiker Trennungsangst: Die Anwesenheit der Mutter werde mit der Befriedigung des

Hungertriebs verbunden. Wenn es manchmal aufgrund einer Abwesenheit der Mutter nicht zur Bedürfnisbefriedigung komme, werde Trennungsangst erlernt. Beide Theorien sind aber wahrscheinlich zu vereinfachend.

Bei Tieren ist eine natürliche Trennungsangst nicht erlernt, sondern entspringt einem angeborenen Mechanismus. Wenn gerade neugeborene Welpen, die noch nie von ihrer Mutter getrennt waren, das erste Mal von ihr weggenommen werden, fangen sie sofort an, ängstlich zu fiepen. Das heißt, dass die Jungtiere nicht deswegen mit Angst reagieren, weil sie eine «negative Lernerfahrung» gemacht haben – nämlich, dass Trennung von der Mutter mit Hunger verbunden ist –, sondern weil ihnen ein *Instinkt* sagt, dass sie solche Trennungen besser vermeiden sollten. Auch Harlows Versuche zur Prägung zeigten, dass die Trennungsangst nicht mit dem Verlust des Ernährers in Verbindung gebracht werden muss: Das Äffchen, das auf ein mit Fell überzogenes Drahtgestell geprägt worden war, zeigte beim Entfernen des Gestells Trennungsangst – und das, obwohl das Gestell nicht Milch geben konnte.[44]

Wie kann man nun erklären, dass manche Menschen stärker unter Trennungsangst leiden als andere? Als unser Team in der bereits erwähnten Untersuchung Panikpatienten zu Trennungsängsten befragte, sagten 23 Prozent der Patienten mit einer Panikstörung, aber nur fünf Prozent der gesunden Kontrollpersonen aus, dass sie in ihrer Kindheit unter Trennungsangst gelitten hatten. Die Patienten gaben aber auch an, dass sie häufiger als die Kontrollpersonen tatsächliche Trennungserlebnisse in ihrer Kindheit erfahren hatten. Wiederum 60 Prozent der Patienten berichteten über mindestens eine längere Trennung, aber nur 16 Prozent der gesunden Kontrollpersonen hatten eine schmerzliche Trennung von den Eltern erlebt.

Jetzt sollte man meinen, dass Trennungsängste und tatsächliche Trennungserlebnisse direkt zusammenhängen, dass nämlich diejenigen Personen, die als Kinder tatsächlich länger von ihren Eltern separiert waren, diese Trennungsängste entwickeln, weil sie ja diesbezüglich schlechte Erfahrungen gemacht hatten. Aber genau das stellte sich als unzutreffend heraus. Es gab einerseits Patienten, die echte Trennungserlebnisse aufweisen konnten, und andere, die in ihrer Kindheit mit Trennungsängsten kämpften; dabei hatte das eine mit dem anderen nichts zu tun.

Scheinbar ist es so, dass diejenigen, die als Kinder schon unter Trennungsangst litten, ohne tatsächlich getrennt worden zu sein, bereits lange vor dem Ausbruch ihrer Panikerkrankung unter einer – vielleicht angeborenen – Anfälligkeit für eine ängstliche Verarbeitung von Separationen litten.

Daraus kann man Folgendes schließen: Die übergroße Angst von Angstpatienten, dass sich ihr Partner von ihnen trennen könnte, ist im Wesentlichen nicht darauf zurückzuführen, dass sie schon früher oft von ihren Eltern verlassen worden sind, sondern scheint auf eine anlagebedingte Neigung zu Trennungsängsten hinzuweisen. Natürlich gibt es auch Menschen, die in ihrer Kindheit tatsächlich von den Eltern massiv vernachlässigt und häufig allein gelassen wurden. Dies führt zu bestimmten seelischen Schäden, aber nicht unbedingt zu Angsterkrankungen.

ALS KIND ZU HEISS GEBADET

Viele meiner Patienten, die lange erfolglos mit einer Psychoanalyse behandelt worden waren, beklagen sich darüber, dass ihrer Meinung nach in der Therapie viel zu viel Aufhebens um ihre Erziehung in der Kindheit gemacht wurde. «Ob ich als Kind zu heiß gebadet worden bin, hat doch nichts mit meinen jetzigen Problemen zu tun», witzelte ein solcher Patient.

Unendlich viele Bücher wurden über die Verhaltensweisen und Erziehungsstile der Eltern (wie «Vernachlässigung» oder «Überfürsorglichkeit») geschrieben. Genaue Mechanismen wurden dargestellt, wie durch ein bestimmtes Verhalten, ein falsches Wort am falschen Platz, ständiges Nörgeln, eine zu harte Bestrafung, eine Verweichlichung oder die Einschränkung des freien Willens durch die Eltern ein Konflikt entsteht und wie dieser Konflikt zunächst im Unbewussten aufkeimt, sich dort wie ein Krebsgeschwür einnistet und sich dann in Form von merkwürdigen neurotischen Symptomen äußert. So wurde behauptet, dass Menschen, wenn sie als Kind von der Mutter zu früh zur Sauberkeitserziehung angehalten worden waren, später zwanghafte, pedantische und geizige Menschen wurden. Von psychologischen Kenntnissen unbelastete Menschen würden allerdings intuitiv sagen, dass eine im Alter von 30 Jahren aufgetretene Angsterkrankung nichts damit zu tun hat, dass man früher einmal als Vierjähriger Schimpfe bekommen hatte, weil man die Holzwolle aus dem Teddy gepult hatte.

Bereits in den fünfziger Jahren kritisierte der in London lebende deutsche Psychologe Hans Jürgen Eysenck diese Sichtweise scharf und sagte zur Bedeutung von Milieu, Schule und Elternhaus lapidar: «Ihre Rolle ist sehr klein.» Dennoch halten sich bis heute Ansichten, wonach das Wesen eines Menschen komplett durch die Umwelt geprägt wird und alle seelischen Probleme auf bestimmte Verhaltensweisen der Eltern zurückgeführt werden.

Merkwürdigerweise waren sich die Vertreter der Umwelt-Theorie nicht darüber einig, ob eher ein Zuwenig an Geborgenheit oder ein Zuviel an Behütung oder eine Mischung aus beiden nun daran schuld sein soll, dass man später im Erwachsenenalter eine Angstkrankheit bekommt. Jemand, der in einem Buch Tipps geben wollte, wie man Kinder erziehen sollte, um spätere Angsterkrankungen zu vermeiden, wüsste nicht, ob er nun empfehlen sollte, den Kindern mehr Freiheiten zu geben oder ihre Freiheiten mehr einzuschränken.

In unserer Befragung von Menschen mit einer Panikstörung und gesunden Kontrollpersonen zeigten sich Unterschiede im Hinblick auf das Erziehungsverhalten: Die Patienten beschrieben ihre Eltern im Vergleich zu Kontrollen eher als streng, jähzornig, dominant, überbehütend, charakterschwach und wenig fürsorglich.[40]

Solche Schilderungen der Eltern, teilweise nach über 40 Jahren erhoben, sind allerdings mit größter Vorsicht zu behandeln, denn sie sind noch weniger verlässlich als die Angaben zu belastenden Lebensereignissen. Aussagen wie «Mein Bruder wurde mir immer vorgezogen» oder «Meine Mutter hat mich nicht wirklich geliebt» sind erheblich schwammiger und schlechter nachprüfbar als eine Mitteilung wie «Meine Mutter starb am 4. 2. 1963».

Es wäre möglich, dass die Erziehung sich in Wirklichkeit durch nichts von der Erziehung der gesunden Kontrollpersonen unterschieden hat und dass die abweichenden Schilderungen schlicht durch eine andersartige Wahrnehmung der Erziehung entstanden sind. Panikpatienten könnten sich eher als ungerecht, lieblos oder überfürsorglich behandelt fühlen, ohne dass dies tatsächlich der Fall war. Der Grund für solche verzerrten Erinnerungen könnte nämlich auch sein, dass Menschen mit einer Panikstörung schon als Kind etwas ängstlicher und sensibler waren. So könnte es sein, dass sie allein wegen ihrer erhöhten Empfindlichkeit ein völlig normales Verhalten der Mutter als kalt, streng oder vernachlässigend bezeichneten.

Es könnte aber auch sein, dass die Beschreibung des elterlichen Erziehungsverhaltens durch Vorurteile beeinflusst war. Jemand, der unter seelischen Problemen leidet, bildet sich häufig auch mit entsprechenden Büchern weiter oder liest ständig in der Presse, dass die Erziehung an seinem Problem schuld sei. So sucht er natürlich – stärker als die Kontrollpersonen – nach Hinweisen auf eine fehlgeleitete Erziehung. Vor allem diejenigen Patienten, die schon einmal in einer Psychotherapie waren, in der ständig über Mutter, Vater und die Stellung in der Geschwisterreihe geredet wurde, machen sich vielleicht ebenfalls die Meinung zu Eigen, dass sie ihr Problem einer falschen Erziehung verdanken, ohne dass dies tatsächlich der Fall war.

Damit soll natürlich nicht gesagt werden, dass Erziehung und Familienkonstellation keinen Einfluss auf die Kinder haben. Natürlich wird zum großen Teil durch die Erziehung mitbestimmt, ob aus Kindern freundliche, hilfsbereite und charmante Erwachsene werden oder miesepetrige, gemeine und aggressive Stinkstiefel. Aber man muss sich von dem Gedanken lösen, dass handfeste Angsterkrankungen allein durch eine verkorkste Erziehung verursacht werden.

BESOFFENE HÜHNER

In einem amerikanischen Psychologielehrbuch aus den siebziger Jahren fand ich einen Cartoon. Ein Psychotherapeut sagt darin zu seinem Klienten: «Es gibt mehrere Gründe für Ihr Problem: Arbeitsbelastung, frühe Kindheitserfahrungen, chemisches Ungleichgewicht und in erster Linie die Tatsache, dass Ihre Eltern verrückt wie besoffene Hühner sind.» In dieser Aussage, so abwegig sie klingt, steckt ein bisschen Realität.

Dies erfuhren wir auch, als wir an der Universität Göttingen unsere schon erwähnte groß angelegte Untersuchung zu den Ursachen von Angsterkrankungen durchführten. Wir befragten nicht nur Patienten mit einer Panikerkrankung und einer Borderline-Störung, sondern auch Menschen mit einer Sozialen Phobie über belastende Ereignisse in ihrer Kindheit und subtilere Einflüsse wie bestimmte Erziehungsstile. Außerdem prüften wir noch die Möglichkeit, ob solche Erkrankungen möglicherweise auch durch Schäden während der Geburt (zum Beispiel durch Sauerstoffmangel) ausgelöst wurden. Als Letztes fragten wir noch, ob die Eltern ebenfalls unter Angsterkrankungen oder anderen psychischen Krankheiten gelitten hatten.

Wir wollten wissen, welcher Faktor eigentlich die entscheidendste Rolle spielt: Traumata, Erziehung, Geburtsschäden oder Vererbung? Dabei muss man bedenken, dass alle die genannten möglichen Ursachen für das Entstehen einer Angsterkrankung miteinander in irgendeiner Form zusammenhängen können. Ein Beispiel: Mike B., ein Patient mit einer Panikstörung, hat einen Vater, der ebenfalls unter einer Panikstörung litt. Der Vater war Alkoholiker, schlug seine Kinder und seine Frau, war arbeitslos und trotzdem selten zu Hause. Warum hat nun Mike B. seine Angsterkrankung bekommen? Weil er als Kind geschlagen wurde? Weil er bei seinem Vater die Panikstörung beobachtet hatte? Weil die Eltern Eheprobleme hatten? Weil der Vater arbeitslos war? Weil der Vater fast nie zu Hause war? Oder weil er Alkoholiker war? Oder war es einfach so, dass der Patient die Panikstörung mit den Genen übertragen bekam und alle anderen widrigen Umstände gar nichts damit zu tun hatten und dass der Vater Alkoholiker war, weil er gegen seine Ängste antrank und alle anderen Probleme wie die Gewalttätigkeit nur eine Folge des Alkoholismus waren?

Man kann sich heftig täuschen, wenn man einfach den Zusammenhang zweier Faktoren untersucht, ohne zu bedenken, dass drei, vier weitere Umstände auf komplizierteste Weise diese beiden Faktoren beeinflussen. Dies möchte ich an einem Beispiel erklären: Ein Wissenschaftler hat festgestellt, dass Alkoholmissbrauch Lungenkrebs verursacht. Sie werden jetzt sagen: «Moment mal – Lungenkrebs kommt doch vom Rauchen?!» Aber der Forscher hält Ihnen eine klare Korrelation (das heißt einen rechnerischen Zusammenhang) vor, nach der zwischen Alkohol und Krebs eine starke Verknüpfung besteht. Bei näherer Betrachtung hat sich der Wissenschaftler aber geirrt: Die Korrelation ist dadurch entstanden, dass Leute, die zu viel Alkohol trinken, meist auch zu viel rauchen. Daher ist tatsächlich bei Alkoholikern Lungenkrebs häufiger – aber es besteht keine direkte, ursächliche Verkettung zwischen den beiden Faktoren. Die Wechselbeziehung entsteht nur indirekt über einen dritten Faktor, nämlich das Rauchen. Wenn jemand zu viel Alkohol trinkt, aber nicht raucht, hat er wahrscheinlich kein erhöhtes Risiko, Lungenkrebs zu bekommen. Wissenschaftlich ausgedrückt: Eine hohe Korrelation zwischen zwei Phänomenen beweist keinen Kausalzusammenhang.

Wie kann man jetzt herausfinden, woran es wirklich liegt, dass manche Menschen eine Panikstörung bekommen und andere nicht? Seelische Traumata, Erziehung, Vererbung oder Geburtsschaden – das scheint ein kompliziertes und fast aussichtsloses Unterfangen zu sein.

Mit einem raffinierten statistischen Verfahren kann man allerdings aufklären, welchen Anteil jede Ursache allein ausmacht. Mit einer so genannten logistischen Regression kann man sämtliche Zusammenhänge miteinander verrechnen und am Ende mit etwas größerer Sicherheit sagen, welcher dieser Risikofaktoren den größten Anteil an der Entstehung einer Angsterkrankung hat.

Ich fütterte meinen Computer also mit allen Daten, die wir zu den verschiedenen Risikofaktoren bei den Patienten erhoben hatten. Anschließend fragte ich ihn: «Was oder wer ist schuld daran, wenn ich eine Soziale Angststörung bekomme?» Der Computer antwortete: «Es ist egal, wie Ihre Eltern Sie erzogen haben, ob die Eltern zu viel Alkohol getrunken oder Sie geschlagen haben. Sie waren während der Geburt wahrscheinlich nicht blau, und sexueller Missbrauch spielte keine Rolle. Eine längere Trennung von Ihren Eltern hat das Risiko, eine Soziale Angststörung zu bekommen, dreifach erhöht. Aber: Wenn Ihre Eltern schon irgendeine neurotische Störung hatten, hat das Ihr Risiko 127fach erhöht.»[45] Das heißt mit anderen Worten: Vererbungsfaktoren spielten dieser Untersuchung zufolge die größte Rolle, während die Erziehung, die früher immer als die Hauptursache dieser Erkrankungen angesehen wurde, praktisch keinen Einfluss auf das Entstehen einer Sozialen Angststörung zu nehmen scheint.

Bei den Patienten mit einer Panikstörung fanden wir ebenfalls heraus, dass das Risiko, eine solche Angsterkrankung zu bekommen, hauptsächlich durch Vererbung bestimmt war. Schwere belastende Ereignisse wie sexueller Missbrauch spielten auch eine nicht zu vernachlässigende Rolle, die aber deutlich geringer war als die der Vererbungsfaktoren. Das überraschendste Ergebnis war aber, dass die Erziehung offensichtlich überhaupt nichts damit zu tun hatte, dass die Patienten unter einer Panikstörung litten.

Wohlgemerkt: Zwar hatten sich die Angstpatienten in der Untersuchung beschwert, dass ihre Eltern sie nicht liebevoll erzogen hätten. Dieser Zusammenhang darf aber nicht derart interpretiert werden, dass die Erziehung die Ursache der Angsterkrankung ist, sondern lediglich so, dass zwischen den beiden Phänomenen eine Korrelation besteht, die über ein drittes Phänomen vermittelt wird. Dieses Beispiel zeigt, dass man die Risikofaktoren nicht getrennt betrachten darf. Nur mit Hilfe komplizierter Computerberechnungen ist man heute in der Lage, solche vereinfachenden Zusammenhänge als fehlerhaft zu identifizieren. Diesen Fehler haben aber Generationen von Psychologen und Psychiatern jahrzehntelang gemacht: Durch die isolierte Betrachtungsweise des Faktors «Erziehung» haben sie vor der Welt, aber auch vor sich selbst die Illusion aufgebaut, dass eine fehlgeleitete Erziehung an der Entstehung der Angsterkrankungen ursächlich beteiligt sei.

Durch diesen Irrtum wurden Generationen von Müttern mit massiver Schuld belegt. Sie haben sich vielleicht ein Leben lang Vorwürfe gemacht, dass sie für die Angstkrankheit ihrer Kinder haftbar zu machen seien. Und zu allem Überfluss hatte man auch immer zuerst die Mütter verantwortlich gemacht und die Väter außen vor gelassen.

DER COITUS INTERRUPTUS, DIE COUSINE UND DIE ROTE COUCH: DIE PSYCHOANALYSE

Viele Menschen setzen Psychotherapie und Psychoanalyse gleich und vermuten, dass jeder, der zu einem Psychotherapeuten geht, «auf der Couch landet». Dabei ist die Psychoanalyse nur eine von mehreren Richtungen in der Psychotherapie. Die analytische Theorie war jedoch die erste, die sich intensiv mit Ängsten beschäftigte.

Die Dampfkesseltheorie

Wer über Angst redet, kommt an Freud nicht vorbei. Sigmund Freud war Professor für Neuropathologie an der Wiener Universität und begründete gegen Ende des 19. Jahrhunderts die Psychoanalyse. Freud muss man zwiespältig sehen. Seine Theorien lösen heute in Kreisen von Wissenschaftlern harsche Kritik, manchmal Lächeln aus, aber fast nie die uneingeschränkte Zustimmung, die sie in den Jahren zwischen 1930 und 1970 erhielten. Eines der beliebtesten Hobbys amerikanischer Psychiater ist «Freud bashing», Freud madig machen, das heißt, über seine Theorien herzuziehen.

Was wirft man ihm vor? Auch damals, als Freud seine Hypothesen vorstellte, gab es Vorbehalte. Nur waren diese anderer Natur als heute. Zu seiner Zeit warf man ihm vor, dass er hinter jedem Verhalten, ob krankhaft oder normal, ausschließlich sexuelle Hintergründe sah. Kurz nach der Jahrhundertwende war das mehr, als die prüde Öffentlichkeit ertragen konnte. Selbst Kindern schrieb er ein Sexualleben zu – damals ein Unding. Seine Kritiker kreideten ihm nicht etwa an, unwissenschaftlich zu arbeiten, sondern eine Art Perverser zu sein, der unschuldigen Kindern sündige Gedanken zuschrieb. Somit kam Freud das Verdienst zu, zur Enttabuisierung der Sexualität beigetragen zu haben.

Heute werden die Freud'schen Theorien aus einer ganz anderen Warte kritisiert; sie seien unwissenschaftlich, nicht überprüft und spekulativ. Von Freud stammen die ersten ausgefeilten Hypothesen zur Entstehung von krankhafter Angst. Sie zu beschreiben ist gar nicht so einfach, denn Freud änderte im Laufe seines Lebens immer wieder seine Ansichten über die Entstehung von Ängsten. Im Jahre 1895 veröffentlichte er seine Schrift «Über die Berechtigung, von der Neurasthenie einen bestimmten Symptomenkomplex als ‹Angstneurose› abzutrennen».[13] Er schilderte darin zwei Arten von Angstneurosen, von denen die eine dem heutigen Begriff der «Panikstörung» nahe kommt und die andere der «Generalisierten Angststörung» entspricht. Er unterschied zwei Hauptgruppen von Neurosen: die «Aktualneurosen» (zu denen er die Angstneurosen rechnete) sowie die «Psychoneurosen» (zu denen beispielsweise die Zwangserkrankungen zählten). Für die Aktualneurosen vermutete er zunächst eine körperliche, für die Psychoneurosen eine seelische Ursache. Bei den Angstneurosen trennte er verschiedene Erscheinungsbilder: eine akute Form mit «frei flottierender Angst» (modern ausgedrückt: «Panikstörung»), ein chronischer Angstzustand (modern: «Generalisierte Angststörung») sowie die «phobische Neurose» (hierunter fallen die Agoraphobie und andere Phobien).

Angstanfälle – die heutigen Panikattacken – hielt Freud zunächst für körperlich, nicht seelisch verursacht, und damit nach seinen Worten durch die Psychoanalyse nicht behandelbar. Das ist bemerkenswert, denn obwohl er diese Meinung später fallen ließ, griff er mit der Einordnung dieser Erkrankung als biologisch verursacht den heutigen neurobiologischen Theorien zur Entstehung von Panik vor. Freud nahm übrigens bei den Angstneurosen zunächst auch eine erbliche Belastung an. Auch damit lag er nicht falsch, wie sich viel später zeigte. Weiterhin sah er «banale Schädlichkeiten» (aktuelle Lebensbelastungen oder chronische Anstrengungen) als Ursache der Angstneurosen an.

Nachdem diese Theorie nicht mit der Wirklichkeit in Einklang zu bringen war, änderte er seine Ansicht und entwickelte die «Erste Angsttheorie». Diese brachte er auf folgenden Punkt: «Unterdrückte – ‹verdrängte› – Triebregungen, meist sexueller Natur, werden in Angst umgewandelt.»[46]

Im Gegensatz zu den «hysterischen» und «traumatischen Neurosen» nahm er an, dass die Angstneurose nicht aus einem früheren Trauma entstehe, sondern eine Folge einer Erregung sei, die keine psychische Ableitung zulasse («Dampfkesseltheorie»). Die bei der Angstneurose auftretende Angst habe ihren Mechanismus «in der Ablenkung der somatischen Sexualerregung vom Psychischen und einer dadurch verursachten abnormen Verwendung dieser Erregung».

Welche Gründe führten nun nach Freud dazu, dass sich sexuelle Energie anstauen kann? Abstinenz oder sexuelle Frustration seien schuld – so der Psychoanalytiker. Angst entstehe zum Beispiel dann, wenn jemand überhaupt keinen Geschlechtsverkehr habe. Ein anderer Grund sei, dass es bei jungen Paaren im «Brautstande», also bei Verlobten, zur sexuellen Erregung ohne Befriedigung komme. Auch staue sich die Energie, wenn es bei einer neu vermählten Frau zu unzureichender Befriedigung komme, weil der Mann impotent ist oder Coitus interruptus betreibt – damals eine weit verbreitete Art der Empfängnisverhütung.[46]

Mitte der zwanziger Jahre gab Freud diese Luststau-Theorie wieder auf. Vielleicht weil er selbst merkte, dass diese Theorie zwar spannend und erregend klang, aber leider nicht stimmte. Er entwickelt im Anschluss daran die «Zweite Angsttheorie».[47] Um diese zu erklären, kommen wir auf die psychoanalytischen Begriffe «Es» und «Über-Ich» zurück. Das Es stellt sozusagen das Triebleben des Menschen dar, das auf dem Niveau eines wilden Tieres ist. Das Es will fressen, saufen und guten Sex, und zwar sofort. Es ist der Wolf im

Die Psychoanalyse 143

Menschen, der wehrlose Lämmer zerfleischen würde, oder der Stier, der eine Kuh nach der anderen auf der Weide begattet. Das Es kennt keinen Aufschub, keine Benimmregeln, keinen Ehrenkodex. Menschen, die ein zu stark ausgebildetes Es besitzen, werden Raubmörder oder Sexualtriebtäter.

Das «Über-Ich» dagegen ist das schlechte Gewissen in uns. Es kennt alle Regeln, Vorschriften, Gesetze und Verbote, die uns die Eltern, Pädagogen, Priester, Polizisten und Gesetzgeber auferlegt haben. Überall wittert das Über-Ich Unrat. Alles, was Spaß macht, wird einem madig gemacht oder mit einem Tabu belegt: «Essen macht dick. Wein trinken macht süchtig. Sex ist schweinisch, man holt sich ansteckende Krankheiten, kriegt unerwünschte Kinder und bezahlt am Ende teuer dafür.» Menschen, die ein zu starkes Über-Ich haben, werden Angstpatienten – so die Theorie.

Angst wird nach der Zweiten Angsttheorie ausgelöst, wenn diese verbotenen Triebwünsche des Es zutage treten und vom Über-Ich mit Bestrafung bedroht werden. Diese beiden Instanzen, das Es und das Über-Ich, befinden sich verborgen in unserem Unbewussten. Es gibt jedoch noch eine dritte Instanz, das «Ich», das sich mehr im Bewusstsein aufhält. Wenn das Es und das Über-Ich miteinander kämpfen, bekommt das Ich davon nichts mit. Das Einzige, was das Ich wahrnimmt, sind die unerklärlichen Angstsymptome – wie Schwitzen, Zittern oder Herzrasen.

Die weit verbreitete Angst im Fahrstuhl könnte ein Psychoanalytiker zum Beispiel so erklären:

Eine Frau betritt einen Fahrstuhl, in dem sich mehrere Menschen befinden, darunter auch einige Männer. Jetzt spielt sich in ihrem Unbewussten folgende Szene ab: Das Es, das ja bekanntlich keine Hemmungen kennt, meldet sich: «Brigitte, du könntest ja mal dem Mann, der so dicht neben dir steht, in den Schritt fassen. Ihr könntet es ja hier vor allen anderen treiben.» Darauf meldet sich das Über-Ich: «Brigitte, bist du völlig übergeschnappt? Du kennst den Mann doch gar nicht, er würde dich wegstoßen, das wäre ja superpeinlich, und was würden denn die anderen Leute sagen?» Brigitte selbst (beziehungsweise ihr Ich) bekommt von diesem merkwürdigen Dialog überhaupt nichts mit, da das Ganze ja in ihrem Unbewussten stattfindet. Natürlich hat sie überhaupt nicht vor, einen dieser unappetitlichen alten Männer im Fahrstuhl überhaupt nur zu berühren. Das Einzige, was sie merkt, sind Angstsymptome wie weiche Knie, Herzrasen oder Luftnot – ein Ausdruck des Kampfes, der zwischen dem Es und dem Über-Ich in ihrem Unbewussten abläuft.

Solche Kämpfe der beiden Instanzen finden nicht nur bei Angstpatienten, sondern auch bei allen gesunden Menschen statt. Die gesunden Menschen reagieren darauf – so die Ansicht der Psychoanalyse – mit einem «Abwehrmechanismus» – in diesem Fall mit «Verdrängung». Freud schrieb: «Triebregungen, die als verboten erlebt werden, erzeugen Angst. Diese Angst setzt den Prozess der Unterdrückung – ‹Verdrängung› – dieser Regungen in Gang.»[48] Wenn dieser Abwehrmechanismus bei den Angstpatienten versagt, weil die Angst zu stark wird, bricht die volle Angstattacke durch. So jedenfalls diese Theorie.

Die böse Tyrannin
Vergebens wird man heute in der psychoanalytischen Literatur nach einer homogenen Theorie zur Erklärung von Ängsten suchen. Dies ist eines der Probleme, die die Psychoanalyse hat. Es wurde nie nach einem einheitlichen Prinzip gesucht, das vielleicht am häufigsten für die Entstehung von Angsterkrankungen verantwortlich ist, sondern es wurden immer neue Modelle entwickelt, ohne die alten zu berücksichtigen. So wurden die Freud'schen Theorien immer wieder durch völlig andere ausgetauscht.

Ein Konflikt sei es, hieß es beispielsweise, der einer Angstneurose zugrunde liege. So wurde gesagt, dass sich die Angstpatienten in ihrer Phantasie einerseits überstark an die Mutter klammern, andererseits diese Symbiose aber gleichzeitig zerreißen wollen, um sich von der «Umklammerung der bösen Tyrannin» zu befreien. Aber dies ist nur eine Variante: Es gibt so viele psychoanalytische Erklärungen zur Entstehung von Ängsten, wie es psychoanalytische Autoren gibt.

Eine Schwierigkeit des Konflikt-Modells ist auch, dass keine allgemein gültigen Hypothesen aufgestellt wurden, warum sich bei einigen Menschen diese überstarken Konflikte ausbilden und bei anderen nicht. Vereinfachend können folgende Erklärungsmodelle unterschieden werden, die in der psychoanalytischen Literatur als Verursachungsfaktoren genannt werden: traumatische Kindheitserlebnisse wie die Trennung von der Mutter in den frühen Kindheitsjahren, das Beobachten sexueller Handlungen bei den Eltern, sexueller Missbrauch in der Kindheit, eine falsche Erziehung durch eine vernachlässigende oder überbeschützende Mutter oder ein Todesfall in der Familie.

Da es ein Problem der psychoanalytischen Literatur ist, dass generell keine Prozentzahlen genannt werden, bleiben viele Fragen offen: Welche dieser genannten Risikofaktoren ist am häufigsten zur Verantwortung zu ziehen? Kann auch eine Kombination dieser Faktoren schuld sein? Wie kann ich bei einem bestimmten Patienten herausfinden, ob die überfürsorgliche Mutter, der Tod des Großvaters oder die streitsüchtige Ehefrau an den Angstanfällen schuld ist?

Man täuschte sich lange über das Ausmaß des Einflusses, den die traumatischen frühkindlichen Erlebnisse haben. Heute weiß man, dass es Kinder aus völlig zerrütteten Familien gibt, die komplett normal sind, und Kinder aus gutbürgerlichen, harmonischen Verhältnissen mit liebevollen Eltern, die unter schwersten Ängsten leiden.

Sexueller Missbrauch
Sigmund Freud brachte sexuelle Belästigung, Missbrauch und Inzest immer wieder mit den Angstneurosen in Verbindung. Er illustrierte dies an seiner Geschichte von «Katharina».[49] Freud unternahm eine Wanderung in die Hohen Tauern, um «die Neurosen zu vergessen». In einem Gasthaus wurde er von der Wirtstochter angesprochen. Die 18-jährige Katharina schilderte Freud typische Panikattacken:

Ich hab' so Atemnot, nicht immer, aber manchmal packt's mich so, dass ich glaub, ich erstick' ... Dann legt's sich zuerst wie ein Druck auf meine Augen, der Kopf wird so schwer und sausen tut's, nicht auszuhalten, und schwindlich bin ich, dass ich glaub, ich fall' um, und dann presst's mir die Brust zusammen, dass ich keinen Atem krieg' ... Den Hals schnürt's mir zusammen, als ob ich ersticken sollt ... Ich glaub' immer, ich muss jetzt sterben.

Später berichtete sie ihm, dass sie die Panikattacken bekommen hatte, nachdem sie im Alter von 16 Jahren ihren Vater beim Sexualakt mit ihrer Cousine beobachtet hatte:

«Ich schau hinein, das Zimmer war ziemlich dunkel, aber da seh ich den Onkel und die Franziska, und er liegt auf ihr.» – «Nun?» – «Ich bin gleich weg vom Fenster, hab' mich an die Mauer angelehnt, hab' die Atemnot bekommen, die ich seitdem hab', die Sinne sind mir vergangen, die Augen hat es mir zugedrückt und im Kopf hat es gehämmert und gebraust.»

In Wirklichkeit hatte es sich nicht um den Onkel gehandelt, sondern um Katharinas Vater. Um aber das Wiedererkennen der tatsächlichen Personen zu vermeiden, hatte Freud zunächst den Vater als «Onkel» bezeichnet. Viele Jahre später erst korrigierte Freud diese Darstellung. In weiteren Gesprächen mit Katharina stellte sich auch heraus, dass der Vater nicht nur ihrer Cousine, sondern auch Katharina selbst im Alter von 14 nachgestellt und sie unsittlich berührt hatte. Katharina war einmal mit ihm in einem Wirtshaus in einem Doppelzimmer untergebracht:

Er blieb trinkend und kartenspielend in der Stube sitzen, sie wurde schläfrig und begab sich frühzeitig in das für beide bestimmte Zimmer im Stocke. Sie schlief nicht fest, als er hinaufkam, dann schlief sie wieder ein, und plötzlich erwachte sie und «spürte seinen Körper» im Bette. Sie sprang auf, machte ihm Vorwürfe. «Was treibens denn, Onkel? Warum bleibens nicht in Ihrem Bette?» Er versuchte sie zu beschwatzen: «Geh', dumme Gredel, sei still, du weißt ja nicht, wie gut das ist.» – «Ich mag Ihr Gutes nicht, nit einmal schlafen lassen's einen.»

Solche Vorfälle, so schilderte Katharina, waren noch häufiger vorgekommen. Später ging Freud der Sache tiefer auf den Grund und sprach noch einmal den Vorfall mit ihrer Cousine Franziska an:

Die Psychoanalyse 147

«Jetzt weiß ich schon, was Sie sich damals gedacht haben, wie Sie ins Zimmer hineingeschaut haben. Sie haben sich gedacht: Jetzt tut er mit ihr, was er damals bei Nacht und die anderen Male mit mir hat tun wollen. Davor haben Sie sich geekelt, weil Sie sich an die Empfindung erinnert haben, wie Sie in der Nacht aufgewacht sind und seinen Körper gespürt haben.»
Sie antwortet: «Das kann schon sein, dass ich mich davor geekelt und dass ich damals das gedacht hab'.»
«Sagen Sie mir einmal genau, Sie sind ja jetzt ein erwachsenes Mädchen und wissen allerlei –»
«Ja, jetzt freilich.»
«Sagen Sie mir genau, was haben Sie denn in der Nacht eigentlich von seinem Körper gespürt?»
Sie gibt aber keine bestimmtere Antwort, sie lächelt verlegen und wie überführt, wie einer, der zugeben muss, dass man jetzt auf den Grund der Dinge gekommen ist, über den sich nicht mehr viel sagen lässt. Ich kann mir denken, welches die Tastempfindung war, die sie später deuten gelernt hat.

Was wollte Freud mit dieser Geschichte erreichen? Ohne Zweifel liest sie sich gut. Es gibt aber auch ein Problem: Durch diesen Fall könnte der Eindruck erweckt werden, dass Angstattacken *immer* auf Inzest zurückzuführen seien. Wir dürfen aber nicht vergessen, dass es sich bei Katharina um ein Einzelschicksal handelte. Um herauszufinden, ob sexuelle Grenzüberschreitungen in der Familie daran schuld sind, dass Menschen später eine Panikstörung entwickeln, müsste man eine große Gruppe von Panikpatienten befragen, ob sie in ihrer Kindheit sexuell belästigt worden waren. Solche Untersuchungen hat Freud nie gemacht. Im Grunde konnte er noch nicht einmal nachweisen, ob Katharina nicht auch eine Panikstörung bekommen hätte, wenn sie diese Erlebnisse nicht gehabt hätte – vielleicht wirkte das Beobachten des Sexualakts ihres Vaters mit Franziska lediglich als Auslöser und nicht als Ursache der Angstanfälle. Um solche Überlegungen kümmerte sich Freud allerdings niemals. Ihm ging es offensichtlich nicht um die exakte Wissenschaft. Gemäß der Devise «Sex verkauft sich gut» ging es ihm scheinbar nur darum, seine Theorie, dass Angst etwas mit Sex zu tun habe, durch spektakuläre Fallberichte zu illustrieren.

Um herauszufinden, ob Panikpatienten tatsächlich gehäuft als

Kinder sexuell belästigt worden waren, befragten wir – fast hundert Jahre nach Freuds Theorie – zum ersten Mal eine Gruppe von Panikpatienten, die groß genug war, um verlässliche wissenschaftliche Aussagen machen zu können. Wie schon dargestellt, konnten wir in unserer groß angelegten Befragung von Panikpatienten auch tatsächlich zeigen, dass Angstpatienten über sexuelle Grenzüberschreitungen, aber auch über sexuellen Missbrauch mit Penetration in ihrer Kindheit häufiger berichteten als Normalpersonen. Es wäre dennoch falsch, sexuellen Missbrauch als die alleinige Ursache für eine Angststörung anzusehen. Denn immerhin berichteten über 80 Prozent der Panikpatienten nicht über sexuelle Belästigungen.

Kann es aber sein, dass die übrigen 80 Prozent der Patienten, die sich nicht an ein solches Ereignis erinnerten, auch als Kind missbraucht worden sind, es aber nicht mehr wissen, weil sie es ins Unterbewusstsein verdrängt haben, wie lange angenommen wurde? Gedächtnisforscher wie die Psychologie- und Juraprofessorin Elizabeth F. Loftus aus Seattle sind heute der Meinung, dass es dieses behauptete Phänomen der Verdrängung gar nicht gibt.[50, 51] Abgesehen davon, dass praktisch alles, was einem Kind vor dem vierten oder fünften Lebensjahr passiert, sowieso vergessen wird, ob es nun ein schlimmes oder ein schönes, ein wichtiges oder ein unwichtiges Erlebnis war, werden nach dieser Zeit der «kindlichen Amnesie» einschneidende Ereignisse in der Regel nicht aus dem Gedächtnis gelöscht. Möglicherweise werden unangenehme Erinnerungen in den Hintergrund geschoben; «verdrängt» werden sie jedoch nicht. Ganz im Gegenteil klagen Patienten mit einer posttraumatischen Belastungsstörung ja darüber, dass sie ein belastendes Ereignis eben nicht vergessen können. In einer unserer eigenen Untersuchungen berichteten fast 80 Prozent der Patienten mit einer Borderline-Störung über sexuellen Missbrauch, und sie konnten sich meist auch sehr genau daran erinnern.[41] Und obwohl sie diese Erinnerung nicht im Unbewussten verborgen hielten, waren sie trotzdem schwer seelisch krank.

Es scheint also nicht zuzutreffen, dass eine Psychotherapie einen verdrängten Missbrauch aufspüren und so die schädlichen Folgen für die Seele mindern kann. Andererseits ist es aber möglich, dass ein Psychotherapeut einem Patienten einen Missbrauch einredet, der gar nicht stattgefunden hat. Das nämlich versuchen heute noch einige Psychotherapeuten, die eine einfache Form der Freud'schen Theorie verinnerlicht haben und ausnahmslos alle psychischen Probleme ihrer Klienten auf verdrängte sexuelle Impulse zurückführen.

Elizabeth Loftus führte etwa 200 Gedächtnisexperimente mit mehr als 20 000 Teilnehmern durch und konnte dabei nachweisen, dass es durchaus möglich ist, Menschen Erinnerungen an Dinge, die nie passiert sind, einzureden.[52] So zeigte sie, dass ein übereifriger Polizist einen Zeugen so beeinflussen kann, dass er behauptet, etwas gesehen zu haben, was sich nie abgespielt hat. Oder ein eilfertiger Psychotherapeut könnte einer Patientin einreden, dass ein Inzest durch ihren Vater stattgefunden habe, der sich in Wirklichkeit nie zugetragen hat. Und das, obwohl die Patientin vor der Therapie ein gutes Verhältnis zu ihrem Vater hatte und sich partout nicht an ein solches Ereignis erinnern konnte.

Ein Beispiel: Missouri, USA, im Jahre 1992: Die 19-jährige Beth Rutherford begibt sich wegen Spannungskopfschmerzen in eine Psychotherapie bei einem kirchlichen Berater. Der redet ihr ein, dass ihr Vater – ein Geistlicher – sie zwischen dem siebten und vierzehnten Lebensjahr regelmäßig vergewaltigt habe. Ihre Mutter solle dabei geholfen haben, indem sie die Tochter festgehalten habe. Unter Anleitung des Therapeuten erinnerte Beth Rutherford sich, dass ihr Vater sie zweimal geschwängert und dann gezwungen habe, das Kind mit einem Kleiderbügel aus Draht abzutreiben. Als die Sache bekannt wurde, musste der Vater von seinem kirchlichen Amt zurücktreten. Später ergab eine ärztliche Untersuchung, dass Beth Rutherford noch Jungfrau war. Beth Rutherford verklagte den Therapeuten und erhielt eine Million Dollar Schadensersatz.[52]

Auf die Welle von so genannten in der Therapie aufgeklärten kindlichen Missbrauchsereignissen folgte eine Lawine von Kunstfehlerprozessen: Die durch den eingeredeten angeblichen Missbrauch psychologisch geschädigten Patienten erhielten die in den

USA üblichen astronomischen Entschädigungssummen von den Versicherungen der Therapeuten.

Auch in Deutschland gab es einen Mammutprozess, nachdem eine Religionslehrerin mit einer psychologischen Zusatzausbildung bei von ihr betreuten Kindern einer Familie angeblich Zeichen sexuellen Missbrauchs festgestellt hatte. Insgesamt 25 Personen – Verwandte und Bekannte – wurden angeklagt. Am Ende stellte sich heraus, dass der Missbrauch nie stattgefunden hatte – außer in der Phantasie der Religionslehrerin. Nachdem sich keinerlei Beweise für die Behauptungen finden konnten, wurden alle freigesprochen, bis auf die Großmutter der Kinder. Sie war in der Untersuchungshaft verstorben. Die mitangeklagte Mutter bekam ihre Kinder erst nach zwei Jahren zurück.

Damit soll auf keinen Fall das Problem des sexuellen Missbrauchs von Kindern wegdiskutiert werden. Sexuelle Übergriffe können katastrophale und ein Leben lang anhaltende Folgen auf die Psyche haben. Unsere Untersuchungen haben dies auch zeigen können. Dennoch wäre es falsch, sexuellen Missbrauch als eine der Hauptursachen von Angsterkrankungen anzunehmen.

Verwöhnt oder vernachlässigt – die Mutter ist schuld
Obwohl Angstpatienten aus zerrütteten Familienverhältnissen kommen können, so stellten aber auch die Psychoanalytiker schon früh fest, dass solche Umweltfaktoren nicht als alleinige Ursache einer Angststörung herhalten konnten. Da doch einige Angstpatienten aus intakten, ordentlichen Familien stammten und keine gravierenden Kindheitserlebnisse gehabt hatten, wurde angenommen, dass nicht nur schwerwiegende Traumata, sondern auch bestimmte elterliche Verhaltensweisen ausreichen, um eine Angststörung entstehen zu lassen. Der Umgang mit den Kindern, die Erziehung, Liebe und Hass, Strenge und Nachlässigkeit seien im Wesentlichen prägend für die spätere Psyche und für alle krankhaften seelischen Zustände verantwortlich.

Bereits der Psychoanalytiker Alfred Adler sah zu Beginn des letzten Jahrhunderts neurotische Erkrankungen als Folge falscher Erziehung. Dabei sprach er von «Verwöhnung», «Vernachlässigung» oder «autoritärer und hasserfüllter Unterdrückung». Seit dieser Zeit versuchen Myriaden von Psychotherapeuten, aus den Äußerungen ihrer Patienten über ihre Eltern Hinweise auf seelische Konflikte zu finden, die dazu geführt haben, dass aus dem Kind später ein Neurotiker wurde. Jeder Klaps auf den Po, jede Aufregung über eine eingenässte Hose, jede verweigerte Umarmung, jede aufgedeckte Onanie wurden im Hinblick auf die katastrophalen Folgen für das spätere Leben analysiert.

Da sich Angstpatienten offenbar auf Schutz und Geborgenheit angewiesen fühlen, Angst vor dem Alleinsein haben, sehr stark auf Trennungen wie beispielsweise Ehescheidungen reagieren und mehr noch als andere nach einer stabilen Partnerschaft streben, wurde vermutet, dass die Ursache einer Panikstörung in unzuverlässigen Bindungen in der Kindheit begründet liegt. Der Psychoanalytiker Karl König sah eine der wesentlichen Ursachen einer Phobie im Erziehungsverhalten der Mutter («phobogene Mutter»). Er unterschied zwei Arten von Müttern, deren Verhalten zum Kind eine spätere Phobie auslösen kann: «Die Mutter vom Typ A (‹anklammernd›) warnt das Kind ständig vor Gefahren, sodass es nicht lernt, damit umzugehen. Triebimpulse dürfen nur unter dem Schutz der Dauerkontrolle der Mutter voll ausgelebt werden; auch werden die eigenständigen Handlungen des Kindes häufig von ängstlichen Reaktionen der Mutter begleitet.

Die Mutter vom Typ D (‹distanziert›) geht wenig mit dem Kind um, überlässt es sich selbst, erwartet aber die gleichen Entwicklungsfortschritte wie von einem Kind, das normale Möglichkeiten in der Interaktion mit der Mutter hatte. Gründe für das distanzierte Verhalten können ökonomische Gründe, eine latente Ablehnung des Kindes, eine schizoide Kontaktstörung oder ehrgeizige Interessen außerhalb der Familie sein.»[53]

Durch die unzuverlässige Mutterbindung in der Kindheit sei auch zu erklären, dass Angstpatienten sich häufig von ihren Ehepartnern, Freunden und Bekannten bei Einkäufen oder Behördengängen begleiten lassen. So entstand die Theorie vom «steuernden

Objekt». Wenn man ein solches Objekt bei einem Patienten ausfindig mache, sei dies ein Zeichen für eine starke kindliche Abhängigkeit von Schutz gebenden Personen. Das steuernde Objekt solle die Loslösung von der Mutter erleichtern. Es diene aber auch dazu, den Patienten vor seinen eigenen schmutzigen Gedanken zu schützen. Dieses Objekt könne zum Beispiel die Ehefrau sein (in der Analyse ist es üblich, Menschen als «Objekte» zu bezeichnen). Die Funktion des steuernden Objekts kann nach der psychoanalytischen Theorie aber nicht nur von Menschen, sondern auch von Gegenständen, wie einem Talisman, einer Schmusedecke[54] oder sogar von einem Fahrrad übernommen werden. Der Psychoanalytiker Ulrich Streeck berichtet über einen Lehrer, der seine agoraphobische Angst, auf der Straße zu gehen, dadurch abzubauen hoffte, dass er sein Fahrrad neben sich herschob. Dies wurde so interpretiert, dass das Fahrrad ein steuerndes Objekt sei. Wenn der Lehrer in der Fußgängerzone spazieren ging, könnte es ja sein, dass sich plötzlich sein Unterbewusstsein meldet und angesichts der Mädchen mit den sommerlich kurzen Röcken sexuelle Impulse auftauchen, über diese Mädchen herzufallen (dies alles spielt sich wohlgemerkt im Unterbewusstsein ab, der Lehrer bekommt davon nichts mit). Dann wäre es besser, sein Fahrrad dabeizuhaben, denn «man könne ja ein Fahrrad nicht einfach fallen lassen, um seinen Impulsen zu folgen».[53] In einem anderen Fall vermutete die behandelnde Analytikerin Christa Schlierf, dass eine Patientin nur deshalb ein Beruhigungsmittel einnahm und es ständig bei sich trug, weil es für sie das steuernde Objekt darstellte.[55]

Die genannten Beispiele könnten allerdings viel banaler erklärt werden, wenn man berücksichtigt, dass Angstpatienten ständig davon ausgehen, an einer notfallmäßig behandlungsbedürftigen Erkrankung zu leiden. Die begleitende Ehefrau könnte im befürchteten Notfall Hilfe herbeiholen. Der Lehrer könnte im Falle einer beunruhigenden Panikattacke mit dem Fahrrad schneller einen Arzt aufsuchen. Die Beruhigungstablette könnte die Angst erfolgreich bekämpfen.

Es ist aber nicht besonders typisch für Psychoanalytiker, dass sie die naheliegendste Erklärung für bestimmte Phänomene suchen. Im Gegenteil – je spektakulärer die Erklärung und je mehr sie mit Sex zu tun hat, desto eher wird sie angenommen. Diese Erklärungen haben allerdings oft mit der Wirklichkeit so viel zu tun wie ein James-Bond-Film mit der Arbeit im Polizeirevier von Salzgitter-Lebenstedt.

Die Theorie, dass ein falscher Umgang mit den Kindern schuld an der späteren Angsterkrankung sei, ist eine der typischen psychoanalytischen Gedankengebilde ohne eingebauten Sicherheitsgurt. Sie lässt sich nicht beweisen. Wie schon dargelegt wurde, sind selbst die Berichte von Angstpatienten, in denen die Eltern als autoritär, streng, gemein oder charakterlos beschrieben wurden, kein Beweis für die Verursachung von Angsterkrankungen durch die Erziehung. Dies hat Folgen für die Behandlung: Will man die Psychotherapie allein darauf abzielen, vermutete Erziehungsfehler rückgängig zu machen, wird man den Patienten wahrscheinlich wenig helfen können. Auch ist es naiv anzunehmen, dass man komplett angstfreie Kinder heranziehen kann, wenn man als Mutter nur eine Punktlandung zwischen Anklammern und Lockerlassen hinbekommt.

Die Pimmel-ab-Theorie

So viel zu Panikattacken. Wie bekommt man aber eine Soziale Phobie? Auch für diese Erkrankung hat die Psychoanalyse eine Erklärung parat. Das Elternhaus war schuld. Wie früher alle neurotischen Erkrankungen auf Erziehungsfehler, Verhaltensweisen und menschliche Schwächen der Eltern zurückgeführt wurden, so wurde auch vermutet, dass soziale Ängste mehr oder weniger ausschließlich durch bestimmte Verhaltensweisen der Eltern während der frühen Kindheit entstanden sind.

Zwischen dem vierten und sechsten Lebensjahr – so wird nach der psychoanalytischen Theorie angenommen – entwickeln die Kinder sexuelle Gelüste in Bezug auf ihre Eltern. Im Unbewussten, versteht sich. Es ist nicht so, dass ein kleiner Junge bewusst denkt: «Ich will Sex mit meiner Mutter.» Im Unbewussten dagegen können solche Gedanken jedoch stattfinden. Jedenfalls führen, so die Theorie, die triebhaften Wünsche dazu, dass der Junge sich seiner Mutter zuwendet, mit ihr kuscheln, zu ihr ins Bett klettern will. Vielleicht fühlt sich der Vater jetzt abgewiesen. Der Junge hat keine Lust mehr, mit ihm zu spielen, und will mehr mit seiner Mutter zusammen sein. Vielleicht wendet sich aber auch die Mutter mehr und mehr vom Vater ab, weil sie schon genug damit zu tun hat, dass der Sohn sie in Beschlag nimmt. Jetzt kommt bei beiden Männern Eifersucht auf. Vater und Sohn sind zu Rivalen geworden, ohne dass ihnen das bewusst ist. Beim Kind schlägt nun das Über-Ich zu: Es will die sexuellen Triebwünsche des Es bestrafen. Die Strafe ist drakonisch und lautet: «Wenn du dich mit deiner Mutter abgibst, schneidet dir dein Vater den Pimmel ab.»

Diese «Kastrationsbefürchtungen» des Kindes – und jetzt folgt ein Gedankensprung, den nur ein Psychoanalytiker nachvollziehen kann – machen sich später im Erwachsenenalter nicht mehr als Angst um die Vollständigkeit des eigenen Körpers bemerkbar, sondern in Phantasien, von anderen abgewertet, fertig gemacht, verspottet, bloßgestellt, blamiert oder beschämt zu werden. Wie es aber genau von der Kastrationsangst zu den späteren sozialen Ängsten kommt, wird dann aber nicht näher erläutert.[56]

Eine aufregende Theorie! Aber wie wollen wir sie beweisen? Vater und Mutter sind schon alt oder vielleicht gestorben, wenn sich ein Patient mit einer Sozialen Phobie in die Behandlung begibt. Es wäre unmöglich, die damaligen unbewussten Denkabläufe bei Kindern und ihren Eltern zu rekonstruieren. Es ist auch keine Untersuchung bekannt, nach der beispielsweise 80 von 100 Sozialphobikern über Kastrationsängste in der Kindheit berichteten.

Wieder wird man das Gefühl nicht los, dass hier eine Theorie in die Welt gesetzt wurde, bei der es kein bisschen um den Wahrheitsgehalt, sondern ausschließlich darum ging, dass die Erklärung haarsträubend klingt und Aufmerksamkeit erregt.

Die Maus in der Vagina
Auch hinsichtlich der Entstehung Einfacher Phobien hat sich die Psychoanalyse nicht mit banalen Begründungen abgegeben. Statt-

dessen hat man es bevorzugt, abenteuerlich klingende Sinndeutungen zu liefern, die am besten auch noch schlüpfrige Inhalte hatten. So wird die Panik der Frau angesichts einer kleinen Maus dadurch erklärt, dass die Maus ja unter den Rock schlüpfen und in die Vagina kriechen könnte. Diese unbewusste Angst vor einer Penetration durch den Penis eines Mannes sei der Ausdruck von verpönten Triebwünschen des Es, die vom Über-Ich sogleich mit Verboten belegt werden, was letztlich zu den Angstsymptomen führe. Auch eine Schlange sieht ja, bei oberflächlicher Betrachtung, einem Penis ähnlich – so könnte man die Angst vor Schlangen auch als Angst vor Penetration erklären. Zugegebenermaßen klingen solche Theorien verführerischer als die langweiligen und komplizierten Hypothesen, die heute den Wissenschaftlern einfallen.

Gerüchte

Eines der Hauptprobleme der psychoanalytischen Theorie war immer, dass man aus Einzelfällen auf die Gesamtheit schloss. Wenn ein Psychoanalytiker drei Angstpatienten behandelt hat, die Einzelkinder waren, schreibt er einen Artikel darüber, wie ihre Stellung als Einzelkind letztlich dazu geführt hat, dass sie ihre Angsterkrankung bekommen haben. Hätte er eine einfache Strichliste bei hundert Patienten geführt, hätte er feststellen müssen, dass Angstpatienten eher aus Familien mit vielen Kindern kommen. So hielt sich jahrelang die Ansicht, dass Menschen, die unter einer Herzangst (ein früherer Begriff für eine Panikstörung) leiden, meist Einzelkinder sind.[57, 58] In vielen Psychoanalysen wurde daher ausführlich die Tatsache bearbeitet, dass der Patient ein Einzelkind war. Das Ergebnis unserer Untersuchung von einer großen Gruppe von Menschen mit Panikattacken: Ganz im Gegenteil zu dem früher verbreiteten Gerücht von den Einzelkindern kamen sie überwiegend aus größeren Familien.

Wenn zwei Angstpatienten sich beschweren, dass ihre Mutter ihnen verbot, im Matsch zu spielen, wurden diese Einzelfälle verabsolutiert. So wurde zum Prinzip erhoben, dass Ängste dann entstehen, wenn die Mutter «die Autonomie des Kindes einschränkt».

Oft sind die Erkenntnisse zur Psychodynamik der Angststörungen nur an kleinen Stichproben gewonnen worden. So basieren die Überlegungen der deutschen Analytiker Horst-Eberhard Richter und Dieter Beckmann zur Herzangst auf der Untersuchung von nur 35 Patienten – so viele, wie wir in unserer Angstambulanz in einer Woche sehen.[59] Ein bekanntes Buch des in Deutschland lebenden griechischen Analytikers Stavros Mentzos über Angstneurosen basiert auf nicht mehr als 25 Behandlungen von Angstpatienten.[60] Die amerikanischen Analytikerinnen Barbara Milrod und Katherine Shear berichteten über 35 psychodynamische Therapien bei Patienten mit Panikstörung, die sie aber noch nicht einmal selbst behandelt, sondern nur anhand der Literatur zusammengestellt hatten.[61] Sicherlich wurden alle diese Patienten sehr ausführlich untersucht; um aber verlässliche wissenschaftliche Erkenntnisse sammeln zu können, muss man sehr viel mehr erkrankte Personen untersuchen. Dies fordern die ehernen Gesetze der Statistik.

Das Puzzle
Wenn eine neue Theorie gebildet wird, legt die Wissenschaft Wert darauf, dass alle bisherigen Erkenntnisse mit den neuen Befunden in Einklang gebracht werden. So wird mühsam Mosaiksteinchen für Mosaiksteinchen zu einem Gesamtbild zusammengelegt. Psychoanalytiker sind dagegen Meister im Verwerfen alter Theorien. Es scheint die Regel zu sein, dass jeder, der ein psychoanalytisches Buch über die Ursachen von Angststörungen schreibt, von dem Gedanken beseelt ist, eine ganz neue Theorie aufzustellen, die mit allen bisherigen Theorien nicht vereinbar ist. Während es außerhalb der Psychoanalyse üblich ist, dass man alle früher veröffentlichten Befunde zu einem Thema mit allen Wenn und Aber gelesen und verstanden hat, und erst dann versucht, seine eigenen Befunde wie ein Puzzleelement in das vorhandene Theoriegebäude einzupassen, so ist man scheinbar in der Psychoanalyse besser beraten, wenn man eine völlig neue, rasant und spektakulär klingende Theorie aufstellt, die alle vorherigen Hypothesen Lügen straft.

Kein Wunder, dass sich Psychoanalytiker oft auch untereinander heftig über die wahre Theorie streiten. So waren schon Alfred Adler und Sigmund Freud höchstgradig verfeindet. Adler erklärte alle seelischen Problem mit Minderwertigkeitskomplexen, Freud mit Sexproblemen. Während der in Penzing bei Wien geborene Adler Flugträume als «Gefühl der Überlegenheit» interpretierte, entgegnete ihm der andere Wiener: «Lassen Sie sich's nicht nahe gehen, dass die oft so schönen Flugträume, die wir alle kennen, als Träume von allgemeiner sexueller Erregung, als Erektionsträume gedeutet werden müssen.» Hier kommt übrigens wieder unsere Briefmarkentheorie ins Spiel.

Warum aber haben sich die Psychoanalytiker jahrzehntelang gewehrt, eine wissenschaftliche Überprüfung ihrer Theorien zuzulassen? Das Argument war immer das gleiche: Es sei zu schwierig, die komplexen Gedanken der Menschen in Zahlen zu fassen. Parallel zur Psychoanalyse entwickelte sich allerdings in der Psychologie eine Richtung, die sich von allen spekulativen Ideen loslöste. Die empirische Vorgehensweise versuchte, durch sehr ausgefeilte Methoden die Erkundung der menschlichen Seele von der Traumtänzerei auf den Boden der Tatsachen zurückzuholen. Dabei zeigte sich, dass es gar nicht so schwierig ist, sich darauf zu beschränken, nur das zu behaupten, was einigermaßen wissenschaftlich abgesichert ist. Dieser Wissenschaftszweig wurde von den Psychoanalytikern jedoch völlig ignoriert.

Wenn man sich erst einmal daran gewöhnt hat, munter drauflloszuphantasieren, dann spekuliert es sich schnell ganz ungeniert. So mischen sich dann in der Psychoanalyse feinsinnige Beobachtungen, tatsächliche wissenschaftliche Ergebnisse, wilde Vorstellungen, unzulässige Verallgemeinerungen, Amateurpsychologie und Salonblödsinn in einer nicht mehr durchschaubaren Weise.

Vom Konflikt zur Katharsis
«Ödipus, Schnödipus – Hauptsache, du hast deine Mammi lieb», so witzelte einst der Frankfurter Humorist Friedrich Karl Waechter. Die Reduktion aller psychischen Erkrankungen auf Mutterkonflikte war oft Anlass für Psychoanalytikerwitze und auch wohl Ausdruck

dafür, dass viele Menschen diese Art von Erklärungen den Psychoanalytikern nicht abnehmen.

Unglücklicherweise waren Freuds Nachfolger so besessen von Sextrieben und ungelösten Konflikten, dass die Suche nach anderen Ursachen der Angst – wie den genetischen oder biologischen – völlig verkümmerte. Wie wir weiter unten sehen werden, spielen Veränderungen bestimmter biologischer Systeme im Gehirn bei den Angsterkrankungen, die wahrscheinlich auf dem Wege der Vererbung übertragen werden, eine gewichtige Rolle und sind allemal besser nachgewiesen als Ödipuskomplexe und Autonomiekonflikte.

Der Plan der Psychoanalyse sieht vor, dass in der Therapie die aus der Kindheit stammenden Konflikte entdeckt und «gedeutet» werden. Dadurch löse sich der Konflikt in Luft auf und die Krankheitssymptome verschwinden. Allerdings: Selbst wenn unbewusste Konflikte aus der Kindheit die alleinige Hauptursache einer Angststörung wären, kann nicht zwingend angenommen werden, dass diese Jahrzehnte später ausschließlich durch Gespräche wieder beigelegt werden. Es ist fast naiv, anzunehmen, dass ein schrecklicher Streit mit der Mutter im Alter von sechs Jahren später im reifen Alter von 42 Jahren durch etwas lockere Konversation ungeschehen gemacht werden kann. Ohne den kontrollierten Nachweis der Wirksamkeit psychodynamischer Therapien, die auf der Aufdeckung der geforderten zugrunde liegenden Triebkonflikte basieren, fällt es schwer, die Erklärungsmodelle zu ihrer Entstehung zu akzeptieren.

Es gibt allerdings heute kaum noch den Typus des orthodoxen Hardcore-Psychoanalytikers. Dieser Fall für den Sektenbeauftragten wies wie im religiösen Wahn jeglichen Einwand gegen die Psychoanalyse ab, flüchtete sich in Arroganz, wenn er kritisiert wurde, und stellte prompt eine Ferndiagnose seines Kritikers, bei dem er garantiert ein – wiederum psychoanalytisch zu behandelndes – tief greifendes seelisches Problem fand. Dies beobachtete eindrücklich der Journalist Dieter E. Zimmer, dessen Psychoanalyse-Kritik «Tiefenschwindel» ein Bestseller wurde.[62]

Von Vertretern der Tiefenpsychologie wird auch suggeriert, dass Verhaltenstherapie etwas für Dünnbrettbohrer sei, die Psychoanalyse dagegen für gebildete und feine Menschen. «Es ist doch bekannt», so ein anonymer Psychoanalytiker im Internet, «dass nur ein verhältnismäßig kleiner Teil der Menschheit mit psychoanalytischen Methoden erfolgreich zu behandeln ist. Ein gewisses Maß an Intelligenz, Wandlungs- und Einsichtsfähigkeit wird natürlich vorausgesetzt. Das ‹Gold der Analyse› ist nun einmal leider nicht für jedermann das Richtige.»

Insgesamt kann die psychoanalytische Theorie zu den Angststörungen heute nicht mehr als abgerundetes, allumfassendes, alle Unklarheiten erklärendes Theoriesystem akzeptiert werden. Die psychoanalytischen Überlegungen zur Ursache der Angstkrankheiten decken höchstens einen kleinen Ausschnitt aus den zahlreichen Möglichkeiten zur Angstentstehung ab. Hinzu kommt, dass die Theorien zur Behandlung von Ängsten wegen der bisher fehlenden Nachweise der Wirksamkeit einer reinen psychoanalytischen Therapie ihre Grundlage verlieren.

Aber auch ein wichtiger, positiver Aspekt der psychodynamischen Betrachtensweise sollte nicht unerwähnt bleiben. Wenn wir unbewusste Vorgänge als Modellvorstellungen annehmen – aber auch nicht mehr als das –, können wir bestimmte Verhaltensweisen von Menschen deuten, die wir sonst auf keine andere Weise erklären können. Oft kann nur die Psychoanalyse uns helfen, die verworrenen Gedankengänge seelisch kranker Menschen zu verstehen.

Aber eins sollte uns klar sein: Eine Krankheit zu verstehen heißt noch lange nicht, dass sie automatisch dadurch geheilt wird. Die Selbstverständlichkeit, mit der aus der Erklärbarkeit solcher Phänomene auf ihre Behandelbarkeit geschlossen wurde, muss infrage gestellt werden.

Trotz dieser Kritik soll nicht der immense positive Einfluss der Psychoanalyse auf die Entwicklung der Psychiatrie und der Psychotherapie vergessen werden. Die heutigen Erkenntnisse zur Entstehung und Behandlung der Angststörungen wären ohne die Stimulation durch die Theorien Freuds undenkbar.

DER KLEINE ALBERT UND DIE RATTE: DIE LERNTHEORIE

Die zweite große Richtung in der Psychologie, die sich mit Ängsten auseinander setzte, war die Lerntheorie. Der grundlegende Unterschied zwischen der Psychoanalyse und der Lerntheorie besteht darin, dass sich die Lerntheoretiker oder Behavioristen, wie sie auch genannt werden, von Anfang an streng an die Wissenschaft hielten. Dies galt für die Erklärung der Entstehung von Ängsten, aber auch für den Nachweis der Wirksamkeit der Verhaltenstherapie durch kontrollierte Studien.

Wie wir aber sehen werden, kann die Lerntheorie allein auch nicht die Entstehung von Ängsten lückenlos erklären. Diese Theorie ging in ihrer vereinfachten, ursprünglichen Form davon aus, dass sämtliche krankhaften Ängste der Menschen die Folge eines fehlerhaften Lernprozesses sind und dass die gelernten Ängste durch eine Verhaltenstherapie wieder abtrainiert oder «verlernt» werden können.

Ein berühmtes Experiment des St. Petersburger Physiologen Iwan Pawlow im Jahre 1892 begründete die Lerntheorie. Pawlow entdeckte einen Prozess, den wir «Konditionierung» nennen, und erhielt dafür den Nobelpreis: Wenn Hunde Fressen riechen, läuft ihnen der Speichel im Munde zusammen. Der Physiologe ließ immer, wenn die Hunde ihr Fressen bekamen, ein Metronom erklingen. So verbanden die Hunde «Metronom» mit «Fressen». Sie waren, wie man wissenschaftlich sagen würde, auf das Metronom konditioniert. Später ließ er einfach das Metronom laufen, ohne dass es etwas zu fressen gab: Trotzdem lief bei den Hunden der Speichel.

Genauso kann man auch Angst konditionieren: Wenn eine Ratte in einem bestimmten Käfig einmal einen elektrischen Schlag bekommen hat, wird sie in diesem Käfig noch lange Angstsymptome zeigen, auch wenn in diesem Käfig niemals wieder elektrische Schläge ausgeteilt werden.

Das Wichtige an der Entdeckung Pawlows war also, dass unwillkürliche körperliche Reaktionen (beispielsweise der Speichelfluss) nicht nur durch «natürliche» Auslöser (wie den Geruch von Essen) entstehen, sondern auch mit einem «unnatürlichen» Auslöser wie dem Geräusch eines Metronoms gepaart werden können. Während es eine angeborene körperliche Reaktion ist, dass einem beim Geruch von Schweinebraten das Wasser im Mund zusammenläuft, hat die Natur nicht vorgesehen, dass beim Hören eines Metronoms Speichel fließt. Auch Angst, die normalerweise mit einem natürlichen Auslöser gepaart ist – beim Hasen der Anblick eines Fuchses –, kann mit unnatürlichen Auslösern verkettet werden. Diese Erkenntnisse Pawlows halfen später, unangebrachte, krankhafte Ängste bei Menschen besser zu erklären.

Trotz der Wirren der Russischen Revolution und des Ersten Weltkriegs gerieten die Pawlow'schen Ideen nicht in Vergessenheit. Im Jahre 1920 veröffentlichte der amerikanische Psychologe John Broadus Watson zusammen mit seiner Assistentin Rosalie Rayner einen Artikel, der sich mit der Konditionierbarkeit von Angst beschäftigte.[63] Die beiden Wissenschaftler wollten zeigen, dass die bei Tieren festgestellten Prinzipien der Konditionierung auch auf Menschen anwendbar seien. Watson und Rayner zeigten dem neun Monate alten Kind Albert eine zahme weiße Ratte. Vor dem Experiment fand der Kleine die Ratte zunächst noch interessant und amüsant. Wenn er sie allerdings berühren wollte, schlug John Watson heftig auf eine Metallstange. Albert bekam wegen des lauten Geräuschs einen großen Schreck und fing nach einigen Versuchswiederholungen zu weinen an, wenn er die Ratte nur sah. Er hatte die Ratte mit der Furcht vor dem lauten Geräusch verknüpft. Bei Babys sind plötzliche laute Geräusche ein «unkonditionierter» (also natürlicher, angeborener) Reiz für Furchtreaktionen. Später löste die Ratte auch ohne das Geräusch die Furchtreaktion aus – obwohl Albert nie vorher negative Erfahrungen mit Ratten gemacht hatte. Dieser Versuch legte den Grundstein für viele spätere Verhaltenstheorien, obwohl man heute solche Forschungen aus ethischen Gründen nicht mehr machen würde.

Watson musste übrigens später die Universität verlassen, aber nicht, weil er unethische Experimente mit Säuglingen durchführte,

Iwan Pawlow, der Begründer der Lerntheorie

sondern weil er mit Frau Rayner eine Liebesbeziehung angefangen hatte. Er wurde ein reicher Werbepsychologe.

Nun überlegte man sich, wie man sich die Lerntheorie zunutze machen konnte, um Menschen mit psychischen Krankheiten zu helfen. Der amerikanische Psychologe Burrhus Frederic Skinner entwickelte 1938 das «operante Konditionieren»[64]. Vereinfacht gesagt hieß dies, dass man das Prinzip, mit dem man Zirkuspferde und Seehunde dressiert, wissenschaftlich erforschte und auf die Psychotherapie von Menschen übertrug. Das heißt: Für ein gewünschtes Verhalten gibt es eine Belohnung, für das falsche Verhalten eine Bestrafung. Durch die wissenschaftliche Untersuchung dieser Theorien kam man rasch zu einer wichtigen Erkenntnis, nämlich dass Belohnung besser wirkt als Bestrafung.

Burrhus Frederic Skinner mit Versuchsratte

Wie kann man nun dieses Prinzip in der Psychotherapie von Ängsten einsetzen? Banal gesagt, kann man jemanden, der ein bestimmtes Verhalten zeigt, vor dem er eigentlich große Angst hat (zum Beispiel das Betreten eines Fahrstuhls), belohnen. Andererseits kann auch die Unterlassung eines Verhaltens honoriert werden, wie zum Beispiel der Verzicht auf das Händewaschen bei einem Waschzwang.

Ende der fünfziger Jahre übertrug der südafrikanische Psychiater Joseph Wolpe die Gesetze der Lernpsychologie auf Angsterkrankungen und entwickelte das Prinzip der «systematischen Desensibilisierung». Dabei wurden Patienten mit Phobien zunächst vorsichtig, dann schrittweise zunehmend stärker mit den Angst auslösenden Situationen konfrontiert. Später zeigte sich jedoch, dass nicht die langsam gesteigerte, sondern die massierte Konfrontation bei vielen Patienten eine raschere und bessere Wirkung hatte. Diese Therapie wird auch «Flooding» (Überflutung) genannt. Anstatt sich langsam an die Angst auslösenden Situationen zu gewöhnen, setzte man die Patienten jetzt unmittelbar, in geballter Form und gnadenlos sehr starken Angstreizen aus. So wurde seit dem Ende der sechziger Jahre versucht, die Phobien mit der Konfrontationstherapie zu behandeln. Der Londoner Psychiater Isaac Marks war einer der ersten Therapeuten, der Ängste mit Konfrontation behandelte.

Angeborene Ängste

Man ging zunächst davon aus, dass unbegründete, krankhafte Ängste «klassisch konditioniert» seien, also durch unangenehme Erfahrungen mit der jeweiligen Situation entstehen. Diese Annahme war allerdings – wie sich später zeigte – etwas naiv. Durch Konfrontation mit diesen Angst auslösenden Situationen, so überlegte man weiter, kommt es zur Gewöhnung oder Löschung, sodass nicht nur das Vermeidungsverhalten, sondern auch die Verbindung «Situation–Angst» im Gehirn ausradiert wird.

Klar, dass man Situationen meidet, in denen man bestimmte schmerzhafte Erfahrungen gemacht hat – wie zum Beispiel eine üble Spelunke, in der man einmal in eine Schlägerei verwickelt wurde. Aber kann man diese Erkenntnis auch auf die Phobien übertragen? Phobien sind ja Ängste, die in der Regel nicht durch eine echte Gefahr begründbar sind, wie zum Beispiel die Angst vor Spinnen in unseren geografischen Breiten.

Dennoch ist die Meinung weit verbreitet, dass Phobien durch traumatische Erfahrungen entstehen, wie eine Szene aus einem berühmten Hitchcock-Film zeigt: Ein Polizist (gespielt von James Stewart) verfolgt zusammen mit seinem Kollegen einen Verbrecher auf dem Dach eines Hochhauses. Dabei stürzt der Kollege tödlich ab. Der Polizist entwickelt in der Folge einen Höhenschwindel (lateinisch *vertigo* – so auch der Name des Filmes). So einsichtig die Erklärung erscheint – Phobien entstehen im wirklichen Leben nicht auf diese Weise. Eine Untersuchung mit Personen, die eine Höhenphobie hatten, ergab, dass nur ein kleiner Teil, nämlich zwölf Prozent von ihnen, jemals eine schlechte Erfahrung mit Höhen gemacht hatte, sei es, dass diese Menschen einmal von einer Leiter gefallen oder in eine Grube gestürzt waren.[65] Die anderen bekamen ihre Höhenphobie ohne ein solches Erlebnis. Ein anderes Beispiel: Zwar gaben 56 Prozent der Menschen mit einer Hundephobie an, einmal ein schmerzliches Erlebnis mit einem Hund gehabt zu haben – aber in der Gruppe der Menschen *ohne* Hundephobie waren es 67 Prozent! Auch die meisten Menschen, die eine Agoraphobie haben, hatten noch nie ein traumatisches Erlebnis in einer entsprechenden Situation, sei es, dass sie als Kind in einer Menschenmenge verloren gegangen waren, im Krieg verschüttet wurden oder längere Zeit ohne Essen und Trinken in einem stecken gebliebenen Fahrstuhl eingesperrt waren.[66]

Andererseits gibt es kaum Menschen, die eine Phobie vor Dingen haben, die tatsächlich gefährlich werden könnten. Natürlich lernen wir auch aus schmerzlichen Erfahrungen – gebranntes Kind scheut das Feuer. Das führt aber meist nicht zu Phobien. Warum hat niemand eine Steckdosenphobie? Steckdosen können wirklich gefährlich werden; fast jeder hat schon mal eine «gewischt» bekommen. Sicher, nach einem Stromschlag – wenn man ihn überlebt hat – entwickelt man einen gewissen Respekt vor elektrischen Geräten. Aber die Steckdosenphobie ist gänzlich unbekannt.

Eines Tages fuhr ich auf den höchsten Turm der Welt, den Canadian National Tower in Toronto, der 550 Meter hoch ist. Dort gibt es in schwindelnder Höhe ein Glasfenster im Boden, durch das man bis ganz nach unten schauen kann. Es machte mir nichts aus, neben diesem gläsernen Bereich zu stehen und einen halben Kilometer weit nach unten zu sehen. Wenn ich aber meine Füße direkt auf das Glas stellte, bekam ich sofort weiche Knie und Schwindelgefühle. Stellte ich mich jetzt wieder neben das Fenster im Boden, hörten die Schwindelattacken gleich wieder auf, obwohl ich weiterhin bis nach unten schauen konnte. Dies konnte ich beliebig oft wiederholen, indem ich von dem bedeckten auf den transparenten Bereich wechselte. Auch wenn die Gefahr objektiv über dem gläsernen nicht größer war als über dem bedeckten Bereich (denn ich wusste, dass der ganze Boden aus einer großen Glasscheibe bestand, die aber bis auf das Fenster beschichtet war), so war es, als ob in meinem Gehirn ein Schalter umgelegt wurde, wenn ich mich auf das Glas stellte. Hier meldete sich offensichtlich ein primitives Zentrum in meinem Gehirn, das ich nicht unter Kontrolle hatte. So, wie eine Wespe immer wieder gegen eine Glasscheibe fliegt, weil in ihrem Gehirnspeicher Glasscheiben nicht vorgesehen sind, so wollte mein Gehirn scheinbar auch das dicke Fußbodenglas ignorieren und mir allerhöchste Gefahr signalisieren.

Ich hatte plötzlich eine spannende Entdeckung gemacht. Offensichtlich war es so, dass die Schwindelgefühle durch einen Teil meines Gehirns ausgelöst wurden, der ein Überbleibsel aus der Zeit war, in der es noch kein Glas gab – aus einer Zeit vor über hunderttausend Jahren. Dieses primitive Zentrum wollte mich vor einem Absturz retten und ließ sich scheinbar nicht vom Rest des Gehirns überzeugen, dass ich auf dem Glas gar nicht in Gefahr war.

Relikte aus grauer Vorzeit verfolgen uns also bis heute. Spinnen, Insekten, Katzen, Vögel, Schlangen, enge Räume, Gewitter, Sturm, tiefes Wasser, Dunkelheit – was haben diese Dinge gemeinsam, dass ausgerechnet sie Phobien auslösen und andere Dinge nicht? In der Urzeit, als unsere Vorfahren in einem Gebiet lebten, das heute Äthiopien entspricht, gab es noch Gründe, vor diesen Dingen Angst zu haben. Es existierten dort tödlich giftige Spinnen und Schlangen. Aggressive Raubkatzen, wie der Säbelzahntiger, konnten einem erhebliche Verletzungen zufügen – darauf beruht die heutige Furcht mancher Menschen vor kuscheligen Katzen. Auch die Insekten waren etwas größer als jetzt. Mäuse und Ratten übertrugen oftmals tödliche Infektionen. In Höhlen wiederum drohte die Gefahr, verschüttet zu werden und zu ersticken, außerdem gab es dort gefährliches Kriechgetier. In der Dunkelheit oder auf weiten Feldern konnte man Raubtieren zum Opfer fallen, im Unwetter von Ästen oder vom Blitz erschlagen werden.

Spritzen und Zahnärzte gab es in der Urzeit nicht, aber die Höhlenmenschen lernten, dass Blut und Schmerzen mit Lebensgefahr verbunden waren. Immerhin konnte man schon an banalen Verletzungen sterben. Wer also vor diesen Dingen keine Angst hatte, hatte ein kurzes Leben. Nur Menschen, die diese Ängste in den Genen mit sich trugen, pflanzten sich über die Jahrtausende fort. Die Familien der Nichtängstlichen starben dagegen aus. Wir heutigen Menschen sind die Nachkommen der Angsthasen.

Es handelt sich bei den Phobien also um Urängste, die heute zum Teil überflüssig geworden sind. Manche dieser alten Ängste, wie zum Beispiel die Angst vor Höhen oder vor Verletzungen, sichern auch heute noch das Überleben.

Wahrscheinlich haben alle Menschen diese vorprogrammierten Ängste. Zu der Zeit des kleinen Albert – der Junge, der die Angst vor Ratten erlernte –, ging man davon aus, dass der Mensch als unbeschriebenes Blatt zur Welt kommt und das Fürchten erst erlernen muss.

Allerdings: Wenn das so wäre, dann müsste man Kindern Angst vor allen möglichen Dingen beibringen können, zum Beispiel vor Spielzeug. Als Watson und Rayner versuchten, dem kleinen Albert eine Angst vor Bauklötzen durch laute Geräusche anzutrainieren, hatten sie keinen Erfolg.

Martin Seligman, ein Psychologe von der Universität Pennsylvania, entwickelte die «Preparedness»-(Bereitschafts-)Theorie. Sie besagt, dass wir in unserem Gehirn vorprogrammierte Ängste haben, und geht davon aus, dass die Angst vor bestimmten typischen Situationen leichter gelernt wird, weil diese Situationen biologisch vorbereitet sind, also schon ab der Geburt im Gehirn als potenziell gefährlich abgespeichert sind.[67] So kann erklärt werden, dass zwar die Furcht vor einer Ratte, aber nicht die Angst vor Legosteinen konditioniert werden kann.

Es gibt einige wissenschaftliche Beweise dafür, dass bestimmte Ängste angeboren sind. Eine angeborene Höhenphobie konnte man mit Hilfe eines raffinierten Experiments nicht nur bei neugeborenen Tieren nachweisen, sondern auch bei Säuglingen. Kleinkinder wurden dazu auf eine Fläche gelegt, hinter der sich ein Abgrund, eine Stufe von einem Meter Tiefe befand. Dieser Abgrund wurde mit einer Glasplatte bedeckt, damit die Kinder nicht herunterfallen konnten. Diese Fläche, aber auch die Stufe, waren mit einem Schachbrettmuster versehen, damit die Kinder anhand der Karos überhaupt feststellen konnten, dass die Stufe tiefer lag als die Fläche, auf der sie lagen. Babys, die gerade krabbeln konnten, wurden dann dicht an die Grenze zur «tiefen» Hälfte gesetzt. Wenn die Mütter versuchten, ihre Babys von der gegenüberliegenden Seite zu rufen, weigerten sich die Kleinkinder weiterzukrabbeln. Sie erkannten den vermeintlichen Abgrund und hatten Angst – und das, obwohl sie noch nie eine schlechte Erfahrung mit Tiefen gemacht hatten. Somit konnte gezeigt werden, dass Höhenängste schon von Geburt an vorhanden sind.[68]

Später müssen Menschen oder Tiere ihre Höhenangst wieder verlieren. Wenn eine Ratte bei der Suche nach Nahrung nicht ab und zu irgendwo hochklettert, wird sie vielleicht nichts zu fressen finden. Der Hungertrieb sorgt dann dafür, dass die natürliche Angst vor Höhen überwunden wird.

Auch kleine Kinder fangen zum Leidwesen ihrer Mütter irgendwann an, überall zu klettern – über Zäune und auf Bäume. Dafür sorgt allein schon der Neugiertrieb. Wer drei- oder vierjährige Kinder auf der Skipiste beobachtet, wie sie gnadenlos steile Berge hinunterstürzen, kann von einer Höhenphobie nichts mehr feststellen.

Bestimmte Bilder oder Situationen sind von Geburt an in unseren Gehirncomputer unauslöschlich eingebrannt – wie zum Beispiel das Bild einer Spinne, einer Wespe oder eines Tausendfüßers. Auch Naturgegebenheiten wie steile Abhänge, tiefes Wasser oder enge Höhlen sind dort abgespeichert. Experimente ergaben, dass wir auf unübersichtlichen Bildern aggressive Insekten schneller erkennen als Blumen. Menschen mit Phobien erkennen solche Bilder noch schneller. Ratten, die in einem Käfig geboren wurden und noch nie im Leben eine Katze gesehen oder gar eine schlechte Erfahrung mit einem solchen Zimmertiger gemacht haben, geraten in Panik, wenn sie ein Katzenfell riechen.

Die angeborene Angst muss unter Umständen aber erst aktiviert werden. In den achtziger Jahren wurde ein sehr aufschlussreiches Experiment durchgeführt. Im Labor geborene Affenbabys zeigen zunächst einmal keine Angst vor Schlangen. Doch als sie in einem Video sahen, wie ein anderer Affe beim Anblick einer Schlange Furchtreaktionen zeigte, lernten sie sofort, sich vor Schlangen zu fürchten. Das Gleiche klappte aber nicht mit Blumen oder Kaninchen. Zwar ist das Bild der Schlange als gefährliches Objekt genetisch ins Gehirn eingebrannt, die Furcht davor ist aber noch nicht programmiert, doch sie kann leicht aktiviert werden.[69]

Auch bei Menschen funktioniert das. In einem Labor der Universität Stockholm erhielten Versuchspersonen beim Bild einer Spinne einen leichten elektrischen Schlag, sodass das Bild nach mehreren Versuchen Angst auslöste.[70]

Im zweiten Teil des Versuchs wurde die Angst wieder abtrainiert, indem man den elektrischen Schlag wegließ. Die Ängste vor Schlangen oder Spinnen blieben jedoch hartnäckig bestehen. Mit Bildern von Steckdosen wiederholte man das Experiment; aber hier dauerte die Angst nicht an.

Halten wir also fest: Phobien entwickeln sich vor Dingen, die heute harmlos sind, in der Urzeit aber bedrohlich waren – wie Spinnen. Sie entwickeln sich nicht vor Dingen, die heute gefährlich sind, die es früher aber nicht gab – wie Steckdosen. Und sie entwickeln sich nicht vor Dingen, die früher harmlos waren und es heute auch noch sind – wie Gänseblümchen.

Diese angeborenen Ängste kann man überwinden. Es gibt Menschen, die mit Klapperschlangen spielen, mit Haien schwimmen, lebende Ameisen knabbern, von Felsklippen ins Wasser springen oder 100 Meter tief tauchen. Das heißt aber nicht, dass diese Ängste verschwunden sind, sondern sie bleiben weiter in unserem Gehirn gespeichert und können nur durch große Willensanstrengung überwunden werden.

Es bleiben aber einige Fragen offen: Wie kommt es nun zur Ausbildung krankhafter, übertriebener Ängste? Wenn alle Menschen diese Ängste überliefert bekommen haben, warum nehmen sie bei manchen Menschen krankhafte Formen an und bei anderen nicht? Und wie ist es zu verstehen, dass angeborene Ängste, die bereits überwunden worden sind, später wieder zu einem Problem werden können?

Falsch verbunden

Auf diese Fragen hatte die Lerntheorie eine Antwort parat: Allein durch dumme Zufälle komme es zu fehlerhaften Lernvorgängen, ein zufälliges Körpersymptom werde fälschlicherweise mit der aktuellen Umgebung in Verbindung gebracht, wie in dem folgenden Beispiel einer Agoraphobie:

> Ein Mann hat viel starken Kaffee getrunken und betritt später einen Fahrstuhl. Das Herz beginnt zu rasen – bedingt durch den Kaffee. Dieses Herzrasen ist dem Mann unerklärlich. Die Sorge wegen des unerklärlichen Symptoms führt zu Angst. Diese Angst wiederum bedingt weitere Symptome wie Zittern und Schwitzen. Sie verstärken nun die Angst, und es kommt zu zusätzlichen Symptomen wie Luftnot und Enge im Hals, bis schließlich innerhalb von Minuten eine vollständige Panikattacke entsteht. Das Gehirn verknüpft fälschlicherweise nicht den Kaffee mit seinen körperlichen Symptomen, sondern den Fahrstuhl. Der Fahrstuhl als Pendant für eine enge Höhle ist im Gehirn biologisch als Angst auslösendes Objekt vorprogrammiert – im Gegensatz zum Kaffee. Der Mann meidet in der Folge alle Fahrstühle.

Durch diese fehlerhafte Verknüpfung – so die Lerntheorie – werde ein Prozess in Gang gesetzt, der sich immer weiter verselbständigt. Diese Theorie anzunehmen fällt aber schwer, denn die Panikstörung beginnt zunächst damit, dass man aus völlig heiterem Himmel Panikattacken bekommt; erst Monate später entwickelt sich die Agoraphobie.[71] Es müssten reichlich viele Zufälle passieren, damit bei einem Menschen gleichzeitig Ängste im Tunnel, im Bus und auf breiten Straßen entstehen. Außerdem könnten diese zufälligen Ereignisse auch jeden treffen – und nicht nur Menschen mit einer bestimmten Empfänglichkeit. Plausibler ist es, dass eine bestimmte biologisch begründete Sensitivität des Gehirns es begünstigt, dass bestimmte Menschen in harmlosen Situationen Agoraphobie bekommen. Sie können dann nicht mehr ausreichend einen Mechanismus in Gang setzen, der die Angst unterdrückt. Wie dies funktioniert, sehen wir später.

Im Kaufhaus verloren

Aber noch andere Mechanismen zur Entstehung unbegründeter Ängste wurden in der Lerntheorie diskutiert. Der amerikanische Psychologe Aaron T. Beck hielt zum Beispiel die Agoraphobie-Ängste für ein Überbleibsel aus der Kindheit. Agoraphobiker haben vor allem in Situationen Angst, in denen auch kleine Kinder Furcht haben: In einem Kaufhaus befürchtet ein Kind angesichts der vielen Menschen, seine Mutter aus den Augen zu verlieren; das Überqueren einer breiten Straße wird als gefährlich empfunden, weil es einem die Eltern so eingeschärft hatten; wenn die Mutter das Haus kurz verlässt, haben Kinder Angst, sie könnte ganz weggehen. Im Erwachsenenalter haben diese Ängste ihre Begründung jedoch verloren.[72] Beck vermutete also, dass die Furcht in diesen typischen Situationen im Kindesalter erlernt wurde und nicht etwa durch von Geburt an im Gehirn vorhandene Programme entstanden ist. Die Panikattacken betrachtete er als Folge und nicht als Ursache der im Kindesalter geprägten Agoraphobie. Nach Beck'scher Theorie müsste also die Agoraphobie zuerst, später dann die Panikattacken auftreten.

Allerdings können die typischen Agoraphobie-Situationen auch gänzlich anders interpretiert werden. Es sind Situationen, in denen im Falle des Auftretens einer Panikattacke die Anforderung ärztlicher Hilfe schwer möglich wäre (beispielsweise im Flugzeug) oder peinliches Aufsehen erregen würde (etwa in der Kirche). Auch spricht gegen die Beck'sche Theorie, dass die Erkrankung mit spontan auftretenden Panikattacken beginnt und die Betroffenen erst in der Folge Situationen vermeiden, in denen sie das Auftreten dieser Attacken befürchten.

Modelllernen

Man hat eine höhere Chance, eine Angsterkrankung zu bekommen, wenn auch die Eltern schon darunter gelitten haben. Aber ist das schon ein Beweis dafür, dass die Erkrankungen vererbt werden?

Man kann ja auch – völlig unabhängig von den Chromosomen – das ängstliche Verhalten von den Eltern abschauen. Dies wird «Modelllernen» oder «soziales Lernen» genannt. Ein Kind sieht vielleicht, dass die Mutter vor einer Maus kreischend davonläuft, und prägt sich ein, dass Mäuse etwas Gefährliches sein müssen. Später zeigt es das gleiche, übertrieben furchtsame Verhalten.

Dass es das Modelllernen gibt, hat man wissenschaftlich nachweisen können. Der kanadische Psychologe Albert Bandura zeigte einem Kind namens Rocky einen Videofilm, in dem sich andere Kinder aggressiv verhielten. Am nächsten Tag konnte man sehen, wie Rocky ebenfalls angriffslustiges Verhalten gegenüber anderen Kindern zeigte.

Die Theorie, dass sich Angststörungen über Modelllernen von den Eltern auf die Kinder übertragen, wird gern von Gegnern der Vererbungstheorien vorgetragen. Die Vererbungstheorie ist manchen Wissenschaftlern ein Dorn im Auge, da sie voraussetzt, dass bestimmte ängstliche Verhaltensweisen genetisch ins Gehirn eingebrannt sind – womit es weniger wahrscheinlich ist, dass sie durch therapeutische Gespräche verändert werden können.

Es gibt aber einen anderen Grund, warum sich das Modelllernen nicht besonders gut eignet, krankhafte Ängste zu erklären. Viele dieser Ängste kommen nämlich erst dann zum Tragen, wenn die Kinder längst aus dem Elternhaus ausgezogen sind. Eine Panikstörung macht sich im Durchschnitt mit 28 oder 29 Jahren zum ersten Mal bemerkbar und hat ihren Höhepunkt um das 36. Lebensjahr. Ein Mädchen, das bei seiner Mutter Panikattacken beobachtet, ist vielleicht sechs, vielleicht zwölf Jahre alt. Es müsste das am Modell gelernte Verhalten ja gleich am nächsten Tag zeigen. Das Modelllernen wurde jedoch nur für den unmittelbaren zeitlichen Zusammenhang nachgewiesen. Wie kann man aber erklären, dass sich die Panikattacken bei der Tochter erst zehn bis dreißig Jahre später zeigen, wenn die Tochter längst aus dem Elternhaus ausgezogen ist? Warum sollte das ängstliche Verhalten eine Generation lang verborgen bleiben und erst dann zum Vorschein kommen? Man müsste schon ziemliche logische Verrenkungen machen, um die

Übertragung der Angst von den Eltern auf die Kinder durch soziales Lernen zu erklären. Die Übertragung der Ängste durch Vererbung ist dagegen sehr gut belegt, zum Beispiel durch Zwillingsstudien (siehe S. 176). Die Theorie des Modelllernens ist allerdings bei weitem populärer als die Vererbungstheorie. Dies zeigt wieder einmal mehr, dass nicht immer die besser nachgewiesene, sondern die «sympathischere» Theorie mehr Verbreitung erfährt. Denn wenn die Theorie vom Modelllernen stimmen würde, könnte man ja spezielle Erziehungsratschläge geben, um zu vermeiden, dass Kinder ängstlich werden, etwa: «Zeige deine Angst nicht vor den Kindern.» Wenn dagegen die Vererbungstheorie die richtige wäre, hieße das: «Du kannst deine Kinder erziehen, wie du willst, sie werden genauso ängstlich wie du.»

Jetzt soll allerdings nicht der Eindruck erweckt werden, dass soziales Lernen überhaupt keine Rolle spielt. Es soll hier nur betont werden, dass die Bedeutung dieser Theorie im Zusammenhang mit Ängsten meist überschätzt wird. Natürlich lernt man gewisse Verhaltensweisen von den Eltern. Wahrscheinlich ist es jedoch so, dass das Modelllernen durch eine genetisch verankerte, neurobiologisch begründete Empfindlichkeit für Ängste erleichtert wird.

Keine leere Festplatte

Halten wir fest: Die Entstehung von Phobien können wir nicht allein dadurch erklären,

- dass wir in der Vergangenheit schlechte Erfahrungen mit den Objekten unserer Furcht gemacht haben,
- dass unser Gehirn eine falsche Verbindung von zufällig auftretenden körperlichen Symptomen und bestimmten Situationen gelernt hat,
- dass wir Ängste, die in der Kindheit sinnvoll waren, unnötigerweise mit in das Erwachsenenalter hinübergenommen haben oder
- dass wir von unseren Eltern ängstliches Verhalten abgeschaut haben.

Es spricht alles dagegen, dass der Mensch mit einer leeren Festplatte zur Welt kommt und alle Ängste ausschließlich die Folge eines schief gelaufenen Lernprozesses sind. Bei der Entstehung von krankhaften Ängsten spielen Lernprozesse eine Rolle, aber nur als ein Teil eines komplexen Zusammenspiels verschiedener Faktoren. Es ist eigentlich nicht die Angst an sich, die wir lernen, sondern das *ängstliche Verhalten*. Jeder Mensch wird mit vorprogrammierten Ängsten geboren. Krankhafte Angst entsteht dann, wie wir später sehen werden, wenn unsere Anlagen die Hemmschwelle für das Lostreten der Angstlawine zu niedrig gesetzt haben und zudem bestimmte Lebenserfahrungen diese Grenze weiter herunterregulieren. Ohne diese Hintergründe würde das Erlernen eines ängstlichen Verhaltens nicht auf fruchtbaren Boden fallen. Die Lerntheorie ist also nicht überwiegend für die Erklärung der *Entstehung von Ängsten* wichtig, sondern für die Begründung der *Aufrechterhaltung von ängstlichem Verhalten*. Ein Beispiel: Während es für die Entstehung von spontanen Panikattacken keinen fehlerhaften Lernprozess als Erklärung braucht, kann man die Folge dieser Angstzustände, nämlich die Vermeidung von vollen Räumen oder Menschenmengen, als Lernvorgang auffassen. Das Gehirn begreift, dass man sich den Furchtobjekten nicht nähern kann, ohne unangenehme Angstgefühle zu bekommen. Wenn jemand einmal damit begonnen hat, bestimmte Angst auslösende Situationen zu vermeiden, macht jeder abgebrochene Versuch, sich dem Objekt der Furcht zu nähern, die Angst davor stärker und ihre Bekämpfung schwieriger, weil das Gehirn immer wieder die Verbindung zwischen dem missglückten Versuch und den entstehenden Angstsymptomen lernt.

Die Lerntheorie spielt außerdem eine wichtige Rolle, wenn es um die Verhaltenstherapie geht, mit der das erlernte ängstliche Verhalten wieder verlernt werden soll.

DOPPELGÄNGER UND GENE

> Man kann die Natur
> auch mit der Heugabel austreiben,
> sie kehrt stets zurück.
> *Sigmund Freud, Gradiva*

Patienten mit Angsterkrankungen berichten häufig, dass auch ihre Eltern oder ihre Geschwister unter denselben Ängsten gelitten haben. In über 20 großen Studien konnte man zeigen, dass in den Familien von Panikpatienten die gleichen Erkrankungen gehäuft auftreten. Die Vielzahl dieser Familienstudien macht eine erbliche Übertragung schon recht wahrscheinlich.

Wenn allerdings in einer Familie Angststörungen gehäuft zu finden sind, muss dies nicht unbedingt auf Vererbung beruhen. Die Übertragung der Ängstlichkeit könnte auch eine Folge des Modelllernens sein. Nur durch Zwillingsstudien kann letztlich der Nachweis erbracht werden, dass eine familiäre Häufung auf Vererbung beruht.

Besonders jene Zwillingsuntersuchungen sind interessant, bei denen ein Zwilling adoptiert wurde und somit in einer fremden Familie ein neues Zuhause fand. Wenn ein Zwilling in desolaten Verhältnissen in Sizilien und der andere als Adoptivkind in einer intakten Familie in San Francisco aufgewachsen ist und dann beide die gleiche Angsterkrankung bekommen, so wäre es ziemlich unwahrscheinlich, dass allein die Erziehung oder ein Lernen am Modell an der Angsterkrankung schuld ist. Allerdings könnte hier kritisch eingewendet werden, dass der Grund der Weggabe eines Kindes häufig eine sozial schwierige Situation ist. So könnte der in der Familie verbleibende Zwilling darunter leiden, dass er weiter den problematischen Einflüssen seiner Ursprungsfamilie ausgesetzt ist. Andererseits könnte der wegadoptierte Zwilling dadurch psychisch geschädigt werden, dass er von der leiblichen Mutter getrennt wird. Wenn eine frühkindliche Traumatisierung Angststörungen fördert, dann hätten beide Zwillinge in dieser Situation einen Grund für die

Entwicklung einer Angststörung, wobei allerdings die Gründe völlig unterschiedlich sind. Diese Einwände schränken den wissenschaftlichen Wert von Adoptionsstudien ein. Abgesehen davon gibt es derartige Adoptionsuntersuchungen mit Angstpatienten noch gar nicht.

Sehr aufschlussreich sind dagegen Untersuchungen, die ein- und zweieiige Zwillinge vergleichen, und zwar solche, die zusammen in derselben Familie aufwuchsen. Während eineiige Zwillinge sich gleichen wie ein Ei dem anderen, so haben zweieiige Zwillinge nicht mehr gemeinsam als Geschwister (eineiige Zwillinge haben zu 100, zweieiige nur zu 50 Prozent identische Gene). Bei einer solchen Untersuchung überprüft man, ob ein Zwilling mit einer Angsterkrankung eine Zwillingsschwester oder einen Zwillingsbruder mit der gleichen Krankheit hat. Den Grad der Übereinstimmung nennt man Konkordanz. Wenn bei den zweieiigen Zwillingen der andere Zwilling auch häufig eine Angsterkrankung hat, so wären wahrscheinlich Umwelt, Erziehung und andere Milieufaktoren als Ursache anzuschuldigen. Wenn aber bei den eineiigen Zwillingen der Gen-Doppelgänger sehr viel häufiger die gleiche Erkrankung hat, als dies bei den zweieiigen der Fall ist, so müsste man die Gene verantwortlich machen.

Der italienische Angstforscher Giancarlo Perna untersuchte Zwillinge mit einer Panikstörung und fand bei den eineiigen Zwillingen eine Übereinstimmung von 73 Prozent, bei den zweieiigen aber nur eine von null Prozent. Auch alle anderen Studien, die die Konkordanzraten für Panikstörung bei eineiigen und zweieiigen Zwillingen erforschten, entdeckten bei den eineiigen Zwillingen durchweg sehr viel höhere Übereinstimmung – ein ziemlich eindeutiger Beweis für eine erbliche Mitverursachung.

Es gibt auch noch andere Hinweise darauf, dass Ängste vererbt werden können. Bei den «Einfachen Phobien» wurde darauf eingegangen, dass viele der unbegründeten Ängste, die wir haben, wie die Angst vor Spinnen oder Schlangen, aus einer Zeit stammen, als wir das Feuer noch mit dem Feuerstein entfachten. Wie haben diese Ängste aber die Jahrtausende überlebt? Es scheint wahrscheinlich, dass solche Ängste von Generation zu Generation immer wieder mit den Genen übertragen wurden.

Zwar kann man noch nicht behaupten, dass Angststörungen «Erbkrankheiten» sind – dazu ist der Vererbungsfaktor zu gering ausgeprägt. Man muss aber davon ausgehen, dass eine gewisse Anfälligkeit für Angsterkrankungen vererbt wird und dass weitere Faktoren hinzukommen müssen – wie zum Beispiel belastende Kindheitserfahrungen –, um eine vollständige Angstkrankheit zum Ausbruch zu bringen.

Dennoch ist die Tatsache, dass Angststörungen einen gewissen Erbfaktor aufweisen, manchen Menschen ein Dorn im Auge. Der australische Psychiater Anthony F. Jorm führte eine Bevölkerungsumfrage durch, um herauszufinden, was die meisten Menschen glauben, wodurch psychische Erkrankungen entstehen. Die Vererbungstheorie kam dabei schlecht weg: Nur die Hälfte der Befragten hielt es für möglich, dass diese Krankheiten auch durch genetische Einflüsse entstehen können, aber über 90 Prozent hielten «Alltagsprobleme» oder «belastende Ereignisse» für die Hauptursachen seelischer Erkrankungen.[73] Warum wollen die Menschen es nicht wahrhaben, dass solche Erkrankungen auch vererbt werden können? Weil oft fälschlicherweise angenommen wird, dass sie dann nicht behandelbar seien und dass sie auch nicht von allein weggehen können. Beides ist nicht richtig, wie wir weiter unten sehen werden.

DAS MINISTERIUM FÜR ABSURDE ANGST

> Wenn unser Gehirn so simpel wäre,
> dass wir es verstehen könnten, wären wir
> so simpel, dass wir es nicht verstehen
> würden.
> *Emerson Pugh, 1997*

> Mein Gehirn ist mein zweitliebstes Organ.
> *Woody Allen, Der Schläfer*

Wer das Wort Biologie hört, denkt zuerst an Flora und Fauna. Wenn heute allerdings von «biologischer Psychiatrie» die Rede ist, dann hat das wenig mit Waldspaziergängen, Honigbienen oder Lindenblüten zu tun. Mit dem Begriff «biologisch» ist in diesem Fall etwas ganz anderes gemeint. Zunehmend wird man sich bewusst, dass Ängste, Depressionen, Schizophrenien und andere seelische Erkrankungen nicht nur durch Umwelteinflüsse bedingt sind, sondern auch mit Veränderungen biochemischer Vorgänge im Gehirn zu tun haben können. Diese Sparte der Psychiatrie wird die «biologische» genannt. Frühere Richtungen in der Psychiatrie hatten solche Vorgänge nahezu ausgeklammert. Im Gegensatz zu der früheren Psychiatrie ist die biologische Psychiatrie wenig romantisch, sehr handfest und rein wissenschaftlich orientiert. Man versucht, die Ursachen psychischer Erkrankungen bis zur Molekülebene genau zu lokalisieren. Ein bekannter Psychiater beschrieb diese zunehmende Entwicklung wie folgt: «Die Mängel unserer Beschreibung würden wahrscheinlich verschwinden, wenn wir anstatt der psychologischen Termini schon die physiologischen oder chemischen einsetzen könnten ... Die Biologie ist wahrlich ein Reich der unbegrenzten Möglichkeiten, wir haben die überraschendsten Aufklärungen von ihr zu erwarten und können nicht erraten, welche Antwort sie auf die von uns gestellten Fragen einige Jahrzehnte später geben würde. Vielleicht gerade solche, durch die unser ganzer künstlicher Bau von Hypothesen umgeblasen wird.» Das Erstaunlichste an dieser Einschätzung ist, dass sie von Altmeister Sigmund

Freud persönlich stammt.[74] In genialer Weise hatte er eine Entwicklung vorhergesehen, die erst viele Jahre nach seinem Tod einsetzte und ausgerechnet seiner eigenen Theorie den Garaus machen sollte.

Keinesfalls ist davon auszugehen, dass sich die biologische Psychiatrie nur mit Molekülen und Chemie beschäftigt und sich mit Gefühlen wie Lust, Trauer, Liebe, Hass, Wut oder Schmerz nicht abgibt. Die biologische Psychiatrie hat sich entwickelt, weil es durch die genaue Aufklärung biochemischer Vorgänge im Gehirn besser als früher gelang, seelische Erkrankungen zu verstehen. Zudem gelang es dadurch, sie besser als früher zu behandeln.

Im Jahre 1967 machten der amerikanische Wissenschaftler Ferris Pitts und sein Mitarbeiter John McClure eine Entdeckung, die in der Wissenschaftswelt eine kleine Revolution hervorrief. Zu dieser Zeit gingen viele Psychiater davon aus, dass Angstattacken allein durch psychische Faktoren ausgelöst wurden. Pitts und McClure gaben Patienten, die unter häufigen Panikattacken litten, eine Tropfinfusion mit einem chemischen Stoff namens Laktat.[75] Laktat ist das Salz der Milchsäure und wird in bestimmten Medikamentenlösungen verwendet. Die meisten dieser Patienten, die freiwillig an diesem Versuch teilnahmen, bekamen durch Laktat eine Panikattacke. Gab man allerdings gesunden Personen die gleiche Infusion, so reagierten diese in der Regel nicht mit Angst. Daraus schloss man, dass bei den Panikpatienten irgendein chemisches Ungleichgewicht besteht. Denn wenn die Panikstörung eine rein «seelische» Störung wäre, könnte ja eine chemische Substanz eine solche Wirkung nicht auslösen. Um auszuschließen, dass die Panikpatienten allein deshalb mit panischer Angst reagierten, weil sie allgemein ängstliche Menschen sind und vielleicht geradezu erwarteten, dass Laktat bei ihnen eine Panikattacke auslöst, führte man den Versuch «doppelblind» durch, das heißt, dass weder die Versuchspersonen noch der Untersucher während des Versuchs wussten, ob die Probanden Laktat oder eine wirkungslose Kochsalzlösung erhielten. Erst nach dem Test wurde ein Umschlag mit einer Liste geöffnet, auf der stand, wer die echte und wer die falsche Lösung erhalten hatte. Es bestätigte sich, dass nur die echte Laktatlösung bei den Patienten zu Angst führte.

Dieser Versuch hatte insofern eine immense Bedeutung, als zum ersten Mal gezeigt werden konnte, dass «irgendetwas» in der Biochemie im Körper der Panikpatienten anders war als bei Gesunden. Damit war der Grundstein zu einer neuen Richtung in der Angstforschung gelegt, die man als die biologische Ära bezeichnen kann. Was genau die Störung ist, die dazu führt, dass Angstpatienten so empfindlich auf Laktat reagieren, hat man bis heute allerdings noch nicht herausgefunden.

Unzählige Untersuchungen beschäftigten sich seither mit möglichen «neurobiologischen Ursachen» der Angststörungen. Um es vorwegzunehmen: Trotz genauer Erkenntnisse über die Teile des Gehirns, die krankhafte Angst vermitteln, haben wir heute immer noch keine genaue Kenntnis, wo und wie im Gehirn die Angst entsteht. Dennoch ist die neurobiologische Forschung seit den sechziger Jahren der Angst immer mehr auf die Spur gekommen, und es wurden spannende Einsichten gewonnen.

Wo im Gehirn entsteht die Angst?

Es gibt mehrere Möglichkeiten, herauszufinden, was eigentlich im Gehirn schief läuft, wenn jemand unerklärliche Angstsymptome hat. Mit Hilfe von Tierversuchen kann man direkte Erkenntnisse über die Vorgänge im Gehirn gewinnen. Oder man kann Patienten mit Angststörungen Blutproben abnehmen und darin verschiedene Stoffe untersuchen. Auch kann man die Patienten mit Hilfe so genannter bildgebender Verfahren untersuchen. Dazu wird der Betroffene in eine Röhre geschoben, um das Gehirn sichtbar zu machen. Zu diesen Methoden gehören die Computertomographie, die Magnetresonanztomographie und andere Verfahren. Außerdem kann man aus der Wirksamkeit bestimmter Medikamente, deren Wirkmechanismus bereits bekannt ist, Rückschlüsse auf die Teile des Gehirns ziehen, die bei einer Angststörung nicht ordnungsgemäß funktionieren.

Die meisten Erkenntnisse über neurobiologische Ursachen der

Angst sind mit Panikpatienten gewonnen worden. Dies liegt daran, dass sie die Gruppe von Angstpatienten bilden, die sich am häufigsten zu einer Behandlung melden. Daher wird im Folgenden häufig nur von der Panikstörung die Rede sein. Man nimmt aber an, dass die Verhältnisse bei den übrigen Angsterkrankungen nicht grundlegend anders sind.

Das Ziel ist, nach einem Gebiet im Gehirn zu forschen, dessen Fehlfunktion die Panikstörung bedingt. Die Suche nach einer derartigen defekten Struktur gleicht bei oberflächlicher Betrachtung der Aufgabe, in einem Auto einen bestimmten Fehler aufzuspüren. Ein Kraftfahrzeugmechaniker würde nach einem defekten Bauteil oder Kabelstrang fahnden, um das fehlerhafte Teil auszutauschen. Er würde die Störung gerne exakt lokalisieren wollen, er hat ja das Bestreben, nur genau das gestörte Teil auszutauschen und nicht noch ein paar andere teure Teile, die gar nicht defekt sind. Geht man von einem vereinfachten «Auto»-Modell aus, so würde man auf der Suche nach der defekten Struktur beispielsweise nach einem abgegrenzten *Hirngebiet* suchen, wie dem «zentralen Grau» oder dem «rechten Mandelkern». Man könnte aber auch bestimmte *Nervenbahnen* verantwortlich machen.

Bei der Fahndung nach der Ursache der Parkinson'schen Erkrankung war man zum Beispiel erfolgreich. Man fand im Gehirn eine kleine Ansammlung von Zellkernen, die *Substantia nigra* («Schwarze Substanz») genannt wird. Bei Parkinson-Kranken ist dieses Gebiet zerstört. In der *Substantia nigra* wird normalerweise der Botenstoff Dopamin gebildet, der den Kranken wegen des Untergangs der Zellen jetzt fehlt. Dies führt zu den Bewegungsstörungen, die für Parkinson-Patienten typisch sind. Man hofft also, die Ursache der Angsterkrankungen eines Tages genauso gut aufklären zu können wie die der Parkinson'schen Erkrankung.

Würde man ein defektes Gehirngebiet bei Panikpatienten finden, so könnte man es natürlich nicht einfach wie bei einem Auto austauschen. Dennoch würde die Entdeckung der gestörten Hirnstruktur die Wissenschaft weiterbringen. Möglicherweise könnte man gezielt eine medikamentöse Therapie entwickeln, die ausschließlich dasjenige Gehirngebiet beeinflusst, das gestört ist, und den Rest des Gehirns in Frieden lässt. Ein Beispiel hierfür wäre die L-Dopa-Therapie der Parkinson'schen Erkrankung, die gezielt den Mangel an Dopamin in der *Substantia nigra* ausgleicht.

Wenn es aber so wäre, dass nicht ein Gehirngebiet, sondern bestimmte «Kabel», also längere Verbindungswege im Gehirn funktionsuntüchtig wären, so würde die Entdeckung dieser Kabelstörung vielleicht helfen, die Angst zu bekämpfen, indem man mit bestimmten Medikamenten speziell diese Nervenbahnen beeinflusst – zum Beispiel, indem man den von diesen Kabeln verwendeten Botenstoff entweder bei der Arbeit unterstützt oder seine Wirkung abschwächt, je nachdem, wie es sich mit dem Defekt verhält.

Natürlich gibt es wesentliche Unterschiede zum «Auto-Modell» – ganz abgesehen auch davon, dass man die menschliche Seele nicht ernsthaft mit einem Kraftfahrzeug vergleichen sollte. So stellt sich beispielsweise die Frage, warum eine Panikstörung in den späteren Lebensjahren meist wieder verschwindet. Die gesuchte Struktur kann dann ja wohl nicht unwiderruflich defekt sein wie ein durchgebrannter Transistor. Genauso kann man sich nicht vorstellen, dass ein durchgebranntes Teil des Gehirns durch eine Behandlung mit Placebo oder allein durch Gespräche oder Übungen wiederhergestellt werden kann, wie es in der Behandlung einer Angsterkrankung möglich ist. Das Aufspüren der schadhaften Gebiete oder Nervenbahnen ist angesichts der Kompliziertheit des menschlichen Gehirns kein einfaches Unterfangen. Wichtig ist es, keine voreiligen Schlüsse zu ziehen. Ein Beispiel: Serotonin ist ein Botenstoff, der von manchen Nervenzellen im Gehirn benutzt wird. Praktisch alle Medikamente, die die Übertragung in diesen Nervenzellen verbessern, indem sie Serotonin erhöhen, wirken bei Angsterkrankungen. Daraus könnte man folgern, dass bei Angststörungen das Serotonin-System gestört ist. Aber vielleicht ist diese Annahme zu einfach. Es könnte auch ebenso gut ein ganz anderes Gehirnsystem fehlerhaft sein, das mit dem Serotonin-System in einem Gleichgewicht stehen sollte. Die serotoninerhöhenden Medikamente könnten dadurch wirken, dass sie dieses andere, bisher unbekannte

System indirekt durch eine Veränderung eines gestörten Gleichgewichts zugunsten des Serotonin-Systems beeinflussen.

In der Anfangszeit der Gehirnforschung stellte man sich das Gehirn als eine Art Computer vor, der sich von einem Commodore Amiga nur dadurch unterscheidet, dass er eine wesentlich größere Rechenleistung hat. Dieses Modell wurde kritisiert; es wurde gesagt, dass das menschliche Gehirn mit seinen Emotionen und Gefühlen wie Sensibilität, Schüchternheit, Überheblichkeit, Charme, Verliebtheit, Verlangen, ohnmächtiger Liebe oder abgrundtiefem Hass mehr ist als eine hochgetaktete Rechenmaschine.

Je mehr man sich allerdings mit dem Gehirn beschäftigt, desto mehr drängt sich die Ansicht auf, dass Gehirn und Computer doch ziemlich viel gemeinsam haben und dass Gefühle und Stimmungen mehr mit Molekülen, Biochemie und elektrischen Erregungen zu tun haben, als wir wahrhaben wollen.

Die Suche nach der defekten Struktur bei den Angststörungen ist mühselig. Die Anfänge der neurobiologischen Angstforschung in den sechziger Jahren glichen dem Versuch, ein Radio mit einem Hammer zu zerschlagen, das Kupfer herauszuschmelzen und daraus zu ermitteln, welche Nachrichten das Radio zuletzt übertragen hatte. Mit den Jahren wurden die neurobiologischen Methoden jedoch immer weiter verfeinert, sodass man ein zunehmend genaues Bild über die Neurobiologie der Angst gewinnt. Trotz der genannten Schwierigkeiten soll in den folgenden Kapiteln versucht werden, das vorliegende Wissen über die Angststörungen und ihre möglichen neurobiologischen Ursachen darzustellen, zu ordnen und Vermutungen darüber anzustellen, welche der beschriebenen Veränderungen am wahrscheinlichsten erscheinen.

Erschrockene Ratten

Wenn Sie nachts auf der Straße einem Fremden begegnen, der ein langes Messer in der Hand hält, werden Sie rasch kombinieren, dass Sie in Gefahr sind. Die Hände schwitzen und zittern, der Mund ist trocken, die Nackenhaare sträuben sich. Sie überlegen, ob Sie lieber wegrennen oder einen Kampf mit dem Gegner aufnehmen müssen.

Das Herz rast, weil es sich für eine mögliche Flucht warmlaufen muss, die Atemfrequenz wird erhöht, um genug Sauerstoff für das Weglaufen bereitzustellen. Ihr Geruchssinn, das Hör- und Sehvermögen verbessern sich, die Pupillen erweitern sich. Wenn Sie sich später an den Vorfall erinnern, werden Sie sich an das Gesicht des Gegners bis ins Detail erinnern. Wenn Sie an den Ort des Geschehens zurückkehren, wird es eventuell zu einem erneuten Aufflammen der Angstreaktion kommen, oder Sie werden diesen Ort in Zukunft vermeiden.

Diese Symptome und Erscheinungen sind die gleichen, die in Tieren vorgehen, die unter Angst leiden. Vieles, was wir über die Neurobiologie der Angst wissen, ist in Tierexperimenten erforscht worden. Tiermodelle für seelische Störungen wurden allerdings immer als problematisch angesehen. Eine Ratte kann keine Depression äußern oder über Halluzinationen klagen. Dennoch gibt es auch für Depressionen und Psychosen Tiermodelle, die bereits zur erfolgreichen Entwicklung neuer Antidepressiva und Medikamente gegen Schizophrenie geführt haben. Tiere können kokainabhängig gemacht werden, um die Gehirnbahnen zu erforschen, die bei der Entstehung der Sucht beteiligt sind. Auf diese Weise kann Drogensüchtigen besser geholfen werden.

Ein Beispiel für einen Tierversuch, mit dem Angst bei Ratten untersucht werden kann, ist das «erhöhte Plus-Labyrinth». Von oben sieht dieses einfache Labyrinth wie ein Plus-Zeichen aus. Dabei handelt es sich um zwei Gänge, die sich kreuzen und die einen Meter über dem Boden schweben. Die Ratte kann auf dem Gang spazieren gehen, der keine seitliche Begrenzung aufweist, oder auf dem anderen, der hohe Wände hat. Normalerweise haben Ratten die Neigung, lieber in den seitlich geschlossenen Gängen als auf den ungeschützten zu laufen. Dies zeigt auch ein Video, das die Erkundungswege der Ratte aufzeichnet. Man zählt einfach, wie viele Male der geschützte oder der ungeschützte Gang betreten wird. Gibt man der Ratte jetzt ein Angst lösendes Medikament, erhöht sich die Anzahl der Läufe auf dem offenen Gang. Dieser Versuch hat eine Bedeutung, wenn man Behandlungen für Angstkrankheiten erforschen will. Wenn man neuartige Angstmedikamente testet, werden sie zunächst Ratten gegeben, um auf dem Plus-Labyrinth ihre angstlösende Wirkung zu testen.

Viele der Erkenntnisse zur Entstehung von Angst stammen von Forschern, die Ratten erschrecken. Sie beruhen auf dem Muster der konditionierten Furcht, das von Iwan Pawlow entwickelt wurde (siehe S. 161). In einem typischen Versuch wird einer Ratte ein «Reiz» präsentiert – meistens ein Ton oder ein Lichtblitz («konditionierter Reiz») –, und gleichzeitig erhält sie einen leichten elektrischen Schlag («unkonditionierter Reiz»). Unkonditionierte Reize sind solche, die schon von Natur aus Angst auslösen, während konditionierte Reize harmlos waren, bis der erbarmungslose Tierforscher sie mit dem echten Gefahrenreiz kombinierte. Nach einigen Durchgängen reagiert die Ratte auf den konditionierten Reiz mit den gleichen körperlichen Angstreaktionen und Verhaltensweisen, selbst wenn der unkonditionierte Reiz gar nicht mehr vorhanden ist.

Das Gleichnis der konditionierten Furcht hat jedoch seine Schwächen. Bei den Ängsten der Versuchstiere handelt es sich um Realängste (etwa der Angst vor einer anderen männlichen Ratte) oder aber um konditionierte Furcht (Angst vor einem elektrischen Schlag im Laborkäfig). Beides ist für die Ratte tatsächlich gefährlich oder schmerzhaft. Die typische Angst bei Menschen mit einer Angststörung ist dagegen eine übertriebene oder unrealistische Angst. Jemand, der in einer Fußgängerzone Panikattacken bekommt, ist ja nicht wirklich in Gefahr. Aus den Tiermodellen können lediglich Rückschlüsse auf die Gehirngebiete gewonnen werden, die für reale Ängste bei Menschen zuständig sind, nicht aber unbedingt auch für unrealistische Ängste wie Fahrstuhlphobien oder scheinbar grundlos ablaufende Panikattacken. Es scheint also so zu sein, dass es im menschlichen Gehirn neben einem «Ministerium für tatsächliche Gefahren» an einer ganz anderen Stelle das «Ministerium für absurde Angst» gibt. Die erstere Instanz kümmert sich um Bedrohungen wie tollwütige Hunde, Heckenschützen oder Vergewaltiger. Sie ist notwendig und sichert unser Überleben. Die zweite Instanz ist nur für unangebrachte Ängste zuständig und hat ihre Berechtigung weitgehend verloren. Es ist ungemein wichtig, dass wir diese Arten von Ängsten immer trennen, wenn wir verstehen wollen, wie krankhafte Angst entsteht.

Enthemmte Affen

Das Gehirn ist wohl das unübersichtlichste Organ des Körpers. Selbst Leute, die sich Hirnforscher nennen, haben oft nur eine vage Übersicht über diesen Monstercomputer. Die Erkenntnisse darüber, welche verschiedenen Gehirnteile an der Auslösung von Angst beteiligt sind, sind vorwiegend am Tiermodell gewonnen worden. Um herauszufinden, welche Funktionen die verschiedenen Systeme haben, hat man den Tieren Verletzungen im Gehirn zugefügt. Dabei werden bei Tieren bestimmte Teile des Gehirns entfernt; anschließend wird beobachtet, welche Ausfälle sich einstellen.

Im Jahre 1938 entfernten der deutsche Psychologe Heinrich Klüver und der amerikanische Neurochirurg Paul C. Bucy bei Affen auf beiden Seiten die Schläfenlappen und den so genannten Hippocampus – einen Teil des Gehirns, dem heute im Zusammenhang mit der Angst große Bedeutung zukommt. Die Affen zeigten gesteigertes sexuelles Verhalten, auch hatten sie keine Angst mehr vor Schlangen oder Menschen. Bei Menschen, bei denen diese Gebiete durch Unfälle, Schussverletzungen, Gehirntumoren oder andere Schädigungen in Mitleidenschaft gezogen worden waren, kam es zu Antriebslosigkeit, Essanfällen oder sexueller Triebenthemmung.[76] Aus diesen Verletzungen, wie auch aus Erkenntnissen, die während Operationen am Gehirn gewonnen wurden, können Rückschlüsse auf die an der Angstauslösung beteiligten Gebiete gezogen werden.

Diese Untersuchungen haben allerdings ihre Einschränkungen. Denn bei diesen Verletzungen wird ja nicht nur ein bestimmtes Hirnareal zerstört, sondern auch alle Bahnen, die durch das zerstörte Areal führen. Diese Bahnen verlaufen vielleicht zu ganz entfernt liegenden Gebieten, und so kann ein falscher Eindruck über die durch die Verletzung geschädigten Gebiete entstehen. Dennoch wurden durch solche Untersuchungen viele wertvolle Informationen gewonnen.

Die anatomischen Strukturen, die an der Auslösung von Angst beteiligt sind – ein Geflecht von zusammenarbeitenden Gehirnteilen –, nennt der amerikanische Psychiater Jack M. Gorman das «Angstnetzwerk».[77] Dazu gehören der Thalamus, die Amygdala, der Hippocampus, das zentrale Grau, der *Locus coeruleus* und der Hypothalamus. Dieses Netzwerk reagiert, wenn der Körper tatsächlich in Gefahr ist, aber auch wenn völlig unnötigerweise aus heiterem Himmel Panikattacken auftreten.

Der Filter im Ehebett
Angst auslösende Informationen von außen – wie bei der Maus der Anblick eines großen Raubvogels – erreichen zunächst einmal ein Gebiet, das die altehrwürdigen Anatomen Thalamus («Ehebett») genannt haben. Dieses Gebiet hat die Funktion eines Filters. Informationen, die unsortiert von allen Sinnesorganen einströmen, sortiert der Thalamus in wichtige und unwichtige. Außerdem sorgt er dafür, dass wesentliche Informationen an die zuständigen Stellen weitergeleitet werden. Der Thalamus hat somit ungefähr die Aufgabe eines Pförtners in einem Betrieb – er nimmt Briefe und Telefongespräche an und leitet sie weiter an die zuständigen Personen, aber man erwartet nicht, dass er den Inhalt der Briefe versteht oder in die Telefongespräche eingreift.

In einer Gefahrensituation werden zwei verschiedene Schaltkreise aktiviert. Einer von diesen Schaltkreisen ist relativ verzweigt und geht zur Hirnrinde, die eine sehr genaue und ausführliche Verarbeitung der eingehenden Informationen vornimmt. Dieser Schaltkreis ist sehr träge und umständlich und braucht etwa 0,3 Sekunden, um zu reagieren. Das ist eine Ewigkeit, wenn es darum geht, schnell auf eine Gefahr zu reagieren.

Vom Thalamus geht aber auch eine rasante Bahn, eine Art Notfall-Telefonleitung, auf direktestem Wege zur Amygdala, um dort eine sofortige Reaktion auszulösen, bevor alles zu spät ist. Die Amygdala ist eine Ansammlung von Zellen im Vorderhirn, die wegen ihres Aussehens «Mandelkern» genannt wird. Die Amygdala kann blitzartig alle möglichen Systeme im Körper aktivieren, damit

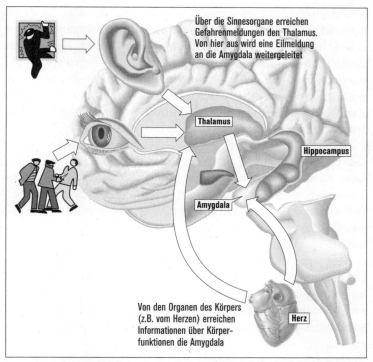

Der schnelle Weg: Eine äußere Bedrohung wird über Augen, Ohren oder Gefühlssinne wahrgenommen. Diese Informationen werden über den Thalamus ohne Umwege an die Amygdala weitergeleitet, damit von dort aus eine rasche Reaktion stattfinden kann. Auch Informationen aus dem eigenen Körper (z. B. «Wie schnell schlägt mein Herz?») erreichen die Amygdala teilweise direkt und teilweise auf Umwegen über den Thalamus.

man wie ein Bulle kämpfen oder wie der Teufel weglaufen kann. Dieser Schaltkreis ist nicht dafür gebaut, eine genaue Analyse einer gefährlichen Situation zu liefern – er soll nur flott sein. Deshalb kann er manchmal einen Fehlalarm auslösen.

Wenn Sie im Dschungel eine Schlange vor sich sehen, machen Sie unwillkürlich eine Schreckbewegung nach rückwärts. Diese Reaktion haben Sie Ihrer Amygdala zu verdanken. Sie funktioniert unglaublich rasch. Wenn man Versuchspersonen Schlangenbilder nur eine 33stel Sekunde lang zeigt, reagieren sie schon mit Angst. In der freien Wildbahn nützt es nichts, wenn man lange überlegt, ob ein plötzlich auftauchendes wildes Tier eine Gefahr darstellt oder nicht.[70] Um nicht des Tigers fette Beute zu werden, muss man ohne nachzudenken reagieren («Erst schießen, dann Fragen stellen»), und dies geht nur über den Notfallschaltkreis.

Die per Schneckenpost weitergeleitete Meldung dagegen ist diejenige, die dafür sorgt, dass uns die Angstsituation auch richtig klar wird. Alle Erregungen müssen den Thalamus passieren, um bewusst zu werden. So kann es sein, dass Sie auf der Autobahn plötzlich quietschende Reifen hören und erst einen Moment später feststellen, dass Sie es selbst waren, der reflexartig auf die Bremse getreten hat, weil vor Ihnen ein Stau entstanden war.

Der Mensch reagiert in der Gefahr wie ein primitives Tier, das gar nicht den Verstand hat, eine gefährliche Situation angemessen zu beurteilen, sondern immer auf Autopilot geschaltet hat. Auch eine Fliege verfügt über ein sehr schnelles Angstnetzwerk, was einem sofort klar wird, wenn man versucht, sie mit bloßen Händen zu fangen.

Die Amygdala – die Achse der Angst

Der Angstforscher Joseph E. LeDoux von der Universität New York ging der Frage nach, was mit einem akustischen Signal passiert, das ein Rattenhirn erreicht. Er trainierte Ratten so, dass sie vor bestimmten Geräuschen Furcht entwickelten. Danach zerstörte er die Hörrinde. Dieser Teil des Gehirns dient dazu, Gehörtes auch bewusst wahrnehmen zu können. Die Ratten konnten Geräusche zwar noch hören, aber nicht mehr ins Bewusstsein bekommen. Trotzdem reagierten die Tiere weiterhin mit Angst auf die Geräusche. Nachdem er jedoch auch noch die Verbindung zur Amygdala gekappt hatte, zeigten die Ratten keine Furcht mehr. Damit war relativ klar, dass die Amygdala eine wichtige Rolle bei der Auslösung von Angst spielt. Es musste also eine direkte Verbindung von den

Ohren zur Amygdala geben, die verdächtige Geräusche sofort ohne Umweg über das Bewusstsein zur Notfallzentrale weiterleitet.

Woher wissen wir, dass bei Menschen, die in völlig harmlosen Situationen Panikattacken bekommen, die gleichen Verhältnisse herrschen wie bei Ratten, die von einem elektrischen Schock oder von einer anderen gewalttätigen Ratte bedroht werden?

Hier kann uns der faszinierende Fall einer Frau weiterhelfen, von der nur ihre Patientennummer bekannt ist. Nennen wir sie «Frau SM046». Sie wurde an der Universität von Iowa untersucht. Diese Frau litt an dem seltenen «Urbach-Wiethe-Syndrom», bei dem die Mandelkerne auf beiden Seiten zerstört sind. Wenn der Neurologe Ralph Adolphs Frau SM046 Bilder von Gesichtern zeigte, hatte sie keine Mühe, Gesichter herauszufinden, die fröhlich, traurig oder ärgerlich sind. Wenn sie aber ein Gesicht sah, das Angst ausdrückte, konnte sie dieses Gefühl nicht wahrnehmen. Sie konnte lediglich sagen, dass es sich um ein intensives Gefühl handelte – das war aber auch alles. Dieser Fall zeigt, dass bei Menschen ebenfalls die Amygdala für Ängste zuständig ist.[78] Der deutsche Wissenschaftler Hans J. Markowitsch, der ein Geschwisterpaar mit dem Urbach-Wiethe-Syndrom untersuchte, beschreibt die Amygdala als eine Art Flaschenhals, den bestimmte Ereignisse durchqueren müssen, um dort eine emotionale Färbung verliehen zu bekommen. Je stärker der emotionale Eindruck ist, den die Amygdala dem Ereignis verleiht, desto höher ist die Wahrscheinlichkeit, dass es im Langzeitgedächtnis abgespeichert werden kann.[79] Vielleicht ist die Amygdala der Ort, der dafür sorgt, dass wir ein umgekipptes Bierglas schneller vergessen als einen implodierten Fernseher.

Es gibt noch weitere Hinweise für die Bedeutung der Amygdala bei der Angstauslösung. Bei Epileptikern, die unter unbehandelbaren Krampfanfällen litten, wurde die Amygdala herausgeschnitten – diese Menschen zeigten keine gelernten Furchtreaktionen mehr.[80] Manchmal wurde bei Epileptikern auch bei vollem Bewusstsein die Amygdala elektrisch gereizt, um herauszufinden, wo im Gehirn die Epilepsie ausgelöst wird (das ist nicht mit Schmerzen verbunden!).

Bei solchen Untersuchungen kam es aber zu Angstreaktionen, die ähnlich wie eine Panikattacke aussehen.[81]

In der Zusammenarbeit mit der Neurologischen Klinik der Universität Göttingen fiel mir auf, dass es einige Patienten gab, die unter einer Epilepsie litten, die aber auch bestimmte Zustände hatten, die Panikattacken ähnelten. Epileptische Anfälle laufen in der Regel so ab, dass der Betroffene das Bewusstsein verliert, hinstürzt, blau im Gesicht wird und heftig mit dem ganzen Körper krampft. Es gibt aber auch Anfälle, bei denen die Kranken nicht bewusstlos werden, sondern verschiedenartige merkwürdige Gefühle schildern, wie Halluzinationen oder Déjà-vu-Erlebnisse. Manche dieser Patienten schilderten Anfälle mit Angst, Schwitzen, Erröten, Luftnot, Herzrasen, Brustschmerz, Übelkeit, Kribbelgefühlen, Hitzewallungen und Kälteschauern – also genau den Symptomen, die auch bei einer Panikattacke auftreten.

Es gab auch Menschen, die abwechselnd zwei Arten von Anfällen hatten, nämlich die «normalen», die mit einem Bewusstseinsverlust einhergingen, sowie andere, die eher Angstanfällen ähnelten. Interessanterweise stellte sich heraus, dass diese Personen oft eine Temporallappen-Epilepsie hatten. Bei dieser Sonderform der Epilepsie kann der Herd im Gehirn, der die Krampfanfälle auslöst, sich in unmittelbarer Nähe der Amygdala oder des Hippocampus befinden. Der Hippocampus, der direkt neben der Amygdala liegt, ist der krampfbereiteste Teil des Gehirns. Bei einigen dieser Patienten wirkten manchmal die Epilepsie-Medikamente nicht zufrieden stellend: Die «normalen» Anfälle bekam man zwar in den Griff; die anderen aber, die eher Angstanfällen glichen, wurden nicht besser, obwohl man die Epilepsie-Medikamente immer weiter erhöhte. Erst als wir diese Menschen mit Antipanik-Medikamenten behandelten, kam es zu einer Besserung.

Die Amygdala scheint also der zentrale Ort zu sein, von dem Panikattacken und andere Angstreaktionen ausgehen. Wird die Amygdala gereizt, kommt es gleich zu einem Feuerwerk von Nervenentladungen. Von diesem Schaltzentrum gehen einige Kabel zu verschiedensten Zentren, die das auslösen, was wir unter einer Pa-

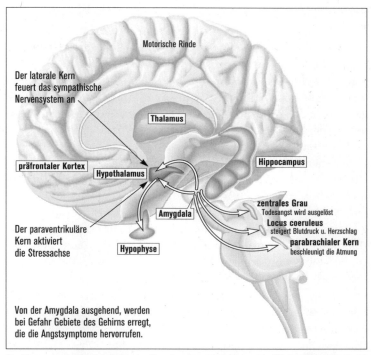

Auslösung von Angstreaktionen: Von der Amygdala ausgehende Nervenbahnen lösen bei Gefahr in Gebieten des Gehirns wie dem lateralen Kern, dem paraventrikulären Kern des Hypothalamus, dem zentralen Grau, dem Locus coeruleus und dem parabrachialen Kern Angstsymptome aus.

nikattacke verstehen. Diese Gebiete heißen zentrales Grau, *Locus coeruleus*, parabrachialer Kern, lateraler Kern und paraventrikulärer Kern.

Das Seepferdchen und der Chinakracher

Während die Amygdala in einer Gefahrensituation damit beschäftigt ist, dem Körper mitzuteilen, was er tun soll, feuert sie aber auch einen benachbarten Zellhaufen an, der Hippocampus (oder auch

«Seepferdchen» oder «Ammonshorn») genannt wird. Der Hippocampus bildet mit der Amygdala zusammen eine Gedächtniseinheit. Er vollzieht Speicher- und Abrufvorgänge im Gedächtnis: Das Seepferdchen vergleicht einen Reiz (wie den Anblick eines riesigen Messers) oder eine Situation (umgeben von mehreren Mitgliedern einer Straßengang) mit bewussten Vorerfahrungen und Erinnerungen, die in der Hirnrinde abgespeichert sind, und führt eine Beurteilung der Bedrohlichkeit oder Wichtigkeit dieser Situation durch.

Oben haben wir über die schnelle, sofortige Reaktion in einer Gefahrensituation geredet, die von der Amygdala aus verbreitet wird. Der Hippocampus ist wahrscheinlich dagegen an der «langsamen» Schreckreaktion beteiligt. Ein Beispiel: Ein lauter Knall führt über die Amygdala zu einer Schreckreaktion. Der Hippocampus vergleicht dieses Geräusch mit Vorerfahrungen. Die Nachfrage ergibt: «Das war nur ein explodierender China-Kracher.» Jetzt kann der Hippocampus Entwarnung geben und weitere Panik und unnötige Fluchtreaktionen abblocken. Diese Reaktion dauert, wie gesagt, etwas länger – auch wenn es sich dabei nur um 0,3 Sekunden handelt. Dass sie länger dauert, liegt wahrscheinlich daran, dass der Gehirncomputer erst einmal auf eine große Festplatte zugreifen muss, um abgespeicherte Erinnerungen zu durchforschen. Diese Datenspeicher finden sich in den äußeren Schichten des Gehirns, in den so genannten sensorischen Assoziationsgebieten.

Der Job des Hippocampus ist es auch, dem Gehirn beim so genannten Kontextlernen zu helfen. Wenn eine Ratte einst einen elektrischen Schlag erhalten hat, während sie einen Ton hörte, merkt sie sich diese Verbindung Ton = Elektroschock. Es reicht dann, allein das Geräusch zu wiederholen, um die Ratte in Angst zu versetzen. Später braucht man noch nicht einmal den Ton – es reicht dann schon, die Ratte in den Käfig zu setzen, in dem sie den Schock erhalten hat, um sie in Angst und Schrecken zu versetzen. Das Kontextlernen hilft ihr, sich zu merken, wo sie gerade war, als sie den Schock erhielt, und was sonst noch in der Umgebung passierte, als dies geschah. Es hilft ihr weiterhin, in Zukunft Situationen zu erkennen, die gefährlich sind. Wenn eine Ratte einen Käfig sieht, in dem sie früher einen elektrischen Schock bekommen hatte («O Gott, wieder dieser Käfig!»), greift das Gehirn auf ein genaues Abbild des Käfigs zurück, das mit allen Einzelheiten im Hinterkopf gespeichert ist. Ein Mensch hat hier vielleicht das Abbild einer Fußgängerzone gespeichert, in der er früher eine Panikattacke erlitten hat. Für Angst auslösende Geräusche ist zum Beispiel der Schläfenlappen zuständig. Hier werden bei Soldaten Schüsse, Krachen oder Explosionen abgespeichert, bei Autofahrern dagegen das Geräusch einer Hupe oder kreischender Bremsen. Im Stirnhirn dagegen gibt es Speicher, die sich verdächtige Gerüche merken. Hier «wittern» Tiere die Gefahr, Brandgeruch warnt einen Feuerwehrmann, und ein merkwürdiger Mief hindert uns daran, fauligen Fisch zu essen. So gibt es für jedes Sinnesorgan ein großes Gebiet im Gehirn, in dem gefährliche Situationen abgespeichert sind.

Ein Gedächtnis wie ein Elefant
Bestimmte länger andauernde traumatische Erfahrungen, wie Jahre in einem Konzentrationslager, ständige Bomben und Schüsse im Krieg oder mehrfache Vergewaltigungen durch den Stiefvater, hinterlassen tiefe Spuren im Gedächtnisspeicher des Gehirns. Für die Speicherung dieser Spuren ist wahrscheinlich auch der Hippocampus verantwortlich. Wenn ein Stresszustand über Jahre anhält, kann sich das sichtbar auf den Hippocampus auswirken. Bruce McEwen, ein Neurowissenschaftler an der New Yorker Rockefeller-Universität, konnte zeigen, dass der Hippocampus unter Dauerstress im wahrsten Sinne des Wortes «die Nerven verliert» und schrumpft.[82] Eine andere Studie bestätigte diese Erkenntnis: In den USA wurden Soldaten mit Kampferfahrung untersucht. Bei den Soldaten, die aufgrund ihrer schrecklichen Kriegserlebnisse eine posttraumatische Belastungsstörung bekommen hatten, war der Hippocampus geschrumpft, wie sich im Vergleich mit Soldaten ohne posttraumatische Belastungsstörung oder gesunden Kontrollpersonen zeigte.[83]

In Bethel untersuchte der Psychiater Martin Driessen 21 Frauen mit einer Borderline-Störung. Sie hatten in ihrer Kindheit schwere belastende Erlebnisse wie Vergewaltigungen erlitten. Im Vergleich zu Gesunden waren bei diesen Frauen Hippocampus und Amygdala geschrumpft.[84] Bei Panikpatienten fand man eine Verminderung des Volumens des Schläfenlappens, wobei aber der Hippocampus nicht verkleinert war.[85] Diese Untersuchungen sind vorläufige Hinweise darauf, dass schwere belastende Lebensereignisse Narben in der Seele in Form von greifbaren neurobiologischen Veränderungen hinterlassen.

Das Grauen im zentralen Grau und das blaue Örtchen

Die Amygdala informiert bei Gefahr auch ein kleines Gebiet, das zentrales Höhlengrau genannt wird. Dieser Name wirkt nicht gerade beruhigend – und in der Tat wird an diesem Ort das Grauen ausgelöst. Wenn Tiere sich bei Gefahr tot stellen, so ist das zentrale Grau dafür verantwortlich. Wenn es bei Menschen gereizt wird, kommt es zu Todesangst, Schwitzen, Herzrasen, Luftnot, Erröten und «Gänsehaut».[86]

Wenn die Amygdala aus allen Rohren schießt, wird zudem ein Gebiet im Gehirn namens *Locus coeruleus* angestachelt. Dies führt dazu, dass der Blutdruck erhöht wird, das Herz rast und die Atmung schneller wird. Das lateinische Wort *Locus* heißt «Ort» (wie auch die Bezeichnung «Örtchen» für eine Toilette nahe legt). *Coeruleus* heißt «himmelblau», weil dieses Gebiet tatsächlich blassblau aussieht, wenn es der Anatom aus dem Gehirn eines Toten herausschneidet. In diesem Kern findet man Noradrenalin, einen Botenstoff, dem im Zusammenhang mit der Angst große Bedeutung zukommt. Wenn man weiß, dass durch das Gehirn wahrscheinlich zehn bis fünfundzwanzig Milliarden Nervenzellen verlaufen, so wundert man sich, dass es insgesamt im ganzen Gehirn nur 15 000 Zellen gibt, die mit Noradrenalin befeuert werden. Und, noch mehr verwunderlich: Etwa 70 Prozent des gesamten Noradrenalins im Gehirn werden im winzigen Gebiet des *Locus coeruleus* produziert. Dieses Gebiet scheint eine wichtige Schaltstelle zu sein.

Im Jahre 1977 reizte der amerikanische Forscher David Redmond bei Affen elektrisch den *Locus coeruleus*. Dadurch wurden sie in panische Angst versetzt. Schließlich operierte er diesen Kern vollständig heraus: Danach waren die Affen komplett angstfrei. Außerdem schienen die Tiere alle Hemmungen verloren zu haben; sie zeigten maßlose Fress- und Trinkanfälle.[87]

Aber noch weitere Vorgänge werden ausgelöst, wenn die Amygdala eine Furchtreaktion in Gang setzt. Die Gesichtsnerven werden aktiviert, sodass ein ängstlicher Gesichtsausdruck entsteht. Das Gehirn wird allgemein unter Strom gesetzt, damit die Aufmerksamkeit erhöht wird. Wer eben noch schläfrig war, ist jetzt hellwach. Die Teile des Körpers, die für Bewegungen zuständig sind, laufen auf Hochtouren. Dies erklärt, warum Menschen, die sich in einer lebensgefährlichen Situation befinden, «Bärenkräfte» entwickeln.

In einem anderen für die Angst wichtigen Zentrum, dem Hypothalamus, löst die Alarmreaktion der Amygdala gleich zwei Kaskaden von Ereignissen aus. Hypothalamus bedeutet einfach: «unter dem Thalamus». Zum einen werden hier Stresshormone ausgeschüttet (siehe S. 199), zum anderen wird das sympathische Nervensystem aktiviert, was allerdings bei den Betroffenen alles andere als sympathische Gefühle auslöst (siehe S. 203).

Dr. Frankenstein und das Stirnhirn

Im Bereich der Stirn befindet sich ein Gebiet, das «präfrontaler Kortex» genannt wird. Dieser Teil der Hirnrinde ist bei Menschen deutlich größer ausgeprägt als bei Tieren. Im Zusammenhang mit Angstreaktionen hat der präfrontale Kortex folgende Funktionen: Er plant, was der Körper in einer Angst auslösenden Situation als Nächstes tun soll, nachdem er von der Amygdala eine Warnmeldung bekommen hat. Falls sich ein Lebewesen für die Flucht entscheidet (der Hase entscheidet sich beispielsweise fast immer für Flucht), informiert der präfrontale Kortex die «motorische Rinde», also das Gebiet, das für Bewegungen zuständig ist. Das Wegrennen oder Hakenschlagen wird also vom präfrontalen Kortex geplant und von der motorischen Rinde ausgeführt, um das Überleben durch Flucht zu garantieren.

Als man noch nicht wusste, wie man eine Agoraphobie therapieren konnte, schlug man in der Behandlung dieser Erkrankung manchmal verzweifelte Wege ein. Bevor die Psychopharmaka eingeführt wurden, gab es für hoffnungslose Fälle schwerster psychischer Erkrankungen keine anderen Behandlungsmöglichkeiten als Elektroschocks, Insulinkuren und Gehirnoperationen. In den fünfziger Jahren wurden Menschen mit einer sehr schweren Agoraphobie am Gehirn operiert – heute eine absurde Vorstellung. Wie bei anderen schweren psychischen Erkrankungen versuchte man die Leukotomie-Operation. Dabei durchtrennte man die Verbindungen zwischen dem Thalamus und dem präfrontalen Kortex. Die Leukotomie wurde später aufgegeben, denn die Operation war ja nicht nur mit einem hohen allgemeinen Risiko behaftet, sondern führte manchmal zu starken Wesensveränderungen, sexueller Enthemmung oder anderen unschönen Persönlichkeitswandlungen. Der britische Psychiater Isaac Marks untersuchte 22 Patienten, bei denen zwischen 1952 und 1962 wegen schwerer Agoraphobie eine Leukotomie durchgeführt worden war.[88] Den meisten der operierten Patienten ging es nach diesem Bericht besser als den nichtoperierten Menschen mit Agoraphobie. Die Persönlichkeitsveränderungen nach der Operation seien, so Marks, nur geringfügig gewesen. Gott sei Dank gibt es heute andere Methoden, eine Agoraphobie zu behandeln. Aber die Frankenstein-Experimente zeigten eines: Die Durchtrennung der Verbindung vom Thalamus zum Stirnhirn führte offensichtlich dazu, dass die Angstsignale von der Amygdala nicht zum präfrontalen Kortex durchgestellt wurden. Diese Verbindung zum präfrontalen Kortex sorgt anscheinend dafür, dass uns die Angst, die wir erleben, auch bewusst wird.

Aber der präfrontale Kortex hat auch die Funktion, nach Beendigung einer Gefahrensituation eine «Alles wieder klar»-Nachricht an die Amygdala zu senden. Wenn bei der Ratte nach einem Elektroschock der Schmerz nachlässt, versucht der präfrontale Kortex die Amygdala wieder zu bremsen. Zumindest sollte er das. Aber es scheint so, dass es einfacher ist, eine Stressreaktion auszulösen, als sie wieder abzuschalten. Dies ist in Situationen wichtig, in denen es um das Überleben geht. Letztlich ist es besser, ab und zu mal Panik zu bekommen, als angesichts einer lebensgefährlichen Situation relaxed herumzustehen oder erst einmal grünen Tee zuzubereiten.

Vielleicht kommt dem präfrontalen Kortex auch im Zusammenhang mit einer Psychotherapie eine wichtige Bedeutung zu. Wenn jemand es schafft, seine Angst zu überwinden, dann liegt es daran, dass sein präfrontaler Kortex die Amygdala im Zaum hält.

Die Achse des Bösen

Wenn die Amygdala in der Gefahr den Hypothalamus aktiviert, kommt es über mehrere Umwege zu einer Ausschüttung der Stresshormone. Dieses verknüpfte System wird die «Stressachse» oder «Hypothalamus-Hypophysen-Nebennierenrinden-Achse» (HHN) genannt. Für jemanden, der unter Angst leidet, ist sie die Achse des Bösen.

Im Hypothalamus wird bei Gefahr ein Hormon ausgeschüttet, das «Corticotropin Releasing Hormone» (CRH) genannt wird. Dieses Hormon setzt wiederum die Hirnanhangdrüse unter Strom. Die Hirnanhangdrüse hängt, wie Sie jetzt richtig vermutet haben, unten am Gehirn. Sie wird auch Hypophyse genannt und schüttet das so genannte Stresshormon «Adrenocorticotropes Hormon» (ACTH) aus. Durch ACTH wird jetzt die Nebenniere aktiviert. Sie ist wie ein Hut mit drei Ecken geformt und sitzt auf der Niere.

Die Nebennierenrinde schüttet wiederum Cortisol aus. Das Stresshormon Cortisol hat sehr viele Funktionen, die alle aufzuzählen hier zu weit führen würde. Vereinfacht gesagt, hat das Cortisol drei Aufgaben: Erstens soll es die Bereitstellung von Energie für den Körper in Form von Zucker gewährleisten. Zweitens dämpft es das Immunsystem, woraus eine Entzündungshemmung resultiert. Drittens steigert es die Wirkung der anderen Stresshormone Adrenalin und Noradrenalin, die aus dem Nebennierenmark ausgeschüttet werden.

Wichtig ist hier nur die Funktion, die es im Zusammenhang mit Angst hat. Wenn es zur richtigen Zeit in der richtigen Menge ausgeschüttet wird, kann Cortisol dabei helfen, uns an Stresssituationen anzupassen. Es sorgt in der Gefahr dafür, dass bestimmte Dienstleistungen des Körpers eingestellt werden, die im Notfall nicht gebraucht werden, wie die Verdauung oder die Immunabwehr. Es hilft, den Körper stattdessen auf die Kampf- oder Fluchtreaktion einzustellen. Auf diese Weise kann er Gefahren besser überstehen.

Ist der Stress allerdings zu stark, kann die Cortisol-Ausschüttung auch schädlich sein. Der in Kanada lebende Arzt Hans Selye beschrieb bereits 1936, dass ständiger Stress schädliche Auswirkungen auf den Körper haben kann – er kann zum Beispiel zu Magenblutungen führen. Menschen, die unter chronischem Stress stehen, können außerdem wegen des abgeschwächten Immunsystems leichter Infektionen bekommen und vielleicht auch empfindlicher für Krebserkrankungen sein.

Lange wusste man nicht, ob Menschen während einer Panikattacke eine Cortisol-Ausschüttung haben, da man dazu ja im Moment der Panikattacke Blut hätte abnehmen müssen. Das stellte eine fast unüberwindliche Schwierigkeit dar. Schließlich bekommen die Menschen die Panikattacken nicht unbedingt, während sie in einem Labor herumsitzen, wo man ihr Blut im selben Moment abzapfen könnte. Panikattacken treten ganz unvermutet auf, während die Betroffenen zu Hause auf dem Sofa sitzen oder einen Freund besuchen. Daher versuchten Wissenschaftler, Panikattacken künstlich im Labor auszulösen, um herauszufinden, was in diesem Moment biochemisch im Körper abläuft. Man gab den freiwilligen Patienten Laktat-Infusionen oder andere chemische Substanzen, mit denen Panikattacken ausgelöst werden können. Das Ergebnis: Die Panikpatienten reagierten nicht mit einer Cortisol-Ausschüttung. Dies war erstaunlich, denn normalerweise würde man erwarten, dass eine Angstattacke ein Musterbeispiel für eine Stresssituation ist und selbstverständlich zu einer Ausschüttung von Stresshormonen führen sollte.

Unsere Arbeitsgruppe nahm an, dass es daran lag, dass die im Labor künstlich ausgelösten Panikattacken eben nicht echten Panikattacken entsprachen. Wir überlegten uns daher, wie wir die Cortisol-Ausschüttung bei echten Attacken messen konnten. Mit Geduld und – im wahrsten Sinne des Wortes – etwas Spucke ersannen wir eine raffinierte Methode, mit der die Stresshormone bei Angstattacken «im wirklichen Leben» ermittelt werden können. Das Cortisol ist nämlich auch im Speichel nachweisbar. Entsprechend gaben wir den Versuchspersonen Röhrchen für Speichelproben mit. Wenn diese plötzlich eine Panikattacke bekamen, mussten sie auf einem Wattebausch herumkauen und uns den Wattebausch nachher im Labor abliefern. In dem Speichelrest konnten wir nachweisen, dass das Stresshormon Cortisol während einer Panikattacke auch tatsächlich anstieg.[89] Auch Forscher im kalifornischen Stanford übernahmen unsere Methode und zeigten, dass Menschen mit einer Autofahrphobie ebenfalls eine Erhöhung des Speichelcortisols aufwiesen, wenn sie über eine volle Autobahn fahren mussten – mit einem Wattebausch im Mund.[90] Diese Versuche zeigten, dass die Stressachse tatsächlich reagiert, wenn es zu Angstsituationen kommt.

Diese Stressachse scheint ein langes Gedächtnis zu haben. Belastende Lebensereignisse in der Kindheit – wie eine lange Trennung von der Mutter – können in späteren Lebensjahren den Menschen nachhaltig anfälliger für seelische Erkrankungen machen. Man hat bislang immer dies vermutet; aber man konnte nicht sagen, was der Grund dafür sein könnte. Vielleicht liegt des Rätsels Lösung in der Stressachse.

Es konnte nämlich gezeigt werden, dass traumatische Ereignisse in frühen Lebensjahren tief greifende und langfristige Wirkungen auf die Stressachse haben. Werden Rattenjunge länger von ihrer Mutter getrennt, zeigen sie im Erwachsenenalter verstärkte emotionale Reaktionen und Stresshormonausschüttungen.[91] Auch bei Affen führten frühe Trennungen Jahre später zu Verhaltensstörungen. Bei diesen Tieren fand man im Erwachsenenalter im Nervenwasser eine erhöhte Menge des Hormons CRH (Cortisol Releasing Hormone), das zu einer Cortisol-Ausschüttung führt.[92] Die Erhöhung der Stresshormone nach langer Trennung von der Mutter hatte bei Versuchstieren schädliche Auswirkungen auf den Hippocampus, der ja, wie erwähnt, unter Stressbelastung schrumpfen kann. Die Veränderungen der Stressachse, die durch frühe Entwicklungsstörungen entstanden, haben Ähnlichkeiten mit den Störungen, die bei traumatisierten oder depressiven Menschen gefunden worden waren.[93]

Der Adrenalinstoß

Die meisten Menschen denken bei Adrenalin an Angst und Schrecken, aber auch an positive Aufregungen. Der Botenstoff (Neurotransmitter) Adrenalin ist als Hormon bereits über hundert Jahre bekannt. Der amerikanische Physiologe Walter B. Cannon war 1914 der Erste, der die «Notfallreaktion» der Tiere und Menschen beschrieb und sie mit dem Adrenalin in Verbindung brachte. Wenn ein Mensch oder ein Tier eine Kampf- oder Fluchtreaktion zeigt, dann ist, so Cannon, das Adrenalin dafür verantwortlich. Es wird im Nebennierenmark und in den Schaltstellen des sympathischen Nervensystems, das im nächsten Abschnitt erklärt wird, gebildet. Es führt zum Beispiel zu einer Erhöhung des Blutdrucks oder des Pulses.

Der Grund, warum die Hirnforscher das Adrenalin im Zusammenhang mit der Angst bisher noch wenig studiert hatten, ist wohl, dass man lange dachte, dass Adrenalin im Gehirn nicht vorkommt. Auch heute ist die Bedeutung des Gehirn-Adrenalins noch weitgehend unerforscht.

Auch ein anderer Botenstoff, das Noradrenalin, wird im Nebennierenmark gebildet. Adrenalin entsteht aus Noradrenalin. Wie Adrenalin ist Noradrenalin ein Neurotransmitter im sympathischen Nervensystem – seine Wirkungen sind allerdings etwas anders als die des Adrenalins. Wenn Cortisol in der Stressachse ausgeschüttet wird, führt dies auch zu einer direkten Einleitung von Adrenalin und Noradrenalin in die Blutbahn. Mit Noradrenalin gespeiste Bahnen gehen vom *Locus coeruleus* aus und erreichen Gebiete im Gehirn, die wir schon kennen gelernt haben – den Hypothalamus, den Thalamus, die Amygdala und den Hippocampus.

Viele Medikamente, die bei Angst wirken, beeinflussen ebenfalls eine Noradrenalin-Ausschüttung – auch ein Grund, warum Noradrenalin im Zusammenhang mit der Angst ein relativ wichtiger Botenstoff ist.

Das unsympathische Nervensystem

Oben hatten wir gesehen, dass die von der Amygdala ausgehende Angstreaktion auch dazu führt, dass ausgehend vom Hypothalamus das sympathische Nervensystem aktiviert wird. Hat jemand eine Panikattacke, so hat er allerdings keine sympathischen, sondern ziemlich unangenehme Gefühle, sodass dieses Nervensystem eigentlich das «unsympathische» heißen sollte.

Alle Reaktionen des sympathischen Nervensystems bereiten den Körper auf Kampf oder Flucht vor. Es ist ein Teil des «autonomen Nervensystems». Charakteristisch ist für das autonome Nervensystem, dass wir seine Funktionen nicht unter Kontrolle haben; so können wir nicht willkürlich das Schwitzen oder die Blässe im Gesicht an- und abstellen – im Gegensatz zum «somatischen Nervensystem», das die Arm- und Beinmuskeln verkabelt und das wir nach Belieben steuern können. Die Vorgänge des sympathischen Nervensystems laufen automatisch ab:

- Die Haare stellen sich zu Berge («Gänsehaut»).
- Die Pupillen erweitern sich, die Augen werden weit aufgerissen.
- Die Haut wird blutleer und bleich, weil das Blut im Körper so umverteilt wird, dass es für die Flucht gebraucht werden kann.
- Die Zähne werden zusammengebissen (und bei Tieren gefletscht, um den Angreifer einzuschüchtern).
- Die Arm- und Beinmuskeln spannen sich an und werden besser durchblutet.
- Das Herz schlägt schneller.
- Der Blutdruck steigt an.
- Die Lungenmuskeln erschlaffen, sodass die Atemwege erweitert werden.
- Die Schweißdrüsen arbeiten stärker (Angstschweiß).
- Im Darm wird Stuhldrang erzeugt, in der Blase Harndrang (daher auch die Ausdrücke «Schiss haben» oder «sich in die Hose machen»).
- Wenn der Stress länger andauert, wird die Produktion von Geschlechtshormonen gedrosselt, und die Lust auf Sex lässt nach.

- Leber und Bauchspeicheldrüse arbeiten zusammen, damit Zucker frei wird. So werden Energievorräte bereitgestellt.

Alle diese körperlichen Erscheinungen haben also durchaus einen Sinn. Auch wenn sie unangenehme Gefühle erzeugen, so helfen sie uns doch, in Gefahrensituationen zu überleben. Menschen, die aber aus heiterem Himmel diese Symptome bekommen, ohne in Gefahr zu sein, fühlen sich dementsprechend unwohl.

Chemie und Wahnsinn
Merkwürdige Verhaltensweisen der Menschen lassen sich oft dadurch erklären, dass die Chemie im Kopf verrückt spielt. Wenn Sie vier Glas Rotwein getrunken haben, erkennen Sie sich manchmal vielleicht selbst nicht wieder. Schüchterne Menschen werden zu Partylöwen und friedfertige Zeitgenossen können auf Krawall gebürstet sein, wenn sie zu viel Alkohol getrunken haben. Aber auch ohne irgendwelche Einflüsse von außen können Veränderungen der chemischen Vorgänge im Gehirn entstehen, die dazu führen, dass Menschen seltsame Dinge tun, wie sich achtzigmal am Tag die Hände zu waschen, sich von fremden Mächten verfolgt zu fühlen, Angst vor Singvögeln zu haben oder sich auf dem Dachboden mit einem Hanfseil zu erhängen.

Man muss sich das Gehirn wie einen großen Computer vorstellen, in dem ein unglaubliches Gewirr von Kabeln (Neuronen) herrscht. Ein Neuron besteht aus einer einzigen, langen, schlauchförmigen Zelle, die am Anfang einen Zellkern hat. Manche Nervenzellen im menschlichen Körper können bis zu einem Meter lang sein. Ein Neuron steht mit vielen anderen Neuronen in Verbindung. Mit Hilfe dieser Kabel wird so etwas wie ein elektrischer Strom weitergeleitet; dies wiederum geschieht durch Neurotransmitter. Das sind Moleküle, die zwischen zwei Nervenendigungen hin- und herspringen. Wenn Sie schon einmal ein Bügeleisen oder andere elektrische Geräte repariert haben, werden Sie vielleicht festgestellt haben, dass die Probleme oft dort auftauchen, wo ein Kabel endet – fast nie ist das Kabel in der Mitte kaputt. Die Störung entsteht meist da, wo ein Kabel festgelötet oder -geschraubt ist. Genauso ist es mit psychischen Krankheiten: Meist findet man das Problem an der Stelle, an der ein Neuron auf ein anderes trifft. An dieser «Lötstelle», die man Synapse nennt, geschieht die Nervenübertragung mit Hilfe von Botenstoffen. Bei vielen psychischen Krankheiten findet man Störungen dieser Neurotransmitter, und zwar dahingehend, dass entweder zu wenig oder zu viel von einem Botenstoff vorhanden ist oder dass er zur falschen Zeit am falschen Ort ist.

Jede Nervenbahn hat ihren speziellen Neurotransmitter – die eine Bahn funktioniert mit Dopamin, die andere mit Serotonin und eine dritte mit Noradrenalin –, so wie manche Autos nur mit Diesel, andere mit Normalbenzin laufen.

Die Wunderdroge Serotonin

Immer wieder wird im Zusammenhang mit Depressionen und Angsterkrankungen ein Hormon erwähnt – das Serotonin. Dieses Hormon kommt an verschiedenen Orten des Körpers vor, im Darm, in der Lunge, in Blutplättchen, aber auch im Gehirn. Es hat verschiedenste Funktionen: Es reguliert den Blutdruck oder wirkt auf die Muskulatur der Lunge und der Blutgefäße. Im Gehirn ist das Serotonin auch als Botenstoff tätig.

Die schwedische Psychiaterin Marie Åsberg untersuchte das Nervenwasser von Menschen, die Selbstmord begangen und dabei besonders «grausame» Methoden angewandt hatten, wie sich die Kehle durchzuschneiden oder vor einen Schnellzug zu werfen.[94] Bei diesen Menschen war das Serotonin im Nervenwasser erhöht. Seit dieser Studie ist die Rolle des Serotonins bei vielen seelischen Krankheiten untersucht worden. Bei Patienten mit Depressionen oder Ängsten findet man immer mehr abnorme Veränderungen des Serotonin-Stoffwechsels. Man vermutet daher, dass bei diesen Erkrankungen eine Störung der Serotonin-Nervenübertragung besteht. Es wäre noch verfrüht zu sagen, was genau das Serotonin im Gehirn bewirkt. Was wir aber wissen, ist, dass bestimmte Medikamente, die die Nervenübertragung in den Serotonin-gesteuerten Bahnen intensivieren, Depressionen und Ängste bessern können.

In der Abbildung Seite 207 wird die Wirkung der Antidepressiva erklärt. Alle Antidepressiva fördern den Serotonin-Stoffwechsel. Es gibt die trizyklischen Antidepressiva (TZA) und die selektiven Serotonin-Wiederaufnahmehemmer (SSRI, für englisch *selective serotonin reuptake inhibitors*), die dafür sorgen, dass das ausgeschüttete Serotonin im Spalt zwischen zwei Nervenzellen hängen bleibt und nicht wieder in die erste Zelle aufgenommen wird – wo es wirkungslos wäre. Dadurch wird die Serotonin-Wirkung verlängert. Daneben gibt es die Antidepressiva aus der Gruppe der MAO-Hemmer, die ebenfalls dafür sorgen, dass mehr Serotonin übrig bleibt. Dies erreichen sie dadurch, dass sie die Zerstörung des Serotonins bremsen.

Wenn jetzt die Nervenübertragung in den Serotonin-Bahnen besser läuft als vorher, hat das folgende Auswirkung: Die Aktivität dieser Serotonin-Bahnen führt zur Beruhigung. Die Bahnen enden in verschiedenen Gebieten des Gehirns, die sich – zum Beispiel bei einer Panikattacke – künstlich aufgeregt haben, und sorgen dort nun wieder für Ruhe.

Wenn überhaupt ein Stoff als «Wunderdroge» bezeichnet werden kann, dann ist es das Serotonin. Eine Vielzahl von Gefühlen und Emotionen scheint durch diesen Neurotransmitter beeinflusst zu werden. Medikamente, die den Serotonin-Haushalt beeinflussen, spielen nicht nur bei der Behandlung von Depressionen und Ängsten eine Rolle. Die SSRIs können auch bei Zwangsstörungen, posttraumatischen Belastungsstörungen, Mager- oder Esssucht, Aggressivität, Verstimmungszuständen vor der Regelblutung oder chronischen Schmerzen helfen. Weitere Medikamente, die auf andere Art den Serotonin-Haushalt beeinflussen, wirken bei Migräne oder Erbrechen.

Wenn Serotonin so viele unserer Probleme lösen kann, wäre es dann nicht besser, ab und zu etwas Serotonin zu verspeisen? Gäbe es einen vernünftigen Grund, könnte man fragen, warum man diesen Botenstoff nicht gleich ins Trinkwasser tun sollte? Man hat in der Tat versucht, Depressionen zu bessern, indem man Stoffe, die im Körper in Serotonin umgewandelt werden, in Form von Tabletten verabreichte. Diese Stoffe zeigten aber nicht die gewünschte Wir-

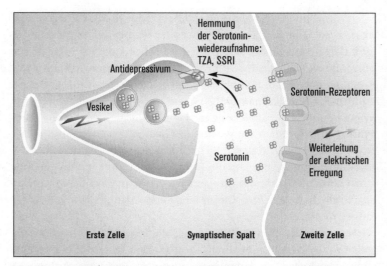

Wirkung von Medikamenten, die den Serotonin-Stoffwechsel beeinflussen: Der Neurotransmitter Serotonin ist in kleinen Bläschen (Vesikeln) in der ersten Zelle gespeichert. Durch elektrische Impulse wird Serotonin aus diesen Bläschen freigesetzt und in den Spalt zwischen der ersten und der zweiten Zelle ausgeschüttet. An der zweiten Zelle befinden sich Serotonin-Rezeptoren – die Schlösser, in die der Schlüssel Serotonin passt. Durch Bindung der Serotonin-Moleküle an diese Rezeptoren wird die Erregung in der zweiten Zelle weitergeleitet. Nach getaner Arbeit wird das Serotonin wieder in die erste Zelle aufgenommen. Diese Wiederaufnahme wird durch die trizyklischen Antidepressiva (TZA) und selektiven Serotonin-Wiederaufnahmehemmer (SSRI) gehemmt. So verbleibt mehr Serotonin im Spalt, und die Weiterleitung der elektrischen Erregung wird gefördert.

kung. Daher bleibt nur die Möglichkeit, den Serotonin-Haushalt durch die Verabreichung der erwähnten Antidepressiva zu verbessern.

Falscher Alarm

Eine interessante Theorie zur Entstehung von Angstattacken stammt von dem Psychiater Donald F. Klein von der Columbia-Universität in New York, der einer der Pioniere der Erforschung der Panikstörung ist. Nach seiner «Hypothese des falschen Erstickungsalarms» wird angenommen, dass es im Körper einen Messfühler gibt, der die Menge des Kohlendioxids in der Atemluft misst.[95] Der eingeatmete Sauerstoff wird in Kohlendioxid umgewandelt. Zu viel Kohlendioxid in der Atemluft heißt gleichzeitig: zu wenig Sauerstoff. Bergleute nahmen früher unter Tage eine Wachskerze mit. Wenn diese Kerze zu flackern anfing, war dies für die Kumpel eine Warnung, dass ihnen demnächst der Sauerstoff ausgehen könnte. Irgendwann würde man mit Sicherheit auch selbst merken, dass es an Sauerstoff mangelt, und ein Erstickungsgefühl bekommen, aber dann könnte es schon zu spät sein. Die Kerze ist aber offensichtlich empfindlicher als das im Körper eingebaute Messinstrument, da sie früher reagiert.

Nach der Theorie von Klein ist bei Menschen, die unter einer Panikstörung leiden, dieser Erstickungsmelder zu scharf eingestellt, sodass er einen «falschen Alarm» aussendet. Der Körper vermutet Luftnot, obwohl der Sauerstoffgehalt noch im grünen Bereich ist. Dies führt dazu, dass Menschen bei einer Panikattacke hyperventilieren – sie atmen immer stärker und stärker und haben trotzdem das Gefühl, nicht genügend Luft zu kriegen. Viele Panikpatienten vermuten oftmals, beispielsweise in einem Kaufhaus, in einer U-Bahn, in einem Fahrstuhl oder in einer Menschenmenge, dass die Luft schlecht sei, obwohl alle anderen das Gefühl nicht bestätigen würden. Sie müssen dann fluchtartig den Ort des Geschehens verlassen und «rennen an die frische Luft».

Klein führt mehrere Argumente für seine Theorie an. Als Beleg dafür, dass dieser «Erstickungsmelder» im menschlichen Körper existiert, führt Klein die Existenz einer schrecklichen Krankheit an, die «Undine-Syndrom» genannt wird und Säuglinge befällt. Nach einer germanischen Legende legte die Nymphe Undine, die nicht nur unter Wasser, sondern auch an Land leben konnte, einen Fluch auf ihren untreuen irdischen Mann. Sie nahm ihm die Fähigkeit zu atmen, sodass er im Schlaf starb. Das Undine-Syndrom ist eine angeborene Krankheit, bei der die Säuglinge während des Schlafes plötzlich nicht mehr automatisch weiteratmen, demzufolge keinen

Sauerstoff mehr erhalten und sterben. Diese Kinder zeigen trotz des Sauerstoffmangels erstaunlicherweise keine Erstickungsanzeichen. Sie sterben, weil ihre Lunge nicht den Befehl erhalten hat, stärker zu atmen. Dies wäre ein Hinweis für das Fehlen eines Erstickungs-Detektors bei den Kindern.

Weiterhin führt Klein an, dass Panikpatienten schlechter die Luft anhalten können als gesunde Personen[96] – ein weiterer Hinweis dafür, dass der Erstickungsalarm bei Panikpatienten zu scharf eingestellt ist. Menschen mit Angststörungen und anderen Neurosen seufzen außerdem häufiger als andere. Wer seufzt, holt dabei tief Luft. Könnte es sein, dass dies auch ein Zeichen dafür ist, dass diese Menschen mehr Luft holen müssen als nötig, weil ihr Erstickungsalarm-Melder Sauerstoffmangel signalisiert?

Auch das Gähnen ist ein Phänomen, dass Donald Klein mit seiner Theorie vom falschen Alarm in Verbindung bringt. Gähnen ist ansteckend – eine bekannte Tatsache. Neurotiker gähnen häufiger als Normalpersonen, nach Klein ein weiteres Zeichen für einen überempfindlichen Erstickungsdetektor. Die Beobachtung, dass andere gähnen, werten diese Menschen vielleicht unbewusst so: «Wahrscheinlich ist der Sauerstoffgehalt der Luft zu gering.» Dann gähnen sie automatisch selbst, um den vermeintlichen Sauerstoffmangel auszugleichen.

Erinnern wir uns an das Beispiel des falschen Giftgasalarms, der eine Massenpanik in einer Schule auslöste. Obwohl die Luft komplett rein war, führte die falsche Annahme eines Sauerstoffmangels bei vielen Lehrern und Schülern zu Panikattacken. Auch Personen, die dabei andere beobachteten, wie sie unter «Erstickungsanfällen» litten, ließen sich davon «anstecken» und bekamen Atemnot.

Die Klein'sche Theorie muss allerdings erweitert werden. Panikattacken entstehen wahrscheinlich nicht nur durch eine falsche Luftnot-Meldung, sondern das Ministerium für absurde Angst interpretiert auch andere Berichte über den Betriebszustand des menschlichen Körpers falsch und produziert somit einen Fehlalarm, beispielsweise eine Meldung über einen viel zu schnellen Herzschlag oder eine drohende Ohnmacht.

Direktübertragung aus dem Gehirn

Die spannendsten Forschungsergebnisse haben wir in nicht allzu ferner Zukunft auf einem Gebiet zu erwarten, das «Bildgebung» genannt wird. Mit den verschiedensten Geräten kann man heute Gehirne durchleuchten, wie zum Beispiel mit der Computer- oder der Kernspintomographie. Diese Methoden liefern wunderbare farbige und plastische Bilder des Gehirns, die man auf dem Bildschirm in allen drei Dimensionen drehen und betrachten kann. Mit ihnen könnte man zum Beispiel erst einmal grob feststellen, ob bei Angstpatienten Teile des Gehirns zu klein oder zu groß ausgefallen sind. Wenn das der Fall wäre, würde man in diesen Gebieten die Ursachen der Angst suchen.

Spektakulärer sind aber Verfahren, mit denen man feststellen kann, wo ein Mensch denkt – und zwar *während* er denkt. Zu diesen Methoden gehört die so genannte Single-Photon-Emission Computed Tomography (SPECT), die funktionelle Kernspintomographie (fMRT) oder die Positronen-Emissions-Tomographie (PET). Wenn eine bestimmte Region des Gehirns gerade arbeitet, dann wird dieses Gebiet besser durchblutet. Diesen Blutdurchfluss kann man messen und anschließend ein farbiges Bild des Gehirns erstellen, auf dem die derzeitig aktiven Gebiete zum Beispiel knallrot eingefärbt werden. Jeder Denkprozess lässt sich beispielsweise durch einen höheren Verbrauch an Glukose (Traubenzucker) ermitteln. So ist feststellbar, wo im Gehirn der Mensch gerade Angstgefühle hat oder Rechenaufgaben löst.

Bisher ist man mit solchen Untersuchungen allerdings noch nicht allzu weit gekommen. Die verschiedenen Arbeitsgruppen, die bisher mit den bildgebenden Verfahren nach dem Gebiet gesucht haben, in dem die Angst entsteht, fanden leider an ganz verschiedenen Stellen des Gehirns Auffälligkeiten, sodass wir im Grunde genommen immer noch nicht wissen, wo genau Angst im Hirn ihren Ursprung nimmt.

Im Jahr 1984 entdeckte eine Arbeitsgruppe um den Psychiater Eric Reiman in Arizona einen erhöhten Energieverbrauch in dem Gebiet des Gehirns, das auch heute mit der Auslösung von Angst in

Verbindung gebracht wird. Dieser Befund wurde zunächst als kleine Sensation angesehen – war doch scheinbar der Ort gefunden, an dem die Panik ausgelöst wird.[97] Leider wurde dieser Befund jedoch später als Irrtum entlarvt.[98] Die Signale, die die amerikanischen Forscher gemessen hatten, kamen nicht aus dem Gehirn, sondern vom Schläfenbereich außerhalb des Schädels. Hier verläuft ein Muskel, der zum Beißen verwendet wird. Die Forscher hatten lediglich das «Zähnezusammenbeißen» der ängstlichen Versuchspersonen gemessen – und nicht etwa Tätigkeiten innerhalb des Gehirns. Diese wissenschaftliche «Ente» hatte aber auch ihr Gutes. Fortan wurden alle Untersuchungen mit bildgebenden Verfahren mit einer gewissen Skepsis betrachtet. Bis heute ist es so, dass bei den meisten dieser Untersuchungen nicht sicher ausgeschlossen werden kann, ob es sich bei den gemessenen Veränderungen nicht um Zufallsbefunde oder Kaffeesatzleserei handelt. Gerade im Bereich der Amygdala, dem für die Angst wohl wichtigsten Gebiet, ist die Messung noch sehr schwierig. Es wird wohl noch eine Weile dauern, bis wir mit Hilfe der Bildgebung näher die Vorgänge ergründen können, die sich bei Angstzuständen abspielen. Dann allerdings wird sicher eine revolutionäre, aufregende Ära der Hirnforschung beginnen. Es besteht die Hoffnung, dass wir dann eines Tages unsere Spekulationen und Vermutungen durch Fakten ersetzen können.

Den derzeitigen wissenschaftlichen Stand der Gehirn-Bildgebung kann man am besten mit dem «Nachtwächtersyndrom» umschreiben: Wir sehen die hell erleuchteten Fenster – aber wir haben keine Ahnung, was sich dahinter verbirgt.

SO ENTSTEHT ABSURDE ANGST

Wie entsteht eine Panikstörung? Ein Lehrgang in zehn Schritten

Wir haben nun gelernt, dass von verschiedenen Forschungsrichtungen die unterschiedlichsten Ursachen für krankhafte Ängste angenommen werden. Belastende Kindheitserlebnisse, falsche Erziehung, Lernerfahrungen, Modelllernen, Stress im Leben, die Gene, die Moleküle – völlig verschiedene Gründe wurden vermutet. Wer hat nun Recht? Teilweise widersprechen sich diese Theorien, teilweise lassen sie sich aber verbinden.

Schritt für Schritt soll nun versucht werden, die plausibelsten Erklärungsmöglichkeiten in ein zusammenhängendes Modell einzupassen. Dies werde ich am Beispiel der Panikstörung zeigen, weil diese Erkrankung am besten untersucht ist. Auf die anderen Angststörungen wird weiter unten eingegangen – bei ihnen sind die Verhältnisse ähnlich.

Schritt 1: Patienten mit einer Panikstörung haben eine – wahrscheinlich ererbte – Anfälligkeit für das Auftreten von bestimmten Ängsten.

Im Kapitel über Vererbung war ich darauf eingegangen, dass ein gewisser Erbfaktor als ziemlich wahrscheinlich gelten kann. Allerdings zeigten Untersuchungen, dass das Auftreten von Angststörungen nicht allein durch genetische Übertragung erklärt werden kann, sondern dabei auch noch andere, äußere Faktoren eine Rolle spielen.

Schritt 2: Belastende Kindheitserfahrungen können bei bestehender Anfälligkeit den späteren Ausbruch einer Panikerkrankung begünstigen.

Panikpatienten haben häufiger als gesunde Personen in ihrer Kindheit eine längere Trennung von den Eltern, Gewalt in der Familie, sexuellen Missbrauch oder andere belastende Lebensereignisse erlebt. Sie sind zudem wegen einer erblich bedingten Anfälligkeit ihres «Angstnetzwerks» im Gehirn empfindlicher für emotionale Belastungssituationen – insbesondere für Trennungserlebnisse oder Beziehungsprobleme. Belastende Ereignisse in der Kindheit können möglicherweise zu lang anhaltenden Veränderungen im Gehirn führen.

Schritt 3: Durch aktuelle Stresssituationen (zum Beispiel eine drohende Ehescheidung) kann die Schwelle für das Auftreten von Panikattacken gesenkt werden.

Schwerwiegende belastende Ereignisse im Erwachsenenleben, wie Scheidung oder Tod eines nahen Angehörigen, können zu einem Ausbruch oder zu einer Verschlechterung einer Panikerkrankung führen. Wenn die betreffende Person außerdem schon als Kind belastende Trennungserlebnisse hatte, werden «alte Wunden aufgerissen». Da die Gedächtnisspuren intensiv traumatisch erlebter Situationen lebenslang erhalten bleiben, kann eine drohende Trennung von einer vertrauten Person diese alten Erinnerungen wieder aufleben lassen.

Schritt 4: Veranlagung und äußere Belastungen können zu unterschiedlichen Teilen zur Angsterkrankung beitragen.

Es ist möglich, dass bei einem Menschen mit einer ausgeprägten ererbten «Verwundbarkeit» nur relativ geringe äußere Stressereignisse notwendig sind, um eine ähnlich schwere Angsterkrankung hervorzurufen wie bei einem anderen Menschen, bei dem massive psychische Belastungen mit einem geringer ausgeprägten Erbfaktor zusammentreffen. So ist zu erklären, dass viele Menschen trotz einer völlig normalen Kindheit eine Panikstörung bekommen. Aber ebenso ist es möglich, dass Menschen ohne irgendeine erbliche Belastung von einer Angsterkrankung befallen werden.

Schritt 5: Menschen mit einer Panikstörung haben ein Gefahrenbewertungs-Zentrum im Gehirn, das überempfindlich eingestellt ist.

Irgendwo im Gehirn gibt es ein Zentrum für die Bewertung gefährlicher Situationen. Dieses Zentrum scheint bei Patienten mit Angststörungen aufgrund neurobiologischer Veränderungen überempfindlich zu sein. Ich habe es das «Ministerium für absurde Angst» genannt.

Es braucht keinen Streit mit dem Ehemann, keinen Steuerbescheid, keine Besuchsankündigung von Tante Erika, um eine Panikattacke auszulösen. Scheinbar haben die Betroffenen ein übersensibles Nervensystem, das auf einen harmlosen Reiz mit einer Kaskade von Angstsymptomen reagiert. Zunächst beginnt es mit einem ungefährlichen körperlichen Ereignis, etwa einem leicht erhöhten Puls. Das Ministerium für absurde Angst soll eine realistische Bewertung der Bedrohlichkeit körperlicher Symptome vornehmen, zeigt aber falschen Alarm an. Es erhält zum Beispiel die Meldung: «Amygdala an Zentrale – Der Puls beträgt 98 pro Minute. Ist das noch normal?» Eigentlich sollte jetzt die Information ausgegeben werden: «Zentrale an Amygdala – Das liegt doch noch im grünen

Bereich. Lies das verdammte Handbuch!» Die Zentrale gibt jedoch stattdessen einen Fehlalarm aus und warnt: «Houston, wir haben ein Problem. Herzschlag bedrohlich erhöht, Alarmstufe drei!»

Schritt 6: Die Teufelsspirale der Angst

Jetzt bekommt es das Gehirn mit der Angst zu tun. Das führt nun zu weiteren körperlichen Angstsymptomen, wie zum Beispiel Zittern. Das wird wiederum als bedrohlich bewertet und bedingt die nächsten Angstsymptome, wie Enge im Hals oder Luftnot. Spiralförmig steigert sich auf diese Weise die Angst immer mehr. So treten immer mehr Paniksymptome hinzu, bis schließlich die volle Panikattacke entsteht. Das nennt man die Teufelsspirale der Angst.

Es wird vermutet, dass es sich bei diesem «Ministerium für absurde Angst», das die Bedrohlichkeit eines körperlichen Symptoms falsch bewertet, um die Amygdala und/oder den Hippocampus handelt, die ja beide dicht nebeneinander liegen und eng verbunden sind. Amygdala und Hippocampus arbeiten zusammen, wenn es darum geht, aktuelle Situationen mit früheren Gedächtnisinhalten zu vergleichen und Bewertungen vorzunehmen. Es kann aber auch sein, dass dieses Ministerium eng mit der Amygdala und dem Hippocampus kooperiert. Die Wissenschaft ist jedoch noch nicht so weit, diese Zentrale genau lokalisieren zu können.

Das Bewertungszentrum arbeitet bei Angstpatienten ähnlich wie ein defekter Heizungsthermostat. Ein Thermostat misst die Temperatur, und wenn die gewünschte Wärme erreicht ist, dreht er den Heißwasserzufluss der Heizung ab. Wenn ein solcher Thermostat defekt ist, kann es dazu kommen, dass das Heißwasser ungehindert in den Heizkörper fließt und es im Raum immer wärmer wird. So ähnlich muss man sich das Ministerium für absurde Angst vorstellen: Dieses Bewertungszentrum für körperliche Symptome ist zu empfindlich eingestellt, und so wird immer «volles Rohr» heißes Wasser durch das Gehirn gepumpt.

Ein solches Bewertungszentrum haben natürlich alle Menschen. Man braucht es auch, denn wenn es ein solches nicht gäbe, hätten wir überhaupt keine Rückmeldung über unsere Körperfunktionen. Die Folge wäre zum Beispiel, dass wir nicht merken würden, wenn wir uns beim Sport überanstrengen oder zu lange arbeiten. Ein sehr schneller Herzschlag oder Luftnot zeigt uns normalerweise an, dass wir beim Bergsteigen eine Pause machen sollten. Die natürliche Hemmfunktion dieses Bewertungszentrums kann allerdings außer Kraft gesetzt werden, wenn in einer Gefahrensituation der Überlebenstrieb übermächtig wird. Angst verleiht Bärenkräfte, sagt man. Jemand, der in Todesgefahr ist, kann übermenschliche Kraft und Ausdauer zeigen.

Schritt 7: Die ständigen Panikattacken bestätigen die Patienten in der falschen Annahme, dass sie eine schwere körperliche Krankheit haben.

Paniksymptome treten manchmal aus völliger Ruhe heraus auf. Ein Marathonläufer bei Kilometer 39,5 hätte eine gute Erklärung für sein Herzrasen. Jemand, der eine Panikattacke bekommt, stellt dagegen einen Widerspruch zwischen seinen körperlichen Symptomen und dem Fehlen einer echten Bedrohung fest. Da sich die Patienten ihre «gefährlichen» physischen Symptome nicht erklären können, versuchen sie, die Symptome mit einer schweren körperlichen Krankheit zu erklären. Hierbei verwerten die Patienten ihr Wissen über Medizin. Sie haben zum Beispiel gelesen, dass man sich bei einem Herzinfarkt an die linke Brust greift. Prompt verspüren sie auch hier während einer Panikattacke Stechen oder sogar starke Schmerzen. Während «richtige» Herzinfarkte sich aber nicht unbedingt in dieser Gegend bemerkbar machen, sondern viel weiter gestreut empfunden werden, also auch hinten in der rechten Schulter, so berichten Panikpatienten praktisch nur über Schmerzen in der linken Brust oder im linken Arm – so wie es in Zeitungsartikeln über Herzinfarkte nachzulesen ist.[99]

Auch die Nachricht, dass Vetter Jochen mit 38 Jahren am Herzinfarkt verstorben ist, kann dazu führen, dass ein völlig gesunder Mensch Panikattacken bekommt. Wenn ihm der Hausarzt nun sagt:

«Sie brauchen keine Angst zu haben. Ihr Herz ist völlig gesund und Sie sind noch lange nicht in dem Alter, in dem man normalerweise einen Herzinfarkt bekommt», dann redet ihm das Gehirn ein: «Ja, genau das haben sie Vetter Jochen wahrscheinlich auch erzählt.» Die Patienten fangen schließlich an, den Ärzten zu misstrauen.

Schritt 8: Eine Agoraphobie entsteht durch Angst vor möglichen Panikattacken.

Wenn ein Patient nun mehrere Panikattacken aus heiterem Himmel erfahren hat, findet er nach und nach heraus, dass es vielleicht besser wäre, bestimmte Situationen zu meiden, in denen er eine Panikattacke bekommen könnte. Es handelt sich bei diesen typischen Situationen um solche, in denen das Auftreten einer Panikattacke besonders schlimm wäre. Wenn dieser Patient nämlich auf einem Volksfest zwischen den Massen eingekeilt wäre und sich dann eine Panikattacke entwickeln würde, könnte er nicht schnell genug entkommen. Nun spielt ihm die Phantasie einen Streich: «Wenn ich jetzt eine Panikattacke bekomme, brauche ich einen Arzt.» Was nicht stimmt, denn eine Panikattacke geht auch ohne Arzt vorüber. Und weiter denkt er: «Wenn ich aber einen Arzt brauche, dann könnte er sich nicht den Weg durch die Massen bahnen. Ich würde hier liegen, keiner würde sich um mich kümmern, ich werde hier einfach abkratzen.» In dieser Situation vergisst er auch völlig, dass der Arzt ihm schon mehrmals versichert hat, dass man durch eine Panikattacke nicht sterben kann.

Schritt 9: Durch das Vermeidungsverhalten wird die Angst immer stärker.

Nehmen Sie einmal an, Sie würden Ihren Hund auf eine Herdplatte setzen und dann den Strom anschalten (Hinweis für Kinder: Bitte nicht ausprobieren!). Das müssten Sie vielleicht dreimal exerzieren; dann hat sich der Hund gemerkt, dass mit dieser heißen Platte nicht zu spaßen ist. Er wird eine panische Angst vor der

Platte, vor dem Herd und vielleicht vor der ganzen Küche entwickeln.

Wenn Sie ihm diese Angst nun wieder abtrainieren wollen, könnten Sie ihn wieder unter Anwendung von Gewalt auf die Herdplatte setzen, ohne sie anzuschalten. Diesen Vorgang müssten Sie mehrfach wiederholen, um dem Hund zu demonstrieren, dass von der Platte keine Gefahr mehr ausgeht. Aber: Diesmal ist es nicht mit drei Versuchen getan. Sie brauchen vielleicht 50 Anläufe, um bei Ihrem Hund jetzt die Angst vor der Platte, die sich tief ins Gehirn eingebrannt hat, wieder zu löschen. Dieses Phänomen, dass man Angst zwar mit wenigen Übungen antrainieren kann, aber sehr viel mehr Lektionen braucht, um sie wieder abzutrainieren, nennt man «Löschungsresistenz». Es erklärt, warum das Vermeidungsverhalten oft hartnäckig ist und es manchmal lange braucht, dieses Verhalten in einer Konfrontationstherapie abzutrainieren.

Schritt 10: Panikmache gegen Vernunft

Man muss im Gehirn zwischen «niedrigeren» und «höheren» Zentren unterscheiden. Die höheren Zentren stellen das «denkende Gehirn» dar, das sich in der Hirnrinde befindet, also in der äußersten Schicht. Weiter innen im Gehirn befinden sich Teile, die nicht zu einem vernunftgemäßen Denken fähig sind, sondern nur die Grundfunktionen des Körpers steuern. Diese inneren Strukturen sind bei Menschen und Tieren etwa gleich ausgebildet, während die äußere Schicht, die Rinde (auch Kortex genannt), bei Menschen sehr viel größer ist als bei Tieren.

Amygdala, Hippocampus und der Rest des Angstnetzwerks sind relativ «primitive» Zentren (auch wenn ihre Funktionen uns reichlich kompliziert erscheinen mögen). Sie sind für das Überleben zuständig. Sie kennen keine vernünftigen Überlegungen, sie wägen nicht ab, sondern kennen nur eine Reaktion: Kampf oder Flucht.

Das «Ministerium für absurde Angst» kann das gesamte Gehirn als Geisel nehmen und seine Fähigkeit zum logischen Denken für eine gewisse Zeit lahm legen. Jetzt gibt es aber in der Großhirnrinde andere Gebiete, die in der Lage sind, vernünftig zu denken. Eines davon, nennen wir es das «Engelchen», versucht, die große Ruhe auszustrahlen. Es sagt: «Reg dich wieder ab, kein Grund zur Aufregung, das Herz schlägt ganz normal.» Jetzt gibt es aber einen Chip, der das Gegenteil erzählt. Wir nennen es das «Teufelchen». Er ist mit dem Ministerium für absurde Angst im Bunde und versucht dem Betroffenen einzureden: «Du befindest dich in großer Gefahr. Dein Herz schlägt viel zu schnell. Warum macht es das? Du hast dich doch gerade überhaupt nicht angestrengt, das Herz müsste doch ganz ruhig schlagen. Tut es aber nicht. Wenn dein Herz so schnell schlägt, kann es nur einen Grund dafür geben, nämlich, dass es kaputt ist. Es wird gleich stehen bleiben.» Das Engelchen kontert: «Aber ich war beim Arzt. Er hat ein EKG gemacht. Alles war in Ordnung.» Das Teufelchen hält dagegen: «Es schlägt nicht nur zu schnell, sondern auch unregelmäßig, merkst du das nicht?» Das Engelchen: «Ja, aber der Arzt hat gesagt, ein paar unregelmäßige Herzschläge darf man haben, ohne dass das Herz krank sein muss.» – «Vergiss, was der Arzt gesagt hat. Der weiß auch nicht alles.» Und so geht es immer hin und her. Man kann von einem Bürgerkrieg im Gehirn sprechen.

Das Engelchen kann man vielleicht im präfrontalen Kortex, einem Teil der Großhirnrinde, lokalisieren. Das Teufelchen ist wahrscheinlich auch ein höheres Zentrum, das unter dem negativen Einfluss der Horrormeldungen aus dem Amygdala-Hippocampus-Komplex steht. Engelchen und Teufelchen sind im Prinzip zwei Zentren, die beide durchaus eine wichtige Funktion haben – das Abwägen. In den meisten Situationen des Lebens ist ein Für und Wider sehr sinnvoll. Das gilt auch für reale Angstsituationen. Während Sie Ihr Auto steuern, wägt Ihr Gehirn ständig ab: «Wenn ich nicht ein bisschen schneller fahre, komme ich zu spät zur Besprechung, wenn ich aber zu schnell bin, werde ich vielleicht geblitzt oder fahre gegen einen Baum.» Bei Menschen mit Angstkrankheiten überwiegt aber der Einfluss des übersensiblen Gefahrenbewertungszentrums.

Panikpatienten berichten, dass sie sich normalerweise, wenn sie sich ganz ruhig fühlen, sehr wohl sagen können, dass eine Panikattacke kein lebensbedrohlicher Zustand ist und dass der letzte Gesundheitscheck beim Internisten keinen krankhaften Befund ergeben hat. Wenn aber die nächste Panikattacke kommt, bricht sämtliche Vernunft weg. Plötzlich vermuten sie wieder eine schwere Herzerkrankung und stellen die Kompetenz ihres Internisten infrage. Natürlich werden auch reale Erfahrungen, wie der frühe Tod eines nahen Verwandten oder Freundes, bei allen Überlegungen berücksichtigt. Das Teufelchen ist erfinderisch und bezieht sämtliche medizinischen Kenntnisse des Betroffenen in seine teuflische Argumentation ein. Es übernimmt die Rolle des *Advocatus diaboli* und versucht seine Begründung des nahenden Todes mit fadenscheinigen und völlig an den Haaren herbeigezogenen Argumenten zu unterstreichen.

Manchmal gewinnt bei diesem Streit das Teufelchen; dann bricht die Panikattacke voll aus. Und manchmal gewinnt das Engelchen; dann wird der leichte Anflug von Angst im Keim erstickt. Das scheint von der Tagesform abhängig zu sein. An «guten Tagen» kann der Kampf gegen die Angst erfolgreich sein, an anderen Tagen bricht er zusammen, wobei äußere Stresseinflüsse eine Rolle spielen können (aber nicht müssen).

Selbst die genaue Kenntnis der körperlichen Hintergründe von Angstanfällen nützt nichts, wenn das Ministerium für absurde Angst unsere Vernunft abschaltet. Sigmund Freud, bekanntermaßen ein Spezialist für Ängste, litt selbst unter Panikattacken, war sich aber nicht sicher, ob er nicht eine körperliche Krankheit hatte. Er beklagte: «Es ist ja peinlich für einen Medicus, der sich alle Stunden des Tages mit dem Verständnis der Neurosen quält, nicht zu wissen, ob er an einer logischen oder an einer hypochondrischen Verstimmung leidet.»[7]

Wie entstehen Einfache Phobien?

Die Einfache Phobie wurde als die Angst vor einzelnen Objekten oder Situationen, wie Katzen, Insekten, Höhen, Dunkelheit und anderen Dingen, beschrieben. Im Abschnitt zur Lerntheorie (siehe S. 161) haben wir gesehen, dass man eine Einfache Phobie nicht allein deswegen bekommt, weil man früher eine schlechte Erfahrung gemacht hat. Die Frau, die angesichts einer Maus kreischend auf den Schrank klettert, ist wahrscheinlich nie zuvor von einer Maus gebissen worden.

Die Angstforschung hat bisher noch keine schlüssige Begründung parat, warum manche Menschen bei harmlosen Lebewesen wie Weberknechten oder Dackeln panisch reagieren und andere nicht, obwohl wir ja alle die gleichen Urängste in Form von Engrammen in unserem Gehirn tragen. Auch kann man noch nicht plausibel erklären, warum solche Ängste manchmal erst in späteren Lebensjahren, beispielsweise mit 25 Jahren auftreten, nachdem sie oft jahrelang nicht aktiv waren.

Es ist anzunehmen, dass bei Menschen mit Einfachen Phobien auch ein Ministerium für absurde Angst existiert. Dieses Zentrum, das dafür zuständig ist, die Höhlenmenschen-Urängste im Zaum zu halten und den heutigen Menschen auf den Boden der Tatsachen zurückzuholen, scheint bei dieser Angsterkrankung in seiner Empfindlichkeit falsch eingestellt zu sein. Nahe liegend wäre die Annahme einer genetischen Übertragung, da wir ja diese Steinzeit-Ängste auch auf dem Wege der Vererbung mit in das 21. Jahrhundert genommen haben. Mit Hilfe von Zwillingsuntersuchungen konnte auch hier gezeigt werden, dass Einfache Phobien vererbt werden.[100]

Wie entsteht eine Generalisierte Angststörung?

Die Generalisierte Angststörung ist im Gegensatz zur Panikstörung viel seltener wissenschaftlich untersucht worden. Betrachtet man die wenigen existenten Studien, so kristallisiert sich aber ein ähnliches Bild wie bei den anderen Angststörungen heraus. Mehrere Faktoren kommen dabei zusammen: Zum einen sind belastende Lebensereignisse in der Kindheit, aber auch in den Monaten, die dem Ausbruch der Erkrankung vorangingen, bei Menschen mit einer Generalisierten Angststörung häufiger als bei gesunden Kontrollpersonen. Zu einem gewissen Teil wird auch die Generalisierte Angststörung zum anderen auch von den Eltern auf die Kinder übertragen.

Der amerikanische Vererbungsforscher Kenneth Kendler untersuchte in der so genannten Virginia-Studie 1033 weibliche Zwillingspaare[101] und kam auf einen nicht sehr ausgeprägten Erbfaktor von 30 Prozent für die Generalisierte Angststörung (zum Vergleich: 70 Prozent bei Depressionen). In einer schwedischen Studie wurden 1802 Zwillingspaare untersucht – dort fand man jedoch eine Erblichkeit von 49 Prozent.[102]

Hinsichtlich neurobiologischer Veränderungen gibt es ebenfalls einige Hinweise bei der Generalisierten Angststörung. Im Nervenwasser von Patienten mit dieser Angsterkrankung fand man beispielsweise einen verminderten Gehalt an Serotonin – dem Hormon, das wahrscheinlich bei den Angsterkrankungen und bei Depression die wichtigste Rolle spielt. Auch die Tatsache, dass Medikamente, die den Serotonin-Gehalt erhöhen, eine gute Wirkung bei der Angsterkrankung haben, machen es sehr wahrscheinlich, dass für eine Generalisierte Angststörung ähnliche Ursachen anzunehmen sind wie bei einer Panikstörung.

Wieder haben wir es hier mit einem überempfindlich eingestellten Zentrum zu tun. Hier verlegt sich das Ministerium für absurde Angst darauf, ohne äußere Gefahr den Angstpegel den lieben langen Tag heraufzuregeln. Dies führt zu den körperlichen Symptomen wie Herzrasen oder Zittern, aber auch zu der Schreckhaftigkeit und Nervosität, die für die Angstkrankheit typisch sind.

Wie entsteht eine Soziale Angststörung?

Eine landläufige Meinung ist, dass Menschen mit extremer Schüchternheit in der Regel einen extrem strengen Vater hatten. Dieser hat sein Kind nie zu Wort kommen lassen, seine Meinung nicht akzeptiert und ihm ständig gesagt, was es zu tun oder zu lassen habe. Deswegen reden diese Personen auch noch als Erwachsene mit leiser Stimme, sprechen nur, wenn sie gefragt werden, trauen sich nicht zu widersprechen und können sich nicht durchsetzen.

So einleuchtend diese Theorie ist – nur leider trifft das genaue Gegenteil zu. In Wirklichkeit ist es viel wahrscheinlicher, dass der Vater eines Sozialphobikers ebenfalls schüchtern, zurückhaltend, liebenswert, hilfsbereit war und nicht autoritär und bestimmend. Welche Erklärungen aber hat die Wissenschaft für die Entstehung von sozialen Ängsten?

Eine ausführliche wissenschaftliche Beschäftigung mit der Sozialen Phobie hat erst im letzten Jahrzehnt begonnen. Daher existieren im Vergleich zu anderen Angsterkrankungen nur wenige Studien, die sich mit der Aufklärung der Ursachen einer Sozialphobie befassen. Wie bei anderen Angststörungen wurden traumatische Kindheitserlebnisse, bestimmte Eltern-Kind-Interaktionen, Erziehungsstile, traumatisch erlebte soziale Situationen, Modelllernen, genetische Faktoren sowie neurobiologische Ursachen diskutiert.[103]

Sozial ängstliches Verhalten überträgt sich von den Eltern auf die Kinder. Die Kinder könnten lernen, dass soziale Situationen angstbesetzt sind und man sie am besten vermeiden sollte. Es gibt Hinweise für die Beteiligung des Modelllernens bei der Entstehung der Sozialen Phobie. So berichteten Sozialphobie-Patienten rückblickend, dass ihre Eltern die Denkweisen anderer Menschen für wichtiger hielten als ihre eigenen, und stärker versucht hatten, ihre Kinder zu isolieren, als die Eltern von Agoraphobikern oder gesunden Kontrollpersonen.

Allerdings hatten unsere eigenen Untersuchungen gezeigt, dass Erziehungsfehler wohl wenig zur Entstehung der Sozialen Angststörung beitragen, während Erbfaktoren eine relativ wichtige Rolle zu spielen scheinen.

Die Vertreter der Lerntheorie überprüften noch eine weitere Erklärung für die Entstehung sozialer Ängste. Sie vermuteten, dass ein früheres peinliches Ereignis der Auslöser für die spätere soziale Ängstlichkeit sein könnte. Sie fragten deshalb ihre Versuchspersonen, ob sie sich an ein entsprechendes Ereignis erinnern konnten, bei dem sie einmal so richtig blamiert worden waren. Sie sollten berichten, ob sie als Kinder einmal von einer größeren Gruppe ausgelacht worden waren oder ob sie sich beim ersten Rendezvous, beim Sprechen in der Öffentlichkeit oder auf einer Party ungeschickt, peinlich oder linkisch verhalten hätten. Wenn das in den meisten Fällen zutreffen würde, überlegten die Lerntheoretiker, so hätte man einen Hinweis dafür, dass eine Soziale Phobie durch Lernerfahrungen entstehen könnte. Die Ergebnisse zu dieser Frage waren allerdings spärlich und nicht eindeutig. Zwar berichteten die Patienten mit einer leichteren Sozialphobie tatsächlich häufiger als gesunde Kontrollpersonen, dass sie solche blamablen und kränkenden Erlebnisse gehabt hatten, aber gerade die schwereren Fälle einer Sozialen Phobie konnten sich nicht überzufällig häufig an derartige Erfahrungen erinnern.[104] Abgesehen davon, kann man solche Untersuchungen nur mit Vorsicht interpretieren. Woher wissen wir, dass die Sozialphobiker nicht völlig harmlose Situationen als schlimme Bloßstellung erlebt hatten, weil sie in dieser Hinsicht schon als Kinder für Zurückweisungen empfindlich waren? Für die Entstehung einer Sozialen Phobie durch Lernerfahrungen haben wir also bisher kaum Hinweise.

Anders als Menschen mit einer Panikstörung sind Sozialphobiker noch nicht genügend im Hinblick auf neurobiologische Veränderungen im Gehirn untersucht worden. Man entdeckte zum Beispiel gewisse Veränderungen des Dopamin-Systems. Ansonsten sprechen die wenigen vorliegenden Befunde dafür, dass sich die Soziale Phobie nicht wesentlich von all den anderen Angststörungen unterscheidet.

Scheinbar gibt es auch bei Menschen mit einer Sozialen Phobie ein Ministerium für absurde Angst, das harmlose soziale Situationen als peinlich oder beschämend einstuft. Eine Rolle könnte wiederum die Amygdala spielen: Affen, bei denen man die Amygdala herausoperiert hatte, zeigten weniger Angst in sozialen Situationen.[105] Die Angstfreiheit hatte bemerkenswerte Folgen: Affen, die vor der Entfernung der Amygdala an der Spitze der Rangordnung standen, fielen nach der Operation auf den untersten sozialen Rang in der Affenhorde ab.[106] Die Amygdala scheint so etwas wie eine «soziale Bremse» zu sein, und diese Bremse ist offensichtlich bei Personen mit einer Sozialen Angststörung zu scharf eingestellt.

Es liegt nahe, anzunehmen, dass die Überempfindlichkeit für soziale Situationen zum Teil auf genetischem Wege übertragen wird. Bereits in den siebziger Jahren beschäftigte man sich mit der Vererbung von Schüchternheit. Dazu wurden eineiige Zwillinge mit zweieiigen verglichen. Man fand bei den eineiigen Zwillingen eine erheblich höhere Konkordanzrate als bei den zweieiigen – ein deutlicher Hinweis für die Vererblichkeit der Schüchternheit.[100, 107] Wissenschaftler untersuchten auch adoptierte und nicht adoptierte Kinder ein und zwei Jahre nach der Geburt.[108] Bei den nicht adoptierten Kindern wurde ein Zusammenhang zwischen der Schüchternheit der Mütter und der Kinder festgestellt. Bei den adoptierten konnte man dagegen keine Übereinstimmung zwischen der Schüchternheit der Kinder und derjenigen der Pflegemütter feststellen.

Wie schon dargestellt, hatten wir an der Universität Göttingen eine Untersuchung durchgeführt, um herauszufinden, wie die verschiedenen Risikofaktoren – belastende Ereignisse in der Kindheit, Erziehung, Vererbung oder Geburtsschäden – zusammenarbeiten, um eine Soziale Phobie zu verursachen. Nach dieser Studie schienen längere Trennungen in der Kindheit das Risiko für eine Soziale Phobie zu erhöhen. Andere Risikofaktoren wie sexueller Missbrauch oder Gewalt in der Familie spielten kaum eine Rolle. Der Einfluss der Erziehung war gleich null. Aber das erstaunlichste Ergebnis war, dass das Risiko, eine Soziale Phobie zu bekommen, stark erhöht war, wenn auch schon Eltern oder Geschwister eine Angsterkrankung hatten.[45] Die Vererbung, und das hat uns auch überrascht, schien jedoch die größte Rolle bei der Entstehung dieser Angsterkrankung zu spielen.

Soziale Ängste im Tierreich

«Der Mensch ist das einzige Tier, das erröten kann. Oder Grund dazu hat», sagte Mark Twain. Aber stimmt es, dass Tiere keine Soziale Phobie kennen?

Menschen mit Sozialer Phobie scheuen den direkten Blickkontakt, und das scheint im Tierreich seine Entsprechung zu haben. Manche Haustiere, zum Beispiel Hunde, bekommen Angst oder fühlen sich unwohl, wenn man sie eindringlich anstarrt. Auch Tiere in freier Wildbahn scheuen vor dem durchdringenden Blick eines Au-

Die Angst vor einem starrenden Augenpaar gibt es nicht nur bei Menschen mit einer Sozialen Phobie, sondern auch im Tierreich. Das Tagpfauenauge schreckt einen möglichen Feind dadurch ab, dass es ein Augenpaar imitiert.

genpaares zurück. Dies macht sich eine Schmetterlingsart, das Pfauenauge, zunutze, um seine natürlichen Feinde abzuwehren. Auch der Tintenfisch *Sepia officinalis* verjagt seine Angreifer, indem er an seinem Hinterteil zwei schwarze Flecke produziert, die wie ein Augenpaar aussehen.

Affen haben ein komplexes Sozialsystem, in dem deutliche Hierarchien existieren. Genau wie bei Menschen lassen sich bei den Affen schüchterne und selbstbewusste Wesen ausmachen. Es gibt einen Oberaffen, der sich im Zentrum der Affenkolonie aufhält. Um sich herum versammelt er einige Abteilungsleiter, die ihn gegen Angriffe verteidigen. Der Oberaffe darf mit den meisten Affenweibchen Sex haben. Er bestimmt aber auch, wer in seiner Kolonie wie viele Partnerinnen haben darf. Er kontrolliert, wer in der Gemeinschaft andere durch Schläge in ihre Grenzen weisen darf. Seine Vasallen werden natürlich begünstigt, sodass sie deutlich mehr Weibchen begatten dürfen als Durchschnittsaffen. Es gibt andererseits auch Underdogs bei den Affen, die sich mit einem gewissen Abstand von der Kolonie aufhalten müssen und überhaupt kein Weibchen abbekommen. Jeden Versuch, in die Gemeinschaft zurückzukehren, bestrafen der Oberaffe und seine Gefolgsmänner mit Knüffen. Diese Affen haben ein ähnliches Schicksal wie Menschen mit einer Sozialen Phobie, die nicht versuchen, ihr Problem zu bekämpfen.

Kapitel 5

VIER LÖSUNGEN

WAS HILFT WIRKLICH GEGEN ÄNGSTE?

> Die Menschen glauben im
> Allgemeinen gern, was sie wünschen.
> *Gaius Julius Caesar*

Spricht man mit Menschen, die schon länger unter Panikattacken leiden, fällt auf, dass sie bisher die unterschiedlichsten Medikamente, Psychotherapien und alternativen Behandlungsformen erhalten haben. Jemand, der für seine Ängste die beste Behandlung sucht, ist in höchstem Maße verunsichert. Der Psychoanalytiker am Stadtpark empfiehlt eine langjährige tiefenpsychologische Therapie und rät, auf keinen Fall Medikamente zu nehmen. Die Psychologin aus der Klinik lehnt ebenfalls die Medikamente ab und empfiehlt eine Gesprächspsychotherapie. Der gemütliche Landarzt hält nichts von dem «Psycho-Gequatsche» und würde Valium verschreiben. Aber auch aus der alternativen Ecke kommen unzählige Vorschläge für die Behandlung von Ängsten. Die hennagefärbte Heilpraktikerin schwört auf homöopathische Kügelchen. Der geschmeidige Körpertherapeut im Gesundheitszentrum will Verspannungen lösen und damit die Angst bekämpfen.

Was verblüffend ist: Auf jede noch so ausgefallene Heilmethode kommen immer einige Dutzend Menschen, bei denen diese Praktiken wahre Wunderheilungen bewirkt haben. Aromatherapie, Ayurveda, Autogenes Training, Beten, Bach-Blüten, Heilöle, Körpertherapie, Motivationstraining und Yoga scheinen alle eine gewisse Wirkung auf Ängste auszuüben. Woran liegt das?

Solange nichts anderes nachgewiesen ist, muss man davon ausgehen, dass die Wirkung der alternativen Methoden auf den Placeboeffekt zurückzuführen ist. Der Glaube versetzt bekanntlich Berge. Eine wirkstofffreie Traubenzuckerpille kann Schmerzen, Migräne, Allergien, Ohrgeräusche, Depressionen und Angsterkrankungen bessern. Die Wissenschaft hat noch keine schlüssige Erklärung dafür. Entscheidend ist nur, dass eine Heilmethode besser wirken muss als eine Placebopille – sonst könnte man ja gleich das Placebo nehmen.

Wie kann aber die Wirkung einer Therapie nachgewiesen werden? Den meisten Menschen ist es nicht möglich, alle «wissenschaftlichen Erkenntnisse», die ihnen vorgesetzt werden, zu überprüfen und herauszufinden, wer wirklich Recht hat. Leider gibt es nicht nur Wunderheiler und Wasserrutengänger, Schamanen und Scharlatane, Kurpfuscher und Quacksalber, sondern auch Menschen, die sich Psychologen, Psychotherapeuten, Psychiater, Professoren, Fachärzte oder Forscher nennen und die uns trotzdem mit Hokuspokus und Humbug veräppeln wollen. Es gibt zwar mehr Dinge zwischen Himmel und Erde, als unsere Schulweisheit sich träumen lässt – aber es gibt noch viel mehr Menschen, die uns erzählen wollen, dass der Mond achteckig ist.

Die Hauptkunden der alternativen Heiler sind neben Krebspatienten – die aus Verzweiflung über die Ohnmacht der Schulmedizin versuchen, jeden Strohhalm zu ergreifen – auch Menschen mit neurotischen Erkrankungen. Gerade Patienten mit Angststörungen, bei denen der Placeboeffekt stark ausgeprägt ist, stellen eine der Haupteinnahmequellen der alternativen Therapeuten dar.

Wie können Sie als Nichtfachfrau oder -mann herausfinden, wer Ihnen mit wissenschaftlich abgesicherten Methoden helfen und wer Ihnen mit Gaukelei das Geld aus der Tasche ziehen will? Es gibt ein paar Tipps, wie man sich schützen kann:

- Hüten Sie sich vor Menschen, die an Ihren Geldbeutel wollen. Wenn Ihnen jemand Bares für die Behandlung von Ängsten abknöpfen will, ist schon etwas faul – denn alle bei Angsterkrankungen wirklich wirksamen Methoden werden von der Kasse bezahlt. Gilt aber auch umgekehrt, dass alles, wofür die Kasse aufkommt, auch wirksam ist? Leider überhaupt nicht. Oft erstatten die Kassen ohne Sinn und Verstand alles, was Ärzte verordnen.

- Hüten Sie sich vor Menschen, die ständig das Wort «ganzheitlich» verwenden. Das ist ein anderer Ausdruck dafür, dass sie nur eine einzige Behandlungsmethode für ganz verschiedene Probleme kennen: für Lebenskrisen und Ängste, Mobbing, Fönbeschwerden, Gliederreißen, Ehestreit, Hämorrhoiden und Hühneraugen.
- Hüten Sie sich vor den Psycho-Talibans, die fundamentalistisch nur eine einzige mögliche Erklärung und eine einzige Behandlungsmöglichkeit für alle Übel dieser Welt sehen.

KANN ES DIE OMA BESSER?

«Die Geschichte der Medizin ist die Geschichte des Placebos», schrieb 1959 der amerikanische Psychiater Arthur K. Shapiro.[109] Damit wollte er sagen, dass die Wirkung vieler Medikamente und Behandlungsmethoden, die vor Beginn des 20. Jahrhunderts von Ärzten angewandt wurden, nicht über die Placebowirkung hinausgingen. Der Schriftsteller François Marie Arouet, besser bekannt als Voltaire, hatte es ähnlich ausgedrückt: «Die Kunst des Arztes besteht darin, den Patienten zu unterhalten, während die Krankheit ihren Lauf nimmt.» Etwas sinngemäß Ähnliches stand auf einem Bierglas, das mir meine Mutter einmal schenkte: «Heilen tut uns Gott allein, der Arzt streicht nur die Spesen ein.»

Gerade im Bereich der psychischen Erkrankungen ist die Placebowirkung besonders stark. Deswegen müssen heute mit jedem Medikament, das bei Angsterkrankungen angewandt wird, Placebostudien durchgeführt werden, bevor das Medikament zugelassen wird. Bei solchen Untersuchungen kommt regelmäßig heraus, dass zum Beispiel bis zu 45 Prozent der mit dem Scheinmedikament Behandelten nach drei Monaten keine Panikattacken mehr haben. Bei diesen hohen Heilungsraten unter Placebo wundert es einen nicht, dass jeder, der eine wie auch immer geartete Behandlung anwendet, einen gewissen Erfolg erzielen kann. Ein neues Medikament muss aber zeigen, dass es deutlich besser wirkt als die Scheinpille aus Gelatine und Traubenzucker.

Wie sieht es aber mit einer Psychotherapie aus? Kann man eine Psychotherapie an einem Placebo messen? «Eine Grippe dauert mit Arzt 14 Tage, ohne Arzt aber zwei Wochen», hatte mir einmal ein selbstkritischer Hausarzt verraten. Das Gleiche gilt zum Teil auch für manche psychotherapeutischen Methoden. Im Jahre 1952 provozierte der Psychologe Hans Jürgen Eysenck, der wegen seiner kritischen Äußerungen lange als ein Enfant terrible der Psychologie galt, die Psychotherapeuten der damaligen Zeit. Er behauptete, denjenigen Patienten, die eine gewisse Zeit mit einer Psychotherapie behandelt wurden, gehe es nicht besser als solchen, die ebenso lange gar keine Behandlung erhielten. Auch ohne Therapie komme es nach einer gewissen Zeit zu einer natürlichen Heilung, der so genannten Spontanheilung.[110] Dies betreffe 64 Prozent aller neurotischen Patienten – und höher waren die Besserungsraten unter einer damaligen Psychotherapie auch nicht. Um es mit Eysencks eigenen Worten auszudrücken: Psychotherapie habe keine besseren Ergebnisse, als «abzuwarten oder von einer dicken Mammi gut bekocht zu werden». Er forderte deshalb, die Qualität der Psychotherapie zu verbessern. Außerdem solle man den Therapieerfolg kontrollieren, und zwar, indem man die behandelten Patienten mit einer Kontrollgruppe vergleiche, die keine Behandlung erhielt.

In der Anfangszeit der Psychotherapieforschung war es üblich, die Erfolge einer Behandlungsmethode ausschließlich anhand von anekdotischen Einzelfallberichten darzustellen – damit war keine Aussage möglich, ob die Heilmethode wirklich geholfen hatte. Ein Fortschritt in der wissenschaftlichen Beurteilung von Therapieerfolgen war schon, dass man in den dreißiger Jahren anfing, Statistiken dieser Art zu erstellen: «Wir haben 104 Patienten behandelt; bei 76 Prozent kam es zu einer Besserung.»

Nun war ja bekannt, dass «neurotische Störungen» – und dazu zählten die Angsterkrankungen – sich auch bessern, wenn man einfach nur abwartet. Also musste es eine Kontrolle geben, damit man herausfinden konnte, ob sich die Störung unter der Therapie tatsächlich deutlicher gebessert habe, als wenn einfach nur die Zeit ins Land gegangen wäre. Dies kann man durch einen Trick herausfinden. Die Psychotherapeuten führen eine Studie durch, bei der zum Beispiel 40 Patienten sofort behandelt werden, eine andere Gruppe von ebenfalls 40 Patienten aber erst drei Monate später. Wer auf die Warteliste kommt, bestimmt das Los. Alle 80 Patienten müssen einen Fragebogen zu ihren Ängsten ausfüllen. Wenn die drei Monate um sind, müssen die Patienten in beiden Gruppen noch einmal den Fragebogen ausfüllen, ohne dass die zweite Gruppe irgendeine Behandlung bekommen hat. Regelmäßig stellt man in solchen Untersuchungen fest, dass sich auch die Ängste der Wartelisten-Patienten nach drei Monaten gebessert haben. Nur wenn sich ein deutlicher Unterschied zwischen den beiden Gruppen zeigt, kann davon ausgegangen werden, dass die Therapie wirklich etwas gebracht hat und die Besserung nicht nur auf der Spontanheilung beruhte. Was ein «deutlicher» beziehungsweise «signifikanter» Unterschied ist, bestimmt der Statistiker aufgrund von Berechnungen, in die auch die untersuchte Fallzahl eingeht.

Das Phänomen der Spontanheilung kann nicht nur die Welt über die wahre Wirkung einer Heilung hinwegtäuschen, sondern auch den Behandler selbst. Viele «Therapieerfolge» entpuppten sich daher als Bluff, wobei nicht nur den Patienten eine tatsächliche Wirkung vorgegaukelt wurde, sondern auch der Therapeut sich selbst hinsichtlich seiner vermeintlichen Erfolge täuschte.

Von den Gegnern kontrollierter Studien wird oft angezweifelt, dass es so etwas wie eine Spontanheilung überhaupt gebe. Wenn das so wäre, müssten die Nervenarztpraxen mit siebzigjährigen Angstpatienten überfüllt sein. Da sich aber Angststörungen mit zunehmendem Alter spontan bessern, ist dies nicht der Fall. Die Alterspyramide für das Auftreten einer Angststörung zeigt ganz klar, dass eine Spontanheilung stattfinden muss.

Wenn sich in einer Untersuchung aber gezeigt hat, dass die Psychotherapiegespräche tatsächlich mehr gebracht haben als Abwarten, muss noch der Nachweis erbracht werden, dass sie auch mehr ausrichten als nur ein kostenfreies Gespräch mit einem freundlichen Menschen. Könnte es nicht reichen, sich öfters mal mit guten Freunden, der Oma oder dem Frisör zu unterhalten? Oder vielleicht zur Abwechslung mal mit der eigenen Frau? Früher, als es noch keine Psychotherapie gab, ging man in die Kirche zur Beichte. Jeder weiß, dass Gespräche viele seelische Wunden heilen können.

Diesen Nachweis bewerkstelligt man heute, indem man eine Psychotherapie mit einer «Pseudopsychotherapie» vergleicht, in der keine spezifischen Therapietechniken angewendet, sondern nur belanglose Gespräche geführt werden. Nur wenn sich dann noch ein Unterschied zwischen der «richtigen» Behandlungsgruppe und dem «psychologischen Placebo» zeigt, kann man sagen, dass die «richtige» Therapietechnik ihr Geld wert ist.

Menschen mit Ängsten zu behandeln macht übrigens Spaß. Diese Erkenntnis gewann ich in meiner Arbeit in der Angstambulanz unserer Universitätsklinik immer wieder. Was die Tätigkeit vergnüglich gestaltet, ist, dass Patienten mit Angsterkrankungen oft angenehme Menschen sind; sie sind nicht selten sensible, feinfühlige, charmante und interessante Mitbürger. Das Befriedigende an der Arbeit ist aber vor allem, dass man oft in relativ kurzer Zeit einen Behandlungserfolg sehen kann, was in der täglichen Arbeit eines Psychiaters nicht gerade der Normalfall ist. Selbst bei Menschen, die schon lange Jahre unter Ängsten litten, ist es meist möglich, eine deutliche Besserung der Lebensfreude zu erreichen. Als besondere Herausforderung sah ich immer an, Menschen zu behandeln, die schon sehr lange unter so genannten therapieresistenten Angsterkrankungen litten und die schon eine ausgedehnte Patientenkarriere hinter sich hatten. Immer wieder musste ich feststellen, dass diese angeblich «aussichtslosen Fälle» über Jahre mit den verschiedensten Methoden behandelt worden waren, aber nicht unbedingt mit den Methoden, deren Wirkung nachgewiesen war. Ich habe mich daher lange damit beschäftigt, alle vorhandenen wissenschaftlichen Studien, die jemals bei Angstpatienten durchgeführt wurden, genau zu analysieren, um herauszufinden, welche Methoden am besten wirken.

Im Folgenden werden vier Lösungsmöglichkeiten besprochen, wie man Ängste bekämpfen kann. Ich bin dabei von folgenden Fragen ausgegangen: Welche psychotherapeutischen Methoden sind nachgewiesen, und wie hat man sich eine solche Therapie vorzustellen? Welche Medikamente sind sinnvoll, welche schaden mehr, als sie nützen? Was ist besser, Psychotherapie oder Medikamente? Kann und soll man beides kombinieren? Gibt es nicht natürliche Heilmittel gegen Ängste? Was kann man selbst gegen die Ängste tun? Können Ängste auch von allein verschwinden?

LÖSUNG 1: PSYCHOTHERAPIE

Die einzigen beiden Psychotherapiemethoden, die von den Krankenkassen erstattet werden, sind die Verhaltenstherapie und die Psychoanalyse (beziehungsweise die «tiefenpsychologisch orientierte Therapie»). Es gibt – leider immer noch – einen Richtungsstreit, der im Wesentlichen zwischen diesen beiden Schulen ausgetragen wird und der auch in den folgenden Überlegungen eine Rolle spielen wird. Ich selbst habe eine tiefenpsychologisch orientierte Psychotherapieausbildung absolviert. Da ich aber nach dem Medizinstudium noch Psychologie studierte, lernte ich auch die Verhaltenstherapie kennen, sodass ich beide Methoden vergleichen konnte.

Bei allen Unterschieden, die zwischen den Therapierichtungen bestehen, darf man jedoch ihre gemeinsame Basis nicht vergessen. Es kommt nämlich entscheidend darauf an, dass zwischen dem Patienten und dem Psychotherapeuten die Chemie stimmt. Der Patient muss sich geborgen fühlen. Es muss wissen, dass er jederzeit aussprechen darf, was er fühlt. Im Psycho-Jargon sagt man: Es muss sich eine Beziehung entwickeln. Ein Therapeut, der kalt wie ein Fisch ist, wird kaum Erfolg haben, auch wenn er noch so viele Lehrgänge absolviert hat und sich selbst hat analysieren lassen. Wenn ein Psychotherapeut verständnisvoll, gütig und einfühlsam ist, wird er auch ohne ausgefeilte Techniken das Ziel erreichen. Aber gerade diese speziellen Techniken sind immer wieder ein Streitpunkt zwischen den diversen Therapieschulen; sie sind aber nur zu einem gewissen Teil für die Besserung einer seelischen Krankheit verantwortlich.

Verhaltenstherapie

Ein Mann mit einer Hundephobie fragt zwei Psychologen, wie sie ihn heilen könnten. Der Psychologe Wolfgang Weichei schlägt ihm vor, ganz vorsichtig zu beginnen, beispielsweise indem er ihm zunächst einen Mops auf den Schoß setzt. Dann würde er nach und nach einen Dackel, einen Foxterrier und immer größere Hunde nehmen, bis man schließlich beim Bernhardiner angelangt ist. Der Psychologe Carl Brutal teilt dem Angsthasen dagegen freundlich, aber bestimmt mit, er werde ihn gleich in der ersten Therapiestunde in einen Käfig mit Dobermännern sperren.

Welche Methode, meinen Sie, wirkt am schnellsten und gründlichsten? Richtig geraten: Die Dobermann-Methode ist, wie sich in Versuchen herausgestellt hat, deutlich besser wirksam als das langsame Herantasten.

In den Anfängen basierte die Verhaltenstherapie auf der Annahme, dass man einen Menschen dressieren könne – wie einen Seehund. Wenn ein Patient ein bestimmtes krankhaftes Verhalten zeigt, wird er bestraft. Wenn er «normales» Verhalten demonstriert, belohnt. Bei dem krankhaften Verhalten kann es sich darum handeln, dass man etwas tut, was man besser nicht tun sollte (wie sich die Haare ausreißen), oder dass man etwas unterlässt, was man lieber tun sollte (wie beispielsweise als Student in einen vollen Hörsaal zu gehen). Belohnung, so hat man dabei herausgefunden, wirkt besser als Bestrafung.

Und, so banal es klingt: Diese Methode hat durchaus ihre Berechtigung, da sie schlichtweg wirksam ist. Der Fortschritt der Verhaltenstherapie gegenüber früheren Psychotherapieverfahren bestand darin, dass man sich nicht mehr aufs Reden verlegte, sondern echtes Handeln gefragt war. Wenn jemand eine Hundephobie hatte, musste er in direkten Kontakt mit dem Hund treten.

Doch die Erfolgsstory der Verhaltenstherapie begann zunächst mit der Warmduscher-Methode. Im Jahre 1958 übertrug Joseph Wolpe die Gesetze der Lernpsychologie auf die Behandlung von Angsterkrankungen.[111] Er begann zunächst Versuche mit Katzen, die er in einen Käfig setzte und dann so lange mit elektrischen Schlägen traktierte, bis sie eine ausgeprägte Angst vor dem Käfig entwickelten. Diese Angst blieb auch bestehen, nachdem die Katzen keine Elektroschocks mehr bekamen. Sie zeigten diese Angst auch in einer Umgebung, die dem Käfig nur ähnlich sah. Dann begann er, den Katzen die Angst wieder abzugewöhnen. Er setzte sie in eine Umgebung, die nur entfernt dem Käfig glich, sodass nur geringe Angst auftrat, und belohnte sie mit Futter. Anschließend baute er nach und nach die Umgebung so um, dass sie immer mehr dem Käfig glich, bis die Katzen auch im ursprünglichen Käfig wieder angstfrei waren. Damit hatte er den wissenschaftlichen Nachweis erbracht, dass Ängste mit dieser Methode abtrainiert werden können. Dieses Prinzip nannte Wolpe die «systematische Desensibilisierung» und übertrug es auf die Therapie ängstlicher Menschen. Seine Behandlungstechnik war immer mit einem Entspannungstraining verbunden, das der amerikanische Psychiater Edmund Jacobson entwickelt hatte. Der Patient sollte zuerst mit Hilfe der Jacobson-Methode «relaxen» und dann in kleinen Schritten an die Angst auslösenden Situationen herangeführt werden. Die Ergebnisse waren recht zufrieden stellend, und man konnte im Vergleich zur psychoanalytischen Therapie bessere Erfolge erzielen.[112, 113]

Die «Schwimm-oder-ertrink-Methode»
Andere Verhaltenstherapeuten wie Isaac Marks kamen auf den Gedanken, Phobien mit einer Art Rosskur zu behandeln. Diese Therapie wird «Flooding» (Überflutung) genannt, weil der Patient derart stark mit Reizen überflutet wird, dass ihm danach ein für alle Mal die Angst «ausgetrieben» sein sollte. Eine Schlangenangst kann man

dadurch behandeln, dass der Therapeut zur Sitzung ein Dutzend in einem Zoogeschäft geleaste Schlangen mitbringt, die er dem Patienten in die Hände gibt oder sie ihm in die Haare hängt. Ein Zwangspatient, der eine völlig übertriebene Angst vor Keimen hat, wird genötigt, einen schmutzigen Toilettensitz anzufassen. Jemand mit Höhenangst muss auf einen Kirchturm klettern und von dort oben heruntersehen. *Learning by Doing* – so kann man diese Therapie umschreiben.

Es gibt Crashkurse, in denen gleich eine ganze Reihe von Ängsten systematisch und in kurzer Zeit wegtrainiert wird. Ein besonders drastisches Intensivtraining, das nur drei bis vier Tage dauert, sieht zum Beispiel so aus: Der Patient wird, kurz nachdem er in die Klinik aufgenommen wurde, für eine halbe Stunde in eine handliche Kiste gesperrt, die zugenagelt wird. Nach seiner Befreiung muss er über einen überfüllten Marktplatz gehen. Anschließend soll er auf einen Fernsehturm steigen, sich in eine überfüllte U-Bahn quetschen, in einem Schlafwagen nach Wien fahren und danach in einer vollen Skigondel in 3200 Meter Höhe schweben. Er wird zum Schluss in einem kleinen Sportflugzeug mitgenommen, dessen Pilot sechsmal Starts und Landungen auf dem Acker übt.

Bei dieser «Konfrontationstherapie» kann es natürlich zu starken Angstsymptomen kommen. Nach einer gewissen Zeit hört aber diese Angst von allein auf. Diese brutale Behandlung wirkt besser als die systematische Desensibilisierung – aber warum? Nehmen wir einen Menschen mit einer Agoraphobie, der große Angst hat, einen überfüllten Supermarkt zu betreten. Er versucht vielleicht, vier bis fünf Minuten im Geschäft zu bleiben; wenn die Angst aber zu groß wird, geht er gleich wieder ins Freie. Das wiederholt er vielleicht acht- bis zehnmal, wobei er sich jedes Mal etwas länger im Laden aufhält. Wenn er aber immer dann, wenn die Angst besonders stark ist, den Supermarkt verlässt, speichert sein Gehirn stets die folgende Verbindung ab: «Hineingegangen – große Angst gehabt – hinausgelaufen – Misserfolg.» Jeder frühzeitig abgebrochene Versuch wird im Gehirn auf der langen Liste der Fehlanzeigen notiert,

Der britische Psychiater Isaac Marks ist einer der Begründer der Konfrontationstherapie bei Ängsten

was die Angst nicht bessert. Im Gegenteil: Die Fehlversuche sorgen dafür, dass man noch lange etwas davon hat.

Wenn der Patient aber die Konfrontationsmethode anwendet, soll er nicht nur so lange in der Angst auslösenden Umgebung verharren, bis die Angst die volle Höhe erreicht hat, sondern darüber hinaus noch etwas länger: Die Angst soll wieder von allein abgeflaut sein. Denn Angst bleibt in einer solchen Situation nicht unendlich lange bestehen, sondern löst sich naturgemäß nach einer gewissen Zeit von selbst. Jetzt merkt sich das Gehirn, dass man sich auch in einem Supermarkt aufhalten kann, ohne Angst zu haben. Die Kombination «Dringeblieben – Erfolg» wird jetzt abgespeichert.

Lösung 1: Psychotherapie 241

Manche Verhaltenstherapeuten sind optimistisch und versprechen, in 15 Einzeltherapiesitzungen die Sache vom Tisch zu haben.[99] In der Realität werden Verhaltenstherapien oft länger, das heißt über 25 bis 50 Stunden ausgedehnt.

Bei manchen Angsterkrankungen kann man diese Technik jedoch einfach deswegen nicht anwenden, weil es nichts zu konfrontieren gibt. Viele Menschen haben beispielsweise ständig Panikattacken aus heiterem Himmel. Auch Menschen mit einer Generalisierten Angststörung wissen oft nicht, wovor sie Angst haben.

In diesen Fällen setzen die Verhaltenstherapeuten eine andere Technik ein, die «kognitive Therapie». Diese Art der Behandlung ist eine Weiterentwicklung der ursprünglichen Verhaltenstherapie. Dabei ging man davon aus, dass der Mensch nicht nur wie eine Laborratte reagiert, sondern auch zu höheren Denkleistungen in der Lage ist.

Bei dieser Methode wird der Patient zum Beispiel darauf vorbereitet, was bei der nächsten Panikattacke passieren könnte. Wird er sie wieder als Katastrophe ansehen? Oder wird er sich sagen: «Oh, es ist nur eine Panikattacke, die geht wieder weg?» Die kognitive Therapie erfordert, dass der Therapeut dem Patienten genau erklärt, wie Panikattacken entstehen und dass man an ihnen nicht sterben kann. Dann werden Denkstrategien besprochen, mit denen der Patient bei der nächsten Panikattacke versuchen kann, sich selbst zu beruhigen.

Wo genau im Gehirn wirkt eine Verhaltenstherapie?
Wir wissen, dass eine Verhaltenstherapie bei Ängsten und Phobien sehr erfolgreich ist. Es gibt Dutzende Studien, die die Wirkung der Verhaltenstherapie anhand von Kontrollgruppenvergleichen nachweisen.[114] Wenn aber eine Panikstörung eine (zumindest teilweise) biologische Ursache hat, wie kann dann eine Behandlung wirken, die bei oberflächlicher Betrachtung zunächst nichts mit Molekülen und Neurotransmittern zu tun hat? Wie kann man allein durch Reden auf die Neuronen einwirken?

Einem Menschen mit einer Spinnenphobie nützt es wenig,

wenn man ihm erklärt, dass er vor einem Dia mit einer Spinne nun wirklich keine Angst haben müsse. Er weiß es längst. Sein «Ministerium für absurde Angst» weiß es jedoch noch nicht und lässt sich durch Worte nicht beeindrucken. Wenn wir eine Blindschleiche sehen, vergessen wir alles, was wir in der Schule über die Harmlosigkeit von Blindschleichen gelernt haben. Das Tier sieht wie eine Schlange aus, und unser Instinkt meldet eine Gefahr. Statt unserer eigenen Gehirnrinde zu vertrauen, verlassen wir uns auf das gesammelte Wissen der Evolution. Wir schrauben unser geistiges Niveau auf das einer Fliege zurück.

Eine Psychotherapie kann wahrscheinlich nicht auf die Amygdala und den Hippocampus in irgendeiner Form einwirken – genauso wenig, wie wir einem Huhn Schach beibringen oder mit einem Meerschweinchen über seine Mutterbeziehung reden können. Diese Zentren sind für unser Überleben zuständig und funktionieren auch im Schlaf oder im Koma. Die Psychotherapie kann aber andere, höhere Zentren im Gehirn beeinflussen, die wiederum das Angstnetzwerk bremsen können. Wie ist das möglich?

Psychotherapie kann wirken, indem die Fähigkeit des Patienten gestärkt wird, Vernunft über körperliche Automatismen zu stellen. Jemand, der an einem rutschigen, steilen Abhang steht, würde automatisch sein Gewicht so verlagern, dass er im Falle eines Sturzes nach hinten (zum Berg) und nicht nach vorne – den Abhang (zum Tal) hinunter – fallen würde. Es würde ihn Überwindung kosten, genau das Gegenteil davon zu tun, nämlich sein Gewicht zum Tal hin zu verlagern. Genau in dieser Situation befindet sich ein Skianfänger, dessen Skilehrer verlangt, er solle jetzt seinen Talski belasten, um weiter den Berg hinunterfahren zu können. In einer solchen Situation muss das Bewusstsein (die Vernunft) über das Unbewusste (den Automatismus) siegen. Nach einigen erfolgreichen Skistunden wird dann der aus niedrigeren Hirnregionen kommende Impuls, sich zur sicheren Seite, also zum Berg hin, zu verlagern, durch höhere Denkzentren überwunden, ohne dass dazu noch Nachdenken und Überwindung notwendig sind.

Eine Verhaltenstherapie muss wie eine Art Skiunterricht gesehen werden. Sie muss einen theoretischen Teil, die kognitive Therapie, und einen praktischen Teil, die Konfrontation, beinhalten. Nachdem der Sinn der Behandlung erklärt wurde (kognitiver Teil), sollten konkrete Übungen vor Ort folgen. Während die Patienten sich zunächst «überwinden» müssen, sich in die Angst auslösenden Situationen hineinzubegeben, geht diese Tätigkeit nach häufiger Übung langsam zur Routine über.

Auf die neurobiologische Ebene übertragen, kann die Wirkung einer Verhaltenstherapie wie folgt erklärt werden: Während «niedrigere» Zentren wie Amygdala oder Hippocampus nicht direkt durch eine Verhaltenstherapie verändert werden können, kann die Behandlung möglicherweise auf höhere Zentren der Gehirnrinde Einfluss haben. Die Verhaltenstherapie wirkt wahrscheinlich auf den präfrontalen Kortex, bei dem es sich um ein höheres Zentrum handelt. Der wiederum kann auf die Amygdala beruhigend einwirken wie ein Pferdeflüsterer auf ein nervöses Pferd.

Weiter oben haben wir über das «Kontextlernen» gesprochen. Damit war gemeint, dass man sich in einem Moment der Gefahr nicht nur den Auslöser der Gefahr (beispielsweise ein gezücktes Messer), sondern auch die Umgebung gemerkt hat, in der diese Gefahr auftrat (etwa eine einsame, finstere Gasse). Für dieses Kontextlernen ist der Hippocampus zuständig. In der Verhaltenstherapie muss die Verbindung des Kontextes mit der Angstreaktion gelöscht werden. In einer Konfrontationstherapie wird man zum Beispiel vom Therapeuten genötigt, sich immer wieder in ein Kaufhaus zu begeben. Dies ermöglicht dem präfrontalen Kortex, beständig auf das Ministerium für absurde Angst einzureden: «Siehst du, es geht doch, tausendmal ist nichts passiert.» Dadurch könnte es zu einer Löschung der über den Hippocampus gelernten Gedächtnisinhalte kommen.

Dieses Modell könnte auch erklären, warum die massive Konfrontation besser wirkt als die systematische Desensibilisierung, also die Technik, bei der man sich langsam an die Angst herantastet. Die Rosskur wirkt schneller und tiefgreifender als das langsame Heranschleichen an Gefahrensituationen. Die meisten Patienten mit einer Agoraphobie berichten, dass sie sich schon vor der Behandlung auch ohne Anweisung eines Psychologen immer wieder den Angst auslösenden Situationen gestellt haben. «Ich bin immer wieder in das Kaufhaus gegangen, aber manchmal ging es partout nicht.» Aber offensichtlich war dieses vorsichtige Herantasten nicht erfolgreich, und eine einzige Panikattacke in einer solchen Situation kann viele halbherzige Versuche zunichte machen. Während einer mittelmäßigen Panikattacke halten sich die Störversuche des Angstnetzwerks und die Korrekturversuche der höheren Zentren in der Hirnrinde die Waage; mal gewinnt das eine, mal das andere Zentrum. Nur durch eine massive Stärkung des «höheren» Zentrums, beispielsweise im Rahmen einer Überflutungstherapie, kann eine mehr oder weniger dauerhafte Vormachtstellung dieses Zentrums erreicht werden.

Es ist aber zu bedenken, dass trotz aller therapeutischen Bemühungen der ursprüngliche Gedächtnisabdruck bestehen bleibt. Hartnäckig hält sich auf der Festplatte das alte Virus, das einen überall Gefahren wittern lässt. Durch neue Erfahrungen mit ähnlichen Bedrohungen kann es wieder erweckt werden. Dies erklärt Rückfälle, die auch trotz einer längeren Verhaltenstherapie auftreten können. Aber unter dem Strich gewinnt letztlich die Vernunft Oberhand. In manchen Fällen kann schon eine kurze Verhaltenstherapie eine Phobie für alle Zeiten unterdrücken.

Verhaltenstherapie bei Panikstörung und Agoraphobie
Wenn Sie unter Panikattacken leiden, sehen Sie die Attacke als einen Zusammenbruch des Systems, als Ausnahmezustand, der nicht lange gut gehen und schlimme Folgen haben kann. Das Herz könnte stehen bleiben, im Gehirn könnte eine Blutader platzen, man könnte ersticken.

Eine Hauptarbeit des Psychotherapeuten wird am Anfang darin bestehen, Ihnen klar zu machen, dass eine Panikattacke eigentlich ein normaler Vorgang ist – der allerdings zur falschen Zeit am falschen Ort auftritt. Der Hase, der den Fuchs sieht, hat die gleichen Symptome; sie sollen ihm helfen, die Flucht anzutreten. Wenn Sie sich auf der Flucht befinden oder Ihnen ein Faustkampf bevorsteht, würden Sie es als ganz normal finden, wenn Sie die identischen Symptome wie bei einer Panikattacke haben – Herzrasen, Schwitzen, Zittern oder Luftnot. Die Reaktion des Körpers auf bestimmte erregende Situationen ist kaum unterschiedlich. Ob Sie nun eine gefährliche, anstrengende oder angenehm erregende Tätigkeit vornehmen – stets reagiert der Körper gleichförmig. Wenn Sie zum Beispiel mit einem Mountainbike über Stock und Stein einen Berg hinunterfahren, haben Sie vielleicht die gleichen Symptome wie bei einer Angstattacke – und trotzdem macht Ihnen das Ganze sogar Spaß.

«I'm going red and my tongue's getting tied, I'm off my head and my mouth's getting dry.» (Ich werde rot und meine Zunge klebt, ich drehe durch und mein Mund ist trocken) – dies sind Zeilen aus einem Lied der Rolling Stones. Sie beschreiben die Gefühle eines jungen Mannes, der ohne Umschweife ein Mädchen bedrängt: «Let's spend the night together» (Lass uns die Nacht zusammen verbringen). Hier werden Symptome beschrieben, wie sie bei einer Panikattacke auftreten, aber in einem ganz anderen Zusammenhang – nämlich bei sexueller Erregung. Dies zeigt, dass der Körper negative von positiver Erregtheit gar nicht unterscheiden kann, sondern in beiden Fällen gleich reagiert. Jedes einzelne Symptom einer Panikattacke, wie Schwitzen oder Herzrasen, ist für sich nicht krankhaft. Es ist die Einschätzung dieser harmlosen Erscheinungen als höchst bedrohliche Symptome, die krank macht.

Der Therapeut wird versuchen, Ihnen die Angst zu nehmen, an einer Panikattacke zu sterben. Denn selbst wenn man zu der Einsicht gelangt ist, dass Panikattacken nicht auf einer lebensgefährlichen Erkrankung beruhen, könnte man ja trotzdem mutmaßen, dass während der Attacke das Herz so extrem schnell schlägt, dass es tatsächlich Schaden nehmen kann.

Eine Technik in der Verhaltenstherapie nennt man «Entkatastrophisieren». Wenn Sie unter einer Panikstörung leiden, malen Sie sich wahrscheinlich alles bis hin zur Katastrophe aus. Das «Ministerium für absurde Angst» im Gehirn versucht Ihnen alle möglichen falschen Argumente und unlogischen Erklärungen als Tatsachen zu verkaufen: «Von einer Panikattacke kann man einen Herzinfarkt bekommen» oder «Schmerzen in der linken Brust sind ein Zeichen für einen Herzinfarkt; also muss ich sterben». Dabei benutzt es Argumente wie ein Winkeladvokat: «Ich kann nicht mit meinem Mann nach Mallorca fliegen, denn ich könnte dort eine Panikattacke bekommen; die könnte lebensbedrohlich werden (falsch); ich brauche dann einen Arzt (falsch); dort gibt es keine deutschen Ärzte (falsch); spanische Ärzte auf Mallorca sprechen kein Deutsch (meist falsch), und aufgrund der Verständigungsschwierigkeiten würden die Ärzte falsche Entscheidungen treffen (falsch) und ich würde sterben (falsch).»

In der Verhaltenstherapie werden diese «Katastrophenphantasien» detailliert durchgesprochen. Eine wichtige Frage wäre hierbei: «Was könnte schlimmstenfalls passieren?» Wenn schließlich die logisch falschen und negativen Annahmen aufgespürt worden sind, werden sie in einem nächsten Schritt in positive umgewandelt: «Wahrscheinlich bekomme ich im Urlaub gar keine Panikattacke, und selbst wenn ich eine habe, brauche ich keinen Arzt, sie geht ja von allein vorbei. Und selbst wenn ich einen Arzt brauchen sollte, wimmelt es auf Mallorca von deutschen Ärzten.»

Manche Verhaltenstherapeuten versuchen sogar, ihre Patienten durch kleine, aber gemeine Übungen in ihrer Praxis an die Symptome einer Panikattacke zu gewöhnen. Sie lassen ihre Patienten durch einen Strohhalm atmen, um künstlich einen Sauerstoffmangel zu erzeugen – so wird das Symptom «Luftnot» simuliert. Sie lassen ihre Patienten zwanzigmal tief einatmen, wodurch sie einen Sauerstoffüberschuss bekommen. Oder sie setzen die Patienten auf ihren Bürostuhl und drehen sie schnell im Kreis, um das Symptom «Schwindel» nachzuahmen. Auch jagen sie ihre Patienten eine Treppe hoch oder lassen sie Kniebeugen machen, um Herzrasen auszulösen.

Sie können solche Übungen aber auch als Hausaufgaben von Ihrem Therapeuten aufbekommen. «Fahren Sie bei schönem Wetter mit dem Auto, schließen Sie alle Fenster und drehen Sie die Heizung voll auf.» Oder: «Gehen Sie in die Sauna und lassen sich einen mörderischen Latschenkieferaufguss verpassen.»

Eine konsequente Fortsetzung solcher Lektionen wären sportliche Betätigungen, beispielsweise das Joggen, dessen Wirksamkeit bei Panikstörung nachgewiesen wurde (siehe S. 327). Hierdurch werden Sie ebenfalls an Symptome wie Herzrasen oder Schwitzen gewöhnt. Wenn Sie vorher vielleicht dachten, dass Sie sich schonen müssten, weil Sie ja felsenfest davon überzeugt waren, eine schwere körperliche Erkrankung zu haben, so werden Sie durch diese sportlichen Aktionen eines Besseren belehrt. Wenn Sie nämlich einen Achtkilometerlauf über Stock und Stein lebend überstanden haben, könnten Sie eigentlich davon ausgehen, nicht unter einer koronaren Herzkrankheit zu leiden.

Der erste Schritt in der Behandlung der Agoraphobie besteht im Erkennen fehlerhafter Einschätzungen. Die typischen Situationen, die ein Agoraphobiker meidet, lösen – bewusst oder unbewusst – bei den Patienten immer die gleichen Fehlbewertungen aus. «Geh da nicht rein, da drin ist es gefährlich», sagt eine innere Stimme. «Ich werde im Theater eine Panikattacke bekommen. Nicht auszudenken! Ich werde ohnmächtig, der Notarzt muss kommen, sie müssen mich da mitten aus der 15. Reihe rausholen, was wird das für ein Aufsehen erregen, alle müssen meinetwegen aufstehen, wahrscheinlich muss ich sterben. Es ist besser, ich bleibe draußen.»

Diese Fehleinschätzungen werden auch «automatische Gedanken» genannt. Ohne dass man es steuern kann, drängen sich einem unlogische Gedanken auf wie: «Ich muss das Kaufhaus verlassen, weil die Luft so schlecht ist.» Oder: «In Fahrstühlen geht die Atemluft aus, wenn sie stecken bleiben.» Sie werden lernen müssen, wie man diese automatischen Gedanken erkennt und durch positive ersetzt: «Ich war schon fünfzigmal in diesem Kaufhaus, und ich habe es jedes Mal überlebt.»

Der zweite Schritt besteht in einer praktischen Übung. In dieser müssen Sie trainieren, sich direkt in bestimmte Angst auslösende Situationen zu begeben. Beispiele für derartige Konfrontationsübungen:

- U-Bahn oder Bus fahren
- Fußgängerzonen oder Massenveranstaltungen besuchen
- Kaufhäuser betreten
- Fahrstuhl fahren
- Von Türmen heruntersehen

Sinnvoll ist es, zuerst einmal damit anzufangen, eine Liste mit häufig vermiedenen Situationen aufzustellen, und zwar beginnend mit der Situation, vor der Sie sich am meisten ängstigen:

1. Menschenmengen
2. enge Räume
3. Autofahren
4. Kaufhäuser
5. Fahrstühle
6. ...

Jetzt kommt die Stunde der Wahrheit. Sie müssen sich ohne Verzug mitten in die Situation hineinbegeben, die Sie am meisten fürchten. Sie müssen sich massiert mit den Angstsituationen konfrontieren und dabei billigend in Kauf nehmen, dass Sie Angstzustände bekommen. Sie müssen dabei völlig mit Angst überflutet werden. Daher wird die Therapie auch «Flooding» (Überflutung) genannt. Am besten beginnen Sie mit der Situation, die auf Ihrer Liste an erster Stelle steht.

Wir haben gesehen, dass die Überflutung besser wirkt als das langsame Herantasten. Sie müssen also in das Kaufhaus gehen und sich Ihre Panikattacke abholen. Wenn Sie länger drinbleiben, wird die Angst automatisch immer weniger, bis Sie merken, dass Sie irgendwann überhaupt nicht mehr den Wunsch verspüren, das Kaufhaus zu verlassen.

Lösung 1: Psychotherapie

Es gibt noch einen weiteren Grund, warum Sie sich mit der Überflutungsmethode behandeln sollten. Oben hatten wir gelernt, dass es das Phänomen der «Löschungsresistenz» gibt (siehe S. 216). Auf eine Fahrstuhlangst übertragen bedeutet dies: Wenn Sie mehrmals einen Fahrstuhl betreten und Angst bekommen haben und dann gleich bei der nächsten Möglichkeit wieder ausgestiegen sind, hat sich erfahrungsgemäß eine ausgeprägte Angst vor dem Lift aufgebaut. Wenn Sie sich diese Angst jetzt wieder abgewöhnen wollen, sollten Sie am besten vier Stunden lang in vollen und leeren Fahrstühlen – möglichst über 14 Stockwerke – ständig auf und ab fahren. Mit dieser Methode könnten Sie sich relativ rasch für alle Zeiten eine Fahrstuhlangst abtrainieren.

Die nun folgenden Tipps können Ihnen vielleicht helfen, die Therapie effektiver zu gestalten.

▶▶ Tipp 1: Werden Sie selbständig

Zu Anfang wird Ihr Therapeut bei den Konfrontationsübungen anwesend sein. Es könnte aber sein, dass er Sie schon nach einigen Versuchen allein mit dem Fahrstuhl fahren lässt. Das ist relativ wichtig, da die Anwesenheit des Psychotherapeuten die Angst und somit die Wirksamkeit der Übung abschwächt. Zunehmend müssen Sie nämlich selbständiger werden.

Manche Patienten versuchen mit ihrem Therapeuten zu diskutieren: «Sie können machen, was Sie wollen, ich gehe da nicht rein», sagt vielleicht ein Patient zu seinem Therapeuten, der ihn aufgefordert hat, in einen vollen Bus zu steigen. Und das mit einer Inbrunst, als ob der Therapeut verlangt hätte, er solle über einem Kriegsgebiet mit einem Notfallschirm aus dem Flugzeug springen. Besser ist es, nicht zu lange zu diskutieren, sondern einfach das zu tun, was der Therapeut sagt, nach dem Motto: «Augen zu und durch.»

Nicht selten lehnen Patienten eine Konfrontationstherapie kategorisch ab. Entweder haben sie eine unüberwindliche Angst, sich den gefürchteten Situationen auszusetzen, oder sie erhoffen, ihre Angst auf die laue Art loszuwerden, zum Beispiel durch angenehmes Plauschen in gepflegten Ledersesseln.

Aber stellen Sie sich vor, Sie wollen Skifahren lernen und Ihr Skilehrer tut nichts anderes, als Ihnen ein Video zu zeigen, in dem andere Leute Ski fahren. Vielleicht gibt er noch ein paar Erklärungen ab zu dem, was da auf dem Bildschirm vor sich geht. So lernt man nie Ski fahren! Sie müssen schon selbst raus auf den Berg und mit der Nase in den kalten Schnee fallen.

▶▶ Tipp 2: Der Krankheitsgewinn

Obwohl jemand, der eine Agoraphobie hat, schwer benachteiligt erscheint, hat er durch die Erkrankung, so paradox es klingt, auch einen Gewinn. Dies zeigt das folgende Beispiel: Eine 43-jährige Frau fühlte sich von ihrem Mann vernachlässigt, da er zunehmend in seinem Beruf – er war Leiter eines Baumarkts – eingespannt war. Zudem traf er sich fast häufiger mit seinen Freunden von der Doppelkopfrunde als mit seiner Ehefrau. Nachdem sie eine schwere Panikstörung mit Agoraphobie entwickelte, machte er sich große Sorgen um seine Frau. Er teilte ihre Furcht, dass vielleicht doch eine schleichende Herzerkrankung hinter den Symptomen stecken könnte, und begleitete sie daher zu zahlreichen Arztterminen. Zunehmend klagte seine Frau, dass sie ohne ihn nicht mehr zum Frisör, zum Optiker oder in die Stadtbibliothek gehen könne. Wenn sie dadurch auch ihre eigene Bewegungsfreiheit immer weiter einschränkte, so merkte sie aber andererseits, dass sie jetzt viel mehr Gelegenheiten hatte, mit ihrem Mann zusammen zu sein. Bewusst oder unbewusst hatte sie dadurch einen Gewinn erzielt.

Behutsam machte ich der Patientin diesen Mechanismus in der Verhaltenstherapie klar. Ich zeigte ihr, dass die Agoraphobie nur die zweitbeste Lösung war, die Aufmerksamkeit des Ehemannes zu erreichen. Ich wies sie darauf hin, dass eine solche Fürsorge der Angehörigen meist nicht lange anhält. Es sei zu erwarten, dass ihr Ehemann, der nun ständig gezwungen war, sie überallhin zu begleiten, irgendwann entnervt sein würde. In einem Paargespräch brachte ich zur Sprache, dass der Ehemann durch die Verhaltenstherapie in einen Konflikt kommen könnte: Einerseits könne er seine Frau nicht ständig begleiten, dadurch fördere er ja nur ihr Vermeidungsverhalten; andererseits könne sie sich, wenn er sie nicht unterstützend begleite, bei ihm deswegen beklagen – bis hin zu dem Vorwurf, dass er sie wahrscheinlich nicht liebe. Es gelang mir, dem Paar deutlich zu machen, dass es in solchen Fällen immer besser ist, wenn der Angehörige mit dem Therapeuten an einem Strang zieht – also empfahl ich dem Mann, sein Frau nicht permanent zu beschirmen.

▶▶ Tipp 3: Lerne klagen, ohne zu leiden

Die ausführliche Schilderung der körperlichen Ausdrucksformen der Angst, die während der Panikattacken auftreten, verschafft dem Kranken Erleichterung. Mitgeteiltes Leid ist halbes Leid. Und so ist es manchmal für den Betroffenen ausgesprochen angenehm, guten Freunden, Verwandten oder anderen Angstpatienten in epischer Breite sämtliche Symptome einer Angstattacke auszumalen. Wenn sich Partner oder gute Freunde solche Klagen zunächst aufmerksam angehört und mit Mitleid reagiert haben, schlägt dieses Mitgefühl bald in Unverständnis, Ungeduld oder gar offene Ablehnung um. Manche Patienten versuchen daraufhin, sich diese Erleichterung im Gespräch mit dem Arzt oder dem Psychotherapeuten zu verschaffen, indem sie wiederholt auf eine detaillierte Beschreibung ihrer Symptomatik zurückkommen. Der, so meinen sie mit einem gewissen Recht, verdiene ja sein Geld damit, sich die Klagen anzuhören.

Wundern Sie sich aber nicht, wenn der Psychotherapeut irgendwann nicht mehr dazu bereit ist, die hundertzwanzigste Darstellung einer Panikattacke geduldig zu ertragen. Nicht etwa, weil er davon entnervt ist – das ist ja schließlich sein Job –, sondern weil das Klagen nicht gerade zur Besserung der Angst beiträgt. Wenn auch aufmerksames, einfühlsames Zuhören den Aufbau einer therapeutischen Beziehung begünstigt, so muss auch die Gefahr gesehen werden, dass dadurch krankheitsverstärkende Prozesse gefördert werden. Eine Berichterstattung über körperliche Beschwerden wird der Therapeut daher nicht durch aufmerksames Zuhören oder Trostspenden belohnen.

Verhaltenstherapie bei Einfacher Phobie

Kaum eine psychische Erkrankung lässt sich so rasch mit einer Verhaltenstherapie behandeln wie eine Einfache (Spezifische) Phobie. Ohne Diplompsychologe zu sein, hatte Johann Wolfgang von Goethe bereits 1832 beschrieben, wie er sich selbst erfolgreich mit einer Verhaltenstherapie gegen seine Höhenphobie behandelte:

Ich bestieg ganz allein den höchsten Gipfel des Münsterturms und saß in dem so genannten Hals unter dem Kopf oder der Krone, wie man's nennt, wohl eine Viertelstunde lang, bis ich es wagte, wieder heraus in die freie Luft zu treten, wo man auf einer Platte, die kaum eine Elle ins Geviert haben wird, ohne sich sonderlich anhalten zu können, stehend das unendliche Land vor sich sieht, indessen die nächsten Umgebungen und Zieraten, die Kirche und alles, worauf und worüber man steht, verbergen. Es ist völlig, als wenn man sich auf einer Montgolfière in die Luft erhoben sähe. Dergleichen Angst und Qual wiederholte sich so oft, bis der Eindruck mir ganz gleichgültig war.[115]

Das Prinzip ist sehr einfach: Man muss sich der Angst aussetzen. Wer eine Spinnenangst hat, muss sich Spinnen über den Unterarm laufen lassen; wer Angst vor tiefem Wasser hat, muss hineinspringen. Schon früh haben Verhaltenstherapeuten herausgefunden, dass man, anstatt den Patienten zu erzählen, dass Höhen ungefährlich seien, sie lieber auf einen Turm schickt.

Menschen, die unter einer Einfachen Phobie leiden, gehen allerdings selten zu einem Arzt oder Psychologen und lassen sich deswegen behandeln. Meist haben sie gelernt, die gefürchteten Situationen elegant zu umgehen. Dabei wird ihr Aktionsradius bei weitem nicht so eingeschränkt wie bei den anderen Angsterkrankungen. Trotzdem ist es schade, dass sich viele nicht trauen, ihre Ängste behandeln zu lassen, denn die Einfachen Phobien lassen sich oft in ein paar Sitzungen kurieren.

Eine meiner Patientinnen, die 19-jährige Studentin Jeanine D., hatte im Sommer große Angst, dass ihr eine Wespe in den Hals fliegen und sie dort stechen könnte, sodass sie ersticken müsse. Daher verließ sie das Haus in dieser Zeit überhaupt nicht mehr. An einem Tag mit extremem Wespen-Verkehrsaufkommen kaufte ich zwei

Stücke Erdbeerkuchen mit Schlagsahne und setzte mich mit der Patientin ins Freie. Hunderte von Wespen stürzten sich auf den Kuchen. Auf jedem Stück, das wir in den Mund schoben, saßen mindestens zwei bis drei dieser Insekten, die man vorsichtig wegpusten musste. Tapfer aß die junge Studentin den Kuchen. Heute kann ich zugeben, dass ich den Kuchen damals auch nicht besonders entspannt genießen konnte. Aber die Aktion war erfolgreich: Jeanine D. verlor ihre Angst vor Wespen und konnte sich wieder völlig frei bewegen.

Verhaltenstherapie bei Generalisierter Angststörung
Früher wurden Menschen mit einer Generalisierten Angststörung mit «Entspannungsverfahren» behandelt. Man hatte die Hoffnung, dass sich die große Ruhe, die sich während der Entspannungssitzung ausbreitete, auch auf den Alltag ausdehnen würde. Doch die Hoffnung war, wie man sich denken kann, trügerisch. Zwar fühlten sich sämtliche Patienten während der Entspannungsübungen wunderbar relaxed. Wenn sie aber der Alltag dann mit der vollen Breitseite traf, war es rasch vorbei mit der Ruhe.

Bei der Generalisierten Angststörung beschäftigt man sich in der heutigen Verhaltenstherapie zunächst mit den Angstsymptomen. Dabei muss der Betroffene lernen, dass es sich bei den gespürten Symptomen wie Herzrasen oder Zittern nicht um Anzeichen eines Funktionsausfalls im Körper handelt, sondern um Angstsymptome, die völlig ohne Grund oder in übersteigerter Form auftreten. Hier gelten dieselben Regeln wie bei der Behandlung von Panikattacken.

Zudem muss ein anderes Phänomen angegangen werden: die übertriebene Angst, dass einem selbst, den Verwandten oder anderen lieben Menschen etwas zustoßen könnte. «Als Erstes», so teilte ich meiner Klientin Isabell V. mit, «hören Sie auf, täglich Ihre Tochter anzurufen.» Frau V. rief nämlich ihre Tochter Sandra nicht an, weil sie mit ihr plaudern wollte, sondern weil sie ständig befürchtete, dass ihr oder dem Enkelkind Felix etwas zustoßen könnte. Die Tochter fühlte sich durch diese Anrufe bereits hochgradig bedrängt.

Ich versuchte, mit Frau V. einen Vertrag zu schließen, dass sie nur einmal in der Woche bei ihrer Tochter anrufen dürfe. «Aber was dann? Wenn ich nicht angerufen habe, mache ich mir permanent Sorgen. Von sich aus würde Sandra nie anrufen und sagen, dass alles in Ordnung sei», entgegnete Frau V. «Wenn Ihrer Tochter wirklich etwas Schlimmes zustoßen würde», erwiderte ich, «würden Sie das schneller erfahren, als Ihnen lieb ist. Wenn Sandra sich nicht meldet, ist es das beste Zeichen, dass es ihr gut geht.» Dadurch, dass Frau V. es sich verkneifen musste, einen Kontrollanruf durchzuführen, kam es bei ihr natürlich zu verstärkter Angst. Jetzt musste Frau V. lernen, diese Angst auszuhalten, bis sich der Körper an die durch die Ungewissheit ausgelöste Angst gewöhnt hatte.

Verhaltenstherapie bei Sozialer Phobie
Wie auch bei der Behandlung der anderen Angsterkrankungen teilt sich die Verhaltenstherapie der Sozialen Phobie in einen theoretischen und einen praktischen Teil. Am Anfang wird der Psychotherapeut auf die häufig unrealistische Einschätzung der eigenen Fähigkeiten eingehen, die ein Patient mit einer Sozialen Phobie hat.

Richard F., ein Student der Biologie mit einer Sozialen Phobie, den ich in meiner Sprechstunde behandelte, konnte keine Tageszeitung am Kiosk kaufen, ohne dabei rot zu werden und zu stammeln. Er befürchtete, selbst den einfachen Satz «Eine *Süddeutsche*, bitte» nicht herausbringen zu können, ohne sich dabei zu verhaspeln. Der Zeitungsverkäufer, so nahm er an, könnte ihn für dumm und tölpelhaft halten – was abwegig war, denn Richard F. konnte druckreif formulieren.

In der Therapie geht es darum, solche übertrieben negativen Selbsteinschätzungen zu korrigieren. «Sie haben Ihr Abitur mit 1,4 abgeschlossen», sagte ich zu ihm. «Sie haben gerade ein Begabtenstipendium erhalten. Damit sind Sie wahrscheinlich intelligenter als, sagen wir, 97,3 Prozent der Bevölkerung. Warum, zum Teufel, vermuten Sie, dass Sie unfähiger sind als der ganze Rest der Menschheit?»

Wie die meisten Menschen mit Angsterkrankungen haben auch

Personen mit einer Sozialen Phobie eine zwiespältige Einschätzung ihrer individuellen Fähigkeiten. Einerseits können sie ihre positiven Seiten und Befähigungen durchaus realistisch beurteilen, andererseits werden sie immer Befürchtungen befallen, dass sie auf andere Menschen ungeschickt, linkisch, peinlich, ungebildet oder inkompetent wirken. In der Therapie gilt es, die realistische Selbsteinschätzung zu stärken und die wirklichkeitsferne Geringschätzung der eigenen Talente und Leistungen zu berichtigen.

Die Therapie hat natürlich auch einen praktischen Teil. Der erste Abschnitt dieses Kurses könnte so aussehen, dass mehrere Menschen mit einer Sozialen Phobie in einer Gruppe «Rollenspiele» einüben. In dieser Phase der Therapie ist man unter sich, und die Übungen werden als nicht so unüberwindlich empfunden, da man ja weiß, dass auch die anderen in der Gruppe schüchtern und zurückhaltend sind.

So muss zum Beispiel der Pferdezüchter Karl-Heinz W. vor den anderen Mitgliedern seiner Therapiegruppe eine Rede über Turnierpferde halten. Der Versicherungsangestellte Rudi M. soll mit einem Leidensgenossen ein Streitgespräch spielen, wobei Rudi M. sich selbst und der Gegenpart seinen Abteilungsleiter mimt, der versucht, ihn nach Strich und Faden fertig zu machen. Simone P. darf den anderen Witze erzählen. Jochen K. führt mit einem Teilnehmer der Gruppe ein Bewerbungsgespräch durch.

Im zweiten Teil der Therapie werden die Daumenschrauben angezogen. Jetzt wird der Ernstfall geprobt. Die Teilnehmer der Therapiegruppe müssen in «echte» Situationen hineingehen. Eine typische Übung, die ich mit Patienten in der «Soziale-Phobie-Gruppe» durchführte, sah beispielsweise so aus: An einem Freitagnachmittag traf ich mich mit meinen Patienten in der Fußgängerzone und gab ihnen Anweisungen. Erste Übung: «Sie gehen in ein Handy-Geschäft. Sie lassen sich etwa zwanzig Minuten lang die Eigenschaften eines Handys erklären und fragen, welche Klauseln es im Vertrag gibt. Und das, obwohl Sie die ganze Zeit wissen, dass sie gar kein Handy kaufen wollen. Dann fangen Sie einen Streit an, zum Beispiel, indem Sie sagen, dass das Handy nicht gut in der Hand liege, ein mäßiges Design habe, der Vertrag viel zu teuer sei und so weiter … Ihr Ziel ist es, dass der sonst so superarrogante Verkäufer am Ende schweißgebadet ist.»

Anschließend hatten die Teilnehmer eine besonders peinliche Übung durchzuführen: Sie mussten mit erhobenen Armen durch die Menschenmengen gehen und ertragen, dass die Passanten sie für betrunken oder verrückt hielten. Andere «Blamier-Übungen» folgten: «Fragen Sie bitte Passanten, wo sich das Katholische Postamt befindet.» Zum Schluss teilte ich Regenschirme an meine Gruppe aus. Ein Blick zum Himmel: strahlender Sonnenschein. Die Teilnehmer der Gruppe ahnten schon, was ihnen blühte: Sie sollten mit aufgespannten Regenschirmen durch die Straße laufen. Dabei mussten sie registrieren, wie sich andere Menschen verhalten, die sie dabei beobachten. Die meisten Gruppenmitglieder berichteten nachher, dass sie ganz erstaunt waren, wie wenig Notiz von ihnen genommen wurde. «Das war's für heute, Sie haben Ihre Arbeit gut gemacht», sagte ich dann zu meinen Schützlingen. «Nächste Woche ziehen Sie sich bitte die unmöglichsten Klamotten an: eine zu kurze Latzhose, einen orangefarbenen Schlips, einen Hut mit Gamsbart, was auch immer Sie gerade finden. Sie wissen, wie unser Motto lautet: «Geht nicht, gibt's nicht.»

Meine Erfahrung mit derartigen Übungen war, dass die Patienten zunächst große Angst vor ihnen hatten, sie aber schließlich mit wachsender Begeisterung durchführten.

Verhaltenstherapie bei Prüfungsangst
Die übergroße Angst vor Prüfungen ist eine Unterform der Sozialen Phobie. Meist trifft sie Menschen, die sehr ehrgeizig und leistungsorientiert sind. Sie befürchten – oft ohne Grund –, die Prüfung nicht zu bestehen. Dann kann es dazu kommen, dass sie sich durch ihre unrealistische Angst selbst behindern. Bei den Prüfungsvorbereitungen sind sie so sehr auf ihre Angst vor dem Durchfallen fixiert, dass sie sich nicht auf den Stoff konzentrieren können. Im schlimmsten Fall behindern sie sich tatsächlich selbst, indem sie sich nicht ausreichend auf die Prüfung vorbereiten können.

Ein Hauptziel der Therapie ist es, die eigenen Fähigkeiten besser einschätzen zu können: «Sie haben alle bisherigen Klausuren mit eins oder zwei bestanden. Warum glauben Sie, dass Sie ausgerechnet jetzt durchfallen?», frage ich die Patienten, um sie auf den Boden der Tatsachen zurückzubringen. Außerdem werden in der Therapie die «katastrophischen Befürchtungen» entlarvt, die Menschen mit einer übertriebenen Prüfungsangst haben: «Ich werde einen ganz schrecklichen Prüfer bekommen, und obwohl ich ausreichend gelernt habe, werde ich da sitzen und kein Wort herausbringen, ich werde durchfallen, dann werde ich die Prüfung in einem halben Jahr wiederholen müssen, ich werde wieder durchfallen, dann werde ich aus der Universität geworfen; meine Eltern werden mir kein Geld mehr zahlen, ich muss einen Job als Hilfsarbeiter annehmen ...» Gemeinsam mit dem Therapeuten soll jetzt der Patient versuchen, diese unrealistischen Einschätzungen durch realitätsnähere zu ersetzen.

Psychoanalytisch orientierte Therapie

Verborgen auf der Festplatte
Eine völlig andere Technik wird in der psychoanalytischen Therapie angewandt. Diese Behandlung basiert auf folgender Grundannahme: Die Symptome des Patienten gehen auf seelische Vorgänge zurück, die in der Kindheit aus dem Bewusstsein ins Unbewusste verschoben wurden und da jahrelang verborgen blieben. Wenn es gelingt, diese unbewussten Gedanken aus dem «Maschinenraum der Seele» ans Tageslicht zu holen, verschwinden die Symptome.

Bei diesen verborgenen Gedanken handelt es sich um Konflikte. Was bedeutet nun Konflikt in diesem Zusammenhang? Auf Seite 143 hatten wir über das Es und das Über-Ich gesprochen. Das Es hat bestimmte Wünsche und Begierden, die nicht alle jugendfrei sind. Zum Beispiel kann das kleine Mädchen Anne B. – nach den Vorstellungen der Psychoanalyse – im Unterbewusstsein den Wunsch haben, mit seinem Vater zu schlafen. Das Über-Ich tadelt das Kind für diese Wünsche, obwohl sie niemals in die Tat umgesetzt werden würden. Jetzt setzen so genannte Abwehrmechanismen ein. Ein beliebter Abwehrmechanismus ist die «Verdrängung». Dadurch wird versucht, den Konflikt in eine Ecke der Festplatte des Gehirns zu schieben, die dem Gehirn-User selbst nicht zugänglich ist, nämlich in das Unbewusste. Der Konflikt wird also nicht gelöscht, sondern bleibt auf dem Dachboden des Gehirns unter einer alten verstaubten Wolldecke liegen. Er verhält sich dort aber nicht ruhig, sondern meldet sich ab und zu mit kleinen Sticheleien. Der Abwehrmechanismus der Verdrängung erleichtert also nicht das Leben, sondern macht im Gegenteil krank, weil der verborgene Konflikt aus dem Unbewussten heraus die neurotischen Symptome verursacht.

Später kann der frühere Konflikt durch bestimmte Ereignisse «reaktualisiert» (zum Leben erweckt) werden. Das kleine Mädchen ist inzwischen eine erwachsene Frau, und in einer Kurklinik hat sie einen «Kurschatten» namens Karl-Heinz F. kennen gelernt, mit dem sie Oralverkehr hat. Wieder zu Hause bei ihrem ahnungslosen Mann, packt sie das schlechte Gewissen. Der in ihrem Unbewussten seit der Kindheit schlummernde Konflikt meldet sich jetzt wieder und erzeugt bei ihr eine Angstsymptomatik mit einem Kloß- und Engegefühl im Hals. Dies ist so schlimm, dass sie mehrere hundert Male am Tag schlucken muss. Weder die Patientin noch alle zu Rate gezogenen HNO-Spezialisten sehen den Zusammenhang zwischen dem rätselhaften Kloßgefühl und dem Kurschatten.

Jetzt tritt der Psychoanalytiker auf den Plan. Er wendet bestimmte Techniken an, um an die unbewussten Gedanken von Anne B. heranzukommen. Zum Beispiel lässt er die Patientin in der Therapiestunde einfach erzählen, was ihr gerade einfällt. «Freies Assoziieren» nennt man diese Technik. Der Analytiker hört sich über Stunden genau an, was der Patient berichtet. Das lange, nachdenkliche Schweigen des Analytikers wird von der Patientin jedoch nicht als produktiv empfunden: «Ich erzähle ihm dauernd was – der sitzt aber nur da und sagt nichts. Wie soll ich davon gesund werden?» In Wirklichkeit entdeckt der Analytiker in den scheinbar zusammenhanglosen Schilderungen der Patientin immer wieder Hinweise auf unbewusste Inhalte, die der Patientin selbst verborgen bleiben. Er hofft, dass sich die Klientin dann und wann verplappert und ihm einen «Freud'schen Versprecher» liefert. Dabei handelt es sich um eine Fehlleistung, die das Unbewusste zum Vorschein bringen kann. Wenn eine Frau zum Beispiel sagt: «Ich habe 1997 gegen meinen Mann geheiratet», so lässt dieser Versprecher – Sie haben richtig geraten – auf eine unbewusste Abneigung gegen den Gatten schließen.

Auch die Traumdeutung ist eine Technik, die unbewussten Inhalte aufzudecken. Im Traum, so die Psychoanalyse, melden sich die verborgenen Gedächtnisspuren zurück. Träume seien verschlüsselte Hinweise auf den Konflikt zwischen menschlichen Wünschen und Verboten. Wenn die Patientin am nächsten Tag ihren Traum dem Analytiker erzählt, so kann dieser die zunächst verworren klingenden Traumgeschichten auseinander pflücken und Hinweise auf verborgene Konflikte aufspüren.

Wenn es dann so weit ist, dass der Analytiker genug Material gesammelt hat, geht er zum nächsten Schritt über – zur «Deutung». Damit ist gemeint, dass er der Patientin klar macht, auf welchen verschlungenen Wegen es dazu gekommen ist, dass ihre früheren, unbewussten, sündigen Gedanken in der Kindheit 30 Jahre später zu dem Kloßgefühl geführt haben. Dabei wird die Enge im Hals so interpretiert, dass sie das Gefühl hat, dass der Penis von Karl-Heinz F. noch in ihrem Hals stecken würde. Nach dieser Deutung soll es dann planmäßig zu einer «Katharsis» (Reinigung) der Seele kommen. Die negativen Gedächtnisinhalte treten offen zutage und können dann gelöscht werden. Im Fall der Anne B. würde der Analytiker einen geeigneten Zeitpunkt abwarten und der Patientin dann behutsam seine Deutung des Konflikts erklären, wobei er den Bogen von den verborgenen Inzestphantasien ihrer Kindheit über den Oralverkehr mit dem Geliebten bis hin zum Kloßgefühl zieht.

Warum kann die Patientin aber nicht selbst die verborgenen Inhalte aus ihren eigenen Assoziationen oder Träumen herauslesen? Scheinbar hat das Gehirn eine Sperre eingebaut, die dafür sorgt, dass offensichtliche Hinweise auf versteckte Konflikte vom Betroffenen selbst nicht erkannt werden. Jeder Außenstehende – vor allem aber der Psychoanalytiker mit der entsprechenden Vorbildung – ist in der Lage, solche Dinge zu erkennen, nicht aber der Gehirn-Besitzer selbst. Wird der Patient nun durch die Deutung des Therapeuten ein Zugriff auf ihre versteckt gebliebenen Denkinhalte gewährt, setzt der Heilungsprozess ein.

Vorher aber regt sich der «Widerstand». Der eingebaute Mechanismus, der dafür gesorgt hat, dass die verbotenen Gedanken im Verborgenen blieben, will auch weiter verhindern, dass sie ins Bewusstsein treten. Daher kann es passieren, dass dem Psychoanalytiker, der seine Klientin mit einer Deutung konfrontiert, Skepsis oder Ablehnung entgegenschlagen. Wenn also der Therapeut zu Anne B. sagt: «Sie wollten als kleines Mädchen mit Ihrem Vater schlafen», und die Patientin entgegnet: «Was haben Sie nur für perverse Gedanken?», so nennt man das Widerstand. Wenn die Patientin die Deutung vehement ablehnt, so wird der Analytiker nicht etwa annehmen, dass er mit seiner Deutung danebenlag, sondern dass er ganz im Gegenteil in ein Wespennest gestochen hat. In weiteren Gesprächen versucht der Therapeut nun, die Klientin davon zu überzeugen, dass er doch Recht hat. Ob ihm das gelingt, hängt davon ab, ob er zu seiner Patientin eine gute Beziehung aufgebaut hat.

Wie in jeder psychoanalytischen Therapie wird auch in der Angstbehandlung die Ausbildung einer «Übertragungsbeziehung» als wichtig angesehen. Mit Übertragung ist gemeint, dass der Psychoanalytiker die Rolle einer früheren Bezugsperson übernimmt. Wird zum Beispiel die Entstehung einer seelischen Erkrankung der problematischen Beziehung zur Mutter zugeschrieben, so kann beispielsweise ein zuverlässiger, Zuneigung zeigender Psychotherapeut die Stelle der früher unzuverlässigen, abweisenden Mutter einnehmen. Nur wenn sich eine tragfähige Übertragungsbeziehung ausgebildet hat, wird es dem Analytiker gelingen, Anne B. von seiner Deutung zu überzeugen. Dann kommt es bei der Patientin zum großen «Aha-Moment», der Konflikt löst sich, und das Kloßgefühl und alle Ängste verschwinden rasch.

So weit die Theorie. Das beschriebene Vorgehen klingt einleuchtend und plausibel. Allerdings bleiben jetzt viele Fragen offen.

Viele Annahmen der Psychoanalyse sind unüberprüfbar. Existiert überhaupt ein Über-Ich? Wir können nicht einen Reißverschluss am Kopf aufmachen und nachsehen, ob es da ist. Gibt es tatsächlich eine Verdrängung? Gedächtnisforscher zweifeln dies an. Melden sich unbewusste Gedanken in den Träumen? Heute weiß man, dass man Träume nicht deuten kann. Die verworrenen Geschichten, die sich in Träumen abspielen, sind, wie ich glaube, nur ein Ausdruck dafür, dass das Gehirn seine Gedanken sortiert. Dabei werden Bruchstücke von Dateien, die quer über die Festplatte des Computers verteilt sind, nachts wieder zusammengeführt («defragmentiert»), um das Gehirn für den nächsten Tag wieder fit zu machen. Aus diesem Gedankensalat unbewusste Inhalte herausfiltern zu wollen ist Kaffeesatzleserei.

Auch diese Fragen bleiben offen: Welche allgemeinen Prinzipien gibt es in der Analyse, Angst zu behandeln? Kann man traumatische Erfahrungen aus der Kindheit viele Jahre später aufdecken? Die wichtigsten Überlegungen aber lauten: Wirkt die tiefenpsychologische Behandlung überhaupt? Wirkt sie besser, als einfach abzuwarten? Wirkt sie besser, als mit der Großmutter zu reden? Wirkt sie genauso gut oder gar effektiver als eine Verhaltenstherapie? Und wirkt sie dauerhaft? Denn was nützt es, die komplizierten Wege zu verstehen, die zu einem neurotischen Symptom geführt haben, wenn es dem Patienten nachher keinen Deut besser geht?

Wenn man in psychoanalytischen Büchern nachlesen will, wie man Menschen mit Angststörungen behandeln sollte, wird man vergeblich nach klaren Handlungsanweisungen suchen. Allgemein gültige Regeln, die man in allen vergleichbaren Lehrbüchern in ähnlicher Form wiederfinden müsste, scheint es nicht zu geben. Manuale, also klare «Gebrauchsanweisungen» zur Durchführung der Behandlung, wie sie in der Verhaltenstherapie angewendet werden, sind in der psychoanalytischen Therapie verpönt. Wie auch jede psychoanalytische Publikation über Ängste ganz verschiedene und immer wieder neue Ursachen für die Erkrankungen sucht, so wird man dementsprechend auch in jedem Artikel völlig unterschiedliche Vorgehensweisen zur Behandlung finden.

In analytischen Lehrbüchern werden den Ausbildungskandidaten höchstens ein paar vage Ratschläge gegeben, wie etwa, man solle «das Ich des Patienten stärken», als sei das so trivial, wie ein Hemd zu stärken, oder man solle die «Angstbewältigungsmechanismen verbessern», ohne dabei näher zu sagen, wie das zu bewerkstelligen sei.

Sicher, jeder Mensch mit Ängsten ist verschieden, und man kann nicht alle über einen Kamm scheren. Angesichts der Millionen von Menschen mit Angsterkrankungen sollte es aber nach hundert Jahren Psychoanalyse möglich sein, etwas Gemeinsames zu finden und ein paar allgemeine Regeln zur Behandlung von Angstpatienten aufzustellen. Wie, wenn man solche schwammigen Methoden in der übrigen Medizin anwenden würde? Stellen Sie sich vor, ein Patient leidet unter heftigem Erbrechen, Kopfschmerzen und allgemeiner Schwäche. Er sucht eine Klinik auf. Der junge Arzt hat keine Ahnung, welche Untersuchungen er durchführen und welche Therapie er anwenden muss. Er ruft seinen Oberarzt, und der teilt ihm mit: «Dieser Mann hat so ein Kopfproblem, und wir sägen vielleicht die Schädelkalotte auf und schauen mal nach. Dann nehmen wir ein Skalpell und einen scharfen Löffel, stochern hier mal rum und da, kratzen ein bisschen was raus und saugen was ab. Der Rest wird sich schon geben.»

Bearbeitung traumatischer Erfahrungen
Was ist nun mit den traumatischen Erfahrungen in der Kindheit, die wohl eindeutig von Patienten mit einer Panikstörung gehäuft berichtet werden (siehe S. 130)? Müssen solche schrecklichen Erlebnisse, wie zum Beispiel ein früherer sexueller Missbrauch, nicht in der Therapie aufgearbeitet werden? Ist es nicht notwendig, so lange im Gedächtnis zu kramen, bis die verschütteten Erinnerungen über frühere Vorkommnisse zutage treten, damit die Seele gereinigt werden kann? So könnte es zum Beispiel sein, dass ein Vater mit seiner Tochter Inzest betrieben hat und die Tochter dieses schreckliche Erlebnis als so belastend empfand, dass sie das Vorkommnis «verdrängt» hat.

Wie bereits gesagt, gibt es dieses behauptete Phänomen der Verdrängung wahrscheinlich nicht. Wenn aber tatsächlich eine Vergewaltigung stattgefunden hat, die auch erinnert wird, muss dann nicht ein solches Ereignis trotzdem in der Therapie besprochen werden, um dem Opfer nachträglich zu helfen?

Das ist eben die Frage. Intuitiv würde man vermuten, dass es wahrscheinlich äußerst schwierig ist, ein 15 bis 30 Jahre zurückliegendes schreckliches Ereignis allein durch Reden wieder gutzumachen. Was aber, wenn man dadurch alles nur noch schlimmer macht, indem man die alten Geschichten wieder aufrollt? Kann es nicht sogar zu einer anhaltenden Verschlechterung der Symptome kommen, wenn alte Wunden wieder aufgerissen werden?

Ehemalige Soldaten, die unter einem «posttraumatischen Belastungssyndrom» litten, weil sie im Krieg grauenhafte Dinge erlebt hatten, versuchte man mit einer Verhaltenstherapie zu behandeln. Da man bei der Therapie von Phobien gelernt hatte, dass Ängste am besten weggehen, wenn man sich mit ihnen auseinander setzt, zeigte man den Exsoldaten im Rahmen einer wissenschaftlichen Untersuchung Filme mit drastischen Kriegsereignissen. Anders als bei der Therapie von Phobien hatte die Rosskur bei den ehemaligen Soldaten aber die umgekehrte Wirkung. In drei solcher Behandlungsstudien kam es zu einer erheblichen Verschlechterung der Symptome. Folglich hat man keine Garantie dafür, dass eine «Traumatherapie» bei Patienten mit belastenden Kindheitsereignissen nicht nach hinten losgeht, wenn man dieses Vorgehen nicht wissenschaftlich korrekt untersucht.

Solange es keine Nachweise für eine spezifische Wirkung der Psychoanalyse gibt, können wir nicht wissen, ob die Bearbeitung kindlicher Traumata die Erkrankung bessert, gleichlässt oder sogar verschlechtert. Selbst wenn man eine Mitverursachung der Angsterkrankung durch ein traumatisches Kindheitserlebnis als sehr wahrscheinlich annimmt, so muss das nicht heißen, dass man diese Erkenntnis überhaupt dazu verwenden kann, um die Erkrankung zu heilen. Die *Analyse* einer seelischen Störung ist eben nicht das Gleiche wie die *Heilung*. Vielleicht ist das Wissen über Ursachen der Erkrankung für den Patienten genauso hilfreich wie ein wunderbar scharfes Ultraschallbild, das eine Leber voller Krebsmetastasen zeigt.

Mordgedanken auf der Spur
René F., ein Chemiestudent, kam in meine Sprechstunde. Er berichtete, dass er seit drei Jahren wegen einer Zwangsstörung eine Psychoanalyse mache. Sein Symptom sei, dass er ständig denken müsse, dass er einen geliebten Menschen ermorden könnte – zum Beispiel seine hübsche Freundin oder seine eigene Mutter. Dies ist übrigens ein typischer Zwangsgedanke, wie er bei vielen Menschen mit einer Zwangsstörung auftritt. Allerdings bleibt es immer bei den Gedanken. Es kommt praktisch nie vor, dass jemand diesen Zwangsgedanken in die Tat umsetzt. Natürlich gibt es Männer, die ihre Freundin ermorden; dann handelt es sich aber so gut wie nie um Menschen mit einer Zwangsstörung.

Renés Freundin Claudia traute ihm eigentlich nicht zu, dass er irgendjemandem ein Haar krümmen könnte. Trotzdem war ihr nicht wohl in ihrer Haut, wenn sie nachts neben ihm im Bett lag. Würde René seine bizarren Gedanken eines Tages nicht vielleicht doch in die Tat umsetzen? Dennoch erschien ihr der Gedanke zu abwegig, als dass sie den Entschluss fasste, sich von ihrem Freund zu trennen.

René kam ihr zuvor. Er löste die Beziehung zu Claudia, weil er «nicht mit Sicherheit ausschließen konnte, dass er ihr nicht doch etwas antue». Das Schlimme an Zwangsgedanken ist, dass immer Restzweifel bleiben. Immer wieder wird überlegt, ob es nicht doch zum Äußersten kommen könnte. Diese Angst beschäftigt den Betroffenen dann 16 Stunden täglich.

Dies alles berichtete René F. seinem Psychotherapeuten, Dr. Winterstein. In unzähligen Sitzungen sprach René über seine Kindheit und seine Eltern, die beide sehr ordnungsliebende, pedantische Menschen waren, wobei diese zwanghaften Züge lange nicht das krankhafte Ausmaß angenommen hatten wie bei ihrem Sohn. Der Analytiker führte den Gedanken des Klienten, seine Freundin ermorden zu wollen, auf eine latente Homosexualität zurück, eine Deutung, mit der René nichts anfangen konnte.

Bald hatte er eine neue Freundin, und es kam, was kommen musste. In dem gleichen Maße, in dem er sich in sie verliebte, wuchsen wieder die Zweifel, ob er sie nicht ermorden könnte, ohne es zu wollen. Er trennte sich wieder.

Nach zwei Jahren Analyse fragte er den Therapeuten, wann er denn damit rechnen könne, dass die Symptome sich unter der Therapie bessern würden. Bisher habe er immer nur eine Verschlimmerung beobachtet. Dr. Winterstein wollte sich nicht festlegen und entgegnete, eine Therapie brauche manchmal lange. Er sei aber auf dem besten Wege, den zugrunde liegenden Konflikt herauszuarbeiten, und es sei nicht ungewöhnlich, dass es gerade dann zu einer Verschlechterung komme, wenn man dem Konflikt auf der Spur sei.

Nach einem weiteren Jahr waren neue, eigentümliche Symptome hinzugekommen. René musste ständig alles Mögliche kontrollieren: «Habe ich die Haustür abgeschlossen, den Herd ausgemacht, die Kaffeemaschine ausgeschaltet, das Licht ausgeknipst?» Fünf- bis sechsmal musste er zurücklaufen, um alles erneut zu überprüfen. Wenn er auf der Straße ging, musste er die Gehwegplatten nach einem bestimmten Muster betreten, weil er sonst befürchtete, dass auf magisch-mystische Art etwas Furchtbares passieren könnte.

René wurde immer verzweifelter, und immer intensiver wurden die Gedanken, seinem Leben ein Ende zu setzen, da er keinerlei Hoffnung auf Besserung sah. Im Gegenteil: Er litt immer stärker unter seinen Zwangsgedanken und -handlungen.

In dieser Situation suchte René F. meine Sprechstunde auf. Er erzählte mir seine Geschichte und sprach davon, dass er in einer Zeitschrift von einem neuen Medikament namens Clomipramin gelesen habe, das man jetzt zunehmend bei Zwangspatienten einsetze. Sein Therapeut halte zwar überhaupt nichts von Medikamenten; er sei aber so verzweifelt, dass er trotz seiner eigenen Skepsis nun dieses Medikament probieren wolle.

Ich teilte ihm mit, dass Clomipramin nicht wirklich ganz neu sei, sondern schon seit vielen Jahren erfolgreich im Kampf gegen Zwangskrankheiten eingesetzt werde. Ich ließ ihn einen Fragebogen ausfüllen, um objektiv den Schweregrad der Zwangserkrankung festzustellen, und schrieb ihm ein Rezept.

Zum verabredeten Termin, eine Woche später, erschien René F. nicht. Erst nach einem Jahr kam er wieder in die Sprechstunde. Er erzählte, dass er das Medikament damals nicht habe einnehmen wollen, ohne zuvor seinen Therapeuten zu fragen. Der aber habe die Hände über dem Kopf zusammengeschlagen und gesagt, er müsse jetzt erst einmal genau analysieren, warum René die Therapie beenden und ein Medikament einnehmen wolle. Ausgerechnet jetzt sei der schlechteste Zeitpunkt, da die Besserung unmittelbar bevorstehe.

Diese Analyse dauerte also ein weiteres Jahr. René F. kam erneut zu mir, noch verzweifelter als im Vorjahr. Das wiederholte Ausfüllen des Fragebogens ergab, dass sich im Verlaufe des Jahres nichts gebessert hatte. René beendete seine Psychoanalyse, trotz erheblicher Vorwürfe seitens des Therapeuten, und wir begannen eine Behandlung mit Clomipramin. Eine von mir vorgeschlagene Verhaltenstherapie wollte er nicht beginnen, da er den Glauben an die Psychotherapie verloren hatte. Nach vier Wochen trat unter dem Medikament eine deutliche Besserung ein, und nach acht Wochen waren die Symptome bis auf einen minimalen Rest verschwunden. Nach vielen Jahren konnte René jetzt endlich ohne Zwänge leben. Er nahm sein Studium wieder auf, das er jahrelang auf Eis gelegt hatte, schloss es mit einer Zwei ab und bekam eine gute Stelle als Chemiker. Er fand eine neue Freundin, mit der er noch heute zusammen ist.

Leider ist dieser Fallbericht kein Einzelschicksal. In meiner Arbeit in der Angstambulanz habe ich unzählige Patienten gesehen, bei denen eine jahrelange psychoanalytische Behandlung kaum eine Besserung gebracht hatte und die nach einer Umstellung auf Medikamente oder Verhaltenstherapie innerhalb von Wochen symptomfrei waren.

Im Kapitel über das psychoanalytische Modell zur Entstehung von psychischen Krankheiten wurden ja bereits Zweifel laut, dass dieses Erklärungsmodell erhebliche Lücken hat und vor allem nicht belegbar ist. Die Glaubwürdigkeit des Modells würde sich erheblich steigern, wenn es Nachweise gäbe, dass die analytische Therapie wirksamer sei, als «abzuwarten und von einer dicken Mammi bekocht zu werden». Genau diesen Wirksamkeitsnachweis ist die Psychoanalyse bisher schuldig geblieben; auf der großen weiten Welt wurden bislang solche Untersuchungen nicht veröffentlicht. Es existieren nur zwei Studien, in denen die Psychoanalyse bei Patienten mit Angststörungen kontrolliert untersucht wurde. Beides waren Vergleiche mit einer Verhaltenstherapie, und aus beiden kann lediglich geschlossen werden, dass die Verhaltenstherapie wirkt. Und dass sie besser wirkt als die Psychoanalyse. Ob die Psychoanalyse überhaupt bessere Ergebnisse erzielt als gar keine Therapie, kann man mit diesen Studien eben nicht nachweisen, da es in den Untersuchungen keine entsprechende Kontrollgruppe gab. In der ersten Studie wurden 32 Agoraphobie-Patienten mit Psychoanalyse therapiert. Eine weitere Gruppe von 37 Patienten wurde ebenfalls analytisch behandelt, erhielt aber zusätzlich eine Verhaltenstherapie mit Konfrontationsübungen. Die besseren Resultate wurden in der Gruppe erreicht, die zusätzlich eine Verhaltenstherapie erhielt.[116] Die zweite Studie untersuchte Patienten mit einer Generalisierten Angststörung. In dieser Untersuchung wurde eine Gruppe von Patienten mit Verhaltenstherapie und eine andere mit Psychoanalyse behandelt – die Verhaltenstherapie gewann wieder.[117] Und mit diesen beiden Studien hat es sich schon – weitere gibt es nicht, in denen die Psychoanalyse bei Angststörungen (nach heutiger Definition) überprüft wurde. Was sind die Gründe, dass die orthodoxen Analytiker sich seit über einem Jahrhundert hartnäckig weigern, kontrollierte Studien auf den Tisch zu legen? Scheuen sie die immense Arbeit, die eine derartige Forschung machen würde? Halten sie einen solchen Aufwand für unnötig, weil die Krankenkassen auch ohne Wirkungsnachweis das Geld bezahlen (denn die Psychoanalyse ist genauso wie die Verhaltenstherapie erstattungsfähig)?

Oder befürchten sie, dass entsprechende Studien die Unwirksamkeit der Analyse aufzeigen würden, worauf dann eines Tages der Geldhahn der Krankenkassen zugedreht werden könnte?

Groß angelegte Studien mit vielen Patienten und Kontrollgruppen sind von den Vertretern der Psychoanalyse auch aus folgendem Grund abgelehnt worden: Man müsse, so ihre Argumentation, jedes Schicksal als Einzelfall betrachten. Einzelfallberichte über Behandlungserfolge seien ausreichend, um die Wirksamkeit zu belegen. Wenn man auch allergrößte Skepsis an den Tag legen muss, wenn nur über einzelne Fälle von Besserungen berichtet wird, so verstärken sich die Zweifel noch, wenn man sich tatsächlich einmal die Fallberichte über psychoanalytische Therapien bei Angststörungen ansieht. Ich habe mir die Mühe gemacht, nach solchen Berichten in der Literatur zu suchen.

Die veröffentlichten Einzelfälle, die ich fand, ließen nicht gerade auf eine rasche, durchgreifende Besserung schließen, selbst wenn die Therapien von ausgewiesenen Experten auf diesem Gebiet durchgeführt wurden. In dem von Stavros Mentzos herausgegebenen psychoanalytischen Buch «Angstneurose» wird beispielsweise eine Patientin beschrieben, bei der man heute Panikstörung mit Agoraphobie diagnostizieren würde.[60] Sie wurde über sechs Jahre in 338 Therapiestunden behandelt.[55] Man kann den langen Bericht mehrfach von vorne bis hinten durchlesen – nirgendwo findet man einen Hinweis darauf, dass es der Patientin nach dieser Mammuttherapie besser ging. Was kann das bedeuten? Entweder, dass die Therapie nichts genützt hat – was man vermuten kann, denn warum hatte sie sonst so lange gedauert? Oder, dass die Autorin des Beitrags es gar nicht für nötig gehalten hatte, auf die Besserung hinzuweisen, weil sie es ohnehin als selbstverständlich ansah, dass eine Panikstörung durch eine Psychoanalyse besser wird? Was einen aber stutzig macht, ist, dass die Patientin über all die Jahre von der Therapeutin ein Medikament verschrieben bekam. Wie das, war die Psychotherapie allein denn nicht ausreichend? Und warum musste es ein Tranquilizer sein, also ein Medikament, das nach jahrelangem Gebrauch abhängig macht?

Ein immer wieder gehörtes Argument ist, dass eine Psychoanalyse sehr, sehr lange dauert und man deswegen keine kontrollierte Studie machen könne. Es gibt allerdings eine (einzige) Studie, die die Wirkungen der Langzeit-Psychoanalyse untersucht hat: die Menninger-Studie. Die Menninger-Klinik in Topeka, Kansas, ist eine der berühmtesten psychoanalytischen Kliniken. Obwohl die Studie von Fachleuten als eine der besten Studien zur Psychoanalyse angesehen wird, gab es keine Kontrollgruppe, sodass ihre Aussagekraft begrenzt ist. In dieser Studie wird über eine einzige Patientin mit Agoraphobie berichtet, die nach über 25 Jahren Analyse noch immer unter erheblichen Symptomen litt. Und dennoch wurde sie von ihren Therapeuten den «sehr guten» Behandlungserfolgen hinzugerechnet.[118]

Die amerikanischen Psychiaterinnen Barbara Milrod und Katherine Shear durchforsteten die gesamte psychoanalytische Literatur auf der Suche nach Fallberichten über Patienten mit einer Panikstörung.[61] Sie fanden 35 Fälle – nicht gerade viel angesichts der Tatsache, dass weltweit Millionen solcher Patienten in Behandlung sind. Erschreckend war auch, wie ungenau sich diese Berichte lasen. Bei den meisten Fallbeispielen wurde noch nicht einmal angegeben, wie lange die Therapie gedauert hatte, oder es wurden so wunderbar präzise Angaben wie «sehr lang» oder «kurz» gemacht – in wissenschaftlichen Artikeln ein Unding. Auch hielten es die Autoren der Fallberichte nicht immer für nötig, zu berichten, ob die Therapie denn auch geholfen hatte. Dennoch gelangen die Autorinnen der Übersicht zu dem Schluss, es sei in den meisten Fällen zu einer «dramatischen Besserung» gekommen. Aber was verstanden sie unter einer «dramatischen Besserung»? «Die Paniksymptome waren besser zu managen», so die Antwort der Autorinnen. «Oft waren die Symptome tatsächlich weniger schwer; aber auch wenn dies nicht der Fall war, konnten die Patienten ihre Symptome verlässlicher und auf organisiertere Weise als vorher beschreiben.» Wenn der ganze Erfolg einer Therapie darin besteht, dass der Patient die Symptome besser schildern kann, muss irgendetwas schief gelaufen sein.

Insgesamt habe ich nicht einen einzigen Fallbericht gelesen, bei dem innerhalb von acht bis zwölf Wochen eine Symptomfreiheit erreicht wurde, was bei einer Behandlung mit Medikamenten oder Verhaltenstherapie eigentlich Standard ist.

Wenn man noch nicht einmal bei veröffentlichten Einzelfallberichten auf eine verlässliche Wirkung der Psychoanalyse bei Angsterkrankungen schließen kann (wobei davon auszugehen ist, dass mit größter Wahrscheinlichkeit nur die einigermaßen gut gelaufenen Fälle veröffentlicht wurden), wie kann man dann guten Gewissens diese Therapieform bei Angsterkrankungen empfehlen?

Die Kur im Schwarzwald
Patienten mit Angststörungen werden immer wieder für mehrere Monate in psychoanalytische Kliniken geschickt, die in Deutschland reichlich zu finden sind. Im Schwarzwald soll es mehr psychosomatische Kliniken geben als im gesamten Rest der Welt. Wie steht es nun um die Wirksamkeit einer stationären psychoanalytischen Therapie?

Es gibt nur eine ernsthafte Studie dazu. Auch diese wurde offen, also ohne Kontrollgruppe durchgeführt.[119] Die Ergebnisse waren ernüchternd: Bei 60 Prozent der Patienten mit einer Generalisierten Angststörung kam es zu einer Verschlechterung, bei Patienten mit einer Agoraphobie zeigte sich eine minimale Verbesserung, die sich aber schon sechs Wochen nach der Therapie wieder verflüchtigt hatte (im Vergleich dazu kommt es in anderen Studien bei 30 bis 50 Prozent der Angstpatienten, die nur eine Placebopille erhalten haben, zu deutlichen Besserungen). Entsprechend ist der Schluss zu ziehen, dass es den Menschen, die sich einer stationären Psychoanalyse unterziehen, nach der Therapie wahrscheinlich sogar schlechter geht als den Angstpatienten, die überhaupt nicht behandelt wurden.

Die Datenlage zur Behandlung von Angststörungen mit Psychoanalyse kann man zusammenfassend nur als beklagenswert bezeichnen. Wäre die Psychoanalyse ein Medikament, dann würde sie von den Gesundheitsbehörden nicht die Zulassung zur Behandlung von Angsterkrankungen bekommen. Da aber für die Zulassung von Psychotherapien bisher keine Richtlinien angewendet werden, zahlen die Krankenkassen weiter die Behandlung.

Selbst der Erfinder der Psychoanalyse, Sigmund Freud, war von der Wirkung der Analyse bei Phobien nicht recht überzeugt und empfahl eine Verhaltenstherapie: «Man wird kaum einer Phobie Herr, wenn man abwartet, bis sich der Kranke durch die Analyse bewegen lässt, sie aufzugeben. Er bringt dann niemals jenes Material in die Analyse, das zur überzeugenden Lösung der Phobie unentbehrlich ist. Man muss anders vorgehen. Nehmen Sie das Beispiel eines Agoraphoben; es gibt zwei Klassen von solchen, eine leichtere und eine schwerere. Die Ersteren haben zwar jedes Mal unter Angst zu leiden, wenn sie allein auf die Straße gehen, aber sie haben darum das Alleingehen noch nicht aufgegeben; die anderen schützen sich vor der Angst, indem sie auf das Alleingehen verzichten. Bei diesen Letzteren hat man nur dann Erfolg, wenn man sie durch den Einfluss der Analyse bewegen kann, sich wieder wie Phobiker ersten Grades zu benehmen, also auf die Straße zu gehen und während dieses Versuches mit der Angst zu kämpfen. Man bringt es also zunächst dahin, die Phobie soweit zu ermäßigen, und erst wenn dies durch die Forderung des Arztes erreicht ist, wird der Kranke jener Einfälle und Erinnerungen habhaft, welche die Lösung der Phobie ermöglichen.»[120] Freuds Ratschläge sprachen sich nicht herum. Seine Nachfolger wendeten sie nicht an und versuchten die Phobien ausschließlich durch Reden zu behandeln.

Die deutschen Psychoanalytiker Richter und Beckmann urteilten über Patienten mit Herzneurosen: «Eine große Psychoanalyse kommt für die allermeisten Herzneurotiker nicht infrage, worüber weitgehend Einigkeit unter den Kennern dieses Krankheitsbildes herrscht.»[59]

Größenwahn
Die Zeiten sind allerdings vorbei, als die Psychoanalyse die gesamte Psychoszene beherrschte und mit wilden Spekulationen strapazierte. In den sechziger Jahren entglitt die Überschätzung der thera-

peutischen Fähigkeiten der Analyse ins Bodenlose, wie ein besonders krasses Beispiel zeigt: Alexander Mitscherlich, ein berühmter Psychoanalytiker, beschrieb die Wunderheilung einer tuberkulösen Kaverne durch eine Psychoanalyse. Hierzu muss erklärt werden, dass die Tuberkulose, eine heute eingedämmte Erkrankung, in den sechziger Jahren noch eine sehr häufige und schwere Krankheit war, die auch durch sehr aggressive Antibiotika manchmal nicht zu behandeln war. Unter einer Kaverne versteht man einen geschwürähnlichen, eingekapselten Tuberkuloseherd, der selbst mit stärksten Tuberkulosemitteln damals extrem schwer in den Griff zu bekommen war. Hier nun Mitscherlichs Schilderung der Heilung:

> Er hatte eine große infraklavikuläre Kaverne auf der rechten Seite. Rasch ergab sich in der Analyse eine Konfliktsituation, die als umgekehrter Ödipus-Konflikt beschrieben werden kann. Das Verhältnis des jungen Mannes zu seiner Mutter bestand aus einer intensiven, hasserfüllten Eifersucht; aber gleichzeitig war sein gesamter Charakter durch eine weit reichende Identifikation mit ihr geprägt. Er idealisierte seinen Vater und verehrte ihn als Helden. Bei einer Sitzung berichtete er über eine Erinnerung an einen Besuch in einem Naturgeschichte-Museum, bei dem er zum ersten Mal einen menschlichen Fötus sah. Dieser Anblick erfüllte ihn mit Ekel. In diesem Kontext interpretierte ich seine passive Homosexualität und die Kaverne als einen Versuch, seinem Vater ein Kind zu gebären. Während der Nacht nach der Sitzung erbrach sich der Patient mehrfach und hatte einen schweren Kreislaufkollaps. Acht Tage später zeigte die Röntgenuntersuchung, dass die Kaverne verschwunden war.[121]

Mitscherlich behauptet in diesem Beispiel gleich zwei Dinge, nämlich dass die tuberkulöse Kaverne (a) nicht etwa durch einen Bazillus, sondern durch einen psychodynamischen Konflikt entstanden und (b) durch die Deutung dieses Konflikts geheilt worden sei. Wenn Sie sich jetzt an den Kopf greifen und am gesunden Menschenverstand des Autors zweifeln, kann man Ihnen das nicht verübeln. Solche abenteuerlichen Behauptungen brachten nicht nur die Psychoanalyse, sondern die gesamte Zunft der Psychiater und Psychologen in Misskredit.

Zusammenfassend muss man also sagen, dass die Ursachen der Angsterkrankungen durch die Psychoanalyse kaum erklärt werden können und dass die reine analytische Therapie wahrscheinlich keine ausgeprägte spezifische Wirkung hat. Dies entspricht auch den Beobachtungen, die meine Mitarbeiter und ich in der Behandlung von Angstpatienten gemacht haben. In vielen Jahren haben wir nicht einen einzigen Patienten gesehen, bei dem die Analyse eine dramatische Besserung der Angstsymptome herbeigeführt hatte.

Dass sich die Psychoanalyse so lange als dominante Theorie zur Entstehung und Behandlung von Ängsten behaupten konnte, spricht nicht unbedingt dafür, dass doch etwas Wahres dran ist, sondern sagt einiges aus über die Leichtgläubigkeit der Menschen.

Sicher, es gibt zahlreiche Analytiker, die eine gute Therapie machen und ihren gesunden Menschenverstand nicht im Analytischen Institut abgegeben haben. Auch möchte ich an dieser Stelle betonen: Alles, was hier gesagt wurde, heißt nicht, dass es jemandem, der sich in einer psychoanalytischen Therapie befindet, nicht besser gehen kann. Wenn jemand eine sehr gute Beziehung zu seinem analytischen Therapeuten hat und dieser gut zuhören kann, verständnisvoll, einfühlsam und Anteil nehmend ist und es zu einer deutlichen Besserung der Symptome gekommen ist, sollte er diese Therapie auf jeden Fall weiterführen. Wenn aber nach einem Zeitraum von, sagen wir, sechs Monaten kein Fortschritt abzusehen ist, sollte man sich wirklich überlegen, ob nicht eine Verhaltenstherapie oder eine medikamentöse Behandlung eingeleitet werden sollte.

Klientenzentrierte Gesprächstherapie
In der klientenzentrierten Gesprächspsychotherapie bemüht sich der Therapeut, vereinfacht gesagt, den Patienten nicht durch bestimmte Techniken zu beeinflussen, sondern ihn zu einer Selbstveränderung zu bringen, indem er ein besonders gutes Beziehungsklima aufbaut, das von Wertschätzung, Verständnis und Einfühlsamkeit geprägt ist. Im Gegensatz zur Analyse, bei der der Therapeut

steuernd («direktiv») vorgeht, lernt der Klient, wie er sich selbst heilen kann. Diese Therapierichtung, die von dem amerikanischen Exanalytiker Carl Rogers als Alternative zur Psychoanalyse entwickelt wurde, ist in Deutschland weit verbreitet, obwohl sie nicht von den Krankenkassen erstattet wird.

Die Wirksamkeit der klientenzentrierten Gesprächspsychotherapie wurde in einer Studie an Angstpatienten untersucht.[122] Eine Gruppe erhielt eine übliche Gesprächstherapie und die andere eine um verhaltenstherapeutische Elemente erweiterte Gesprächstherapie. In beiden Gruppen kam es zu einer Besserung, jedoch fand sich kein wesentlicher Unterschied zwischen ihnen. Aus diesem Ergebnis kann man aber nicht herauslesen, ob die Gesprächspsychotherapie auch besser wirkt als «gar nichts machen» oder «nette Gespräche mit dem Patienten führen», da ein Vergleich mit den entsprechenden Kontrollgruppen fehlt. Erst wenn solche Studien vorliegen, kann die Anwendung der klientenzentrierten Gesprächspsychotherapie bei Angstpatienten empfohlen werden.

Ganz entspannt im Hier und Jetzt

Wer angespannt ist, muss sich entspannen. Da Menschen mit Ängsten angespannt sind, wäre es wohl das Beste, wenn sie sich entspannen. Das klingt logisch. Verschiedene Entspannungstechniken wurden ausprobiert, um Ängste, Nervosität und Unruhe zu heilen. Aber helfen sie wirklich? Anders gefragt: Wer hat eigentlich das Gerücht aufgebracht, dass Psychotherapie etwas mit Entspannung zu tun hat?

Stellen Sie sich vor, Sie lernen snowboarden. Das kann ganz unterhaltsam sein, aber nach einer Stunde werden Sie völlig angespannt oder erschöpft oder beides sein. Auch nach einem Computerkurs für Anfänger in der Volkshochschule werden Sie sich vollkommen ausgelaugt fühlen. Eine Psychotherapie gegen Ängste hat – ebenso wie Snowboardfahren oder Computerkurse – etwas mit einem Lernprozess zu tun. Auch in der Psychotherapie lernt man etwas – nämlich mit Ängsten umzugehen. Und wie bei jeder Lehrstunde, in der man etwas aufnimmt, muss man anschließend damit rechnen, schachmatt zu sein. Sie würden nicht auf den Gedanken kommen, von einem Spanischlehrer zu verlangen, dass er Ihnen Spanisch beibringt, ohne dass Sie Vokabeln pauken müssen. Sie würden ebenso nicht erwarten, dass Sie Judo oder Taekwondo lernen, ohne Hämatome davonzutragen.

Das ist wahrscheinlich auch der Grund, warum die so genannten Entspannungsverfahren meist ziemlich wirkungslos sind – wenigstens was die Behandlung von Angsterkrankungen angeht. Im günstigsten Fall ist man während der Entspannungsstunde wunderbar gelöst und ausgeglichen. Aber: Was nützt es einem total nervösen Menschen, wenn er eine Stunde pro Woche ausspannen und entkrampfen kann, die restlichen 167 Stunden der Woche aber gänzlich in seinen Ängsten verfangen ist? Natürlich ist es der Sinn eines Entspannungsverfahrens, nicht nur während des Einübens entspannt zu bleiben, sondern auch, dieses Verfahren immer dann anzuwenden, wenn im Laufe des täglichen Lebens ein Angst- oder Unruhezustand aufkommt. Aber genau das klappt meistens nicht, wie mir Patienten regelmäßig berichten.

Zu den Entspannungsverfahren gehören das Autogene Training, die Progressive Muskelrelaxation, die Hypnose und das Biofeedback.

Das *Autogene Training* wird immer wieder von Ärzten zur Behandlung der Panikstörung empfohlen; die Unterweisung in diesem selbst angewandten Verfahren wird von der Krankenkasse erstattet. Bei dieser Technik versucht man, sich selbst in eine Art Trance zu versetzen – indem man sich Floskeln wie «Mein Arm wird ganz schwer» oder «Mein Herz schlägt ganz ruhig» vorspricht. Diese Technik klingt nach einer phantastischen Methode, um Unruhe und Ängste zu bekämpfen. Aber: In der Praxis hat das Autogene Training keine Wirkung gezeigt. In der einzigen vorhandenen Untersuchung zu der Behandlung von Angstpatienten durch Autogenes Training zeigte die Methode keine Ergebnisse – es kam es nicht zu einer Abnahme der Panikanfälle.[123]

Die Anwendung dieser Methode kann sogar schädlich sein. Panikattacken können durch Entspannungsübungen provoziert werden.[124] Mindestens die Hälfte meiner Patienten hatte zuvor schon versucht, mit dem Autogenen Training zu entspannen. Ich lernte jedoch keinen kennen, bei dem es gewirkt hatte. Einige berichteten, dass sie Panikattacken bekamen, wenn sie sich einreden wollten, dass ihr Herz ganz ruhig schlage.

Die *Progressive Muskelrelaxation* ist dagegen eine Entspannungsmethode, bei der die Muskeln abwechselnd angespannt oder entspannt werden. Diese Methode wurde ebenfalls bei Angstpatienten angewandt. In Vergleichen mit einer Verhaltenstherapie oder Medikamenten schnitt die Relaxation immer schlechter ab und ist daher nur bedingt empfehlenswert. Die bei Angstpatienten ohnehin vorhandene verstärkte Beobachtung der eigenen Körperfunktionen wird durch solche Verfahren noch gefördert anstatt abgebaut.

Zur *Hypnose* schildere ich eine Szene, die ich einmal im Fernsehen sah: Der Meister hat einen schmuddeligen, etwas zu langen schwarzen Anzug an. Er ist übergewichtig und spricht undeutlich. Drei junge Männer stehen vor ihm, etwas verlegen. Der Meister geht auf den ersten in der Reihe zu, hält ihm ein silbernes Pendel etwas über Stirnhöhe dicht vor die Augen und murmelt: «Du schläfst schon.» Der junge Mann geht langsam zu Boden, gestützt vom Meister. Auf Befehl steht er auf, hüpft plötzlich wie ein Huhn über die Bühne und gackert dabei. Rasch geht der Meister zum nächsten Opfer. Der zweite Mann legt sich auf den Boden, rollt sich wie ein Baby zusammen und lutscht am Daumen. Der dritte Mann wird über zwei Stühle gelegt, sodass nur die Füße und der Kopf jeweils auf einem Stuhl aufliegen. Trotzdem hängt sein Körper nicht durch, sondern ist steif wie ein Brett. Der Meister klettert auf den Mann und springt auf ihm herum.

Von medizinischen Hypnotiseuren wird eine solche Show abwertend als «Jahrmarktshypnose» bezeichnet. Dennoch demonstrieren diese Beispiele die Kraft der Hypnose. Schon früh hat man versucht, seelische Störungen zu heilen, indem man Menschen in Trance versetzte. Die medizinische Hypnose will allerdings nichts mit Schaustellern zu tun haben, die hypnotische Scherze auf Kosten ihrer Opfer machen. Der Begründer der medizinischen Hypnose war der deutsche Arzt Franz Anton Mesmer, der allerdings noch nicht den Ausdruck Hypnose verwendete, sondern vom «animalischen Magnetismus» sprach.

Die medizinische Hypnose soll dem Zweck dienen, Entspannung herbeizuführen und psychische Beschwerden zu lindern. So wird die Hypnose in der Psychiatrie eingesetzt: Der Patient legt sich auf eine bequeme Couch. Der Hypnotiseur lässt ihn auf einen Punkt oberhalb der Augen blicken – zum Beispiel auf einen über Augenhöhe gehaltenen silbernen Kugelschreiber. Dann spricht er Hypnoseformeln wie «Ihre Arme werden ganz schwer» oder «Ihre Augen sind so schwer, dass sie zufallen». Wenn der Patient das Stadium der Trance erreicht hat, werden Formeln gesprochen, die eine noch nach der Hypnose anhaltende Entspannung, ein Nachlassen chronischer Schmerzen oder die Aufgabe des Rauchens erreichen sollen. Zur Beendigung der Hypnose werden die Anfangsformeln wieder rückgängig gemacht, wie beispielsweise «Sie öffnen die Augen und sind frisch und wach».

In meiner Ausbildung als Psychotherapeut musste ich einen Hypnosekurs belegen. In einem Hotelzimmer in Lindau am Bodensee lagen wir auf gemütlichen Ledersofas und hypnotisierten uns gegenseitig. Wir fanden es verblüffend, wie leicht man in den Zustand der Trance kommen konnte. Nach dem Kurs war man herrlich entspannt und konnte sich den Allgäuer Käsespätzle und dem Weißwein widmen.

Aber wie steht es um die Wirksamkeit der Hypnose bei Angststörungen? Alle medizinischen Hypnotiseure würden selbstverständlich dazu raten, Angsterkrankungen immer mit Hypnose zu behandeln. Die einzigen beiden vorliegenden Untersuchungen sprechen der Hypnose aber jegliche Wirkung ab. In einer Studie zur Behandlung von Ängsten durch Hypnose kam es nicht zu einer Reduktion der Panikanfälle.[123] In einer anderen wurde Verhaltenstherapie plus Hypnose mit reiner Verhaltenstherapie verglichen – die zusätzliche Hypnose zeigte keine Wirkung.[125] Wahrscheinlich ist es so wie bei den anderen Entspannungsverfahren: Die Zeit der Trance wird als wohltuend und ablenkend empfunden, aber am nächsten Tag, wenn der Alltag wieder zuschlägt, ist der Zauber verflogen.

Auch Sigmund Freud hatte ursprünglich als Hypnotiseur begonnen. Er war eigens nach Paris gereist, um bei dem berühmten Psychiater Jean-Martin Charcot die Hypnose zu erlernen. Wie bekannt ist, gab er jedoch später diese Methode wegen nicht ausreichender Wirksamkeit auf und erfand die Psychoanalyse.

Auch das *Biofeedback* wird zu den Entspannungsmethoden gerechnet. Sie haben es sich auf einer Liege bequem gemacht. Um die Brust wird Ihnen ein Messfühler geschnallt, der Ihre Atmung misst und durch akustische Signale wiedergibt. Auch Ihr Herzschlag kann so übertragen werden, dass Sie ihn hören. Neben Ihnen steht ein kleiner Kasten, zu dem die Kabel von Ihrem Körper verlaufen und der Geräusche von sich gibt. Sie nehmen zum Beispiel über den Lautsprecher wahr, dass Ihr Herzschlag viel zu rasch ist. Durch «bewusstes Entspannen» schaffen Sie es, den Herzschlag immer weiter zu reduzieren, und der Kasten meldet es Ihnen zurück, wenn Sie es geschafft haben. Auch die Gehirnströme können durch Biofeedback-Methoden in den grünen Bereich gebracht werden – so die Vertreter dieser Technik. Auf diese Weise lernt man, aktiv eine Kontrolle über Körperfunktionen und durch Willensanstrengung zu erreichen, die normalerweise automatisch ablaufen und die offensichtlich bei einer Angsterkrankung außer Kontrolle geraten sind. Man übernimmt sozusagen selbst die Führung über vorher nicht steuerbare Symptome.

Wie auch andere alternative Heilmethoden soll das Biofeedback fast alle Krankheiten bessern – wie Migräne, Spannungskopfschmerz, Störungen des Verdauungssystems und natürlich auch Angstzustände.

Klingt gut – aber funktioniert es denn? Die einzige kontrollierte Studie wurde bei Patienten mit einer Generalisierten Angststörung durchgeführt. Drei Biofeedback-Techniken wurden mit einer Kontrollbedingung («Pseudo-Meditation») verglichen. Alle drei Biofeedback-Therapien zeigten aber keine besseren Ergebnisse als die Kontrollbehandlung.[126]

Bewusst atmen – aus der Sicht eines Angstforschers kann das eigentlich nicht gut sein. Besser wäre es, völlig unbewusst zu atmen.

Es ist ja gerade das Problem der Angstpatienten, dass sie ihren Körper zu sehr beobachten und über körperliche Funktionen nachdenken, die gesunde Menschen völlig ohne Einschaltung des Kopfes ihren Körper machen lassen. Die Natur hat den Körper so eingerichtet, dass er auch im Schlaf oder im Koma weiteratmet – und zwar automatisch. Auch der Herzschlag wird automatisch gesteuert. Jemand mit einer Angsterkrankung, der sowieso schon krankheitsbedingt zu einer verstärkten Körperbeobachtung neigt, könnte völlig entsetzt über seinen erhöhten Herzschlag sein, sodass er, anstatt sich zu beruhigen, ziemlich nervös wird oder gar eine Panikattacke bekommt.

Musik- und Tanztherapie
Hilft Chopin gegen Panikattacken, Bossa Nova gegen Soziale Phobie, Hard Rock gegen eine Generalisierte Angststörung? Denkbar wäre es, denn durch Musik werden Emotionen ausgelöst, und positive Emotionen führen zur Ausschüttung von Endorphinen, den Glückshormonen. Diese wiederum können Panik und Ängste blockieren. Manche Menschen bekommen die Endorphinausschüttung bei ruhiger Klaviermusik von Beethoven, andere bei meditativen Sitarklängen und wieder andere, wenn die Punk-Band Geiseldrama alle Regler auf zehn gestellt hat. Könnte das nicht in der Therapie ausgenutzt werden? Sollte man nicht Angstpatienten einer professionellen Musiktherapie zuführen?

In einer Musiktherapie kann man den Patienten mit einem Klangstrom berieseln, oder man lässt die Gruppe gemeinsam – ohne Stress – musizieren. Aber: Wir wissen nicht, ob eine Musiktherapie auch wirklich hilft. Es gibt überhaupt keine kontrollierten Untersuchungen zu dieser sympathisch erscheinenden Therapierichtung. Die einzige unkontrollierte Untersuchung wurde mit «regredierten Alterspatienten» durchgeführt und zeigt auch nicht schlüssig, dass die Musiktherapie bei diesen Menschen hilft.[127] Ich glaube, es ist eine fromme Hoffnung, dass Ängste mit Musiktherapie behandelt werden können.

Es soll auf keinen Fall abgestritten werden, dass Musik eine entspannende Wirkung hat. Während ich diese Zeilen schreibe, höre ich Musik. Aber auch hier gilt, dass die Entspannung möglicherweise gerade so lange anhält, wie die Musiktherapie durchgeführt wird, und vielleicht noch eine Dreiviertelstunde danach. Doch was nützt es einem, wenn die Angst zwar schwindet, solange man im Therapieraum die Triangel bedient, wenn am nächsten Tag auf dem Weg zur Arbeit die Panik wiederkommt?

Auch eine Tanztherapie wird für Patienten mit Ängsten empfohlen. Manche Menschen praktizieren in der Turnhalle zu meditativer Musik Ringelpiez mit Anfassen, andere tanzen in der Diskothek, und wieder andere üben lateinamerikanische Standardtänze – denkbar wäre es, dass rhythmische Bewegungen zu Musik das Wohlgefühl steigern, Verspannungen lösen und vielleicht sogar Ängste bessern. Nur – darüber wissen wir nichts Genaues. Die Tanztherapie wurde bisher nur in einer einzigen unkontrollierten Untersuchung bei Schizophrenen angewandt.[128] Niemand hat je versucht, die Wirkung bei Angstpatienten zu untersuchen.

Körpertherapie und Bioenergetik

Vielleicht gehören Sie zu denjenigen Menschen, die unter dem Begriff «Körperarbeit» so etwas wie Holzhacken oder Steineschleppen verstehen. Dann kennen Sie sich aber mit dem Psycho-Jargon nicht so gut aus. Unter Körperarbeit wird eine Reihe von Therapieformen verstanden, bei denen das Berühren, Streicheln, Massieren und «bewusste Atmen» im Vordergrund stehen. Sogar Berührungen zwischen Therapeut und Patient – bei anderen Psychotherapieformen ein absolutes Tabu – sind nicht ausgeschlossen. Es wird angenommen, dass die Therapeuten zu manchen Patienten über den Körper leichter Zugang bekommen als über die Sprache. «Seelische Blockaden», deren Ursache in negativen Kindheitserfahrungen gesehen wird, führen nach dieser Theorie zu Muskelverspannungen, die durch eigene Körperarbeit aufgelockert werden sollen.

Der Wiener Psychoanalytiker Wilhelm Reich, der 1931 in die USA emigrierte, begann vor über 50 Jahren als Erster, die «im Muskelpanzer gebundenen Affekte» nicht nur durch «charakteranalytische Arbeit» zu behandeln, sondern auch durch direkte Manipulation der verspannten Muskelgruppen. Dabei sollten heftige emotionale Entladungen freigesetzt werden, die letztlich zu einer Entspannung des Gesamtorganismus und zu einem gesteigerten Selbstwertgefühl führen sollen. Reichs Ziel war die Wiederherstellung der «Orgastischen Potenz».[129]

Alexander Lowen war einer von Reichs Patienten. Später wandelte er sich vom Patienten zum Therapeuten. Aus Reichs Körpertherapie entwickelte er die Bioenergetik. In seinem Buch «Bioenergetik» berichtete er über mehrere Patienten, die er körpertherapeutisch behandelte. Er führte ihre psychischen Probleme in fast allen Fällen darauf zurück, dass sie als Kinder von ihrer Mutter Einläufe bekommen hatten.[130] Einläufe? Ich habe in meiner Kindheit von meiner Mutter nie Einläufe bekommen, und Sie wahrscheinlich auch nicht. Kann es sein, dass es in dem Viertel in New York, in dem Lowen aufwuchs, üblich war, Kindern bei jeder unpassenden Gelegenheit Einläufe zu geben? Oder dass der Autor selbst von seiner Mutter Einläufe erhalten hatte und sie ihm derart verhasst waren, dass er später seine gesamte Theorie über die Entstehung von psychischen Krankheiten darauf aufbaute?

Es ist zwar richtig, dass Menschen mit Angststörungen oft starke Muskelverspannungen haben. Dies ist – wie so manches Angstsymptom – ein Relikt aus unserer animalischen Vorzeit. Ein Tier, das sich auf Kampf oder Flucht vorbereitet, muss alle Muskeln anspannen. «Lass die Schultern hängen», sagt mein Zahnarzt vor dem Bohren zu mir, und erst dann merke ich, dass ich die Schultern bis zu den Ohren hochgezogen habe. Da der Körper von Angstpatienten ständig Kampf- oder Fluchtsituationen simuliert, obwohl gar keine Gefahr droht, kommt es zu den unnötigen, lang anhaltenden Muskelverspannungen, die schließlich zu dauerhaften Gelenk- und Gliederschmerzen führen können.

Aber kann eine solche Körperarbeit die Ängste bekämpfen, indem sie die indirekten Folgen – nämlich die Muskelverspannungen – angeht? Rein theoretisch gesehen, dürften Körpertherapie, Fangopackungen und Massagen im günstigsten Fall die Muskelschmerzen kurzfristig lindern, aber nicht ihre Ursache, nämlich die Angsterkrankung, beseitigen, da ja der Ursprung nicht in den Rückenmuskeln, sondern im Gehirn liegt.

EMDR

Stellen Sie sich vor, Sie leiden an einer schweren seelischen Erkrankung. Jemand würde Ihnen erzählen, er könne Sie von diesem Leiden heilen, indem er Ihnen zwei Finger vor das Gesicht hält und diese dann seitlich bewegt, während Sie die Finger mit den Augen verfolgen, bis sie fast aus dem Gesichtsfeld verschwunden sind. Erfolge könne man bereits nach drei Sitzungen sehen. Erstaunlicherweise gibt es aber tatsächlich eine Therapierichtung, die auf diesem schlichten Prinzip basiert. Erfunden wurde diese neue Behandlungsmethode, die «Eye Movement Desensitization and Reprocessing Therapy» (EMDR) genannt wird, von der kalifornischen Psychologin Francine Shapiro. Zunächst entwickelte sie diese Methode, um Patientinnen zu behandeln, die ein schweres Trauma erlitten hatten, zum Beispiel eine Vergewaltigung in der Kindheit. Es wurden auch kontrollierte Untersuchungen durchgeführt, um festzustellen, ob diese Therapie bei einer so genannten posttraumatischen Belastungsstörung tatsächlich wirksam ist. Eine Analyse dieser Studien ergab aber keinen Hinweis dafür, dass die Augengymnastik zum Erfolg der Behandlung beitrug.[131]

Später behaupteten Vertreter dieser Therapieform, dass sie auch bei vielen anderen seelischen Erkrankungen helfe. So wurde die Wirksamkeit der «Fingermethode» auch bei Menschen mit einer Panikstörung untersucht. Dabei verglich man die EMDR-Behandlung mit zwei Kontrollbedingungen: zum einen mit einer «Warteliste» und zum anderen mit einem «Aufmerksamkeits-Placebo» – das heißt, in dieser zweiten Gruppe wurde den Patienten Aufmerksamkeit und Zuwendung geschenkt, ohne dass die Fingermethode zur Anwendung kam. Das Ergebnis: Die Häufigkeit von Panikattacken war am Ende die gleiche, egal, ob die Patienten nun mit EMDR, mit der Aufmerksamkeits-Placebo-Gruppe oder gar nicht behandelt wurden.[132]

Bei EMDR handelt es sich wahrscheinlich um den am besten vermarkteten Psycho-Mumpitz seit langem. Dass diese Methode sich rasend schnell verbreitet hat und von vielen Psychotherapeuten angewandt wird, sagt einiges darüber aus, in welchem Zustand sich eine bestimmte Psycho-Szene befindet. Patienten mit schweren seelischen Traumata zu behandeln gilt unter Psychotherapeuten, ehrlich gesagt, als harte Nuss. Zwar wurden viele Bücher über die Behandlung dieser Erkrankungen geschrieben, die Therapieerfolge erreichen dennoch oft nicht das Wünschenswerte. Und da kommt eine geschäftstüchtige Psychologin aus den USA und reduziert all unser Wissen über die Seele auf Zeige- und Mittelfinger, und schon ist die Welt wieder in Ordnung. Dass sich diese Schamanenmethode durchsetzen konnte, kann nur durch die allgemeine therapeutische Hilflosigkeit bei der Behandlung traumageschädigter Patienten erklärt werden.

LÖSUNG 2: MEDIKAMENTE

Zahlreiche Medikamente stehen zur Verfügung, mit denen Ängste behandelt werden können. Aber welche sind die richtigen? Im Folgenden werden alle Medikamente mit ihren Vor- und Nachteilen beschrieben. Die Behandlung mit Psychopharmaka macht manchen Menschen Angst und wirft viele Fragen auf: Machen alle Psychopharmaka süchtig? Wie lange muss man die Mittel einnehmen? Gibt es nicht natürliche Heilmittel gegen Ängste?

Der amerikanische Psychiater Donald F. Klein weiß über die Anfänge der medikamentösen Behandlung von Angsterkrankungen zu berichten: Im Hillside Hospital in New York, in dem Klein als junger Assistenzarzt im Jahre 1959 arbeitete, gab es einige extrem ängstliche Patienten, die sich trotz intensiver stationärer Psychotherapie nicht besserten.[133] Manche hatten sogar Elektroschocks erhalten, die allerdings ebenfalls nicht halfen. Im Jahre 1952 war in Europa das Neuroleptikum Chlorpromazin entdeckt worden. Da Chlorpromazin gegen Schizophrenie half und Schizophrenie nach

Der amerikanische Psychiater Donald F. Klein begründete das moderne Konzept der «Panikstörung» und begann als Erster die Behandlung von Angsterkrankungen mit Antidepressiva

der damaligen Sicht auch eine Art Angstkrankheit war (weil die Psychoanalyse ausnahmslos alle psychischen Krankheiten auf Angst zurückführte), folgerte man im Umkehrschluss, müsse es auch gegen Angstneurosen helfen. Also gab man im Hillside Hospital den Patienten mit Angstzuständen und Agoraphobie Chlorpromazin. Allerdings half das Mittel nicht besonders gut; bei manchen Patienten verschlechterten sich sogar die Angstzustände, oder sie bekamen zu viele Nebenwirkungen. Klein überlegte sich nun, wie er seinen hoffnungslosen Patienten Erleichterung verschaffen konnte.

Bei dem Versuch, neue Schizophreniemittel zu entwickeln, war in Europa das neue Medikament Imipramin entstanden. Es wirkte aber nicht gegen Schizophrenie. Der Schweizer Psychiater Roland

Kuhn wendete es anschließend bei Depressionen an – und es hatte eine unglaubliche Wirkung. Das erste Antidepressivum war gefunden worden.[134] Mehr aus Verzweiflung begann der junge Arzt Donald Klein, das mysteriöse neue Mittel Imipramin bei einigen seiner schwer kranken Patienten anzuwenden. Ab der dritten Behandlungswoche beobachtete das Pflegepersonal eine Veränderung. Ein Angstpatient war vorher mindestens dreimal am Tag ins Stationszimmer gelaufen, um sich Beistand zu holen, weil er trotz bester körperlicher Verfassung glaubte, sofort sterben zu müssen. Der Patient hatte, wie wir heute sagen würden, eine Panikstörung. Die Schwestern setzten sich dann zwanzig Minuten zu ihm, hielten seine Hand und versuchten beruhigend auf ihn einzureden. Schließlich ging er wieder, um jedoch nach ein paar Stunden mit den gleichen Beschwerden wiederzukommen. Alle Versuche, ihn mit Psychoanalyse zu behandeln, führten nicht zu einer Änderung seines Verhaltens.

Nachdem der Patient mehrere Wochen lang Imipramin bekommen hatte, meldeten die Schwestern dem Arzt, dass der Patient keine Todesangst mehr äußerte. Auch die anderen Angstpatienten hörten nach der Behandlung mit Imipramin auf, über ihre Symptome zu klagen. Sie gingen allein in den Esssaal hinunter, verließen sogar selbständig das Gelände und fühlten sich insgesamt viel sicherer. Jetzt wurde deutlich, dass eine neue Behandlungsmöglichkeit für diese schwer beeinträchtigten Menschen gefunden worden war. Donald Klein prägte für diese Patienten den Begriff der «Panikstörung» und begann eine Placebo-kontrollierte Doppelblindstudie, in der sich seine Beobachtungen bestätigten, dass Imipramin diese Ängste hervorragend bessern konnte.[135] Seit dieser Zeit wurden Millionen von Panikpatienten erfolgreich mit Imipramin therapiert.

Als ich Mitte der achtziger Jahre begann, Angstpatienten mit diesem Medikament zu behandeln, musste ich noch den Widerstand meiner eigenen Kollegen überwinden, die der Meinung waren, dass Angsterkrankungen nicht mit Medikamenten therapiert werden sollten. Die wissenschaftlichen Erkenntnisse aus Amerika brauchten damals noch viele Jahre, um über den großen Teich zu gelangen. Ich war jedenfalls überrascht und zufrieden, dass ich mit Imipramin rasche und durchgreifende Erfolge erzielen konnte, und das oft bei Patienten, die jahrelang erfolglos behandelt worden waren. Heute wenden wir Medikamente an, die noch besser sind als das Imipramin, da sie weniger Nebenwirkungen verursachen.

Sind Psychopharmaka Teufelswerk?

Es ist eine ganze Reihe von Medikamenten bekannt, die bei Angststörungen helfen können. Dennoch erstaunt es, dass oft nur ein geringer Teil der Angstpatienten mit Medikamenten behandelt wird – was wohl hauptsächlich auf Vorurteilen gegen diese beruht.

Sind Psychopharmaka wirklich so schlecht wie ihr Ruf? Ein junger Psychiater beklagte sich einmal bei mir: «Jeder meint besser zu wissen als ich, was die beste Behandlung bei einer Angsterkrankung sei. Jeder Laie auf diesem Gebiet weiß ganz genau, dass Psychopharmaka nur schädlich sind und von den Ärzten nur verordnet werden, damit sie Zeit für Gespräche sparen und weil sie von der Psychopharmakaindustrie Geld zugesteckt bekommen, wenn sie die Pillen verschreiben. Kein Wunder, dass mir fast jeder Patient, der hier hereinspaziert, als Erstes entgegenschleudert: ‹Eins sage ich Ihnen gleich, Herr Doktor, Ihre Pillen nehme ich schon gar nicht.› In keiner anderen medizinischen Fachrichtung außer in der Psychiatrie ist es normal, dem Arzt erst mal zu erzählen, dass seine Behandlung völlig falsch sei. Das ist frustrierend.»

Der Leipziger Psychiater Matthias Angermeyer führte Anfang der neunziger Jahre eine Umfrage bei über 300 Personen durch. Er wollte herausfinden, welche Meinung die Allgemeinheit zu einer Behandlung seelischer Erkrankungen mit Psychotherapie oder Medikamenten hat.[136] Die Ergebnisse waren niederschmetternd.

Die Befragten bekamen die Beschreibungen verschiedener Fälle vorgelegt, darunter den einer Schizophrenie, einer Depression sowie einer Panikstörung. Sie mussten sich dazu äußern, ob sie bei der dargestellten Erkrankung eine Psychotherapie beziehungsweise eine Psychopharmakotherapie für sinnvoll halten oder von einer solchen abraten würden. Das Resultat war eindeutig: Bei allen drei Erkrankungen wurde die Psychotherapie klar bevorzugt. Als Behandlung für eine Panikstörung kamen für 54 Prozent Medikamente nicht infrage, dagegen favorisierten ebenfalls 54 Prozent eine Psychotherapie. Als positiv beurteilten nur 20 Prozent die Pillenbehandlung; die Psychotherapie dagegen wurde nur von zwölf Prozent als nicht empfehlenswert bezeichnet. Wohlgemerkt: Hier wurden nicht Patienten oder deren Angehörige befragt, sondern gesunde Personen, die vielleicht die erwähnten Krankheiten nur vom Hörensagen kannten.

Diese Ergebnisse widersprechen allerdings komplett der Erkenntnis von Experten. Ein Psychiater müsste zum Beispiel mit einem Kunstfehlerprozess rechnen, wenn er versuchen wollte, seine schizophrenen Patienten ohne Medikamente zu behandeln. Von 1955 bis 1985 sank in den USA die Zahl der wegen einer Schizophrenie in einer geschlossenen Anstalt eingesperrten Patienten von 600 000 um ein Viertel auf 450 000. Was war 1955 passiert? Das erste Mittel gegen Schizophrenie, das Chlorpromazin, war in den Krankenhäusern eingeführt worden. Zwangsjacken und Gummizellen konnten in der Folge abgeschafft werden, und die Patienten vermochten mit Medikamenten zu Hause ein einigermaßen glückliches und zufriedenes Leben zu führen, anstatt in Asylen dahinzuvegetieren. Eine solche positive Revolution hatte es in der Psychiatrie nie zuvor gegeben. Zwei Jahre später wurde das Antidepressivum Imipramin eingeführt. Jetzt gab es zum ersten Mal die Möglichkeit, Depressionen zu behandeln, die ohne Behandlung jahrelang anhalten können und jeden Zehnten in den Selbstmord treiben.

Warum sind die Menschen trotz der offensichtlichen Erfolge der Psychopharmakologie dennoch so negativ gegen Medikamente eingestellt? Als Argument gegen die Psychopharmaka wurde von den von Matthias Angermeyer befragten Personen unter anderem genannt, dass die Medikamente die Krankheit nicht «an der Ursache packen», sondern nur die Symptome zudecken, indem man benebelt gemacht wird. Außerdem wurde pauschal angenommen, dass alle Psychopharmaka zur Abhängigkeit führen. Bei diesen Meinungen handelt es sich aber um Vorurteile. Hier die häufigsten Irrtümer über Psychopharmaka:

▼ Irrtum Nr. 1: Psychopharmaka stellen doch nur ruhig

Viele Menschen denken, dass Psychopharmaka ihre Wirkung lediglich dadurch ausüben, dass sie den Patienten müde machen. In Wirklichkeit können Psychopharmaka sehr viele unterschiedliche Effekte ausüben: Es gibt Medikamente, die hauptsächlich gegen Verfolgungswahn wirken, andere, die bei Depressionen helfen, und wieder andere, die Rückfälle von Manien verhindern. Nicht alle machen schläfrig; manche Psychopharmaka verbessern ganz im Gegenteil den Antrieb, gerade wenn ein depressiver Patient unter ständigem Energiemangel und Abgeschlagenheit leidet. Bei anderen Medikamenten dagegen ist die beruhigende Wirkung erwünscht und wird gezielt eingesetzt. Die Medikamente, die in erster Linie gegen Angsterkrankungen eingesetzt werden, wie die SSRIs (siehe S. 293), gehören jedoch nicht zu den Mitteln, die müde machen. Sie wirken entweder antriebssteigernd, was ja oft erwünscht ist, oder einfach nur neutral – das heißt, dass sie weder müde machen noch zu Aufgekratztheit führen.

▼ Irrtum Nr. 2: Die Nebenwirkungen sind schlimmer
▼ als die Krankheit

Psychopharmaka haben Nebenwirkungen – das stimmt. Leider ist die medizinische Forschung noch nicht so weit, dass man schwere psychische Erkrankungen völlig ohne Nebenwirkungen wegzaubern kann. Kein Arzt würde jedoch Psychopharmaka verordnen, wenn am Ende die Nebenwirkungen schlimmer als die Krankheit wären. Die Medikamente, die bei Angsterkrankungen verordnet werden, gehören allerdings zu denjenigen, die in der Regel gut verträglich sind. Die meisten Menschen, die diese Mittel einnehmen, haben, nach einer kurzen Eingewöhnungszeit, praktisch keine Nebenwirkungen.

▼ Irrtum Nr. 3: Alle Psychopharmaka machen
▼ abhängig

Viele Menschen denken, dass sämtliche Psychopharmaka abhängig machen. Dies ist nicht richtig: Antidepressiva, Neuroleptika und zahlreiche andere Psychopharmaka tun das nicht. Allerdings können bestimmte Personen bei länger dauernder Einnahme von Beruhigungsmitteln (zum Beispiel aus der Gruppe der Benzodiazepine, siehe S. 299) eine Sucht entwickeln. Diese äußert sich dann in der Unfähigkeit, das Medikament abzusetzen, und manchmal in einem Verlangen nach einer Dosissteigerung. Benzodiazepine helfen gut gegen Ängste, da sie aber das Problem der möglichen Abhängigkeitsentwicklung haben, werden sie nur noch in bestimmten Fällen verordnet. Die bei Angsterkrankungen empfohlenen Medikamente – die Antidepressiva – lösen jedoch keine Sucht aus.

▼ Irrtum Nr. 4: Psychopharmaka verändern
▼ die Persönlichkeit

Der Einsatz von Medikamenten in der Behandlung psychischer Störungen löst fast regelmäßig bestimmte Befürchtungen aus: Patienten stellen sich die Frage, ob ihre persönlichen Eigenarten, Verhaltensweisen und Charakterzüge durch die Tabletten beeinflusst werden können. Manche werden das Gefühl nicht los, sich den Pillen auszuliefern. Beklemmung bereitet die Vorstellung, das eigene Fühlen und Denken werde von einer Pille gesteuert. Oder setzt man gar die «chemische Keule» ein, um die Persönlichkeit so umzuwandeln, wie es andere als wünschenswert ansehen?

Es ist aber ein weit verbreitetes Vorurteil, dass Psychopharmaka die Persönlichkeit der Menschen verändern können. Gott sei Dank können Psychiater den Charakter der Menschen durch Pillen nicht beeinflussen. Weder kann aus einem frei denkenden, fröhlichen Menschen ein willenloser Roboter gemacht werden noch aus einem zurückhaltenden, schüchternen Menschen ein spritziger Alleinunterhalter. Psychopharmaka bringen lediglich einen krankhaften Zustand wieder in den Normalzustand.

▼ Irrtum Nr. 5: Die Einnahme eines Psychopharmakons
▼ ist Ausdruck einer Niederlage

Die Einnahme einer Psychopille ist keinesfalls Ausdruck einer Kapitulation vor der Erkrankung. Für die Auseinandersetzung mit der eigenen psychischen Erkrankung braucht man ein gewisses Maß an Stabilität. Manchmal sind die Betroffenen zu Beginn einer Behandlung zu beeinträchtigt für eine Psychotherapie. Zum Beispiel ist ein Mensch mit einer schweren Agoraphobie oft noch nicht in der Lage, bestimmte verhaltenstherapeutische Übungen in die Tat umzusetzen. Seine Angst ist zu groß, sein Antrieb ist zu blockiert, und die Gedanken drehen sich permanent im Kreis. Nach einigen Wochen psychopharmakologischer Behandlung ist der Patient viel eher in der Lage, seine Ängste zu überwinden.

▼ Irrtum Nr. 6: Psychotherapie wirkt immer besser
▼ als Psychopharmaka

Die oben erwähnte Umfrage in der deutschen Bevölkerung ergab auch, dass die meisten Leute glauben, dass eine Psychotherapie praktisch immer besser wirke als eine Behandlung mit Psychopharmaka. Es wäre eine schöne Utopie, wenn man alle seelischen Krankheiten ausschließlich mit Gesprächen und Übungen behandeln könnte. Es gibt seelische Krankheiten – wie die Schizophrenie –, bei denen fast nur die medikamentöse Behandlung Erfolg hat und eine Psychotherapie lediglich eine zusätzliche, unterstützende Funktion besitzt. Bei den Angsterkrankungen stehen Medikamente und Psychotherapie gleichwertig nebeneinander. Aufgrund von wissenschaftlichen Untersuchungen weiß man heute, bei welchen Krankheiten welche Therapieformen besser helfen als andere.

▼ Irrtum Nr. 7: Psychopharmaka taugen nichts,
▼ weil sie nicht auf Dauer wirken

In der Regel helfen Psychopharmaka nur so lange, wie sie eingenommen werden. Antidepressiva allerdings haben eine Wirkung, die nach der letzten Verabreichung noch weit darüber hinaus (mithin einige Wochen oder Monate) anhalten kann. Die Tatsache, dass manche Psychopharmaka nicht auf Dauer wirken, sollte man nicht zum Anlass nehmen, sie überhaupt nicht einzunehmen. Sicher wäre es schön, wenn die Wissenschaft Mittel erfinden würde, die die Krankheiten ein für alle Mal wegzaubern könnten. Ein Zuckerkranker muss sich beispielsweise damit abfinden, dass er ein Leben lang Insulin spritzen muss – sonst würde er verfrüht sterben.

Es wird in diesem Zusammenhang oft gesagt, dass eine Psychotherapie im Gegensatz zu den Psychopharmaka eine dauerhafte Wirkung habe. Aber: Auch bei Erkrankungen, bei denen eine Psychotherapie helfen kann, ist nicht garantiert, dass die Krankheit vollständig und für immer beseitigt wird.

▼ Irrtum Nr. 8: Seelische Krankheiten kann man ▼ viel besser mit natürlichen Mitteln heilen

Viele Patienten haben die Hoffnung, dass man seelische Krankheiten mit natürlichen Mitteln, also Zubereitungen aus Pflanzen oder homöopathischen Arzneien, heilen kann. Groß ist die Zahl der mit oder ohne Rezept erhältlichen Präparate, die zur Behandlung aller Arten von seelischen Störungen angeboten werden. Allerdings ist bei vielen dieser Zubereitungen nie erprobt worden, ob sie wirklich helfen. Für die meisten natürlichen Präparate gibt es nur spärliche oder gar keine gesicherten Wirksamkeitsnachweise. Und da der Großteil dieser Mittel auch nicht auf ihre Verträglichkeit getestet wurde, besteht sogar die Gefahr, dass sie schädlich sind.

Selbst wenn ein Medikament nur auf Rezept erhältlich ist oder in der «Roten Liste» steht, dem Standardwerk, das alle Medikamente enthält, ist dies keine Garantie dafür, dass die Wirkung nachgewiesen wurde. Der Verbraucher hat leider aufgrund fehlender staatlicher Regelungen nicht die Möglichkeit, auf einfachem Wege herauszubekommen, ob ein Mittel für eine bestimmte Krankheit geeignet ist oder nicht.

Auch wenn Sie jemanden kennen, bei dem ein so genanntes alternatives Mittel geholfen hat, ist das noch kein Beweis, dass sich die Krankheit nicht ebenso ohne dieses gebessert hätte. Es könnte genauso gut sein, dass die Symptome auch ohne das Medikament verschwunden oder mit einem «richtigen» Medikament viel schneller auskuriert worden wären.

Welche Psychopharmaka wirken?
Nicht alle Psychopharmaka, die als Angstmedikamente angepriesen werden, sind tatsächlich auch geeignet. Die Tabelle auf der folgenden Seite zeigt diejenigen Medikamente, von denen wir wissen, dass sie bei einer Angststörung helfen. Nur diese Präparate sind vom deutschen Bundesinstitut für Arzneimittel für die Behandlung von Angststörungen zugelassen – in Österreich und der Schweiz werden die gleichen Mittel verwendet.

Wie wirken Psychopharmaka?
Es erscheint oft wenig plausibel, dass Gefühle, Stimmungen, Wahrnehmungen, Erleben und Denken durch «Chemie für die Seele» beeinflussbar sind. Viele Menschen irritiert es, dass die Heilung seelischer Krankheiten so mechanistisch abzulaufen vermag. Gehirnzentren für Stimmung, Affekte und seelischen Antrieb können zum einen anlagebedingt vermehrt «störanfällig» sein, sie können aber auch andererseits durch die Einwirkung biochemischer Veränderungen als Ausdruck belastender und überfordernder Lebensumstände in ihrer Funktion gestört werden. Daher liegt es nahe, dass solche biologischen Fehlfunktionen durch ein Medikament korrigierbar sind.

Serotonin-Wiederaufnahmehemmer (SSRI) und Venlafaxin
Die Nummer-eins-Mittel in der Angstbehandlung, die heute nahezu von allen Experten empfohlen werden, sind die selektiven Serotonin-Wiederaufnahmehemmer (SSRI). Sie gehören zu der Gruppe der Antidepressiva und wurden ursprünglich entwickelt, um Depressionen zu behandeln. Schnell fand man heraus, dass sie auch bei Ängsten sehr gut helfen. Die SSRI hemmen, wie bereits gesagt, die Wiederaufnahme von Serotonin, verlängern dadurch seine Wirkung und fördern somit die Tätigkeit der Serotonin-Neuronen. Diese Neuronen haben die Aufgabe, Aufregung im Angstnetzwerk

Medikamente mit gesicherter Wirkung bei Angststörungen

Gruppe	Wirkstoffe	Vorteile	Nachteile
Selektive Serotonin-Wiederaufnahmehemmer (SSRI)	z. B. Citalopram, Escitalopram, Paroxetin, Sertralin	keine Abhängigkeit, weniger Nebenwirkungen als TZA	wirken erst nach 2-6 Wochen; zu Beginn Unruhe oder Übelkeit, sexuelle Störungen u. a. Nebenwirkungen
Selektive Serotonin-Noradrenalin-Wiederaufnahmehemmer (SSNRI)	z. B. Venlafaxin	keine Abhängigkeit, weniger Nebenwirkungen als TZA	wirkt erst nach 2-6 Wochen; zu Beginn Unruhe oder Übelkeit, sexuelle Störungen u. a. Nebenwirkungen, bei hoher Dosis Blutdrucksteigerung
Trizyklische Antidepressiva (TZA)	z. B. Clomipramin	keine Abhängigkeit	wirken erst nach 2-6 Wochen; Mundtrockenheit, Müdigkeit, Verstopfung, Gewichtszunahme u. a. Nebenwirkungen
Benzodiazepine	z. B. Alprazolam	wirken sofort, gut verträglich	Müdigkeit u. a. Nebenwirkungen; Abhängigkeit möglich
Reversibler MAO-Hemmer	Moclobemid	keine Abhängigkeit, weniger Nebenwirkungen als TZA	wirkt erst nach 2-6 Wochen; Schwindel, Kopfschmerzen, Müdigkeit u. a. Nebenwirkungen
Azapiron	Buspiron	keine Abhängigkeit	wirkt erst nach 2-6 Wochen; Schwindel, Kopfschmerz, Nervosität u. a. Nebenwirkungen

zu stoppen. Sie sind die Bremsleitungen für verschiedene Gebiete im Gehirn, die für die Angstsymptome verantwortlich sind, und bringen diese wieder zur Ruhe.

Venlafaxin ist ein Mittel, das eine ähnliche Wirkung hat wie die SSRIs. Während die SSRI nur die Serotonin-Wiederaufnahme hemmen, wirkt Venlafaxin auch noch auf Noradrenalin-Neuronen.

Diese Medikamente kann man als einen Segen für Angstpatienten betrachten, da Millionen Menschen mit ihnen angstfrei leben können. Sie sind in der Lage, ihr Dasein wieder ohne Einschränkungen zu führen, und können wieder ihrem Beruf nachgehen. Ebenso kehren Lebensfreude und optimistisches Denken zurück.

Das klingt jetzt alles sehr positiv; jedoch gibt es zwei Haken bei der Sache. Der erste besteht darin, dass die Wirkung manchmal erst nach Wochen einsetzt. In den meisten Fällen geschieht das nach etwa zwei Wochen, doch bei manchen Patienten dauert es auch vier, sechs oder sogar acht Wochen, bis die volle Wirkung eingetreten ist. Zudem sollte man auch nicht davon ausgehen, dass hierbei einfach ein Schalter umgelegt wird, und die Angst ist weg. Vielmehr ist es so, dass die Wirkung erst nach und nach einsetzt. Eines Tages stellt man verblüfft fest: «Oh, jetzt habe ich ein paar Tage keine Angst gehabt.»

Der zweite Haken besteht in den Nebenwirkungen. Die ersten Tage der Behandlung sind manchmal schwierig für den Patienten. Während sich die Wirkung zunächst überhaupt nicht zeigt, wird anfangs oft als störend empfunden, dass Unruhe und Nervosität sogar noch weiter zunehmen können. Dies liegt daran, dass das Medikament in den ersten 14 Tagen ungefähr das Gegenteil von dem anstellt, was es eigentlich machen soll. Gerade Angstpatienten reagieren noch empfindlicher auf diese Medikamente als Menschen, die die gleichen Pillen wegen einer Depression einnehmen.

Wer in dieser schwierigen Phase das Medikament absetzt, der wird nie erfahren, wie gut es eigentlich wirkt. «Es könnte sein», pflege ich meinen Patienten zu sagen, «dass Sie in den nächsten Tagen etwas unruhig werden oder schlecht schlafen. Sie müssen da durch, es dauert aber nur einige wenige Tage, dann wird es besser.»

Es kann zu einer gewissen Übelkeit kommen, die aber meist nicht so schlimm ist, dass man das Mittel absetzen müsste. Auch diese Nebenwirkung bessert sich nach einigen Tagen, wenn sie überhaupt auftaucht. Was praktisch nicht eintritt, ist Müdigkeit – niemand muss benebelt herumlaufen.

Weitere mögliche Nebenwirkungen sind Kopfschmerzen, Schwitzen oder Durchfälle. Bei manchen Medikamenten kann eine Gewichtszunahme auftreten, bei anderen dagegen eine Gewichtsabnahme. Bei längerer Einnahme gibt es noch eine problematische Nebenwirkung, die meist erst dann zum Vorschein kommt, wenn die Krankheitssymptome bereits vollständig weg sind: Es stellen sich Sexprobleme ein. Bei Frauen lässt die Lust auf Sex nach, und bei Männern kommt es zu Ejakulationsstörungen. Dies ist ärgerlich, zeigt sich aber nur bei wenigen Menschen und verschwindet bald nach dem Absetzen wieder. Eine Angsterkrankung reduziert allerdings grundsätzlich das Lustempfinden, sodass man möglicherweise schon lange kaum noch an Sex dachte. Wenn sich aber nach erfolgreicher Behandlung die Lebensfreude wieder meldet, fällt es einem irgendwann ein: «Da war doch noch was?»

Bleibt die Frage, wie lange diese Medikamente eingenommen werden müssen. Wenn sich die Angstsymptome nach ein paar Wochen deutlich gebessert haben oder sogar verschwunden sind, verspürt mancher Patient die Lust, die Pillen wieder abzusetzen, um seinen Körper nicht unnötig einer chemischen Belastung auszusetzen. Experten raten allerdings dazu, die SSRIs noch monatelang nach der Besserung weiter einzunehmen. Oft wird eine Einnahme von mindestens zwölf Monaten angeraten (manchmal auch bis zu 24 Monaten), um Rückfälle zu vermeiden.

Wenn die Arzneimittel nach längerer Zeit abgesetzt werden, treten in seltenen Fällen so genannte Absetzphänomene auf, die sich in Unruhe, Ängstlichkeit, Schlafstörungen, und Schwindelgefühlen äußern können. Man kann dann nicht gut unterscheiden, ob es sich dabei um eine Rückkehr der alten Angstsymptome oder um echte Absetzphänomene handelt. Nach einigen Tagen verschwinden diese Symptome – wenn es kein Wiederaufflammen der alten Erkrankung war. Diese Absetzsymptome sind längst nicht so schlimm wie die Entzugssymptome, die man nach einer langen Einnahme von Benzodiazepinen bekommen kann. Man kann sie vermeiden, wenn man das Mittel nicht abrupt weglässt, sondern langsam die Dosis verringert.

Auch wenn diese Medikamente Nebenwirkungen haben können, ist es nicht so, dass sie schlimmer sind als die Krankheit, gegen die die Pillen helfen sollen. Denn auch die Angstkrankheiten verursachen viele körperliche Symptome wie Übelkeit, Kopfschmerzen, Schlaflosigkeit oder Magen-Darm-Probleme. Die weitaus meisten Patienten vertragen diese Medikamente jedoch ohne Probleme. Es gibt auch keine Hinweise darauf, dass eine monate- oder sogar jahrelange Einnahme irgendwelche Spätschäden verursacht. Ich habe in den letzten Jahren Tausende von Angstpatienten mit solchen Mitteln behandelt, und die meisten waren glücklich darüber, dass es etwas gab, was ihnen helfen konnte.

Trizyklische Antidepressiva (TZA)
Die trizyklischen Antidepressiva (TZA) gibt es bereits seit über 50 Jahren. Lange Zeit waren sie nicht nur bei Depressionen, sondern auch bei Angsterkrankungen die wichtigsten Medikamente. Imipramin und Clomipramin sind typische Vertreter, die in vielen Studien bei Angstpatienten untersucht wurden. Auch heute werden sie noch regelmäßig eingesetzt. Die TZA hemmen die Wiederaufnahme des Serotonins in die erste Zelle eines Serotonin-Neurons. Das Gleiche machen sie mit dem Noradrenalin in den Noradrenalinbetriebenen Neuronen.

Die TZA beeinflussen auch bestimmte Rezeptoren im Gehirn, die mit der Wirkung der Antidepressiva nichts zu tun haben. Zum Beispiel hemmen sie so genannte Histaminrezeptoren, was zu Müdigkeit führen kann. Durch Blockade weiterer Rezeptoren kann es zu Mundtrockenheit kommen, einer Nebenwirkung, die manchmal als störend empfunden wird und die auch nicht – wie andere Nebeneffekte – nach ein paar Tagen verschwindet. Weitere mögliche Nebenwirkungen sind Verstopfung oder Gewichtszunahme. Gerade wegen der müde machenden Eigenschaften sind diese Mittel für berufstätige Leute weniger gut geeignet als die SSRIs. Auch die Gewichtszunahme, die bei manchen Menschen erheblich sein kann, ist ein Nachteil gegenüber den SSRIs, von denen die meisten kaum eine Wirkung auf das Körpergewicht haben. Wie alle Antidepressiva brauchen auch die TZA zwei oder mehr Wochen, bis ihre Wirkung einsetzt.

MAO-Hemmer

Die so genannten Monoaminoxidasehemmer (MAO-Hemmer) wurden früher häufig zur Behandlung von Depressionen, aber auch bei Angsterkrankungen eingesetzt. Heute spielen sie kaum noch eine Rolle, da sie einen entscheidenden Nachteil haben: Wer einen MAO-Hemmer einnimmt, muss eine bestimmte Diät einhalten. Bestimmte Nahrungsmittel sind verboten, zum Beispiel Gouda (mittelalt) und Rotwein (obwohl gerade diese Kombination wunderbar schmecken kann). Wer MAO-Hemmer verabreicht bekommt, erhält vom Arzt eine lange Liste mit Lebensmitteln, die man parallel dazu nicht essen sollte. Wenn ein Patient die korrekte Diät nicht einhält, können gefährliche Wechselwirkungen auftreten. Nur in Fällen, in denen alle anderen Mittel versagt haben, sollte man die MAO-Hemmer Tranylcypromin oder Phenelzin versuchen (Letzteres ist nur im Ausland erhältlich). Amerikanische Angstexperten schwören in verzweifelten Fällen auf Phenelzin.

Moclobemid

Ein neueres Mittel, Moclobemid, ist ein reversibler Monoaminoxidasehemmer. Es führt nicht zu den gefährlichen Wechselwirkungen der alten MAO-Hemmer, und zudem wird es in der Regel gut vertragen. In den ersten Behandlungstagen können Unruhe oder Schlafstörungen auftreten. Es empfiehlt sich daher, das Medikament nicht nach 17 Uhr einzunehmen. Weitere Nebeneffekte sind Mundtrockenheit, Kopfschmerzen, Schwindel, Magen-Darm-Beschwerden oder Übelkeit. Allerdings sind diese Nebenwirkungen selten, und die meisten Patienten berichten, dass sie das Medikament ohne Probleme vertragen. Es wird vor allem bei der Sozialen Phobie eingesetzt. Seine Wirkung bei anderen Angststörungen ist nicht ausreichend nachgewiesen. Es dauert mindestens zwei Wochen, bis der Effekt einsetzt.

Buspiron
Das Mittel Buspiron wird Menschen mit einer Generalisierten Angststörung gegeben. Bei anderen Angsterkrankungen – so beispielsweise bei der Panikstörung und der Sozialen Phobie – wirkte es nicht besser als ein Placebo. An Nebenwirkungen können Kopfschmerzen, Schwindel, Benommenheit, Nervosität, Erregung und Magen-Darm-Probleme auftreten.

Beruhigungsmittel
Beruhigungs- oder Schlafmittel werden bei Angsterkrankungen, Unruhe- und Erregungszuständen, Stress und Schlafstörungen gegeben. Zwischen Beruhigungs- und Schlafmitteln gibt es prinzipiell keinen Unterschied. Die Hauptgruppe von Beruhigungsmitteln, die bei den Angsterkrankungen verabreicht werden, sind die Benzodiazepine. Mittel wie Valium, Lexotanil oder Tafil sind bekannt. Diese Medikamente wirken besonders schnell und zuverlässig gegen Ängste.

Der am häufigsten im Gehirn vorkommende Botenstoff ist die Gamma-Aminobuttersäure (GABA). An 50 Prozent der Schaltstellen im Gehirn ist GABA beteiligt, ein Stoff, der dazu da ist, Neuronen, die sich erregt haben, wieder zu beruhigen. Benzodiazepine wirken, indem sie die Wirkung der GABA unterstützen. Wenn GABA also als Bremse fungiert, dienen die Benzodiazepine sozusagen als «Bremskraftverstärker».

Man nimmt an, dass es einen natürlichen Stoff im menschlichen Körper gibt, der der eigentliche Schlüssel für das Schloss des GABA-Rezeptors ist. Dieser Stoff muss den Benzodiazepinen ähneln und auf das Gehirn eine beruhigende Wirkung ausüben. Umgekehrt gesagt, die Benzodiazepine helfen gegen Angst, weil sie dem natürlichen Stoff, der für die Bindung an den GABA-Rezeptor vorgesehen

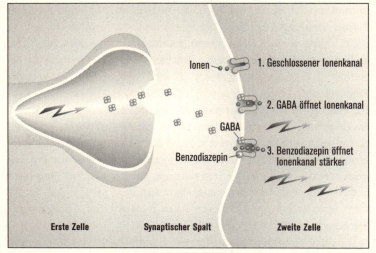

Die Wirkung von Benzodiazepinen: GABA ist ein Botenstoff; die GABA-Nervenzellen sorgen im Gehirn allgemein für Beruhigung.
1. Der Ionenkanal ist geschlossen.
2. Ein GABA-Molekül dockt am Rezeptor an. Dadurch kommt es zu einer Öffnung des Ionenkanals. Wenn er geöffnet ist, können Ionen hindurchströmen. Dadurch wird die Erregung der Nervenzelle ausgelöst.
3. Dockt jetzt auch noch ein Benzodiazepin-Molekül an, wird der Ionenkanal noch weiter geöffnet. Die Zelle wird noch stärker erregt. So unterstützt das Benzodiazepin-Medikament den natürlichen Stoff GABA bei der Arbeit

ist, verwandt sind. Noch wird dieser natürliche Stoff verzweifelt gesucht, und wer ihn findet, kann sich des Nobelpreises sicher sein. Denn anders als die Benzodiazepine würde der natürliche Stoff nicht süchtig machen, sonst würde man ja von seiner eigenen Hirnchemie abhängig werden. Könnte man diesen Stoff in Pillen pressen, wäre es das perfekte Medikament.

Anders als die Antidepressiva, die nur auf die wenigen Serotonin-Neuronen wirken, bremsen Benzodiazepine mit einem «Rundumschlag» die Hälfte aller Vorgänge im Gehirn aus, nämlich diejenigen, an denen GABA beteiligt ist. Deswegen wird man müde oder taumelig, wenn man eine zu hohe Dosis eines solchen Medikaments einnimmt.

Übrigens wirken nicht nur die Benzodiazepine, sondern auch andere Beruhigungsmittel, zum Beispiel aus der Gruppe der Barbiturate, am GABA-Rezeptor. Auch Alkohol greift hier an. Daher sind Bier, Wein und Schnaps ebenfalls schnelle und wirksame Angstlöser, was sie für Angstpatienten sehr gefährlich macht.

Lange Zeit waren Benzodiazepine die Medikamente, die bei Menschen mit Ängsten am häufigsten eingesetzt wurden. Ihre Wirkung ist verführerisch. Ein Benzodiazepin ist wie ein kleiner Kognak: Eben noch in heller Aufregung, sieht nach dieser Pille alles ganz anders aus. Im Gegensatz zu den Antidepressiva helfen sie nicht erst nach Wochen, sondern schon in den ersten Minuten nach der Einnahme – ein unbestreitbarer Vorteil.

Zu den Nebenwirkungen gehören allerdings Müdigkeit, eine Verlängerung der Reaktionszeit, was das Autofahren einschränkt, und ein «Kater» nach dem Aufwachen. Die problematischste Nebenwirkung ist allerdings die Möglichkeit einer Suchtentwicklung. Wenn man diese Medikamente einige Monate eingenommen hat, kann es zu einer Abhängigkeit kommen, die sich dadurch äußert, dass man nach dem abrupten Absetzen der Benzodiazepine sogar eine noch stärkere Unruhe oder Angst als vor der Behandlung haben kann. Aus diesem Grund verspürt man den Wunsch, die Mittel immer weiter einzunehmen. Diese Sucht entwickelt sich aber nur bei einem kleineren Teil der Patienten. Man kann nicht für alle Patienten pauschal sagen, wie lange man Benzodiazepine einnehmen kann, ohne in die Gefahr einer Sucht hineinzurutschen. Manche nehmen die Tabletten jahrelang, ohne die Dosis steigern zu müssen, und können sie anschließend ohne Probleme absetzen. Andere sind bereits nach Wochen körperlich von diesen Beruhigungsmitteln abhängig. In sehr seltenen Fällen kommt es auch zu einer ständigen Dosissteigerung – bis zum Zehn- oder Zwanzigfachen der Normaldosis –, wobei sich die Patienten die Tabletten von mehreren Ärzten besorgen. Wer eine solche Abhängigkeit entwickelt, lässt sich oft nicht vorhersehen; oft sind es aber Menschen, die auch Alkohol, Schmerzmittel oder Drogen suchtmäßig konsumieren. Bei dieser Struktur ist aber oft eine längere Behandlung notwendig.

Die Arzneimittel aus dieser Gruppe gehören zu den am meisten verordneten Medikamenten überhaupt. Sie werden aber von Fachärzten für Psychiatrie erheblich zurückhaltender verordnet als von Allgemeinmedizinern. Es gibt manche Ärzte, die es wegen der Suchtgefahr kategorisch ablehnen, Benzodiazepine überhaupt zu verordnen. Fachleute raten aber, diese Arzneimittel nicht prinzipiell abzulehnen, sondern sie in bestimmten Fällen sehr vorsichtig einzusetzen. In dem Zeitraum, in dem die oben erwähnten Antidepressiva noch nicht wirken (das heißt die ersten zwei bis vier Wochen), kann man durchaus zusätzlich ein Benzodiazepin geben, um den Patienten nicht unnötig lange auf den Angst lösenden Effekt warten zu lassen. Das Mittel kann dann nach vier bis acht Wochen wieder abgesetzt werden, wenn das Antidepressivum inzwischen seine volle Wirkung entfaltet hat.

Antihistaminika
Manchmal werden so genannte Antihistaminika bei Angst- und Spannungszuständen gegeben. Diese Mittel wirken eigentlich hauptsächlich deswegen, weil sie ruhig stellen. Die Antihistaminika machen nicht abhängig. Sie werden aber nicht routinemäßig bei Ängsten eingesetzt.

Neuroleptika
Neuroleptika sind eigentlich Mittel gegen Schizophrenie. Wenn ein Schizophrener unter Verfolgungswahn leidet oder ständig Stimmen hört, können diese Symptome mit Neuroleptika gezielt behandelt werden. In den siebziger Jahren therapierten Ärzte Angsterkrankungen oft mit Neuroleptika, allerdings in sehr viel niedrigeren Dosen als in der Schizophreniebehandlung. Die Neuroleptika haben den Vorteil, dass sie beruhigend wirken, ohne abhängig zu machen. Jedoch sollte man Neuroleptika nicht länger als drei Monate gegen Ängste einnehmen, da sonst schwerwiegende Nebenwirkungen auf-

treten könnten. Heute werden diese Mittel deswegen nicht mehr zur Behandlung von Ängsten empfohlen.

Betablocker
Betablocker sind eigentlich Mittel gegen zu hohen Blutdruck. Aber auch wenn das Herz zu schnell schlägt oder die Hände zittern, würde ein Betablocker helfen. Folglich dachten manche Mediziner, dass Betablocker auch gegen die Symptome der Angsterkrankungen helfen könnten.

In den achtziger Jahren machte man Versuche mit jungen Musikern, um herausfinden, ob die Bühnenangst schwindet, wenn sie einen Betablocker einnehmen.[137] Konzertgeiger haben zum Beispiel große Angst, beim Auftritt zu zittern, da der Zuhörer das ja sofort am Geigenton wahrnehmen würde. Zwar zeigte das Medikament insofern einen Erfolg, dass das Zittern besser wurde; eine Wirkung auf die Angst vor dem Publikum, also das Lampenfieber, konnte aber nicht gezeigt werden. Einen direkten Einfluss auf die Angstzentren im Gehirn kann man sich auch deshalb kaum vorstellen, da die in diesen Versuchen verwendeten Betablocker gar nicht durch die Blut-Hirn-Schranke des Gehirns hindurchkommen.

Trotzdem verbreitete sich die Unsitte, Bühnenangst mit Betablockern zu behandeln. Bei jedem Stehgeiger gehörte es zum guten Ton, einen Betablocker zu nehmen. Und nicht genug damit: Man übertrug die vermeintliche Wirkung auch auf Angstpatienten. Als man jedoch zum ersten Mal placebokontrollierte Studien mit Angstpatienten durchführte, stellte sich heraus, dass die Betablocker nicht besser halfen als das Scheinmedikament.

Naturheilkundliche Mittel – die alternativen Arzneien
Arnikablüten, Baldrian, Basilikum, Bohnenkraut, Brombeerblätter, Eisenkraut, Goldrute, Hopfen, Johanniskraut, Klatschmohn, Lindenblüten, Malvenblüten, Melisse, Orangenknospen, Passionsblume, Ruprechtskraut, Salbei, Sanddorn, Steinklee, Thymian, Veilchen, Veilchenwurzel – alle diese Pflanzen mit den wohlklingenden Namen werden als Heilmittel gegen Ängste angepriesen. Pflanzen,

die seit Jahrhunderten als Arzneien gegen verschiedene Krankheiten empfohlen werden, unterzieht man zuvor einer bestimmten Prozedur, um sie als Medikament verwenden zu können. Zum Beispiel vermutete man, dass Knoblauch eine lebensverlängernde Wirkung habe. Um aus Knoblauch ein Heilmittel herstellen zu können, zerstampft man eine Knoblauchknolle, legt sie in Alkohol ein, wartet etwas ab, gibt das Ganze durch ein Sieb und verwendet die gewonnene Flüssigkeit als Heilextrakt. Dadurch gehen die alkohollöslichen Bestandteile in den Extrakt über.

In vielen Fällen entstanden auf diese Weise sinnvolle Heilmittel. Aber nicht alles, was natürlich ist, ist auch gesund. Fingerhut, Knollenblätterpilz und Tollkirsche sind Beispiele dafür, dass man als Folge der Einnahme natürlicher Stoffe durchaus einen unnatürlichen Tod erleiden kann. Aber auch normalerweise unschädliche Pflanzen können bei bestimmten Menschen Allergien, eine verstärkte Blutungsneigung oder bei schwangeren Frauen eine Totgeburt auslösen. Beispiele für Pflanzen, die bei Menschen unter Umständen schädlich oder giftig sein können, sind Minze, Knoblauch, Kamille, Ginseng, Thymian oder Baldrian.

Liest man Statistiken über die Häufigkeit von ärztlichen Verordnungen bei Angsterkrankungen, so stehen pflanzliche Präparate immer ganz oben auf der Liste. Aber welche Bedeutung haben naturheilkundliche Arzneien in der Behandlung von Ängsten tatsächlich?

Johanniskraut
Extrakte aus dem Johanniskraut *(Hypericum perforatum)* sind wohl die am meisten verkauften naturheilkundlichen Mittel. Das Johanniskraut wird auch als «Unserer Frauen Bettstroh», «Mannskraft», «Jageteufel» gehandelt – welche Wirkung auch immer damit angedeutet werden soll. Mittel, die Extrakte aus dem Johanniskraut enthalten, wurden bei Depressionen untersucht. Bei leichten und mittelschweren Depressionen konnte man in Doppelblindstudien eine gewisse Wirkung beobachten, die allerdings umstritten ist, da in einer sehr guten kontrollierten Untersuchung kein besserer Effekt als

bei einem Placebo feststellbar war. Johanniskraut ist aber auch nicht völlig unschädlich. Wer das Mittel einnimmt, sollte besser nicht in die Sonne oder ins Sonnenstudio gehen, denn es könnte eine Sonnenallergie auslösen. Es kann außerdem zu Wechselwirkungen mit anderen Mitteln kommen.

Abgesehen davon gibt es keine Untersuchungen, die eine Wirkung des Johanniskrauts bei Angsterkrankungen zeigen. Man kann die Wirkung bei Depressionen nicht auf die Angsterkrankungen übertragen. Daher ist die Anwendung des Johanniskrauts bei Angststörungen nicht zu empfehlen.

Kava-Kava
Eingeborene in Papua-Neuguinea und anderen Ländern trinken in ihrer Freizeit am liebsten ein Getränk, das man Kava-Kava nennt. Früher wurden die Wurzeln zerkaut, in Schalen gespuckt und mit Wasser zu einem würzigen Mix angerührt. Der Weltumsegler James Cook hat 1780 die Wirkung der Pflanze bei den Polynesiern genau beobachtet und beschrieben. Kava-Kava ist ein Extrakt des Rauschpfeffers *(Piper methysticum)*, und man schätzt, dass bis zu 30 Prozent der männlichen Bevölkerung von Papua-Neuguinea keiner geregelten Tätigkeit nachgehen können, weil sie sich mit diesem Trunk berauschen und ihren Frauen das Arbeiten überlassen.

Bei uns gab es Extrakte aus Kava-Kava in Pillenform, die zur Behandlung von Angst angepriesen wurden. Gott sei Dank hatten diese Essenzen nicht die zerstörerische Wirkung des echten Kava-Kava-Getränks, vielleicht, weil die Dosis, die hierzulande in die Tabletten gepresst wurde, für einen Rausch nicht ausreichte. Immerhin wurden sogar Doppelblindstudien mit Kava-Kava durchgeführt. Die meisten wiesen jedoch Mängel in der Methodik auf und konnten nicht zweifelsfrei eine Wirkung demonstrieren, und die einzige Untersuchung, die methodologisch korrekt durchgeführt worden war, zeigte nicht den geringsten Unterschied zwischen Kava-Kava und einem Placebo.[138]

Viele Ärzte haben das Mittel vielleicht deswegen verordnet, weil sie auf einen Placeboeffekt gehofft hatten. Dabei gingen sie möglicherweise von der Annahme aus, dass das Mittel – wenn es auch nichts Besonderes bewirkt – wenigstens keine Nebenwirkungen hat. Im Jahre 2002 wurden jedoch allen Kava-Kava-haltigen Präparaten vom Bundesamt für Arzneimittel die Zulassung entzogen. Der Grund: Es bestand Grund zu der Annahme, dass die Mittel bei manchen Patienten für die Leber hochgiftig waren. Einige Patienten hatten nämlich ein Leberversagen, einige starben, und andere mussten eine Lebertransplantation über sich ergehen lassen. Wie konnte das passieren?

Nach dem Arzneimittelgesetz werden nur Medikamente zugelassen, bei denen durch mehrere placebokontrollierte Doppelblindstudien die Wirkung nachgewiesen wurde. Außerdem muss durch jahrelange Tierversuche ausgeschlossen werden, dass das Mittel Kurz- oder Langzeitschäden hervorruft. Kommissionen aus Fachleuten überprüfen alle Medikamente genauestens auf ihre Wirkung und ihre Sicherheit. Alle – bis auf die naturheilkundlichen Mittel. Für diese Gruppe hatte man Sonderregelungen eingeführt: Es mussten keine Doppelblindstudien vorgelegt werden, und außerdem wurden keine Tierversuche verlangt, mit denen man eine Giftigkeit der Mittel hätte ausschließen können. Aus falsch verstandener Sympathie für die naturheilkundlichen Mittel setzte man die Gesetze der Logik und Vernunft für diese Präparate außer Kraft. So kam es, dass jahrelang viel Geld für unwirksame Mittel ausgegeben wurde, die nicht nur unnütz, sondern zum Teil auch noch giftig waren.

Noch heute kann man zu Lasten der Krankenkasse naturheilkundliche, homöopathische und anthroposophische Mittel verordnen, die weder auf ihre Wirksamkeit noch auf ihre Unschädlichkeit überprüft worden sind. Für diese Präparate wird in manchen Bereichen mehr Geld ausgegeben als für die kontrollierten Medikamente – Hunderte von Millionen, die dann anderswo fehlen. Allein 350 000 Verordnungen für Kava-Kava pro Jahr schlugen bei den Krankenkassen mit Millionen von Euro zu Buche.

Baldrian

Baldrian *(Valeriana officinalis)* ist ein Gewächs mit weißen bis purpurroten Trugdolden, dessen Wurzel als Beruhigungsmittel verwendet wird. Das Mittel wird bei allen Zuständen von Nervosität, Schlaflosigkeit, nervösen Herzbeschwerden, Herzklopfen, Hysterie, Angstzuständen, psychischem Stress, Schulstress und Prüfungsangst angepriesen. Baldrian hat einen durchdringenden Geruch, den Katzen lieben. Schon die alten Griechen und Römer kannten Baldrian. Trotzdem wurden die beruhigenden Eigenschaften der Baldrianpflanze erst um 1800 von dem deutschen Arzt Christoph Wilhelm Hufeland entdeckt.

Der brasilianische Pharmakologe Roberto Andreatini untersuchte einen Baldrianextrakt bei Patienten mit einer Generalisierten Angststörung. Sie fanden keinen wesentlichen Unterschied zum Placeboeffekt, sodass dieses Mittel höchstens über den festen Glauben daran wirken kann.[139] Dieses Naturmittel ist übrigens nicht nebenwirkungsfrei: Wird Baldrian länger als drei bis vier Wochen genommen, kann es zu Kopfschmerzen oder Herzklopfen kommen.

Melisse

Die Melisse *(Melissa officinalis)* gilt als Beruhigungsmittel. Mit Melisse als Badezusatz erreichen uns die Probleme des Alltags nicht mehr. Aber auch Extrakte zur Einnahme werden angeboten. *Melissa* heißt wörtlich übersetzt «Biene». Diese Bezeichnung charakterisiert den Nektarreichtum der Pflanze. Ihr Duft ist zitronenartig. Die Blätter, vor der Blüte gesammelt, wurden im Mittelalter gegen unruhige Träume, Melancholie und Hysterie hoch gelobt. Ob die Melisse allerdings tatsächlich bei Ängsten hilft, wie fast jedes naturheilkundliche Buch behauptet, ist bisher noch nie untersucht worden.

Bekannt wurde die Pflanze vor allem in Form des Melissengeistes, den die Nonne Maria Clementine Martin im Jahre 1775 erfunden hatte. Dieser Melissengeist ist heute noch bei älteren Damen beliebt. Die beruhigende Wirkung tritt vielleicht auch wegen des hochprozentigen Alkoholgehalts ein.

Bach-Blüten
Edward Bach war ein homöopathischer Arzt in England. Bach, der von 1886 bis 1936 lebte, riet, Blüten von Blumen, Sträuchern und Bäumen (zum Beispiel von Steinrose, Lärche, Kastanie oder Ulme) in kristallene Gefäße mit reinem Quellwasser zu legen und sie in das helle Sonnenlicht zu stellen (das sieht sicher sehr dekorativ aus). Während die Blüten im Wasser vor sich hin welken, werden – so Bach – ihre heilenden Kräfte auf das Wasser übertragen. Dieses Wasser wird anschließend als Heilmittel verwendet. Damit die Lösung nicht faulig wird, wird sie mit Alkohol – einem guten Weinbrand oder einem klaren Schnaps – versetzt und vor der Einnahme mit Wasser verdünnt. Nach Bach hilft zum Beispiel gelbes Sonnenröschen gegen Angstzustände, Bleiwurz bei Unsicherheit, Lärche bei Niedergeschlagenheit und Sumpfwasserfeder bei Einsamkeit.

Die einzige kontrollierte Studie, die je mit Bach-Blüten bei ängstlichen Menschen durchgeführt wurde, stammt aus Freiburg.[140] An der dortigen Universität erhielten Studenten mit Examensangst einen Bach-Blüten-Extrakt mit Weinbrand oder Placebotropfen, die lediglich verdünnten Weinbrand enthielten. Bei allen Studenten kam es zu einer Minderung der Examensangst – ob sie jetzt Placebo oder Bach-Blüten einnahmen. Da die «Arznei» nur in Tropfen ausgeschenkt wurde, reichte die Alkoholmenge nicht aus, um den beruhigenden Effekt zu erklären. Es handelt sich also auch bei der vermeintlichen Wirkung der Bach-Blüten nur um einen Placeboeffekt.

Homöopathische Mittel
In der Naturheilkunde werden ganze Pflanzen oder zumindest Extrakte daraus zu Arzneimitteln verarbeitet. Die Homöopathie geht dagegen ganz anders vor. Sie nimmt einen Stoff, der nicht unbedingt «natürlich» (im Sinne von «gesund») sein muss. Es kann sich dabei sogar um etwas ziemlich Giftiges handeln, wie zum Beispiel Schwefel, Arsen, Knollenblätterpilz oder Schlangengift. Dieser Stoff wird anschließend stark verdünnt und in Pillen gepresst. Der Begriff «Homöopathie» – leitet sich von *homoion pathos* (ähnliches Leiden) ab. Damit ist gemeint, dass ein Stoff, der in zu hoher Dosis ein

bestimmtes Leiden hervorrufen würde, in geringer Dosis ein Heilmittel gegen ebenjenes Leiden sein könnte.

Das dachte jedenfalls Christian Friedrich Samuel Hahnemann, der Erfinder der Homöopathie, im 18. Jahrhundert. Chinin war das damals wichtigste Mittel zur Fieberbekämpfung. Hahnemann bekam von hohen Dosen Chinin Fieber. Er entwickelte daher die Theorie, dass hoch dosiertes Chinin Fieber verursache, niedrig dosiertes aber Fieber senke, und dehnte diese Vorstellung auf die gesamte Medizin aus. Nur zu dumm, dass er der einzige Mensch war, bei dem Chinin Fieber auslöste – Hahnemann reagierte vermutlich allergisch auf Chinin. Dies war zwar der erste Denkfehler in der Geschichte der Homöopathie, aber nicht der letzte.

Die homöopathischen Mittel werden stark verdünnt und müssen dabei jeweils «zehnmal gegen den Erdmittelpunkt auf einen harten Gegenstand gestoßen» werden – sonst helfen sie nicht. Die Verdünnungen («Potenzierungen») werden in Zahlen ausgedrückt. «D30» heißt zum Beispiel, dass es sich um eine Verdünnung von 1 zu 10^{30} handelt (also 1 zu 1000 000 000 000 000 000 000 000 000 000). Man kann sich also ausrechnen, dass es Glück wäre, wenn sich bei diesem Präparat überhaupt in einem von 50 Kügelchen im Röhrchen ein einziges Molekül des Wirkstoffes befindet. Eine medizinische Wirkung von einem solchen Mittel zu erwarten wäre das Gleiche, als wenn jemand behaupten würde, er könne bei einem Menschen, der in Konstanz in den Bodensee uriniert, Diabetes diagnostizieren, indem er in Lindau eine Wasserprobe entnimmt.

Es gibt unzählige homöopathische Präparate, und natürlich behaupten deren Hersteller, dass man selbstverständlich auch alle Angsterkrankungen damit heilen könne. Den Beweis dafür mit Hilfe einer Doppelblindstudie zu erbringen, lehnen sie aber nonchalant ab. Nur ein einziges Mal wurde versucht, für zwei homöopathische Mittel nachzuweisen, dass sie stärker beruhigend wirken als Placebo. Leider war bei beiden Präparaten die Wirkung von Placebo nicht zu unterscheiden.[141]

Sicher – jeder kennt jemanden, der einen kennt, bei dem die Homöopathie eine wahre Wunderheilung vollbracht hat. Diesen leuchtenden Einzelbeispielen stehen jedoch unzählige Misserfolge gegenüber. Sehr viele meiner Angstpatienten hatten homöopathische Mittel gegen Ängste eingenommen, ich suche immer noch denjenigen, der mir berichtet, dass er eine durchschlagende Wirkung bemerkt hat.

Zusammenfassend gesagt, gibt es leider kein einziges naturheilkundliches oder homöopathisches Präparat, das bei Angsterkrankungen wirkt.

Was ist besser – Medikamente oder Psychotherapie?

Die Bevölkerung hat, wie schon gesagt, keine gute Meinung über die Psychopharmaka. Selbst viele Fachleute verbreiten oft die Ansicht, dass die Psychotherapie den Medikamenten haushoch überlegen sei. Auf keinen Fall, so diese Experten, dürfe man Medikamente und Psychotherapie kombinieren.

Doch sollten wir nicht vergessen, dass es nicht nur eine alleinige Ursache für die Angsterkrankungen gibt. Bei den meisten Menschen müssen mehrere Gründe zusammenkommen, um eine solche Krankheit auszulösen. Logisch wäre es dann, davon auszugehen, dass die biologischen und seelischen Ursachen auch zweigleisig bekämpft werden sollten. In der Praxis wird dies auch zunehmend gemacht. In einer amerikanischen Untersuchung stellte sich heraus, dass zwei Drittel aller Psychotherapiepatienten auch gleichzeitig mit Psychopharmaka behandelt werden.[142]

Trotzdem gibt es noch viele Psychiater und Psychologen, die gegen eine solche Kombination wettern. Es existiert eine Gruppe von orthodoxen Verhaltenstherapeuten, die von ihren Patienten verlangen, dass vor einer Verhaltenstherapie sämtliche Medikamente abgesetzt werden. Nach deren Ansicht ist es notwendig, dass ein Patient, der eine «Konfrontationsübung» durchführt (also sich während der Therapie in eine Angst auslösende Situation begibt), die Angst voll durchleben muss. Wenn er aufgrund einer Pille keine Angst mehr spüre, sei die Maßnahme wirkungslos.

Das ist aber blanke Theorie, die durch die Praxis nicht bestätigt wird. Untersuchungen ergaben, dass das Ergebnis der Behandlung nicht dadurch verbessert wird, wenn der Patient die Übung unter allergrößter Angst absolviert.[143] Offensichtlich ist es so, dass die Methode auch wirkt, wenn sie angstfrei durchgeführt wird. Ganz unabhängig davon, ist es dem Patienten natürlich lieber, wenn er völlig locker in die Übung gehen kann. Für einen schweren Phobiker kann eine Verhaltenstherapie ohne Medikamente das Gleiche bedeuten, wie in einem Fluss voller Piranhas schwimmen zu lernen. Kein Wunder, dass 25 Prozent der Patienten, die ohne Medikamente eine Konfrontationstherapie machen wollen, die Behandlung frühzeitig abbrechen.

Auch manche fundamentalistischen Psychoanalytiker lehnen eine Kombinationstherapie ab. Wenn die Angst unterdrückt werde, so deren Argumentation, bleibe dem Patienten die Quelle seiner Probleme weiterhin verschlossen.[144] Es fragt sich, ob es wirklich notwendig ist, dass die Patienten die zermürbenden Symptome der Panikattacken erleiden müssen, damit die Psychoanalyse wirkt.

Es wird noch ein weiteres Argument gegen eine Kombinationsbehandlung angeführt: Wenn ein Patient durch eine reine Psychotherapie gesund werde, schreibe er den Erfolg sich selbst zu. Wenn sich ein Patient durch ein Medikament besser fühle, führe er den Erfolg auf das Medikament zurück. Abgesehen davon, dass ich diesen Effekt in der Praxis nie beobachtet habe, wäre es wahrscheinlich vielen Patienten egal, worauf sie den Erfolg zurückführen, so er denn eintritt.

Als Nachteil der medikamentösen Therapie wird weiter angenommen, dass die Wirkung der Medikamente nur so lange anhalte, wie sie verabreicht werden. Die Psychotherapie wirke dagegen dauerhaft.

Ich hatte bei der Behandlung sehr vieler Patienten die Erfahrung gemacht, dass es eigentlich denjenigen am besten ging, die gleichzeitig mit einem Medikament und einer Verhaltenstherapie therapiert wurden. Da die persönlichen Erfahrungen aber begrenzt sind und es möglich ist, dass man die eigenen Behandlungserfolge zu positiv einschätzt, sollte man sich zusätzlich auf veröffentlichte Untersuchungen stützen, in denen Wissenschaftler auf der ganzen

Welt viele tausend Patienten behandelt haben. Also analysierte ich alle kontrollierten Studien zur Behandlung von Angsterkrankungen, die in Fachzeitschriften publiziert wurden.[114] Dabei interessierten mich folgende Fragen:

1. *Wirkt Psychotherapie besser oder schlechter als Medikamente?*
   Hier zeigte sich, dass Psychotherapie und Medikamente ungefähr gleich gute Ergebnisse erzielten (vielleicht mit der Ausnahme der Sozialen Phobie, bei der die Medikamente etwas besser abschnitten).
2. *Wirkt Psychotherapie plus Medikament besser oder schlechter als Psychotherapie allein?*
   Hier zeigte sich ziemlich eindeutig ein Vorteil für die Kombination gegenüber der alleinigen Psychotherapie. Wenn auch in manchen Studien die zusätzliche Einnahme des Medikaments keinen zusätzlichen Gewinn brachte, so überwiegt bei weitem die Zahl der Studien, die die Kombination befürworten. Überhaupt keine Studie konnte zeigen, dass der Erfolg einer Psychotherapie durch die Verabreichung eines Medikaments verschlechtert oder sogar zunichte gemacht wird.
3. *Wirkt Medikament plus Psychotherapie besser oder schlechter als ein Medikament allein?*
   Einige Studien konnten nachweisen, dass es den Patienten besser geht, wenn sie außer dem Medikament noch eine Verhaltenstherapie bekommen. Es gab aber auch mehrere Untersuchungen, in denen durch die zusätzliche Verhaltenstherapie kein weiterer Gewinn erzielt wurde.
4. *Hält nach Beendigung der Therapie die Wirkung der Psychotherapie oder der Medikamente länger an?*
   Man würde vermuten, dass nach der Beendigung einer medikamentösen Therapie am nächsten Tag die Symptome wiederkommen, während die Wirkung der Psychotherapie monate- oder jahrelang vorhält. In der Wirklichkeit sieht es aber ganz anders aus: In den Studien wirkten sowohl Medikamente als auch Psychotherapie «ein bisschen dauerhaft». Nur in einer einzigen

Untersuchung wirkte die Verhaltenstherapie länger als die Medikamente; in allen anderen fünf Studien ging es den Medikamenten-Patienten nach den Monaten ohne Behandlung nicht schlechter als den Verhaltenstherapie-Patienten. Bei beiden Methoden waren die Patienten auch Monate nach Beendigung der Therapie stärker gebessert als solche, die überhaupt keine Behandlung bekommen hatten. Aber beide Maßnahmen lassen mit der Zeit in ihrer Wirkung nach und müssen nach einer gewissen Zeitspanne wiederholt werden, um die Behandlungseffekte zu erhalten. Dies ist auch meine Erfahrung mit Patienten, die ich jahrelang betreut habe: Viele kommen nach einigen Jahren wieder zurück, um sich eine «Auffrischimpfung» abzuholen. Die gute Nachricht: Bei der zweiten Behandlung dauert es meist nicht so lange, bis die Besserung wieder eingetreten ist.

Alles in allem hatte die genaue Analyse der Studien ein relativ eindeutiges Ergebnis: Man kann jedem Angstpatienten empfehlen, sich mit Medikamenten *und* Psychotherapie behandeln zu lassen.

Für einen Angstpatienten ist aber nicht immer nur entscheidend, welche der beiden Methoden besser wirkt. Bei Menschen, die sich partout nicht einer Psychotherapie unterziehen wollen, wird sie auch nicht besonders gut helfen. Wer aus philosophischen Gründen Medikamente ablehnt, wird vielleicht auch nicht die volle Wirkung verspüren. Auch die möglichen Nebenwirkungen der Medikamente sind manchmal ein Grund, sich gegen sie zu entscheiden. In Studien, in denen Medikamente mit Psychotherapie verglichen wurden, stellte man jedoch immer wieder fest, dass die Zahl derjenigen, die die Studie vorzeitig abbrachen, in der Medikamentengruppe nicht größer war als in der Psychotherapiegruppe – ein Zeichen dafür, dass die Tabletten ebenso gut vertragen wurden wie die Psychotherapie.

Wer eine schnelle Besserung will, der wäre eher ein Kandidat für ein Medikament, denn bei einer Psychotherapie ist nicht mit einer vergleichbar raschen Gesundung zu rechnen. Zu bedenken ist auch, dass es manchmal einige Monate dauert, bis man überhaupt einen

Termin bei einem Psychotherapeuten bekommt. In dieser Zeit ist mit der medikamentösen Therapie oft schon eine deutliche Besserung eingetreten.

Leider haben manche Patienten in unterversorgten Gebieten oft keine andere Wahl, da der nächste Verhaltenstherapeut zweieinhalb Autostunden hinter den sieben Bergen wohnt.

Werden wirksame Behandlungsmethoden auch eingesetzt?

Moritz G., 39 Jahre, Diplomingenieur aus einer südniedersächsischen Universitätsstadt, litt seit dreieinhalb Jahren an plötzlichen, schweren Angstanfällen. Er suchte mehrere Hausärzte, Internisten, Heilpraktiker, Psychologen und Nervenärzte auf, darunter einen Universitätsprofessor. Die Spezialisten stellten die verschiedensten Diagnosen: «psychovegetative Erschöpfung», «Migräne», «phobischer Schwankschwindel», «larvierte Depression» oder «Midlife-Crisis». Moritz G. erhielt Betablocker, pflanzliche Beruhigungsmittel, homöopathische Herzmittel, Johanniskraut und ein Mittel gegen Schizophrenie. Nichts von alledem half. Auch eine tiefenpsychologische Therapie, Rebirthing und ein Meditationswochenende auf La Gomera änderten nichts daran, dass seine Angstattacken immer schlimmer wurden.

Als er in meine Sprechstunde kam, machte ich, wie üblich, eine genaue Auflistung der bisherigen Medikamente und Psychotherapieversuche und musste feststellen, dass bisher keiner der vielen Behandler die richtige Diagnose, nämlich die einer Panikstörung, gestellt hatte. Auch keine der bisher angewandten Heilmethoden gehörte zu denjenigen Maßnahmen, die bei einer Panikstörung empfohlen werden. Bis auf eine Ausnahme: Moritz G. hatte gerade eine längere Indienreise hinter sich. Dort, in einem gottverlassenen Dorf, hatte er eine seiner Panikattacken erlitten. Er suchte den Dorfarzt auf, der in einer zwei mal zwei Meter großen Hütte praktizierte. Er hatte wenig Zeit für unseren Patienten, da vor dem Verschlag noch etwa 25 weitere Personen warteten. Auf einem kleinen Zettel notierte er die Diagnose «Panic Disorder» (Panikstörung) und die Namen zweier Medikamente, die mir wohlbekannt waren, da ich sie auch oft verordne. Der Patient musste also bis nach Hinterindien reisen, um zum ersten Mal eine richtige Diagnose zu erhalten und zum ersten Mal zwei Medikamente empfohlen zu bekommen, die auf der ganzen Welt von Experten bei einer Panikstörung angewendet werden. Der indische Dorfarzt war offensichtlich besser informiert als alle Experten der Universitätsstadt, die er bis dahin aufgesucht hatte.

Dies ist vielleicht ein besonders krasses Beispiel, aber es kommt immer wieder vor, dass in Deutschland, einem Land mit einem viel gerühmten Medizinsystem, Menschen mit Angsterkrankungen nicht richtig diagnostiziert und behandelt werden. Es besteht hierzulande sogar eine höhere Chance, dass man gerade mit den falschen Methoden traktiert wird, wenn man sich mit einer Angsterkrankung in Behandlung begibt. Das ergaben zwei Umfragen, die wir vor einigen Jahren durchführten. Wir interviewten 100 Patienten mit einer Panikstörung über die Behandlungen, die sie für ihre Angsterkrankung erhalten hatten, und fragten sie auch, was davon nach ihrer Meinung geholfen hatte.[145] Außerdem befragten wir 103 Ärzte, Psychologen und Psychotherapeuten, was sie bei einer Panikstörung für die gängige Therapie hielten.[146] Die Ergebnisse beider Erhebungen waren niederschmetternd.

Die Behandlungsmethoden, die sich als wirksam erwiesen hatten (beispielsweise die Verhaltenstherapie oder die Therapie mit SSRI), wurden nach Aussagen der Patienten in den seltensten Fällen angewandt. Stattdessen wurden ihnen Medikamente mit zweifelhafter Wirkung bei Angsterkrankungen (beispielsweise Neuroleptika, pflanzliche Mittel oder Betablocker) verordnet. Auch im Bereich der nichtmedikamentösen Maßnahmen wurden den Patienten Methoden angedient, deren Wirkung bei Angsterkrankungen dahingestellt werden kann – wie das Autogene Training oder die Psychoanalyse.

Eine erstaunliche Tatsache zeigte sich, als wir die Patienten fragten, wie die jeweiligen Therapien gegen ihre Angst gewirkt hatten. Die Patienten bezeichneten genau die Methoden als wirksam, die sich auch in wissenschaftlichen Studien als effektiv erwiesen hatten – zum Beispiel die Verhaltenstherapie oder die SSRIs. Die pflanzlichen Psychopharmaka und andere alternative Methoden wie «dynamische Meditation nach Bhagwan» oder Bach-Blüten-Therapie wurden als praktisch wirkungslos bezeichnet. Man kann nicht annehmen, dass die Patienten die entsprechenden Veröffentlichungen in Fachzeitschriften gelesen hatten. Trotzdem empfanden sie die Wirkung der abgesicherten Methoden als besser als die der alternativen – ein Zeichen dafür, dass man sich auf die Studien verlassen kann.

Auch die Befragung der Ärzte und Psychologen bestätigte die Darstellung der Patienten. Nichtpsychiater verordneten an erster Stelle pflanzliche Präparate (46 Prozent), gefolgt von homöopathischen Kügelchen (32 Prozent). Ganze drei Prozent der Allgemeinärzte versorgten ihre Patienten mit den wirksamen SSRI-Antidepressiva. Unter den Psychotherapiemethoden wurde am häufigsten die Psychoanalyse für sinnvoll erachtet (44 Prozent), erst an zweiter Stelle die Verhaltenstherapie (28 Prozent).

Seit dieser Untersuchung sind nun einige Jahre vergangen, und es bleibt zu hoffen, dass sich die Behandlungsmethoden langsam an den Stand des Fachwissens angeglichen haben.

LÖSUNG 3: WAS MAN SELBST TUN KANN

Nicht immer muss jemand, der unter Ängsten leidet, gleich zum Nervenarzt. In vielen Fällen geht es auch ohne Medikamente oder Psychotherapie. Unzählige Menschen haben leichtere Ängste, die manchmal genauso plötzlich verschwinden, wie sie aufgetaucht sind. Im Folgenden gibt es einige Tipps, von denen Menschen mit Ängsten profitieren können. Die Selbstbehandlung von Ängsten kann sehr erfolgreich sein. Aber: Es kann auch irgendwann der Punkt erreicht sein, an dem man nicht mehr weiterkommt. Dann sollte man nicht zögern und sich helfen lassen.

Zuerst folgen allgemeine Tipps für Menschen mit Ängsten. Im Anschluss daran finden Sie noch spezielle Anmerkungen zu den einzelnen Angsterkrankungen.

▶▶ Tipp 1: Erkennen Sie Ihre Angst

Die erste Maßnahme, Ängste zu bekämpfen, ist, sie zu erkennen. Das ist manchmal gar nicht so einfach. Herzrasen, Kopfschmerzen, Bauchschmerzen, Muskelschmerzen, Zittern oder Schwindel lassen einen nicht als Erstes an ein psychisches Problem, sondern eher an eine internistische Krankheit denken. Die Angsterkrankungen haben manchmal die ärgerliche Eigenschaft, dass sie dem Gehirn suggerieren, dass das Problem in Wirklichkeit nicht ein seelisches sei, sondern eine handfeste körperliche Krankheit, die nicht von einem spinnerten Seelenklempner, sondern von einem gescheiten Internisten behandelt gehört. Anstatt der Psychopharmaka sollten lieber ordentliche Herz-, Blutdruck-, Magen- oder Schmerzmittel zur Anwendung kommen, so vermuten die Betroffenen. Die Ärzte haben dann ihre liebe Mühe, den Patienten zu überzeugen, dass er körperlich vollkommen gesund ist.

Wenn ein Patient es akzeptieren kann, dass seine Krankheit psychischer Natur ist, wird die Behandlung um vieles einfacher.

▶▶ Tipp 2: Ignorieren Sie die Angst

Wenn man die Angst als Angst erkannt hat, ist eine der simpelsten Lösungen, sie in der Folge einfach zu ignorieren und zum Tagesgeschäft überzugehen. Vielen Menschen gelingt es, über die kleineren Befindlichkeitsstörungen, die durch harmlose Ängste ausgelöst werden, hinwegzusehen. Wenn man sich erst einmal im Klaren darüber ist, dass diese leichten Symptome keine gesteigerte Bedeutung haben und ungefährlich sind, so kann man sie wie Luft behandeln. Das sollte man natürlich nur bis zu einem gewissen Ausmaß der Angst machen. Wenn man das Gefühl hat, nicht mehr Herr der Lage zu sein, sollte man sich in Behandlung begeben.

▶▶ Tipp 3: Finden Sie sich nicht mit Ihren Ängsten ab

Eine reelle Chance hat man nur, wenn man nicht versucht, sein Leben nach den Ängsten auszurichten. Nehmen Sie keine Umwege in Kauf, um bestimmten Dingen auszuweichen. Verzichten Sie nicht auf schöne Dinge im Leben, nur um Ihr Nervenkostüm zu schonen.

Vermeiden Sie keine Partys, aus Angst, dort Angst zu bekommen. Geben Sie nicht Ihr Flugticket zurück, weil Sie befürchten, den Flug nicht zu überstehen. Wechseln Sie nicht den Job, um Angst auslösenden Situationen aus dem Weg zu gehen.

Lassen Sie nicht die Angst über Ihr Leben bestimmen, sondern lassen Sie Ihr Leben über die Angst bestimmen.

▶ Tipp 4: Stellen Sie sich nicht so an

«Reißen Sie sich doch einfach zusammen!» Diesen Spruch haben Sie sicher schon von Ihrem Partner, von Ihren Kindern oder von Ihrem Hausarzt gehört. Viele Ratgeber für Menschen mit Ängsten haben fast nur eine Sorte von Ratschlägen für die Betroffenen parat. Dazu gehören Sätze wie «Lernen Sie, mit Ihren Ängsten zu leben», «Denken Sie positiv», «Stellen Sie sich der Angst», «Weichen Sie nicht aus» oder «Stellen Sie sich nicht so an». Wenn das wirklich so einfach wäre, sagen Sie jetzt. Ganz recht! Dies sind Durchhalteparolen von Leuten, die selbst nicht unter Angst leiden. Es ist wirklich nicht leicht, eine Panikattacke wie eine Lampe einfach auszuknipsen. Wenn man sich nicht gerade mitten in einer Angstattacke befindet, kann man alle möglichen guten Vorsätze fassen. Im Ernstfall sieht aber alles ganz anders aus.

Trotzdem haben die Leute Recht, die Ihnen raten, nicht vor den Angst auslösenden Situationen zu kneifen. Jedes Ausweichen, Bangemachen oder Verdrücken macht die Angst noch schlimmer. Sie werden Ihre Ängste niemals in den Griff bekommen, wenn Sie sich wie ein Käfer auf den Rücken legen und sagen: «Los, Leute, helft mir.» Kein Therapeut der Welt kann Ihnen helfen, wenn Sie nur ihn arbeiten lassen und selbst nicht die Konsequenz ziehen, sich den Ängsten zu stellen. «Wasch mir den Pelz, aber mach mich nicht nass» – mit dieser Einstellung kann es sehr lange dauern, bis man seine Ängste verliert. Stattdessen sollte man sich lieber überwinden und von Worten zu Taten schreiten. «Just Do It» – Mach es einfach –, dieser Slogan eines Sportartikelherstellers gehört den meisten Menschen mit Phobien ins Stammbuch geschrieben. Stellen Sie sich einen Mann vor, der erst dann ins Wasser gehen will, wenn er schwimmen kann. «Nichts ist unmöglich» – diesen Satz, der wiederum aus der Automobilwerbung kommt, müssen sich Menschen mit unrealistischen Ängsten immer wieder einreden.

Einer meiner Patienten lehnte es kategorisch ab, einen Fahrstuhl zu betreten; er habe dies seit 18 Jahren nicht mehr getan. Ich stand abrupt von meinem Sessel auf, forderte den Patienten auf, mit mir zu kommen, ging mit ihm um die Ecke zum nächsten Fahrstuhl und wollte ihn hineinschieben. Da er stärker war als ich, schaffte ich es nicht. Darauf sagte ich, er solle freiwillig hineingehen, ansonsten könne er sich einen anderen Therapeuten suchen. Käsebleich betrat er den Fahrstuhl und fuhr mit. Seit diesem Tag nahm er nicht mehr die Treppe, um zu mir zu kommen.

▶▶ Tipp 5: Lassen Sie sich nicht ablenken

Es gibt zahlreiche Dinge, die man tun kann, um Ängste durch Ablenkung zu lindern. Gitarre spielen, laute Musik hören, ein heißes Bad nehmen, in die Sauna gehen, Tennis spielen, Ski fahren, sich massieren lassen, am Computer spielen, guten Sex haben oder sich selbst befriedigen sind nur einige Beispiele. Manche Verhaltenstherapeuten raten allerdings davon ab, sich bei allen aufkommenden Ängsten ablenken zu wollen. Stattdessen empfehlen sie, die Angst auf sich einwirken zu lassen und sie auszuhalten. Andererseits werden gerade die schönen Künste nicht selten hauptsächlich deswegen ausgeübt, um Ängste jeder Art zu kompensieren. So manche Sonate wurde komponiert, so manches Poem gereimt, so manche Kurzgeschichte geschrieben, um übergroße Ängste auszugleichen.

Es gibt aber Leute, deren ganzes Leben darin besteht, vor ihren Ängsten wegzulaufen, indem sie ihren Terminkalender mit allen möglichen wichtigen und unwichtigen Dingen voll stopfen. Das kostet Kraft und ist nicht der direkteste Weg, gegen die Angst anzugehen.

▶▶ Tipp 6: Bauen Sie auf keinen Fall Stress ab

In manchen Ratgebern für Angstpatienten steht, man solle Stress abbauen, dann werde es einem gleich besser gehen. Es ist jedoch nicht so, dass Angsterkrankungen durch Stress entstehen – obwohl das jeder intuitiv vermuten würde.

Wenn Sie zum Beispiel «guten Stress» (Eustress) haben – weil Sie zum Beispiel einen interessanten Beruf, mehrere Hobbys oder viele nette Bekannte haben, dann hat es keinen Sinn, diese Art von Stress abzuschaffen. «Schlechten Stress» (Distress) sollte man dagegen versuchen zu reduzieren, denn er kann Angsterkrankungen fördern (wenn auch nicht verursachen). Das geht aber meist nicht so leicht, wie den Eustress abzubauen. Gute Stressarten hat man sich ja meist selbst auferlegt und kann sie somit auch schneller abstellen – zum Beispiel, indem man aus dem Karnevalsverein austritt. Ungleich schwieriger ist es, den schlechten Stress abzubauen. Kann ein Arbeitnehmer in einer kränkelnden Firma seine Angst vor Entlassung einfach abstellen? Kann eine von Sorgen geplagte Mutter von drei Kindern ihre Kleinen einfach kündigen wie ein Zeitungsabonnement? Kann ein Ehemann die Angst um seine krebskranke Frau einfach ignorieren?

Daher sind Ratschläge, den schlechten Stress zu reduzieren, zwar meist gut gemeint, aber oft nicht realisierbar.

▶▶ Tipp 7: Sie sind völlig normal
Menschen mit Angsterkrankungen plagt vor allem immer wieder eine Frage: «Ich war doch immer ziemlich stabil. Jetzt soll ich plötzlich ein Fall für den Nervenarzt sein?» Angsterkrankungen können auch diejenigen Menschen treffen, die sich selbst als fest auf dem Boden stehend betrachten und sich nie für labil, nervös und sensibel gehalten haben. Und so ist es auch: Menschen mit Angsterkrankungen sind oft die normalsten Menschen der Welt – wenn man von ihrem Angstproblem absieht.

▶▶ Tipp 8: Reden Sie mit anderen Menschen
Teilen Sie Ihre Sorgen mit anderen Menschen. Es verschafft eine unglaubliche Erleichterung, mit Freunden, Bekannten oder Verwandten über Ängste zu reden.

Aber aufgepasst: Wer zu sehr damit beschäftigt ist, anderen

Menschen lange Geschichten über die eigenen Symptome zu erzählen, kann sich damit selbst schaden. Menschen, die unter Ängsten leiden, wissen manchmal nicht, wie sie auf andere wirken. Zunächst stellen sie fest, dass es ihnen Erleichterung bringt, über ihre Ängste und Sorgen zu reden. Auch die Gesprächspartner reagieren zunächst mit Interesse, Mitleid und Hilfsbereitschaft. Sie hören sich zunächst geduldig die Beschwerden an und versuchen, Trost zu spenden. Irgendwann kommt der Moment, an dem das Mitgefühl langsam in Genervtsein und später in offene Ablehnung übergeht. Ein Mann kann das «ständige Gejammer» seiner Frau über Herzrasen und Schwindelgefühle nicht mehr hören. Kinder fühlen sich von ihrer Mutter, die sich ständig vergewissert, ob es ihnen gut geht, bedrängt und kontrolliert. Ein Mädchen will sich von seinem Freund trennen, der sein Juraexamen immer weiter hinausschiebt, weil sie ihn mittlerweile für lebensunfähig hält.

Dies ist eine Erkenntnis aus der Verhaltenstherapie: Wer für eine ausführliche Schilderung von Angstsymptomen von seinem Gesprächspartner durch aufmerksames, mitfühlendes Zuhören belohnt wird, wird in diesem Verhalten bestärkt. Er wird immer mehr seinen Trost im Jammern und Klagen suchen, anstatt das Gegenteil zu tun – nämlich mit dem Gestöhne aufzuhören und sich den Ängsten zu stellen.

Auch wenn es paradox klingt: Das Lamentieren zu unterbinden sollte eines der ersten Ziele in der Selbstbehandlung sein. Denn die Geduld Ihrer Gesprächspartner könnte irgendwann ein Ende nehmen. Intuitiv merken die Partner, Verwandten, Freunde oder Bekannten, dass den Beschreibungen von Angstsymptomen keine «handfeste» medizinische Erkrankung zugrunde liegt. Instinktiv merken sie, dass sie das phobische Vermeidungsverhalten nicht unterstützen sollten. Sie versuchen Sie zunächst mit freundlichen Aufforderungen, später mit Drohungen davon abzubringen, und sie weigern sich zunehmend, Sie zu begleiten oder anderweitig zu unterstützen. Sie wiederum fühlen sich nicht verstanden, und so ist der Streit vorprogrammiert.

Wenn Sie unter Ängsten leiden, so werden Sie sich auf Dauer

keine Freunde machen, wenn Sie Ihr Problem permanent nach außen tragen. Wer immer missmutig, trübselig und freudlos wirkt, der läuft Gefahr, von anderen verlassen zu werden. Eine Beziehung, die auf Mitleid basiert, hat keine Dauer. Ihre Mitmenschen wollen nicht in den Sog Ihres Stimmungstiefs hineingezogen werden. Wenn Sie dazu neigen, andere Menschen im übertriebenen Maße mit Ihren Sorgen zu behelligen, versuchen Sie einmal, so zu tun, als ob es Ihnen bestens geht, obwohl genau das Gegenteil der Fall ist. Sie werden in kürzester Frist merken, dass Sie mit diesem Verhalten den anderen viel besser gefallen. Entsprechend sind plötzlich auch diese Menschen Ihnen gegenüber positiver eingestellt. Sie reden länger mit Ihnen und biegen nicht rasch um die Ecke, wenn Sie in Sicht kommen. Also: Spielen Sie den anderen etwas vor. Tun Sie so, als ob alles im grünen Bereich sei. Lachen Sie, wenn Ihnen zum Weinen zumute ist. Versuchen Sie, die große Ruhe auszustrahlen, auch wenn Sie innerlich beben. Eines ist klar: Das ist schwer, kostet Kraft und macht nicht immer Spaß. Aber Sie werden merken, dass Ihre Umwelt wohlwollend reagiert und Sie freundlicher behandelt. Und nach und nach werden Sie merken, dass Ihre zunächst aufgesetzte gute Stimmung durch eine echte gute Laune ersetzt wird.

▶▶ Tipp 9: Wollen Sie überhaupt gesund werden?

Vielleicht wollen Sie Ihre Ängste ja gar nicht loswerden. Das ist schwer vorstellbar, denn dann hätten Sie ja nicht bis hierher weitergelesen. Aber im Ernst: Überlegen Sie ehrlich, ob Sie sich wirklich einen Gefallen tun, wenn Sie Ihre Ängste abschütteln. Ist es nicht so, dass Sie auch ein paar Vorteile durch Ihre Ängste haben? Hier und da mal eine Krankschreibung, eine Kur im Schwarzwald, tröstende Worte durch ein gute Freundin, viele interessante Stunden bei einem einfühlsamen Psychologen, das Mitleid der Freunde vom Tennisclub und überhaupt die viele Arbeit, die Ihr Partner Ihnen abgenommen hat, um Sie zu schonen!

Ziehen Sie Bilanz: Wenn die Vorteile der Angsterkrankung gegenüber den Nachteilen überwiegen, sollten Sie sich vielleicht entscheiden, sie gar nicht loswerden zu wollen – oder?

Oder ist es nicht besser, auf diese trügerischen Vorteile zu verzichten und zu versuchen, die Welt durch positives Denken zu erobern? Wer seine Ängste kultiviert, der schränkt seine Bewegungsfreiheit immer weiter ein. Das Leben wird zu einem einzigen großen Beschwerdebuch.

▶▶ Tipp 10: Wer den Schaden hat, spottet jeder
▶▶ Beschreibung

Man sollte meinen, dass Menschen, die unter krankhaften Ängsten leiden, das Mitleid der übrigen, angstfreien Menschen hervorrufen. Die «normale» Bevölkerung hat aber ganz im Gegenteil eine denkbar schlechte Meinung von diesen bedauernswerten Menschen – von Mitleid keine Spur. In einer Umfrage des britischen Psychiaters Arthur Crisp stellte sich heraus, dass der Normalverbraucher Angstpatienten in die Nähe von gefährlichen Geisteskranken rückt.[147] Während aus der Sicht eines Psychiaters die Menschen mit Angsterkrankungen alles andere sind als bedrohliche Wahnsinnige, hielt in dieser Untersuchung die Hälfte der Normalbevölkerung Patienten mit einer Panikstörung für unberechenbar. Ein Viertel der Befragten in Großbritannien meinte, dass diese Menschen eine Gefahr für andere darstellen. Auch waren viele der befragten Briten der Meinung, dass die Krankheit nicht behandelbar sei, dass die Kranken «selbst schuld» seien und sich nur «zusammenzunehmen» brauchten. Diese Äußerungen hängen mit dem Stigma zusammen, das allen Menschen mit einer seelischen Erkrankung anhaftet.

Allerdings waren hier Menschen interviewt worden, die nicht unbedingt mit Angstpatienten bekannt waren, sondern die Krankheit vielleicht nur vom Hörensagen kannten. Wer Angstpatienten kennt, weiß, dass sie in der Regel freundliche, friedliche, hilfsbereite und zuvorkommende Menschen sind und keinerlei Bedrohung von ihnen ausgeht.

▶▶ Tipp 11: Ernähren Sie sich nicht gesund

Linksdrehender Joghurt, Müsli mit Apfelschnitzen und Sonnenblumenkernen können ja ganz lecker schmecken. So finden sich in Büchern zur Behandlung von Angststörungen auch wohlmeinende Ratschläge zur gesunden Ernährung.

Die Wichtigkeit einer gesunden Ernährung kann gar nicht oft genug betont werden. Wäre es nicht schön, wenn man Ängste ganz einfach dadurch wegzaubern könnte, indem man das Richtige isst? Am besten noch etwas, was sogar lecker schmeckt, wie etwa Avocados, Walnüsse, kaltgepresstes Olivenöl oder handgewürzte Blutorangen?

In Büchern über Angsterkrankungen werden Vorschläge gemacht, was man essen muss, damit sich die Angst bessert. Aber: Man weiß überhaupt nichts darüber, ob man den Verlauf einer Angststörung durch Essen und Trinken beeinflussen kann. Ich glaube, es ist eine naive Hoffnung, dass Panikattacken durch Trockenobst, Knäckebrot oder Grünkernbratlinge gebessert werden können.

Vielleicht steckt hinter den Ernährungsratschlägen die Vorstellung, dass der Angstpatient in irgendeiner Form selbst an seinem Zustand schuld sei und sich deswegen bestrafen müsse. Ein ungesunder Lebenswandel wird somit indirekt als Ursache der Krankheit ausgemacht. Daher werden manchmal auch äußerst lustfeindliche Nahrungsmittel für solche Diäten vorgeschlagen, wie Magerquark, Weizenkleie, Hefeextrakt oder Diabetikermarmelade.

Damit soll nicht gesagt werden, dass eine gesunde Ernährung nicht sinnvoll ist. Nach wie vor gehören Jägerschnitzel, Pommes frites, Currywürste und Schweinebraten zu den wahren Killern. Diese Speisen verursachen die meisten Todesfälle durch Herzinfarkte, Hochdruck, Übergewicht oder Zuckerkrankheit. Aber das hat nichts mit Angsterkrankungen zu tun.

Selbsthilfe bei Panikattacken und Agoraphobie

Bei jeder Angstkrankheit liegen die Verhältnisse anders. Daher werden im Folgenden für jede Form von Ängsten ganz spezielle Tipps zur Selbstbehandlung gegeben.

▶▶ Tipp 1: Der Fehler sitzt oberhalb der Halskrause

Finden Sie sich mit der Möglichkeit ab, dass Ihre Panikattacken nicht körperlicher, sondern seelischer Natur sind. Versuchen Sie nicht, den Arzt davon zu überzeugen, dass er noch weitere Untersuchungen bei Ihnen durchführen soll, obwohl er die Diagnostik für abgeschlossen hält. Man muss sich darüber im Klaren sein, dass die Störung oberhalb und nicht unterhalb der Halskrause liegt. Das heißt im Klartext: Nicht das Herz, nicht die Lunge sind defekt, sondern aus dem Gehirn kommen die Falschmeldungen, dass das Herz oder die Lunge falsch funktionieren – ohne dass das tatsächlich der Fall ist. Gehirnkrankheiten muss man mit Mitteln behandeln, die im Gehirn wirken. Herzrasen, das durch eine Panikerkrankung hervorgerufen wird, kann man also nicht mit Herzmitteln bekämpfen – das wäre, als wenn man versuchen würde, ein Loch im Auspuff dadurch zu reparieren, dass man den Motor austauscht.

Wenn man ständig unter körperlichen Zuständen leidet, die das Bild einer körperlichen Krankheit täuschend echt imitieren, so kommen manchmal Zweifel auf, ob der Arzt wirklich alle notwendigen Untersuchungen gemacht hat. Leider zählt es zu den Symptomen der Krankheit, dass das Ministerium für absurde Angst Ihnen immer wieder einreden will, dass Sie doch etwas Schlimmes haben. Es gehört zum Programm der Angstüberwindung, dass man sich genau das verkneift, was man gerne tun möchte, nämlich sich immer wieder rückzuversichern, ob nicht doch eine organische Krankheit vorliegt.

▶▶ Tipp 2: Panikattacken bringen Sie nicht um

Man kann an einer Panikattacke nicht sterben. Das Ministerium für absurde Angst in Ihrem Gehirn macht sich zwar einen Spaß daraus, Ihnen genau das einzureden, aber eine Panikattacke führt nicht zum Herzstillstand. Sie können keinen Gehirnschlag bekommen, und Sie können auch nicht ersticken. Selbst wenn uns ein Chip im Gehirn einreden will, dass wir gleich ohnmächtig werden, so kann das nicht passieren, da der Körper sich während einer Panikattacke in einem Zustand befindet, den man ungefähr als das Gegenteil einer Ohnmacht bezeichnen kann. Das Gehirn und der Körper befinden sich im Stadium höchster Wachheit.

Sämtliche Vorgänge, die während einer Panikattacke im Körper ablaufen, gehören zum Notfallprogramm des Körpers. Das einzige Problem ist, dass diese Notfallreaktion an der falschen Stelle auftritt – wenn nämlich gar keine reale Gefahr besteht. Sie haben Symptome, als wenn Sie sich auf der Flucht befinden, sitzen dabei aber auf einem weichen Sofa.

▶▶ Tipp 3: Besorgen Sie sich ein Beißholz

Wie gesagt, ist es wichtig, sich den Angst auslösenden Situationen auszusetzen und nicht zu kneifen. Und: Bleiben Sie so lange in dieser Situation, bis die Angst wieder nachlässt. Das Einzige, was jetzt passieren kann, ist, dass Sie unangenehme Angstgefühle entwickeln. Die Natur hat es leider so eingerichtet, dass man sich bei Angstzuständen unbehaglich fühlt. Ein Mittel dagegen wäre, sich ein handliches Beißholz zu schnitzen, auf dem man herumkaut, wenn die Angst aufkommt. Es ist wichtig, zu lernen, die Angst *auszuhalten*. Denn wenn man anfängt, bestimmte Situationen zu vermeiden, aus Angst, eine Panikattacke zu bekommen, die man nicht durchstehen kann, dann verfestigt sich die Angst auf Dauer.

▶▶ Tipp 5: Vertrauen Sie Ihrem Körper

Wenn die nächste Panikattacke kommt, machen Sie einmal folgenden Versuch: Bleiben Sie nicht auf Ihrem Stuhl sitzen, sondern rennen Sie im Laufschritt eine Treppe hoch, hacken Sie Holz im Garten, oder machen Sie einfach 50 Kniebeugen. Sie werden merken, dass Ihr Körper dazu in der Lage ist. Wenn Sie wirklich nahe am Herzinfarkt wären, könnten Sie unmöglich schwere körperliche Verrichtungen ausführen. Diese Übungen dienen nur dazu, das Ministerium für absurde Angst zu überzeugen, dass Ihr Körper noch voll fit ist.

▶▶ Tipp 6: Sport ist Mord – oder?

Sport ist Mord – das zumindest scheinen Menschen mit einer Panikerkrankung zu glauben. Menschen, die unter schweren Angstanfällen mit Herzrasen oder Luftnot leiden, befürchten ja, ein schwaches Herz zu haben, und sind davon überzeugt, sich deswegen schonen zu müssen. Sie vermeiden aus diesem Grund oft jegliche sportliche Betätigung und sind im Durchschnitt weniger ausdauernd als Normalverbraucher.

Da immer wieder in der Zeitung steht, dass Sport gesund sei und den Menschen das seelische Gleichgewicht wiedergebe, wollten der Psychiater Andreas Broocks und ich in einer groß angelegten Untersuchung herausfinden, ob eine Panikstörung mit Sport behandelt werden kann.[148] Wie auch bei allen anderen solchen Studien war es wichtig, eine Kontrollgruppe mit zu untersuchen. Würde man beispielsweise Menschen mit Angsterkrankungen über den Aschenplatz jagen und nach einigen Monaten eine Besserung feststellen, wüsste man nicht, ob diese tatsächlich durch das Laufen entstand oder allein durch den festen Glauben, dass die Plackerei ja zu etwas nütze sein müsse. Deshalb teilten wir unsere Patienten in drei Gruppen: Die erste musste dreimal pro Woche etwa fünf Kilometer joggen, die zweite bekam das Medikament Clomipramin, von dem bekannt war, dass es gut bei einer Panikstörung hilft, und die dritte Gruppe erhielt ein Placebo.

Das Ergebnis war erfreulich: Zwar war das Joggen nicht ganz so wirksam wie das Medikament, dennoch ging es den Patienten in der Jogger-Gruppe deutlich besser als denjenigen, die das Scheinmedikament erhalten hatten. Damit hatten wir die erste kontrollierte Studie durchgeführt, die bewies, dass Sport bei irgendeiner psychischen Erkrankung zu helfen vermag.

Wie kann nun aber der Dauerlauf eine Panikstörung bessern? Das kann man mit einer Besserung der Krankheitsbefürchtungen erklären. Wenn Sie fünf bis zehn Kilometer laufen, bekommen Sie Herzrasen, Luftnot, Schwitzen, Zittern, Schwindel – alles Symptome, die auch bei einer Panikattacke auftreten. Die Patienten konnten sich nun durch das Rennen an diese Symptome gewöhnen und so auf die nächste Panikattacke vorbereiten. Auch ihre Annahme, «Ich habe eine Herzerkrankung, ich müsste eigentlich tot umfallen, wenn ich mich anstrenge», wird durch die Sporttherapie widerlegt. So sagte mir einer der untersuchten Patienten: «Ich bin jede Woche ein paar Kilometer mehr gelaufen, so fit war ich noch nie. Wenn ich wirklich was am Herzen hätte, wäre ich jetzt schon tot.»

Selbsthilfe bei einer Generalisierten Angststörung
Zwei Dinge sind es, die den Menschen mit einer Generalisierten Angststörung zu schaffen machen: erstens die ständig aufkommenden körperlichen Angstsymptome und zweitens die unangemessenen oder übertriebenen Sorgen.

▶▶ Tipp 1: Ihr Körper ist in Ordnung
Vieles, was bei der Panikstörung über körperliche Symptome gesagt wurde, gilt auch hier. Wichtig ist es zu lernen, dass Symptome wie Herzrasen, Zittern, Luftnot, Schwindel, Magenschmerzen, Durchfall oder Harndrang nicht Anzeichen eines Funktionsausfalls Ihres Körpers sind, sondern Angstsymptome, die allerdings völlig ohne Grund oder in übersteigerter, übertriebener Form auftreten.

▶▶ Tipp 2: Das Bundesgesundheitsministerium warnt:
▶▶ Leben ist gefährlich für die Gesundheit
Die Generalisierte Angststörung ist charakterisiert durch übergroße Befürchtungen um Angehörige: den Ehemann, die Freundin, die Kinder, die Enkel oder die Eltern. Man nimmt aber auch an, dass einem selbst etwas Schlimmes passieren könnte: ein Unfall, ein Schlaganfall, ein Raubüberfall. Bis zu einem gewissen Grad sind solche Sorgen noch sinnvoll. Aber bei dieser Angsterkrankung sind die Kümmernisse übertrieben und gehen oft an der Realität vorbei.

Wenn Sie zu einer überzogenen Furcht neigen, sollten Sie immer überprüfen, ob das, was Sie befürchten, auch statistisch wahrscheinlich ist.

Jürgen F. fuhr nicht Auto, reiste nicht in fremde Länder, trank keinen Alkohol, aß kein Fleisch, kaufte nur Lebensmittel aus biologischem Anbau, vermied die pralle Sonne, ging nicht mit vollem Magen baden, mied gefährliche Sportarten, schluckte regelmäßig Vitamin-, Eisen-, Magnesium- und Hefetabletten, nahm bei jeder Grippe gleich Antibiotika, trug immer warme Wollunterwäsche und starb in jungen Jahren an Lungenkrebs, obwohl er nie eine einzige Zigarette geraucht hatte. Dieses Beispiel zeigt, dass man sich nicht vor allen Risiken schützen kann. Wenn man sich auf sämtliche Gefahren vorbereitet, kann das Leben sehr freudlos verlaufen. Stattdessen sollte man sich mit einem gesunden Fatalismus dem Leben stellen.

Bedenken Sie: Ein Leben ohne Genüsse dauert auch nicht länger, es kommt einem nur länger vor.

▶▶ Tipp 3: Was ist wirklich passiert?

Wenn Sie schon morgens Angst vor Dingen haben, die Ihnen am Tage passieren können, machen Sie doch einmal Folgendes: Schreiben Sie den ganzen Tag über auf, was Sie alles befürchteten (das Taxi kommt nicht rechtzeitig, ich werde den Zug verpassen, ich werde zu spät bei meiner Schwiegermutter eintreffen, sie wird schimpfen und es meinem Mann sagen ...). Abends ziehen Sie dann Bilanz und schreiben in eine zweite Spalte, was alles davon eingetreten ist – oder nicht. Nach einer Woche werden Sie merken, dass die meisten Ihrer Befürchtungen nicht eingetreten sind.

▶▶ Tipp 4: Behalten Sie Ihre Sorgen für sich

Wer sich große Sorgen um seine Verwandten macht, neigt auch dazu, diese ständig zu äußern. Wenn man den Kindern sagt, dass sie beim Fahrradfahren den Helm aufsetzen sollen, ist das gerechtfertigt. Aber manchmal haben derartige Ermahnungen auch den gegenteiligen Effekt. Wenn man die Kinder mit unzähligen unbegründeten Ängsten quält, hören sie irgendwann nicht mehr hin. Wenn man einen Sohn, der an einem schönen Sommertag ohne Regenschirm das Haus verlassen will, so behandelt, als ob er ohne schusssichere Weste zu einem Bandenkrieg gehen will, wird man irgendwann nicht mehr ernst genommen. Wenn man dazu neigt, sich zu viele Sorgen zu machen, sollte man sich dreimal überlegen, ob man diese Befürchtungen auch gleich laut äußert. Man tut dies ja nicht nur, um für andere eine Gefahr zu vermeiden, sondern um sich selbst von einer vermeintlichen Schuld zu entlasten: «Wenn dann doch etwas passiert, hat es jedenfalls nicht daran gelegen, dass ich nicht ständig davor gewarnt habe.»

Selbsthilfe bei einer Sozialen Phobie

▶▶ Tipp 1: Sie sind nicht so wichtig, wie Sie denken

Menschen mit einer Sozialphobie haben meist Angst vor Situationen, in denen sie im Mittelpunkt stehen. Vor anderen Menschen reden, einen Raum betreten, in dem schon andere sitzen, oder auf einer Bühne stehen sind Situationen, in denen Sozialphobiker fürchten, von anderen negativ betrachtet zu werden. Besteigen sie einen Bus, denken sie, dass alle anderen Fahrgäste sie anstarren.

Das Paradoxe ist, dass diese Menschen, die von sich immer nur das Schlechteste denken, sich andererseits so wichtig nehmen, dass sie denken, alle Passagiere im Bus würden nur sie anstarren, als wenn diese keine anderen Probleme hätten. Dabei vergessen Sozialphobiker, dass die meisten anderen Menschen nur mit sich selbst beschäftigt sind. Gehen Sie immer davon aus, dass andere von Ihnen viel weniger Notiz nehmen, als Sie befürchten. Und lösen Sie sich von dem automatischen Gedanken, dass andere gleich etwas Negatives über Sie denken. Vielleicht bewundert der Herr gegenüber gerade Ihren frischen Teint, anstatt sich über den winzigen Fleck auf Ihrer Bluse zu mokieren.

▶▶ Tipp 2: Trainieren Sie Psychokarate

Menschen mit einer Sozialphobie haben bei Meinungsverschiedenheiten die Angewohnheit nachzugeben. Zwar heißt es: «Der Klügere gibt nach», aber andererseits bekommt man in dieser Welt nicht immer das, was einem zusteht, wenn man ständig nur einlenkt. Vor allem geht es auch um das schlechte Gefühl und die Demütigung, unter der man leidet, wenn man ständig Zugeständnisse macht. Man fühlt sich auf die Dauer herabgesetzt und klein und verliert seine Selbstachtung.

Daher sollte man den Umgang mit kleinen und größeren Auseinandersetzungen im Alltag trainieren. Psychokarate wird diese Technik auch genannt. Üben Sie zum Beispiel mit Menschen, die Sie nicht gut kennen, wie man die Oberhand gewinnt:

- Stauchen Sie einen Radfahrer zusammen, der ohne Licht fährt oder auf dem Bürgersteig herumkurvt.
- Keifen Sie hemmungslos eine Frau an, die sich im Supermarkt vordrängeln will.
- Weisen Sie jemanden zurecht, der in der Nichtraucherzone zu qualmen anfängt.
- Beschimpfen Sie mit Begeisterung jemanden, der leichtfüßig aus seinem Auto springt, das er soeben auf einem Behindertenparkplatz geparkt hat.

Machen Sie alles das, was jemand tun würde, der sich gerne als Volkspolizist und Querulant aufspielt. Aber denken Sie bei solchen Übungen immer daran, dass es nicht darum geht, andere zu schurigeln, sondern um therapeutische Lektionen, die Ihnen helfen, Ihre Soziale Phobie zu überwinden. Dies ist aber erst die Phase I Ihres Lernprogramms, nicht die Endphase.

Phase II sieht so aus: Wenden Sie das Gelernte bei Menschen an, die Sie gut kennen und gegenüber denen Sie sich durchsetzen wollen – versuchen Sie jetzt aber nicht mehr, aggressiv zu sein, sondern angemessen zu reagieren. Wenn Sie eines Tages gelernt haben, sich gegen Ihre Mitmenschen durchzusetzen, kommt nämlich der Punkt, bei dem Sie aufpassen müssen, dass Sie nicht über das Ziel hinausschießen. Wenn Ihnen jemand auf den Fuß tritt, gibt es drei Möglichkeiten zu reagieren. Ein übertrieben selbstbewusster Mensch würde den anderen anbrüllen: «Nehmen Sie Ihren verdammten Käsequanten von meinem Fuß, sonst haue ich Ihren Kopf zwischen die Rippen, dass Sie aussehen wie ein Affe hinter Gittern.» Der schwere Sozialphobiker würde mit leiser Stimme sagen: «Entschuldigen Sie bitte, dass mein Fuß unter Ihrem steht.» Es gibt aber noch den dritten Weg, dem anderen zu verzeihen und ihn anzulächeln. Das Endziel einer erfolgreichen Selbstbehandlung sollte sein, immer eine Punktlandung hinzubekommen, also in Auseinandersetzungen weder klein beizugeben noch eine völlig überzogene Reaktion zu zeigen. Ihr Verhalten sollte zwischen Unterwürfigkeit und Überheblichkeit liegen. Angstbeißer werden Personen genannt, die ihre eigenen Ängste dadurch überspielen wollen, dass sie gegenüber Menschen der unteren Ebene garstig und gemein sind. Nach oben buckeln sie, nach unten treten sie. Das ist keine Haltung, die Sie anstreben sollten. Ihr Endziel sollte sein, immer die angemessene Handlungsweise zu finden.

▶▶ Tipp 3: Scheuen Sie sich nicht, zur Behandlung zu gehen

Die Soziale Phobie ist die zweithäufigste Angsterkrankung. Dennoch ist erstaunlich, wie selten Menschen mit einer Sozialphobie sich bei einem Arzt oder Psychologen melden. In einer Untersuchung zeigte sich, dass sich nur 33 Prozent der Befragten mit einer Sozialen Phobie jemals wegen psychischer Probleme bei einem Arzt gemeldet hatten. Aber auch diejenigen, die sich in Behandlung begeben hatten, rückten dann nicht mit der Sprache raus und verschwiegen, was eigentlich ihr Hauptproblem war, nämlich ihre krankhafte Schüchternheit. Insgesamt schafften es in dieser Untersuchung nur drei Prozent aller Sozialphobiker, beim Arzt oder Psychologen über ihr eigentliches Problem, die sozialen Ängste, zu reden. Diese Zurückhaltung, die natürlich durch die Krankheit selbst erklärbar ist, führt leider dazu, dass nur ein Bruchteil der Menschen mit einer Sozialen Phobie überhaupt behandelt wird.

Ärztliche Hilfe nehmen am ehesten die Betroffenen in Anspruch, die beruflich und sozial integriert sind, über vergleichsweise gute verbale Ausdrucksmöglichkeiten verfügen, jedoch aufgrund ihrer Position durch die Sozialphobie Nachteile erwarten: der Bankfilialdirektor, der große Angst vor Kundengesprächen oder Vorstandssitzungen hat und daher darüber nachdenkt, seinen hervorragend dotierten Beruf aufzugeben; der Berufsmusiker, der befürchtet, beim Trompetensolo zu versagen; die Lehrerin, die Angst hat, von ihren Schülern für inkompetent gehalten zu werden. Da aber gerade die schwer Betroffenen große Angst haben, sich überhaupt einem Arzt anzuvertrauen – aus Furcht, abgewertet zu werden –, gibt es eine hohe Dunkelziffer von nicht bemerkten Sozialphobien. In dieser Gruppe finden sich Menschen, die eine besonders ausgeprägte Einschränkung durch die Angststörung erfahren: der Arbeiter, der keine Freunde hat, keine Frau kennen lernt und seine Ängste mit Alkohol zu bekämpfen versucht; die Büroangestellte, die sich nichts sehnlicher wünscht als eine Familie und Kinder, aber nicht in der Lage ist, sich mit einem Mann zu verabreden, und deshalb in tiefe Depressionen fällt; die Hausfrau, die alle Kontakte mit Freunden und Bekannten meidet und damit ihre Ehe belastet.

▶▶ Tipp 4: Sie haben eine große Zukunft

Menschen mit einer Sozialen Phobie können eine große Zukunft vor sich haben, wenn sie ihre Ängste einigermaßen im Griff haben. Da sie sich permanent anstrengen, anderen zu gefallen und es allen recht zu machen, gelingt es ihnen oft, im Beruf oder in den schönen Künsten Karriere zu machen. Wer sich ständig selbst kritisiert, arbeitet an sich und versucht, immer perfekter zu werden. Die Angst liefert die Energie, die man braucht, um besser zu sein als die anderen.

Einer meiner Patienten kam in meine Praxis, da er stets Angst hatte, im Seminar vor seinen Mitstudenten und dem Dozenten zu sprechen oder etwas an die Tafel zu schreiben. Nach kurzer Therapie nahm er einen Job als studentische Hilfskraft an und führte selbst die Seminare, vor denen er früher Angst hatte. Heute hält er als Physikprofessor täglich Vorlesungen. Ein anderer meiner Patienten hatte große Angst vor dem Vorsingen bei der Aufnahmeprüfung in einer Musikschule. Heute ist er ein erfolgreicher Opernsänger. Ein Versicherungsvertreter fürchtete sich enorm vor seinem Abteilungsleiter. Heute hat er dessen Job; sein Vorgänger wurde degradiert und ist jetzt sein Untergebener. So könnte ich die Liste derjenigen fortsetzen, die ihre Angst in Energie umgewandelt haben. Mit zunehmendem Erfolg im Beruf, das konnte ich beobachten, wuchs auch ihre Selbstsicherheit.

Wenn Sie Ihre Chancen nutzen, können Sie als Ex-Sozialphobie-Patient danach besser dastehen als diejenigen, die Sie wegen ihres sicheren Auftretens bewundert haben.

Umgang mit Angst am Arbeitsplatz

Ängste am Arbeitsplatz sind in unserer Zeit besonders häufig. Meine Ratschläge können selbstverständlich dann nicht helfen, wenn Arbeitsplätze in Gefahr sind, weil es der Wirtschaft schlecht geht. Aber vielleicht sind sie eine Hilfe, wenn die Ängste vor dem Verlust des Jobs zu seelischen Nöten führen.

▶ Tipp 1: Machen Sie eine Realitätsprüfung

Sind Ihre Ängste am Arbeitsplatz berechtigt oder sind sie übertrieben und unrealistisch? Wenn Sie ohnehin das Gefühl haben, dass Ihre Ängste am Arbeitsplatz völlig überzogen sind, dann können Sie sicher sein, dass Ihre Probleme in einer Sozialen Phobie bestehen. Wenn Sie sich dagegen nicht sicher sind, ob Ihre Ängste überhaupt den Tatsachen entsprechen, versuchen Sie, eine Realitätsprüfung durchzuführen. Gibt es Hinweise, dass Sie gekündigt werden könnten, oder ist das nur eine vage Befürchtung? Sind Ihre Leistungen wirklich unterdurchschnittlich, oder kann man im Großen und Ganzen mit Ihnen zufrieden sein? Fragen Sie Ihren Chef, was er von Ihnen hält, ob er Sie weiterbeschäftigen will, wie es der Firma geht. Fragen Sie Kollegen, was sie meinen. Wenn diese Realitätsprüfung ergibt, dass Ihre Ängste nicht angebracht sind, sondern mehr mit Ihrem mangelnden Selbstwertgefühl zusammenhängen, dann könnte Ihre Angst auch im weitesten Sinne unter den Begriff Soziale Phobie fallen.

Wenn Sie allerdings schon die dritte Abmahnung erhalten haben, Ihr Schreibtisch bereits leer geräumt ist oder die Firma die Zahlung Ihres Gehalts eingestellt hat, sollten Sie sich ernsthaft Sorgen machen, denn Ihre Angst ist begründet.

▶ Tipp 2: Fühlen Sie sich nicht gleich überfordert

Nicht nur bei denjenigen, die in der Hierarchie ganz unten stehen, sondern auch in der Führungsriege jeder Firma und jedes Betriebs existieren Ängste. Wer aufgestiegen ist, hat nicht nur mehr Vorteile und mehr Geld, sondern auch mehr Verantwortung. Nicht selten gibt es Leute, denen diese Verantwortung über den Kopf wächst und die nachts nicht schlafen können, weil sie über anstehende Entscheidungen grübeln müssen. Menschen mit sozialen Ängsten rufen deshalb nicht laut «Hier!», wenn eine Beförderung ansteht. Lieber ertragen sie es, weiter von einem Vorgesetzten gegängelt zu werden, von dem sie eigentlich wissen, dass er ihnen nicht das Wasser reicht. Vielleicht steckt dahinter auch die Angst, nach einer Rangerhöhung wieder degradiert zu werden.

Wenn ein beruflicher Aufstieg ansteht: Trauen Sie sich das zu! Eine Stufe höher in der Hierarchie ist nicht nur mit einem Mehr an Verantwortung, sondern auch mit höherer Lebensqualität verbunden. Es kann zwar sein, dass Sie noch mehr arbeiten müssen, aber Sie können häufiger das machen, was Ihnen Spaß macht, und die unangenehmen Dinge an andere delegieren.

▶ Tipp 3: Lernen Sie, Ihre Erfolge anzuerkennen

Menschen mit einer Sozialen Phobie haben oft eine verzerrte Wahrnehmung ihrer eigenen Erfolge. Wenn etwas schlecht läuft, geben sie sich selbst die Schuld. Wenn aber etwas gut läuft, führen sie dies nicht auf ihre eigene Leistung, sondern auf Zufall, Glück oder andere günstige Umstände zurück. Wenn sie eine Prüfung mit Bravour bestanden haben, sagen sie: «Das waren ganz leichte Fragen.» Wenn sie für eine wichtige Aufgabe vorgeschlagen werden, sagen sie: «Der Chef muss sich getäuscht haben.» Oder sie werten denjenigen ab, der große Stücke auf sie hält: «Der Idiot hat nicht gemerkt, dass ich überhaupt keine Ahnung habe.»

Lernen Sie, Ihre Erfolge ins rechte Licht zu rücken. Wenn Sie drei Prüfungen mit einer Eins oder Zwei abgeschlossen haben, gibt es keinen vernünftigen Grund, anzunehmen, dass Sie in der nächsten Prüfung mit Pauken und Trompeten durchfallen.

▶▶ Tipp 4: Lernen Sie, ohne Lob auszukommen

Viele Arbeitnehmer, die ihren Job ganz passabel machen, wundern sich, dass sie nie gelobt werden. Wenn Sie auch dieses Gefühl haben, dass Sie perfekt arbeiten, aber nie Lob zu hören bekommen, dann kann es daran liegen, dass Sie einen zwanghaften Chef haben. Solche Menschen bringen es nicht fertig, ein gutes Wort fallen zu lassen, selbst wenn sie mit Ihrer Arbeit zufrieden sind. Zufrieden sind sie aber selten. Solche Vorgesetzten befürchten, dass ein Mitarbeiter sofort in seiner Leistung nachlassen würde, wenn man ihn durch Anerkennung seiner Arbeit in Sicherheit wiegt. Trösten Sie sich damit, dass solche Menschen nie glücklich werden. Werden Sie damit fertig, dass Sie nicht ständig zu hören bekommen, wie gut Sie sind. Denken Sie an den Satz des deutschen Humoristen Robert Gernhardt: «Keine Sau will mehr rühmen, aber jedes noch so dumme Schwein will berühmt werden.»

Tipp 5: Lernen Sie, mit der Angst zu leben

Wenn Ihr Arbeitsplatz aber tatsächlich in Gefahr ist, und zwar hauptsächlich aus Gründen, die Sie nicht zu vertreten haben, dann hat es keinen Sinn, sich zu grämen.

In den USA kleben die Menschen nicht an ihrem Job. «Hire and fire» – heuern und feuern – heißt es dort, entsprechend weniger streng sind die Sozialgesetze. Aber auch die Arbeitnehmer haben sich daran gewöhnt, mal hier ein Jahr, mal dort ein Jahr zu arbeiten, dann entweder selbst zu kündigen oder aber geschasst zu werden. Ein Amerikaner zieht durchschnittlich siebenmal im Leben um und wechselt achtmal den Arbeitsplatz. Man zieht in eine völlig andere Stadt, baut rasch neue Bekanntschaften auf, bekommt dort aber identisch aussehende Hamburger zu essen – und trauert nicht der alten Heimat nach. In Japan dagegen versucht man, das ganze Leben bei einer Firma zu bleiben. Wer miserabel arbeitet, wird nicht unbedingt gekündigt. Man setzt diesen Mitarbeiter in eine hintere Büroecke und baut einen Paravent aus Reispapier um ihn herum auf, damit die anderen Mitarbeiter nicht sehen, wie schlecht er arbeitet. Auch kann er dort ungestört Harakiri begehen.

Da haben wir es in Europa noch etwas besser. Trotzdem neigen Deutsche im Allgemeinen dazu, immer genau den Job gut zu finden, den sie gerade haben, obwohl er objektiv nicht gut ist. Mit anderen Worten: Wenn Sie tatsächlich gekündigt werden, überlegen Sie sich: Ist es wirklich die große Katastrophe? Oder kann ich vielleicht sogar einen viel besseren Job bekommen?

In von Arbeitslosigkeit besonders betroffenen Regionen sind Ängste und Depressionen, aber auch die negativen Folgen wie Alkoholmissbrauch, verbreitet. Dort macht sich oft das Gefühl der «erlernten Hilflosigkeit» breit. Die Menschen lernen, dass sie ihr Schicksal nicht mehr in der Hand haben. Ob sie viel oder wenig arbeiten, grantig oder freundlich sind – alle sind bei Massenentlassungen gleich betroffen. Es entwickelt sich Resignation.

LÖSUNG 4: DAS VERSTREICHEN DER ZEIT

Dies ist die einfachste Lösung zur Bekämpfung von Ängsten: Sie brauchen gar nichts dafür zu tun. Sie brauchen nur Geduld zu haben. Viele kleinere Anwandlungen von Angst gehen nach Tagen, Wochen oder Monaten von selbst weg. Auch ist es ziemlich unwahrscheinlich, dass einen die Angst noch mit fünfzig Jahren plagt. Der Altersgipfel für Angsterkrankungen liegt bei 36 Jahren. Danach steigt die Chance, dass sich die Angst irgendwann in Luft auflöst – selbst wenn Sie sich nicht behandeln lassen. Die Zeit arbeitet für Sie, und wenn die Ängste bei Ihnen nur wenig ausgeprägt sind, brauchen Sie vielleicht nichts weiter zu tun, als Tee zu trinken und abzuwarten. Allerdings ist es bei deutlichen Angstsymptomen nicht sinnvoll, lediglich auf die Zeit zu bauen. Es wäre auch ein schwacher Trost, wenn Sie noch zehn Jahre warten müssten, bis die Angst aufhört. In solchen Fällen sollte man den notwendigen Schritt in die Therapie tun. Trotzdem lautet die gute Nachricht: Eines Tages geht es Ihnen besser, selbst wenn sämtliche Therapien versagen.

Bedenken Sie: Auch nach einer erfolgreichen Angstbehandlung kann noch ein Rest von Angst übrig bleiben, der durch allergrößte

Willensanstrengung, die raffinierteste Psychotherapie und die besten Pillen nicht wegzutherapieren ist. Und das soll wohl auch so sein. Ihre Ängste gehören zu Ihrer Persönlichkeit. Viele Ihrer positiven Seiten beruhen vielleicht auf Ihren kleinen Ängsten. Keine noch so gute Therapie kann aus einem feinfühligen, verletzlichen, sensiblen oder empfindlichen Menschen einen groben, furchtlosen, herzlosen und unempfindlichen Haudegen machen.

DER SECHSTE SINN UND DIE WUNDERDROGE

Eine verblüffend neue Möglichkeit, Ängste zu therapieren, kommt auf uns zu: die Behandlung mit Pheromonen. Pheromone sind Duftstoffe, die Tiere in Form von Dämpfen aus ihrer Haut absondern, um das andere Geschlecht anzuziehen. Jahrelang hat man geglaubt, dass solche Pheromone nur bei Tieren, nicht aber bei Menschen existieren. Vor kurzer Zeit erst hat man aber ein neues menschliches Sinnesorgan entdeckt, das «vomeronasale Organ» – im wahrsten Sinne des Wortes der sechste Sinn. Dieses Organ ist in der Lage, Pheromone in der Luft aufzuspüren, wobei Pheromone nicht nur im Zusammenhang mit sexueller Anziehungskraft, sondern auch mit Angst interessant sind. Diese chemischen Stoffe können nämlich beim anderen Geschlecht eine Beruhigung auslösen.

Der kalifornische Arzt David Berliner hat Vomeropherin entwickelt, ein Pheromon, das mit Hilfe eines Nasensprays inhaliert werden kann. Die beruhigende Wirkung tritt sofort ein und hält zwei bis vier Stunden an – leider nur bei Männern, ohne dass man weiß, warum.

Nicht nur bei Angststörungen, sondern auch bei Depressionen, Verstimmungen während der Regelblutung, bei Fressanfällen, Aggressionen, Kaufrausch und sogar bei Kleptomanie (krankhaften Diebstählen) soll die Wunderdroge helfen. Man stelle sich das vor: Frauen sprayen sich bei Panikattacken einen Hub in die Nase; Männer nehmen die Spraydose mit zum Rendezvous und nebeln die Angebetete heimlich ein; Hausfrauen nehmen das Aerosol mit zum

Shopping, um Kauforgien zu verhindern; die Polizei versprüht die Substanz bei einer Massenschlägerei, und plötzlich umarmen sich alle Kontrahenten; Diätpläne sind out und werden durch eine kleine Sprühdose ersetzt.

Noch sind solche Ankündigungen allerdings mit Vorsicht zu genießen, denn bisher fehlen überzeugende wissenschaftliche Nachweise für die behaupteten Wirkungen. Und vielleicht ist das Vomeropherin nicht das, was die Menschheit noch gebraucht hat.

«Die perfekte Droge. Euphorisierend, narkotisch, angenehm halluzinogen. Hat alle Vorteile der Christenheit und des Alkohols, aber nicht deren Nachteile. Nimm dir Ferien von der Realität ...» – die Rede ist von «Soma», der Wunderdroge. In dem 1932 erschienenen Zukunftsroman «Schöne neue Welt» von Aldous Huxley müssen alle Menschen jeden Tag zwei Tabletten Soma einnehmen – ob sie wollen oder nicht. Damit kommen die alltäglichen Sorgen, die heutige Menschen plagen, gar nicht erst auf. Die Pille hat auch keinerlei Nebenwirkungen, so sind immer alle Menschen gut gelaunt und ohne Probleme.

Leider gibt es Soma heute noch nicht. Dennoch denken Forscher darüber nach, wie die Angsttherapie verbessert werden kann. Ideal wäre eine Mittel, das so rasch und elegant wie die Benzodiazepine wirkt, aber nicht deren Nachteile hat, nämlich Müdigkeit und eine mögliche Abhängigkeit. In diesem Buch war die Rede von einem Stoff, der wahrscheinlich im menschlichen Körper existiert und der der natürliche Schlüssel des GABA-Rezeptor-Schlosses ist. Dieser körpereigene Stoff, den wir noch nicht entdeckt haben, kreist im Körper und sorgt dafür, dass wir uns wieder beruhigen, wenn unser Herz in Wallung geraten ist. Er hat eine angstlösende Wirkung. Wenn es gelänge, diesen Stoff zu identifizieren und im Labor nachzubasteln, könnte es sein, dass man das ideale Angstmedikament gefunden hat. Jedenfalls hätte es nicht die Nachteile der Antidepressiva, die erst nach frühestens zwei Wochen wirken. Es hätte auch nicht die Nachteile der Benzodiazepine, die träge und süchtig machen können. Es hätte praktisch keine Nebenwirkungen. Mit anderen Worten: Es gäbe praktisch keinen Grund, diesen Stoff nicht ins Trinkwasser zu tun. Oder?

Aber vielleicht wollen wir Menschen gar nicht völlig ohne Angst leben wie geklonte Menschen in der «Schönen neuen Welt»?

SCHLUSSWORT

Die Natur hat uns mit zwei Arten von Ängsten ausgestattet, der Angst vor tatsächlich existierenden Gefahren – die uns schützen und am Leben erhalten soll – und der anderen, scheinbar unnötigen, absurden Angst. Aber auch diese Angst hat ihren Sinn. Sie kann in Energie und Tatkraft umgewandelt werden. Sie macht uns kreativ und phantasievoll, erfinderisch und ideenreich. Wer Ängste überwunden hat, kann stärker sein als ein Mensch, der sie nie empfunden hat.

Die Entstehung von Ängsten erklärt man sich heute vielschichtiger als früher. Wir müssen uns wahrscheinlich von dem Gedanken lösen, dass allein Erziehungsfehler unserer Eltern an der Angst schuld sind. Stark belastende Erlebnisse in der Kindheit können in unserem Gehirn überdauern, um Jahrzehnte später unerklärliche Ängste auszulösen. Angst kann uns aber auch mit den Genen mitgegeben werden wie Sommersprossen und Hammerzehen. Sie kann auch eine lästige Erbschaft von unseren Vorfahren sein, die ihre Schutzfunktion heute verloren hat. Und neuere Erkenntnisse der Wissenschaft zeigen uns, dass die biochemischen Vorgänge in unserem Gehirn uns mehr beeinflussen, als wir bisher geglaubt haben.

Angst kann so stark werden, dass sie die Ausmaße einer Krankheit annimmt und das Leben unnötig schwer macht. Aber wir müssen diese Angst nicht still erdulden. Wir können gegen sie kämpfen, sie abtrainieren und überwinden. Dadurch können wir unseren Lebensradius erweitern und ein reicheres Leben führen.

In den letzten Jahren hat es für die Menschen, die unter Angsterkrankungen leiden, positive Veränderungen gegeben: Die Krankheitsbilder werden häufiger erkannt, die Theorien zur Entstehung von krankhaften Ängsten sind genauer geworden, und die Behandlung wurde verbessert. Mit Hilfe der Psychotherapie und der medikamentösen Behandlung konnte die Lebensqualität der Patienten entscheidend verbessert werden. In den vielen Jahren, in denen ich Patienten mit Angsterkrankungen behandelt habe, sah ich viele Menschen, die nach einem leidvollen, isolierten, von Furcht zerfressenen Leben ihre Ruhe, Freiheit und Lebensfreude wiedergewinnen konnten.

Aber auch wenn es heute möglich ist, die schlimmen Ausprägungen der Angst im Schach zu halten, wird es immer ein Traum bleiben, völlig ohne Angst leben zu können. Nicht nur, weil wir wissen, dass das Leben endlich ist, sondern auch weil die Angst zu uns gehört. Sie macht uns zu dem, was wir sind.

WÖRTERBUCH DER ANGST

ACTH	→ Adrenocorticotropes Hormon
Adrenalin	Stresshormon, das im Nebennierenmark ausgeschüttet wird und ein Botenstoff des sympathischen Nervensystems ist
Adrenocorticotropes Hormon	ACTH, auch Corticotropin. Wird in der → Hypophyse ausgeschüttet; führt zur Ausschüttung von → Cortisol aus der Nebennierenrinde
Agoraphobie	Angst in Menschenansammlungen oder engen Räumen
Ammonshorn	→ Hippocampus
Amygdala	auch Mandelkern genannt; Teil des → limbischen Systems im Gehirn, der direkt dem → Hippocampus anliegt und zahlreiche Funktionen im Bereich der Angstauslösung hat
Angstnetzwerk	Geflecht von zusammenarbeitenden Gehirnteilen, die an der Auslösung von Ängsten beteiligt sind. Umfasst den → Thalamus, die → Amygdala, den → Hippocampus, das → zentrale Grau, den → Locus coeruleus und den → Hypothalamus
Angstneurose	früherer Begriff für Angsterkrankung
Antidepressiva	Medikamente gegen Depressionen; helfen auch bei Angsterkrankungen
Antihistaminika	Beruhigungsmittel; helfen auch bei Allergien
Autogenes Training	Selbst angewandte Entspannungstechnik, die auf den deutschen Psychiater und Theologen Johannes Heinrich Schultz zurückgeht
Bach-Blüten	Therapie, die auf den homöopathischen Arzt Edward Bach zurückgeht. Blüten werden in

	Wasser gelegt und in die Sonne gestellt; das Wasser wird als Heilmittel verwendet
Benzodiazepine	Beruhigungs- und Schlafmittel; werden bei Angsterkrankungen verwendet
Betablocker	Mittel gegen hohen Blutdruck
Biofeedback	Entspannungsmethode, bei der Körperfunktionen wie Herzschlag und Atmung hörbar gemacht werden. Der Anwender soll so lernen, diese Körperfunktionen zu kontrollieren und zu entspannen
Botenstoff	→ Neurotransmitter
Corticotropin	→ Adrenocorticotropes Hormon
Cortisol	Stresshormon, das aus der Nebennierenrinde ausgeschüttet wird. Führt bei einer Kampf- oder Fluchtreaktion zur Ausschüttung von → Adrenalin und → Noradrenalin
Cortisol Releasing Hormone	wird im → Hypothalamus ausgeschüttet und führt in der → Hypophyse zur Ausschüttung von → ACTH
CRH	→ Cortisol Releasing Hormone
Dysmorphophobie	Krankhafte Vorstellung, körperlich entstellt oder unansehnlich zu sein
Einfache Phobie	auch Spezifische Phobie genannt. Bezeichnet die Angst vor einzelnen Dingen, wie Tieren, Höhen, Blut usw.
Erlernte Hilflosigkeit	Von Martin Seligman entwickeltes Konzept, nach dem Depressionen entstehen können, wenn jemand ungenügende Kontrolle über sein Schicksal hat
Es	Begriff aus der Psychoanalyse. Unbewusste Instanz, die die ungesteuerte Befriedigung der Triebe (Hunger, Sex) anstrebt. Gegenspieler des → Über-Ichs
Flooding	→ Überflutungstherapie
Gamma-Aminobuttersäure (GABA)	Botenstoff im Gehirn, der für allgemeine Beruhigung sorgt. → Benzodiazepine verstärken die Wirkung von GABA
Generalisierte Angststörung	Angststörung, die durch ständige, unerklärliche Angst gekennzeichnet ist, aber auch durch übertriebene Sorgen um Mitmenschen
Hippocampus	auch Seepferdchen oder Ammonshorn genannt; Teil des → limbischen Systems; bei der

	Auslösung von Angstreaktionen im Kontext von Stressereignissen beteiligt, vollzieht Speicher- und Abrufvorgänge im Gedächtnis und liegt im Gehirn unmittelbar der Amygdala an
Hirnanhangdrüse	→ Hypophyse
Homöopathie	auf C. F. Samuel Hahnemann zurückgehende Therapierichtung. Geht davon aus, dass ein in einer sehr geringen Dosis gegebener Stoff ein Heilmittel gegen ein bestimmtes Leiden sein könnte, wenn er in hoher Dosierung ein ähnliches Leiden hervorruft
Hyperventilation	bei Panikattacken auftretende zu starke Atmung, die durch fälschlicherweise angenommenen Sauerstoffmangel entsteht
Hypophyse	auch Hirnanhangdrüse genannt. Hormondrüse unterhalb des Gehirns. Im Hypophysenvorderlappen wird → ACTH ausgeschüttet (auch Hirnanhangdrüse)
Hypothalamus	Steuerzentrum im Gehirn. Hier wird bei Angst das sympathische Nervensystem und die → Hypothalamus-Hypophysen-Nebennierenrinden-Achse aktiviert
Hypothalamus-Hypophysen-Nebennierenrinden-Achse	Regelkreis der Körpers, der die Ausschüttung von Stresshormonen regelt
Imipramin	→ trizyklisches Antidepressivum; erstes Medikament, das bei einer Panikstörung eingesetzt wurde
Katharsis	Begriff aus der Psychoanalyse; wenn ein unbewusster Konflikt durch die Deutung des Psychoanalytikers zutage tritt, soll es zu einer Heilung («Reinigung») der Symptome kommen
Klaustrophobie	Angst in engen oder verschlossenen Räumen; tritt häufig bei Menschen mit → Agoraphobie auf
Klientenzentrierte Gesprächspsychotherapie	Psychotherapierichtung, die von Carl Rogers als Alternative zur Psychoanalyse entwickelt wurde. Im Gegensatz zur Analyse, bei der der Therapeut steuernd («direktiv») vorgeht, lernt der Klient hier, wie er sich selbst heilen kann
Kognitive Therapie	Weiterentwicklung der ursprünglichen Verhaltenstherapie, die höhere Denkfunktionen

	berücksichtigt. Wird auch bei Ängsten angewandt, die nicht wie → phobische Ängste durch → Überflutung behandelt werden können
Konfrontationstherapie	Verhaltenstherapie, bei der der Patient sich den Angst auslösenden Situationen stellt
Kontextlernen	bei traumatischen Erfahrungen lernt man nicht nur die Verbindung des Ereignisses mit Angst, sondern verbindet auch die Umgebung (Kontext) mit Angst
Kortex	Rinde (graue Substanz) des Gehirns
Laktat	chemischer Stoff, der in der Medizin eingesetzt wird, aber auch Panikattacken auslösen kann
Limbisches System	komplexes System aus mehreren Strukturen im Inneren des Gehirns (u. a. → Amygdala, → Hippocampus, → Thalamus, → Hypothalamus), das zahlreiche Funktionen kontrolliert (vegetatives System, Emotionen, Motivation, Bewusstsein, Gedächtnis). Ihm kommt große Bedeutung im Zusammenhang mit Angststörungen, Depressionen und anderen seelischen Erkrankungen zu
Locus coeruleus	Kern im Gehirn; enthält etwa die Hälfte aller noradrenergen Neuronen des Gehirns; an der Entstehung von Panikattacken beteiligt
Mandelkern	→ Amygdala
MAO-Hemmer	→ Monoaminoxidase-Hemmer
Monoaminoxidase-Hemmer	Medikamente gegen Angst und Depressionen
Nebenniere	Drüse, die auf der Niere sitzt. Bei Stress und Angst werden aus der Nebennierenrinde → Cortisol, aus dem Nebennierenmark → Adrenalin und → Noradrenalin ausgeschüttet
Neurose	früherer Begriff, der die Angststörungen und andere seelische Erkrankungen von den Psychosen (Schizophrenie u. a.) abgrenzte. Der Begriff wurde kritisiert und steht kurz vor der Abschaffung, weil er suggerieren sollte, dass «neurotische» Erkrankungen allein auf seelischen Konflikten und nicht auf organischen Ursachen beruhen
Neurotransmitter	Botenstoff; chemische Substanz, die für die

	Übertragung einer elektrischen Erregung von einer Nervenzelle zur anderen sorgt, nachdem er am → Rezeptor angedockt ist (zum Beispiel → Serotonin)
Noradrenalin	Botenstoff im Gehirn
Panikstörung	Angsterkrankung, die mit häufigen Angstattacken einhergeht und häufig mit einer → Agoraphobie gepaart ist
Pheromone	Pheromone sind Duftstoffe, die Tiere in Form von Dämpfen aus ihrer Haut absondern, um das andere Geschlecht anzuziehen
Phobie	krankhafte Furcht vor harmlosen Dingen beziehungsweise übersteigerte Furcht vor realen Gefahren
Placebo	Scheinmedikament; wird in Doppelblindstudien verwendet
Progressive Muskelrelaxation	Entspannungsverfahren; geht auf den amerikanischen Psychiater Edmund Jacobson zurück
Rezeptor	Stelle an einer Nervenzelle, an der sich ein → Neurotransmitter bindet, um seine Wirkung auszuüben
Selektive Serotonin-Wiederaufnahmehemmer (SSRI)	Medikamente aus der Gruppe der → Antidepressiva, die bei Angsterkrankungen wirksam sind
Serotonin	→ Neurotransmitter, der im Gehirn, aber auch im übrigen Körper vorkommt und eine wichtige Rolle bei den Angsterkrankungen spielt
Soziale Phobie	Menschen mit einer Sozialen Phobie haben Angst in Situationen, in denen sie sich blamieren könnten – sie leiden unter extremer Schüchternheit
SPECT	Single-Photon-Emission Computed Tomography; bildgebendes Verfahren
Spezifische Phobie	→ Einfache Phobie
SSRI	→ Selektiver Serotonin-Wiederaufnahmehemmer (von engl. *selective serotonin reuptake inhibitor*)
Stresshormone	Hormone, die unter Stress oder in Gefahrensituationen ausgeschüttet werden (→ Cortisol, → Adrenalin, → Noradrenalin)

Sympathisches Nervensystem	Teil des vegetativen Nervensystems; wird bei Angst aktiviert
Synapse	Kontaktstelle zweier Nervenzellen, in deren Spalt die Neurotransmission durch → Neurotransmitter stattfindet
Systematische Desensibilisierung	Technik der Verhaltenstherapie, bei der der Patient in kleinen Schritten mit Angst auslösenden Situationen konfrontiert wird
Thalamus	Gehirngebiet, das eingehende Informationen von den Sinnesorganen zunächst einmal filtert, bevor sie an die zuständigen Stellen weitergeleitet werden
Trauma	belastendes Lebensereignis
Trizyklische Antidepressiva (TZA)	Medikamente aus der Gruppe der → Antidepressiva, die bei Depressionen, aber auch bei Angststörungen helfen
Überflutungstherapie	Technik der Verhaltenstherapie, bei der sich der Patient massiv und lange mit Angst auslösenden Situationen auseinander setzen muss (auch Flooding genannt)
Über-Ich	Begriff aus der Psychoanalyse; unbewusste Instanz, die Normen und Werte vertritt. Gegenspieler des → Es
Vegetatives Nervensystem	Nervensystem im Körper, das die Lebensfunktionen wie Herzschlag usw. steuert. Seine Funktionen laufen automatisch ab
Zentrales Grau	Gebiet im Gehirn, das bei Angstreaktionen erregt wird. Hier entsteht die Todesangst beziehungsweise der Totstellreflex bei Tieren

TEST: LEIDEN SIE UNTER EINER ANGSTERKRANKUNG?

Mit dem folgenden Test können Sie herausfinden, ob Sie unter einer Angststörung leiden. Es gibt verschiedene Angststörungen. Es ist auch möglich, dass mehrere Angststörungen gleichzeitig bestehen.
Die wichtigsten sind:

– Panikstörung mit oder ohne Agoraphobie
– Generalisierte Angststörung
– Soziale Phobie
– Einfache (Spezifische) Phobie

Mit diesem Test kann natürlich keine genaue Diagnose gestellt werden. Wenn aber aufgrund dieses Tests der Verdacht einer Angststörung bestätigt wird, sollten Sie einen Arzt oder einen Psychologen aufsuchen.

Jeder Mensch leidet mehr oder weniger unter Ängsten. Dieser Test kann Ihnen helfen, zu unterscheiden, ob sich diese Ängste noch im Rahmen halten oder ob sie schon krankhaft sind.

Panikstörung

Leiden Sie unter folgenden Symptomen:
- ❏ Herzrasen oder unregelmäßiger Herzschlag
- ❏ Schwitzen
- ❏ Zittern oder innerliches Beben
- ❏ Mundtrockenheit
- ❏ Luftnot
- ❏ Engegefühl oder Kloß im Hals
- ❏ Schmerzen, Druck oder Enge in der Brust
- ❏ Übelkeit oder Magenbeschwerden
- ❏ Schwindel, Unsicherheit, Benommenheit oder Angst, in Ohnmacht zu fallen
- ❏ Gefühl, nicht da zu sein oder neben sich zu stehen
- ❏ Angst, die Kontrolle zu verlieren oder verrückt zu werden
- ❏ Angst zu sterben
- ❏ Hitzewallungen oder Kälteschauer
- ❏ Taubheits- oder Kribbelgefühle in den Gliedmaßen oder im Gesicht

Treten diese Symptome in Form von plötzlichen Angst- und Panikzuständen auf, die zwischen 10 Minuten bis 2 Stunden andauern? Haben Sie dabei mindestens 4 dieser Symptome gleichzeitig?
Wenn Sie diese Symptome nicht in Form von heftigen Attacken, sondern mehr über den Tag verteilt haben, sehen Sie bitte unter Generalisierte Angststörung nach. ❏ **JA**

Treten diese Panikattacken entweder aus heiterem Himmel auf oder in den Situationen, wie sie unter Agoraphobie beschrieben sind (oder beides)? ❏ **JA**

Beide Kästchen mit **JA** beantwortet:

✗ Es besteht der Verdacht, dass bei Ihnen eine Panikstörung vorliegt

Agoraphobie

Anmerkung: Eine Panikstörung ist häufig mit einer Agoraphobie verbunden

Haben Sie in den folgenden Situationen Angst oder Beklemmungsgefühle? Vermeiden Sie solche Situationen? Können Sie solche Situationen nur in Begleitung aufsuchen?

- ❏ öffentliche Verkehrsmittel
- ❏ Theater, Kino
- ❏ Menschenmengen
- ❏ Versammlungen oder Feste
- ❏ Enge Räume wie Fahrstühle
- ❏ Geschlossene Räume oder Tunnel
- ❏ Autofahren im Stau oder an der roten Ampel stehen
- ❏ Kaufhaus
- ❏ Schlange stehen
- ❏ Allein weite Reisen unternehmen
- ❏ Allein zu Hause zu sein

Treffen mindestens 2 dieser Situationen für Sie zu und führt die Vermeidung dieser Situationen in irgendeiner Form zur Einschränkung Ihrer Lebensqualität?

❏ JA

✘ Es besteht der Verdacht, dass bei Ihnen eine Agoraphobie vorliegt

Test: Leiden Sie unter einer Angsterkrankung?

Generalisierte Angststörung

Leiden Sie unter den folgenden Symptomen:
- ❏ Herzrasen oder unregelmäßiger Herzschlag
- ❏ Schwitzen
- ❏ Zittern oder innerliches Beben
- ❏ Mundtrockenheit
- ❏ Luftnot
- ❏ Engegefühl oder Kloß im Hals
- ❏ Schmerzen, Druck oder Enge in der Brust
- ❏ Übelkeit oder Magenbeschwerden
- ❏ Schwindel, Unsicherheit, Benommenheit oder Angst, in Ohnmacht zu fallen
- ❏ Gefühl, nicht da zu sein oder neben sich zu stehen
- ❏ Angst, die Kontrolle zu verlieren oder verrückt zu werden
- ❏ Angst zu sterben
- ❏ Hitzewallungen oder Kälteschauer
- ❏ Taubheits- oder Kribbelgefühle in den Gliedmaßen oder im Gesicht

Leiden Sie unter mindestens 4 der Symptome, wobei allerdings diese Symptome nicht gleichzeitig in Form von heftigen Panikanfällen auftreten (siehe Panikstörung), sondern mehr oder weniger über den Tag verteilt auftreten?   ❏ **JA**

Leiden Sie zusätzlich unter:
- ❏ Unruhe oder Nervosität
- ❏ Konzentrationsschwierigkeiten
- ❏ Reizbarkeit
- ❏ Einschlafstörungen
- ❏ Übertriebene Reaktionen auf kleine Schrecksituationen   ❏ **JA**

Haben Sie außerdem häufig Sorgen oder Befürchtungen, z. B. dass Ihnen oder einem Familienmitglied ein Unglück passieren könnte?   ❏ **JA**

Alle 3 Kästchen mit **JA** beantwortet?

✘ Es besteht der Verdacht, dass bei Ihnen eine Generalisierte Angststörung vorliegt

Soziale Phobie

Haben Sie Angst in Situationen, in denen Sie befürchten, dass andere Leute negativ über Sie urteilen könnten, Ihr Aussehen kritisieren könnten oder Ihr Verhalten als dumm, peinlich oder ungeschickt ansehen könnten? Beispiele für solche Situationen sind:

- ❏ Ich habe in Restaurants Angst, dass ich mich dort peinlich benehmen könnte
- ❏ Ich habe große Angst vor Respektspersonen
- ❏ Ich hasse es, wenn mich jemand bei der Arbeit beobachtet
- ❏ Ich habe viel zu wenig Durchsetzungsvermögen
- ❏ Ich habe große Angst vor Situationen, in denen ich einen Vortrag halten müsste, einen Witz erzählen oder etwas an die Tafel schreiben müsste
- ❏ Wenn ich weniger schüchtern wäre, hätte ich beruflich aufsteigen können
- ❏ Ich hätte Angst, wenn man bei einem Zusammensein von Bekannten, Freunden oder Verwandten über mich redet, während ich dabei bin.

Haben Sie mindestens 2 dieser Fragen mit **JA** beantwortet? ❏ **JA**

In den genannten Situationen kommt es bei mir zu körperlichen Erscheinungen, wie (mindestens 1):
- ❏ Erröten
- ❏ Zittern
- ❏ Angst, mich zu übergeben
- ❏ Gefühl, auf die Toilette zu müssen ❏ **JA**

Beide Kästchen mit **JA** beantwortet?

✗ Es besteht der Verdacht, dass bei Ihnen eine Soziale Phobie vorliegt

Einfache (Spezifische) Phobie

Haben Sie starke Angst vor bestimmten Dingen oder Situationen, wobei die Angst jedoch nur auf wenige Dinge oder Situationen, z. B. auf 1 oder 2 beschränkt bleibt?
Beispiele hierfür sind:
- ❏ Insekten oder Spinnen
- ❏ Tiere (Katzen, Hunde, Pferde)
- ❏ Naturgewalten (Donner, Sturm, tiefes Wasser)
- ❏ Blut, Verletzungen, Spritzen
- ❏ Situationen wie Höhen, Fahrstuhl, Tunnel

Haben Sie mindestens 1 der obigen Dinge angekreuzt? ❏ **JA**
Empfinden Sie diese Angst als übertrieben beziehungsweise stärker als andere Menschen? ❏ **JA**

Beide mit **JA** beantwortet?

✗ Es besteht der Verdacht, dass bei Ihnen eine Einfache Phobie vorliegt

Ist die Angst bei mir schon krankhaft?

Wenn Sie aufgrund des vorhergehenden Tests eine Vermutung haben, dass bei Ihnen eine Angststörung vorliegen könnte, Sie sich aber nicht sicher sind, ob dies noch «normal» oder «krankhaft» ist, beantworten Sie bitte folgende Fragen:

- ❏ Ich denke mindestens 50 Prozent des Tages über meine Ängste nach
- ❏ Wegen meiner Ängste habe ich mein Leben völlig umgestellt, sodass ich viele Dinge nicht tun kann, die ich gerne machen würde
- ❏ Wegen meiner Ängste trinke ich häufig zu viel Alkohol oder nehme zu viele Beruhigungstabletten ein
- ❏ Meine ständigen Ängste führen dazu, dass ich depressiv und niedergeschlagen bin
- ❏ Wegen meiner Ängste habe ich bereits Selbstmordgedanken gehabt
- ❏ Wegen meiner Ängste habe ich ernsthafte Schwierigkeiten im Beruf
- ❏ Wegen meiner Ängste habe ich Probleme mit meiner Partnerschaft

Haben Sie mindestens 1 der obigen Fragen mit **JA** beantwortet?   ❏ **JA**

✘ Es ist anzunehmen, dass Sie an einer behandlungsbedürftigen Angststörung leiden. Sie sollten dies mit einem Arzt oder Psychologen besprechen

DANK

Ich danke meiner Lektorin Regina Carstensen, Uwe Naumann vom Rowohlt Verlag und außerdem Ruth Becker, Merle Haust und Julia Sauk für die Durchsicht des Manuskripts.
Meiner Familie danke ich für ihre Geduld.

Göttingen, den 1. Juni 2004

Borwin Bandelow

ANMERKUNGEN UND LITERATUR

1 Apotheken Umschau: 2, 2002
2 Riemann, F. E.: Grundformen der Angst: Eine tiefenpsychologische Studie. München/Basel, Reinhardt Verlag 1990
3 Dugatkin, L. A.: Tendency to inspect predators predicts mortality risk in the guppy (Poecilia reticulata). Behavior and Ecology 3, S. 124–127, 1992
4 Kierkegaard, S.: Der Begriff Angst. Hamburg, Felix Meiner Verlag 1984
5 Barloon, T. J. und Noyes, R., Jr.: Charles Darwin and panic disorder. Journal of the American Medical Association 277, S. 138–141, 1997
6 Wheeler, S.: Terra Incognita. New York, N. Y., Random House 1996
7 Jones, E.: Das Leben und Werk von Sigmund Freud. Band 1 (S. 361). Bern, Huber 1960
8 Enciclopedia dell'arte antica classica e orientale: Rom, 1965
9 www.phobialist.com
10 Rapoport, J. L.: The boy who couldn't stop washing. New York, E. P. Dutton 1989
11 Herbig, R.: Pan, der griechische Bocksgott. Versuch einer Monographie. Frankfurt, Vittorio Klostermann 1949
12 Martinez, J. M., et al.: Ambulatory monitoring of respiration in anxiety. Anxiety 2, S. 296–302, 1996
13 Freud, S.: Über die Berechtigung, von der Neurasthenie einen bestimmten Symptomenkomplex als «Angstneurose» abzutren-

nen (1895). Gesammelte Werke I. Frankfurt, Fischer 1964, S. 319

14 Freud, S.: Obsessions and Phobias: Their Psychical Mechanism and Their Aetiology (1885). In: Complete Psychological Works, Standard Edition, Volume 3. London, Hogarth Press 1962

15 de Beurs, E., et al.: Continuous monitoring of panic. Acta Psychiatrica Scandinavica 90, S. 38–45, 1994

16 Benedikt, M.: Über «Platzschwindel». Allgemeine Wiener Medizinische Zeitung 15, S. 488–489, 1870

17 Westphal, C.: Die Agoraphobie, eine neuropathische Erscheinung (Vortrag am 16.5.1871, Berliner medicinisch-psychologische Gesellschaft), S. 161. Archive der Psychiatrie (Berlin) 3, S. 138–161, 1872

18 Fontane, T.: Brief an Karl Zöllner (1889), aus: Theodor Fontane, Von Dreißig bis Achtzig. München, dtv 1975

19 Lelliott, P., et al.: Onset of panic disorder with agoraphobia. Toward an integrated model. Archives of General Psychiatry 46, S. 1000–1004, 1989

20 Amering, M., et al.: Die erste Panikattacke: eine ungenützte Chance zur Prävention der Panikstörung und ihrer Komplikationen. Psychiatrische Praxis 24, S. 65–68, 1997

21 Klerman, G. L., et al.: Panic Anxiety and its Treatments. Washington, DC, American Psychiatric Press 1993

22 Burton, R.: Die Anatomie der Schwermut. Frankfurt, Eichborn 2003

23 Schickel, J.: Strophen und Verse von Sappho. Frankfurt, Insel 1978

24 Starcevic, V., et al.: Panic disorder patients at the time of air strikes. Depression and Anxiety 16, S. 152–156, 2002

25 Jones, T. F.: Mass psychogenic illness: role of the individual physician. American Family Physician 62, S. 2649–2653, 2655–2646, 2000

26 Phillips, D. P., et al.: The Hound of the Baskervilles effect: natural experiment on the influence of psychological stress on timing of death. British Medical J 323, S. 1443–1446, 2001

27 Chowdhury, A. N.: Glans penis perception of Koro patients. Acta Psychiatrica Scandinavica 87, S. 355–357, 1993

28 Tseng, W. S., et al.: A sociocultural study of koro epidemics in Guangdong, China. American Journal of Psychiatry 145, S. 1538–1543, 1988

29 Katschnig, H. und Amering, M.: Panic attacks and panic disorder in cross-cultural perspective. Frontiers in Clinical Neurosciences 9, S. 67–80, 1990

30 Seedat, S. und Nagata, T.: Cross-cultural aspects of social anxiety disorder. In: Bandelow, B. und Stein, D. J. (Hg.): Social Anxiety Disorder. New York, N. Y., M. Dekker, 2004, S. 117–130

31 Brown, S. A., Irwin, M. und Schuckit, M. A.: Changes in anxiety among abstinent male alcoholics. Journal of Studies on Alcohol 52, S. 55–61, 1991

32 Marshall, J. R.: The diagnosis and treatment of social phobia and alcohol abuse. Bulletin of the Menninger Clinic 58, S. A58–66, 1994

33 Narrow, W. E., et al.: Revised prevalence estimates of mental disorders in the United States: using a clinical significance criterion to reconcile 2 surveys' estimates. Archives of General Psychiatry 59, S. 115–123, 2002

34 Kessler, R. C., et al.: Lifetime and 12-month prevalence of DSM-III-R psychiatric disorders in the United States. Results from the National Comorbidity Survey. Archives of General Psychiatry 51, S. 8–19, 1994

35 Bandelow, B., et al.: Postpartum panic and the protective power of pregnancy. submitted

36 Bandelow, B.: Panik und Agoraphobie. Ursachen, Diagnose und Behandlung. Wien, Springer 2001

37 Seligman, M. E.: Learned helplessness. Annual Reviews of Medicine 23, S. 407–412, 1972

38 Harlow, H. F.: The nature of love. American Journal of Psychology 13, S. 673–686, 1958

39 Bowlby, J.: Maternal care and mental health. WHO Monographs 2. Geneva, WHO 1951

40 Bandelow, B., et al.: Early traumatic life events, parental attitudes, family history, and birth risk factors in patients with panic disorder. Comprehensive Psychiatry 43, S. 269–278, 2002

41 Bandelow, B., et al.: Early traumatic life events, parental attitudes, family history, and birth risk factors in patients with borderline personality disorder and healthy controls. Psychiatry Research, im Druck, 2004

42 Freud, S.: Abriss der Psychoanalyse. Frankfurt, Fischer 1970

43 Faravelli, C.: Life events preceding the onset of panic disorder. Journal of Affective Disorders 9, S. 103–105, 1985

44 Harlow, H. R. und Zimmermann, R. R.: Affectional responses in the infant monkey. Science 130, S. 421–432, 1959

45 Bandelow, B., et al.: Early traumatic life events, parental rearing styles, family history of psychiatric disorders, and birth risk factors in patients with social anxiety disorder. European Archives of Psychiatry and Clinical Neurosciences, im Druck, 2004

46 Freud, S.: Ueber die Berechtigung, von der Neurasthenie einen bestimmten Symptomencomplex als «Angstneurose» abzutrennen (S. 319). Gesammelte Werke I (1895). Frankfurt, Fischer 1964

47 Freud, S.: Hemmung, Symptom und Angst (1926). Gesammelte Werke XIV. Frankfurt, Fischer 1968, S.134

48 Freud, S.: Hemmung, Symptom und Angst (S. 134). Gesammelte Werke XIV. Frankfurt, 1968, Fischer 1926

49 Freud, S.: Studien über Hysterie. Katharina. London, Imago 1952, S. 184–195

50 Loftus, E., Joslyn, S. und Polage, D.: Repression: a mistaken impression? Development and Psychopathology 10, S. 781–792, 1998

51 Paris, J.: Memories of abuse in borderline patients: true or false? Harvard Review of Psychiatry 3, S. 10–17, 1995

52 Loftus, E. F.: Falsche Erinnerungen. Spektrum der Wissenschaft Januar, S. 62–67, 1998

53 König, K.: Angst und Persönlichkeit. Das Konzept vom steuern-

den Objekt und seine Anwendungen (S. 20, 24). Göttingen, Vandenhoeck und Ruprecht 1996

54 Bassler, M.: Psychodynamische Konzepte zur Ätiologie der Panikstörung und Agoraphobie. In: Bandelow, B. (Hg.): Angst- und Panikerkrankungen. Bremen, Uni-Med, 2003, S. 67–71

55 Schlierf, C.: Vom Übergangsobjekt zur Objektbeziehung: Therapie mit einer Angstpatientin. In: Mentzos, S. (Hg.): Angstneurose. Frankfurt, Fischer, 1994, S. 47–72

56 Bassler, M.: Psychodynamische Ätiologie und Therapie der Sozialen Phobie. In: Bandelow, B. (Hg.): Angst- und Panikerkrankungen. Bremen, Uni-Med, 2003, S. 130–133

57 Bräutigam, W. und Christian, P.: Psychosomatische Medizin. Stuttgart, Thieme 1985

58 Hoffmann, S. O. und Hochapfel, G.: Neurosenlehre, psychotherapeutische und psychosomatische Medizin. Stuttgart, Schattauer 1999

59 Richter, H.-E. und Beckmann, D.: Herzneurose. Stuttgart, Thieme 1973

60 Mentzos, S. H.: Angstneurose. Frankfurt, Fischer 1994

61 Milrod, B. und Shear, M. K.: Dynamic treatment of panic disorder: a review. Journal of Nervous and Mental Diseases 179, S. 741–743, 1991

62 Zimmer, D. E.: Tiefenschwindel – Die endlose und die beendbare Psychoanalyse. Reinbek, Rowohlt 1986

63 Watson, J. B. und Rayner, R.: Conditioned emotional responses. Journal of Experimental Psychology 3, S. 1–14, 1920

64 Skinner, B. F.: The behavior of organisms. New York, Appleton Century Crofts 1938

65 Menzies, R. G. und Clarke, J. C.: The etiology of fear of heights and its relationship to severity and individual response patterns. Behaviour Research and Therapy 31, S. 355–365, 1993

66 DiNardo, P. A., et al.: Etiology and maintenance of dog fears. Behaviour Research and Therapy 26, S. 241–244, 1988

67 Seligman, M. E. P.: Phobias and preparedness. Behavior Therapy 2, S. 307–320, 1971

68 Gibson, E. J. und Walk, R. D.: The «visual cliff». Scientific American 202, S. 64–71, 1960
69 Mineka, S. und Cook, M.: Immunization against the observational conditioning of snake fear in rhesus monkeys. Journal of Abnormal Psychology 95, S. 307–318, 1986
70 Öhman, A., Flykt, A. und Esteves, F.: Emotion drives attention: detecting the snake in the grass. Journal of Experimental Psychology – General 130, S. 466–478, 2001
71 Bandelow, B., et al.: Cardio-respiratory and other symptom clusters in panic disorder. Anxiety 2, S. 99–101, 1996
72 Beck, A. T., Emery, G. und Greenberg, R. L.: Anxiety disorders and phobias – a cognitive perspective. New York, Basic Books 1985
73 Jorm, A. F., et al.: Public beliefs about causes and risk factors for depression and schizophrenia. Social Psychiatry and Psychiatric Epidemiology. 32, S. 143–148, 1997
74 Freud, S.: Jenseits des Lustprinzips (1920). In Gesammelte Werke XIII. Frankfurt, Fischer 1957, S. 65
75 Pitts, F. und McClure, J.: Lactate metabolism in anxiety neurosis. New England Journal of Medicine 277, S. 1329–1340, 1967
76 Klüver, H. und Bucy, P. C.: Journal of Psychology 5, S. 33–54, 1938
77 Gorman, J. M., et al.: Neuroanatomical hypothesis of panic disorder, revised. American Journal of Psychiatry 157, S. 493–505, 2000
78 Adolphs, R., et al.: Impaired recognition of emotion in facial expressions following bilateral damage to the human amygdala. Nature 372, S. 669–672, 1994
79 Markowitsch, H. J., et al.: The amygdala's contribution to memory. A study on two patients with Urbach-Wiethe disease. Neuroreport 5, S. 1349–1352, 1994
80 Kuhar, M. J.: Neuroanatomical substrate of anxiety. A brief survey. Trends in Neurosciences July, S. 307–311, 1986
81 Fish, D. R., et al.: Clinical responses to electrical brain stimula-

tion of the temporal and frontal lobes in patients with epilepsy. Pathophysiological implications. Brain 116, S. 397–414, 1993

82 McEwen, B. S.: Stress and the aging hippocampus. Frontiers in Neuroendocrinology 20, S. 49–70, 1999

83 Gurvits, T. V., et al.: Magnetic resonance imaging study of hippocampal volume in chronic, combat-related posttraumatic stress disorder. Biological Psychiatry 40, S. 1091–1099, 1996

84 Driessen, M., et al.: Magnetic resonance imaging volumes of the hippocampus and the amygdala in women with borderline personality disorder and early traumatization. Archives of General Psychiatry 57, S. 1115–1122, 2000

85 Vythilingam, M., et al.: Temporal lobe volume in panic disorder. A quantitative magnetic resonance imaging study. Psychiatry Research 99, S. 75–82, 2000

86 Nashold, B. S., Wilson, W. P. und Slaughter, G.: The midbrain and pain. In: Bonica, J. J. (Hg.): Advances in Neurology, Volume 4: International Symposium on Pain. New York, Raven Press, 1974, S. 191–196

87 Redmond, D. E.: Alterations in the function of the nucleus locus coeruleus. A possible model for studies of anxiety. In: Hanin, I. und Usdin, E. (Hg.): Animal Models in Psychiatry and Neurology. Oxford, Pergamon Press, 1977, S. 293–306

88 Marks, I. M., Birley, J. L. und Gelder, M. G.: Modified leucotomy in severe agoraphobia. A controlled serial inquiry. British Journal of Psychiatry 112, S. 757–769, 1966

89 Bandelow, B., et al.: Salivary cortisol in panic attacks. American Journal of Psychiatry 157, S. 454–456, 2000

90 Alpers, G. W., et al.: Salivary cortisol response during exposure treatment in driving phobics. Psychosomatic Medicine 65, S. 679–687, 2003

91 Meaney, M. J., et al.: Individual differences in the hypothalamic-pituitary-adrenal stress response and the hypothalamic CRF system. Annals of the New York Academy of Sciences 697, S. 70–85, 1993

92 Coplan, J. D., et al.: Persistent elevations of cerebrospinal fluid

concentrations of corticotropin-releasing factor in adult nonhuman primates exposed to early-life stressors. Implications for the pathophysiology of mood and anxiety disorders. Proceedings of the National Academy of Sciences of the United States of America. 93, S. 1619–1623, 1996

93 Heim, C., et al.: Persistent changes in corticotropin-releasing factor systems due to early life stress. Relationship to the pathophysiology of major depression and post-traumatic stress disorder. Psychopharmacology Bulletin 33, S. 185–192, 1997

94 Åsberg, M., Bertilsson, L. und Martensson, B.: CSF monoamine metabolites, depression, and suicide. Advances in Biochemical Psychopharmacology 39, S. 87–97, 1984

95 Klein, D. F.: False suffocation alarms, spontaneous panics, and related conditions. An integrative hypothesis. Archives of General Psychiatry 50, S. 306–317, 1993

96 Asmundson, G. J. und Stein, M. B.: Triggering the false suffocation alarm in panic disorder patients by using a voluntary breath-holding procedure. American Journal of Psychiatry 151, S. 264–266, 1994

97 Reiman, E. M., et al.: Neuroanatomical correlates of anticipatory anxiety [published erratum appears in Science 1992 Jun 19; 256(5064):1696]. Science 243, S. 1071–1074, 1989

98 Drevets, A.: PET images of blood flow changes during anxiety. Correction. Science 256, S. 1696, 1992

99 Margraf, J. und Schneider, S.: Panik. Angstanfälle und ihre Behandlung. S. 43, 1989

100 Kendler, K. S., et al.: The genetic epidemiology of phobias in women. The interrelationship of agoraphobia, social phobia, situational phobia, and simple phobia. Archives of General Psychiatry 49, S. 273–281, 1992

101 Kendler, K. S., et al.: The structure of the genetic and environmental risk factors for six major psychiatric disorders in women. Phobia, generalized anxiety disorder, panic disorder, bulimia, major depression, and alcoholism. Archives of General Psychiatry 52, S. 374–383, 1995

102 Roy, M. A., et al.: A twin study of generalized anxiety disorder and major depression. Psychological Medicine 25, S. 1037–1049, 1995

103 Bandelow, B. und Charimo Torrente, A.: The role of environmental factors in the etiology of social anxiety disorder. In: Bandelow, B. und Stein, D. J. (Hg.): Social Anxiety Disorder. New York, N.Y., Marcel Dekker, 2004, S. 267–298

104 Stemberger, R. T., et al.: Social phobia: an analysis of possible developmental factors. Journal of Abnormal Psychology 104, S. 526–531, 1995

105 Amaral, D. G.: The primate amygdala and the neurobiology of social behavior: implications for understanding social anxiety. Biological Psychiatry 51, S. 11–17, 2002

106 Rosvold, H. E., Mirsky, A. F. und Pribram, K. H.: Influence of amygdalectomy on social behavior in monkeys. Journal of Comparative and Physiological Psychology 47, S. 173–178, 1954

107 Torgersen, S.: The nature and origin of common phobic fears. British Journal of Psychiatry 134, S. 343–351, 1979

108 Daniels, D. und Plomin, R.: Origins of individual differences in infant shyness. Developmental Psychology 21, S. 118–121, 1985

109 Shapiro, A. K.: The placebo effect in the history of medical treatment. American Journal of Psychiatry, 1959

110 Eysenck, H.: The effects of psychotherapy. An evaluation. J Consult Psychol 16, S. 319–324, 1952

111 Wolpe, J.: Psychotherapy by reciprocal inhibition. Stanford, CA, Stanford University Press 1958

112 Lazarus, A.: Grouptherapy of phobic disorders by systematic desensitization. Journal of Abnormal and Social Psychology 63, S. 504–510, 1961

113 Gelder, M., et al.: Desensitization and psychotherapy in the treatment of phobic states. A controlled inquiry. British Journal of Psychiatry 113, S. 53–73, 1967

114 Bandelow, B.: Angst- und Panikerkrankungen. Bremen, Uni-Med 2003

115 Goethe, J. W.: Aus meinem Leben. Dichtung und Wahrheit. Ers-

ter Teil. Goethes Werke in 12 Bänden, Bd. 8. Weimar, Aufbau-Verlag 1968

116 Hoffart, A. und Martinsen, E. W.: Exposure-based integrated vs. pure psychodynamic treatment of agoraphobic inpatients. Psychotherapy 27, S. 210–218, 1990

117 Durham, R. C., et al.: Cognitive therapy, analytic psychotherapy and anxiety management training for generalised anxiety disorder. British Journal of Psychiatry 165, S. 315–323, 1994

118 Wallerstein, R. S.: Forty-Two Lives in Treatment. A Study of Psychoanalysis and Psychotherapy. New York, Guilford Press 1986

119 Bassler, M. und Hoffmann, S. O.: Stationäre Psychotherapie der Angststörungen – ein Vergleich der therapeutischen Wirksamkeit bei Patienten mit generalisierter Angststörung, Agoraphobie und Panikstörung. Psychotherapie, Psychosomatik, Medizinische Psychologie 44, S. 217–225, 1994

120 Freud, S.: Wege der psychoanalytischen Therapie. In: Gesammelte Werke. Band 12. London, Imago Publishing Co. 1947

121 Mitscherlich, A.: Methods and principles of research on psychosomatic fundamentals. In: Jores, A. und Freyberger, H. (Hg.): Advances in Psychosomatic Medicine. New York, Robert Brunner, 1961, S. 21

122 Teusch, L., Böhme, H. und Finke, J.: Konfliktzentrierte Monotherapie oder Methodenintegration? Nervenarzt 72, S. 31–39, 2001

123 Stetter, F., et al.: Ambulante Kurzzeittherapie bei Angstpatienten mit Autogenem Training und Hypnose. Ergebnisse und 3-Monats-Katamnese. Psychotherapie, Psychosomatik und Medizinische Psychologie 44, S. 226–234, 1994

124 Cohen, A. S., Barlow, D. H. und Blanchard, E. B.: Psychophysiology of relaxation-associated panic attacks. Journal of abnormal psychology 94, S. 96–101, 1985

125 Van Dyck, R. und Spinhoven, P.: Does preference for type of treatment matter? A study of exposure in vivo with or without hypnosis in the treatment of panic disorder with agoraphobia. Behavior Modification 21, S. 172–186, 1997

126 Rice, K. M., Blanchard, E. B. und Purcell, M.: Biofeedback treatments of generalized anxiety disorder: preliminary results. Biofeedback and Self-Regulation 18, S. 93–105, 1993

127 Grawe, K., Donati, R. und Bernauer, F.: Psychotherapie im Wandel. Von der Konfession zur Profession. Göttingen, Hogrefe 1994

128 Christrup, H. J.: The effect of dance therapy on the concept of body image. The Psychiatric Quarterly Supplement 36, S. 296–303, 1962

129 Reich, W.: Die Entdeckung des Orgons 1/Die Funktion des Orgasmus. Köln, Kiepenheuer und Witsch 1993

130 Lowen, A.: Bioenergetik, Therapie der Seele durch Arbeit mit dem Körper. Reinbek, Rowohlt 1986

131 Cahill, S. P., Carrigan, M. H. und Frueh, B. C.: Does EMDR work? And if so, why? A critical review of controlled outcome and dismantling research. Journal of Anxiety Disorders 13, S. 5–33, 1999

132 Goldstein, A. J., et al.: EMDR for panic disorder with agoraphobia: comparison with waiting list and credible attention-placebo control conditions. Journal of Consulting and Clinical Psychology 68, S. 947–956, 2000

133 Klein, D. F.: Anxiety reconceptualized. Gleaning from pharmacological dissection. Early experience with imipramine and anxiety. Modern Problems in Pharmacopsychiatry 22, S. 1–35, 1987

134 Kuhn, R.: Über die Behandlung depressiver Zustände mit einem Iminodibenzyl-Derivat (G22 355). Schweizer Medizinische Wochenschrift 87, S. 1135–1140, 1957

135 Klein, D.: Delineation of two drug-responsive anxiety syndromes. Psychopharmacology 5, S. 397–408, 1964

136 Angermeyer, M. C., Held, T. und Gortler, D.: Pro und contra: Psychotherapie und Psychopharmakotherapie im Urteil der Bevölkerung. Psychotherapie, Psychosomatik und Medizinische Psychologie 43, S. 286–292, 1993

137 James, I. und Savage, I.: Beneficial effect of nadolol on anxiety-

induced disturbances of performance in musicians: a comparison with diazepam and placebo. American Heart Journal 108, S. 1150–1155, 1984

138 Connor, K. M. und Davidson, J. R.: A placebo-controlled study of Kava kava in generalized anxiety disorder. International Clinical Psychopharmacology 17, S. 185–188, 2002

139 Andreatini, R., et al.: Effect of valepotriates (valerian extract) in generalized anxiety disorder: a randomized placebo-controlled pilot study. Phytotherapy Research 16, S. 650–654, 2002

140 Wallach, H., Rilling, C. und Engelke, U.: Efficacy of Bach-flower remedies in test anxiety: A double-blind, placebo-controlled, randomized trial with partial crossover. Journal of Anxiety Disorders 15, S. 359–366, 2001

141 Cialdella, P., Boissel, J. P. und Belon, P.: Specialités homéopathiques en substitution de benzodiazépines. Etude en double-insu vs. placebo. Thérapie 56, S. 397–402, 2001

142 Olfson, M., et al.: National trends in the use of outpatient psychotherapy. American Journal of Psychiatry 159, S. 1914–1920, 2002

143 Emmelkamp, P. und Mersch, P.: Cognition and exposure in vivo in the treatment of agoraphobia. Short-term and delayed effects. Cognitive Therapy Research 6, S. 77–88, 1982

144 Danckwart, J. F.: Anmerkung zur Indikation und Kontraindikation für die gleichzeitige Anwendung von psychoanalytischer Psychotherapie und Psychopharmakotherapie. Psyche 33, S. 528–544, 1979

145 Bandelow, B., et al.: What treatments do patients with panic disorder and agoraphobia get? European Archives of Clinical Psychiatry and Neurosciences 245, S. 165–171, 1995

146 Bandelow, B., et al.: Panic disorder – acceptance of the diagnostic entity and preferred treatment. Anxiety 1996, S. 99–101, 1996

147 Crisp, A. H., et al.: Stigmatisation of people with mental illnesses. British Journal of Psychiatry 177, S. 4–7, 2000

148 Broocks, A., et al.: Comparison of aerobic exercise, clomipramine, and placebo in the treatment of panic disorder. American Journal of Psychiatry 155, S. 603–609, 1998

REGISTER

Abwehrmechanismus 145, 259
Adler, Alfred 151 f.
Adoptionsuntersuchungen 177
Adrenalin 199 ff., 346, 347
Adrenocorticotropes Hormon ACTH 199, 343, 345
Ängste
  – Alkohol 106 f., 138 f., 204
  – am Arbeitsplatz 85 f., 334
  – angeborene 165 ff.,
  – bei Frauen 113 f.
  – bei Kindern 111 f., 125 ff., 135 ff.
  – Biologie 178, 184 ff.
  – Flugangst 99 f., 172
  – Gehirn 181 ff.
  – krankhafte 41 ff.
  – Kreativität 31 ff., 88 ff.
  – Teufelsspirale 215 f.
Agoraphobie 59 ff., 108 f., 171 f., 245, 343
Aktualneurosen 142
Akupunktur 10
Alkohol
  – und Angst 106 f., 138 f., 204
Alleinsein 93 ff., 133, 152
Alprazolam 294
Alternative Methoden 275 ff., 303 ff.
  – Bioenergetik 281
  – Biofeedback 276, 279, 344
  – EMDR 283 f.
  – Körpertherapie 231, 281 f.
  – Musiktherapie 280 f.
  – Tanztherapie 10, 281
Ammonshorn 194, 343
Amygdala 188 ff., 215
Angermeyer, Matthias 287 f.
Angst
  – vor Ansteckung 47 ff.
  – vor dem Verhungern 37
  – vor Haustieren 43 ff., 220 f.
  – vor Hunden 43, 166, 186, 238 f.
  – vor Insekten 220 f.
  – vor Katzen 9, 43 f., 167, 220
  – vor Krankheiten 92 f.
  – vor Naturereignissen 167
  – vor Schlangen 27, 42, 44, 49, 156, 176 f., 239 f.
  – vor Sex 96 ff., 144, 146 ff.
  – vor Spinnen 30, 42 f., 45, 165, 167, 177, 242 f., 253
  – vor Steckdosen 166, 170
  – vor Trennungen 133 ff.
Angsterkrankung
  – Alter 136
  – Häufigkeit 108 ff.
Angstnetzwerk 188, 190, 213, 218, 243, 245, 293, 343
Angstneurose 142 ff., 157, 269, 285, 343

Angststörung
- Generalisierte 69 ff., 211 f., 254 f., 271, 344
- Soziale 222 ff., 255 ff., 330 ff.

Angsttheorien
- Erste Angsttheorie 143 f.
- Zweite Angsttheorie 143 f.

Ansteckungsphobie 47 ff.
Antidepressiva (s. Psychopharmaka) 185, 205 f., 291 ff.
Antihistaminika 303, 343
Arachnophobie (s. Phobie)
Arztphobie 46 f.
Ataque de nervios 104
Autogenes Training 231, 276 f., 343

Bach-Blüten 308
Bach, Edward 308, 343
Baldrian 303 ff.
Beck, Aaron T. 172
Benedikt, Moritz 62
Benzodiazepine 294, 299 ff.
Beruhigungsmittel 299 ff.
Betablocker 303, 314 f., 344
Bildgebung
- Computertomographie 181
- Kernspintomographie 210
- Single-Photon-Emission Computed Tomography 210

Biofeedback 276, 279, 344
Blut- und Verletzungsphobie 46 f.
Botenstoff.
- Noradrenalin 199 ff., 205
- Serotonin 183 f., 205 ff., 222

Bowlby, John 127
Brecht, Bertolt 33
Briefmarkentheorie 119 ff., 158
Burton, Robert 81 f.
Buspiron 294, 299

Caesar, Julius 36
Chlorpromazin 284 f., 288

Churchill, Winston 29
Citalopram 294
Clomipramin 266 f., 294, 297, 327
Coitus interruptus 9, 141 ff.
Computertomographie 181
Corticotropin 199, 343 f.
Cortisol 199 ff.
Cortisol Releasing Hormone (CRH) 199 ff.

Dampfkesseltheorie 141 ff.
Darwin, Charles 32, 42
Derealisation 52
Depersonalisation 52
Depression 52, 67 f., 71, 81, 88, 92, 108, 124, 131, 179, 205 f., 287 f., 293, 304
Distress 123, 320
Doppelblindstudie 286, 304 ff., 309, 347
Dysmorphophobie 85, 344

Einfache Phobie 42 ff., 67, 253
Elektrokardiogramm (EKG) 56
EMDR (Eye Movement Desensitization and Reprocessing Therapy) 283 f.
Entspannungsverfahren 254, 276 ff., 347
Epilepsie 191 f.
Erbfaktor 106, 178, 212 f., 214, 222 f.
Erhardt, Heinz 33
Erhöhtes Puls-Labyrinth 185 f.
Erlernte Hilflosigkeit 122 ff., 344
Ernährung 324
Erziehung 9, 20 f., 121, 125 ff.
Es 98, 143 ff., 158, 258, 344
Eustress 123, 320
Eysenck, Hans Jürgen 136, 324 ff.

Falscher Erstickungsalarm 207 ff.
Familienstudien 176

Flooding 165, 239, 249, 344
Fontane, Theodor 62f.
Freud 33, 57ff., 128, 141, 272
– Angsttheorien 141ff.

Gamma-Aminobuttersäure (GABA) 299ff., 339, 344
Gehirn
– Ammonshorn 194, 343
– Amygdala 188ff., 215
– Hippocampus 192ff.
– Hypophyse 193, 199, 343
– Hypothalamus 188f., 193, 197, 199
– Kortex 197ff.
– Locus coeruleus 188, 193, 196f., 202, 293, 346
– Mandelkern 182, 188, 191, 343
– Präfrontaler Cortex 193, 197, 199
– Seepferdchen 111, 193ff., 344
– Thalamus 188ff.
– Zentrales Grau 193, 196, 348
Gene 176ff.
Genetik
– Familienstudien 176
– Konkordanz 177, 225
– Vererbung 138ff., 159, 173ff., 212, 221f., 225
– Zwillingsstudien 174, 176
Generalisierte Angststörung 69ff., 328ff.
Gehirnforschung 184
Gesprächstherapie 274
Goethe, Johann Wolfgang von 33, 253

Hahnemann, C. F. Samuel 309, 345
Harlow, Harry 125f.
Herzneurose 58, 272
Hippocampus 82, 106, 192ff.
Hirnanhangdrüse 199, 345
Hirnrinde 188, 194, 197, 218f., 243ff.

Höhenphobie 44f., 166, 168f., 253
Homöopathie 308ff., 345
Hughes, Howard 47ff.
Huxley, Aldous 339
Hyperventilation 51, 345
Hypnose 277ff.
Hypochondrie 92
Hypophyse 193, 199, 343
Hypothalamus 188ff., 193, 197ff., 203
Hypothalamus-Hypophysen-Nebennierenrinden-Achse 199, 345

Imipramin 285ff., 297, 345

Jackson, Michael 47
Jacobson, Edmund 239, 347
Joggen 55, 248, 327
Johanniskraut 303ff., 314

Kajak-Angst 104
Kampf- oder Fluchtreaktion 56, 200, 202
Kastrationsangst 155
Katharina 146ff.
Katharsis 158ff., 260, 345
Kava-Kava 305f.
Kernspintomographie 210
Kierkegaard, Søren 31
Kindheit
– Angst in der Kindheit 111f., 125ff., 135ff.
– Angst vor Monstern 111
– Blut- und Verletzungsphobie 112
– Schulangst 112
– Soziale Ängste 154f.
– Trennungsangst 112
Klaustrophobie (s. Agoraphobie)
Klein, Donald F. 207, 284f.
Klientenzentrierte Gesprächspsychotherapie 231, 274ff., 345
Knievel, Evel 25ff.

König, Karl 152
Kognitive Therapie 242, 244, 345
Konditionierung 161 f.
Konflikt 78, 105, 128, 135, 145 f., 152, 158 f., 251, 258 ff.
Konfrontationstherapie 165, 218, 241 ff., 250, 311, 346
Konkordanz 177, 225
Kontextlernen 194, 244, 346
Körpertherapie 231 f., 281 f.
Koronare Herzkrankheit 67
Kortex 197 ff.
Krankheitsgewinn 251
Kulturspezifische Angststörungen
 – Ataque de nervios 104
 – Kajak-Angst 104
 – Kattaow 104
 – Koro 104 f.
 – Shen-k'uei 104
 – Suo-Yang 104
 – Taijin kyofu-sho 105 f.

Laktat 180 f., 200, 346
LeDoux, Joseph E. 190
Lerntheorie 161 ff., 223
Leukotomie 198
Lincoln, Abraham 36 f.
Locus coeruleus 188, 193, 196 f., 202, 343, 346
Löschungsresistenz 218, 250
Loftus, Elizabeth 150
Lorenz, Konrad 125, 127
Lowen, Alexander 282

Mandelkern 182, 188, 191, 343, 346
MAO-Hemmer 206, 294, 298, 346
Marks, Isaac 165, 198, 239, 241
Massenpanik 50 f., 100 ff., 209
McClure, John 180
Medikamente (s. Psychoparmaka)
Meditation 10, 279, 314, 316
Melisse 303, 307

Messner, Reinhold 27
Ministerium für absurde Angst 179 ff., 214, 218, 244
Mitscherlich, Alexander 273
Moclobemid 294, 298 f.
Modelllernen 172 ff., 212, 223
Monoaminoxidase-Hemmer (s. MAO-Hemmer)
Munch, Edvard 33 f.
Musiktherapie 280 f.
Mutterbindung 152 f.

Naturheilkundliche Mittel
 – Bach-Blüten 308
 – Baldrian 303 f., 307
 – Johanniskraut 303 ff., 314
 – Kava-Kava 305 f.
 – Melisse 303, 307
Nebennierenrinde 199, 343 ff.
Nervensystem 203
Neurobiologie 21, 184 f.
Neuroleptika 290, 302 f., 315
Neurose
 – Aktualneurosen 142
 – Angstneurose 57 f., 143 ff., 157, 269, 285
 – Herzneurose 58, 272
 – Phobische 192
 – Psychoneurosen 142
Neurotransmitter 204 ff.
Noradrenalin 199 ff., 205

Objekt, steuerndes 153

Panik
 – Massenpanik 50 f., 100 ff., 209
 – Pan 51
Panikattacken 51
Panikstörung 50 ff., 65 ff., 83 ff., 103 f., 139 ff., 186, 324
Paroxetin 294
Pawlow, Iwan 161 ff., 186

Pfauenauge 226
Phenelzin 298
Pheromone 338f.
Phobie
- Agoraphobie (Platzangst) 59ff., 167, 170, 172, 177, 217, 242, 253, 324
- Arachnophobie (Spinnenangst) 45, 165, 197f.
- Dysmorphophobie 85, 344
- Einfache 42ff.
- Höhenphobie 169, 220
- Hundephobie 166, 238ff.
- Soziale 67, 73ff., 88ff., 105f.
- Spezifische 42, 253, 344
Phobos 42
Pitts, Ferris 180
Placeboeffekt 232ff., 305ff.
Positronen-Emissions-Tomographie 210
Prägung 125ff., 134
Progressive Muskelrelaxation 276ff., 347
Prüfungsangst 87f., 257ff., 307
Pseudopsychotherapie 236
Psychoanalyse 141ff., 258ff.
Psychokarate 310f.
Psychopharmaka
- Alprazolam 294
- Antidepressiva 185, 206ff., 285, 290f.
- Antihistaminika 302, 343
- Benzodiazepine 294, 299ff.
- Buspiron 294, 299
- Citalopram 294
- Clomipramin 266f., 294, 297, 327
- Escitalopram 294
- Imipramin 286ff., 297, 345
- MAO-Hemmer 206, 294, 298, 346
- Moclobemid 294, 298f.
- Neuroleptika 290, 302f., 315
- Paroxetin 294
- Phenelzin 298
- selektive Serotonin-Noradrenalin-Wiederaufnahmehemmer 293f.
- selektive Serotonin-Wiederaufnahmehemmer 206f., 289, 293ff., 315f., 347
- Trizyklische Antidepressiva 207, 297ff.
- Venlafaxin 293ff.
- Valium 122, 231, 299
Psychotherapie 141, 231, 234, 258ff., 310, 339, 347

Rezeptor 122, 207, 297ff.
Riemann, Fritz 20
Rogers, Carl 275, 345

Seepferdchen 111, 193ff., 344
Selbstmord 17, 27f., 36, 68, 131, 205, 288
Selektive Serotonin-Wiederaufnahmehemmer (SSRI) 206f., 289, 293ff., 315f., 347
Selye, Hans 123, 200
Serotonin 183f., 205ff., 222
Sexueller Missbrauch 140, 146ff., 225, 263
Shapiro, Arthur K. 233
Shapiro, Francine 283
Skinner, Burrhus Frederic 163
Soma 339
Soziale Phobie 67, 73ff., 88ff., 105f.
Soziales Lernen 173f.
SPECT 210, 347
Spezifische Phobie 42, 253, 344
Spontanheilung 234f.
Sport 248, 327f.
Starcevic, Vladan 91
Steinbeck, John 33
Stress 122ff., 199ff., 319
Stressachse 193, 199, 201f., 343, 344, 345, 347

Stresshormon 197, 199 ff.
Sympathisches Nervensystem 203 f., 348
Synapse 205, 348
Systematische Desensibilisierung 239 ff.

Tanztherapie 10, 281
Temporallappenepilepsie 191 f.
Thalamus 188 ff.
Tiefenpsychologisch orientierte Therapie 237 f.
Tintenfisch 226
Trauma 128 ff., 151, 263 ff.
Traumata
– Gewaltanwendung in der Familie 130 f.
– sexueller Missbrauch 140, 146 f., 225, 263
– Trennung 133 ff.
Trizyklische Antidepressiva (TZA) 207, 297 ff.

Überflutungstherapie 245, 344, 348

Über-Ich 155 ff., 258, 262, 344, 348
Undine-Syndrom 208
Urbach-Wiethe-Syndrom 191

Vegetatives Nervensystem 348
Venlafaxin 293 ff.
Vererbung 138 ff., 159, 173 f., 176, 178, 212, 221 f.
Verhaltenstherapie 238 ff., 253 ff.
Vermeidungsverhalten 60, 165, 217 f., 321
Vivaldi, Antonio 33
Voltaire 233
Vomeropherin 338 f.

Watson, John B. 162, 168
Westphal, Karl Otto 62
Widerstand 261
Wolpe, Joseph 164 f.

Yerkes-Dodson-Gesetz 35

Zentrales Grau 193, 196, 348
Zimmer, Dieter E. 159
Zwillingsstudien 174, 176

BILDNACHWEIS

NZZ-Folio, Januar 2003, Gerhard Glück: S. 34
ullstein bild: S. 48, 163, S. 226
Österreichische Nationalbibliothek, Bildarchiv, Wien: S. 57
Staatliche Antikensammlungen und Glyptothek, München: S. 83
picture-alliance/akg-images/Horst Maack: S. 101
Aus: Wolfgang M. Pfeiffer, Transkulturelle Psychiatrie, Thieme, Stuttgart, 1994: S. 105
Kessler, R. C., et al.: Lifetime and 12-month prevalence of DSM-III-R psychiatric disorders in the United States. Results from the National Comorbidity Survey. Archives of General Psychiatry 51, S. 8–19, 1994: S. 109
Harlow Primate Laboratory, University of Wisconsin, Madison, USA: S. 126
BF Skinner Foundation, Cambridge MA, USA: S. 164
Privatsammlung Isaac Marks: S. 241
Privatsammlung Donald F. Klein: S. 285

Wenn die Seele leidet

Psychische Erkrankungen: Ursachen und Therapien

Dieses Buch gibt einen fundierten Überblick über die häufigsten Erkrankungen der Seele, beschreibt die vielfältigen Symptome, erläutert ihre Ursachen und stellt die wichtigsten Therapiemöglichkeiten vor.
ISBN 978-3-498-00663-1

Borwin Bandelow bei Rowohlt

Das Angstbuch

Woher Ängste kommen und wie man sie bekämpfen kann

Wie kommt es, dass Menschen von Angst zerfressen werden? Borwin Bandelow informiert anschaulich darüber und stellt die wichtigsten Strategien gegen die Angst vor.
rororo 61949

Das Buch für Schüchterne

Wege aus der Selbstblockade

Jeder fünfte Bundesbürger leidet unter Scheu und Zaghaftigkeit. Dieser Ratgeber erläutert Ursachen und Hintergründe und gibt viele hilfreiche Tipps, um aus der unfreiwilligen Selbstblockade herauszufinden.
rororo 62254

Weitere Informationen in der Rowohlt Revue oder unter www.rororo.de

Lebenshilfe bei rororo

Stress, Depression, seelische Problemzonen – und die Kunst, sie zu überwinden

Wayne W. Dyer
Der wunde Punkt
Die Kunst, nicht unglücklich zu sein. Zwölf Schritte zur Überwindung unserer seelischen Problemzonen
rororo 17384

Daniel Hell
Welchen Sinn macht Depression?
Ein integrativer Ansatz
rororo 62016

Edward M. Hallowell/ John Ratey
Zwanghaft zerstreut oder Die Unfähigkeit, aufmerksam zu sein
rororo 60773

Frederic F. Flach
Depression als Lebenschance
Seelische Krisen und wie man sie nutzt
rororo 61111

Reinhard Tausch
Hilfen bei Streß und Belastung
Was wir für unsere Gesundheit tun können
rororo 60124

Laura Epstein Rosen/ Xavier F. Amador
Wenn der Mensch, den du liebst, depressiv ist
Wie man Angehörigen oder Freunden hilft

rororo 61331

Weitere Informationen in der Rowohlt Revue *oder unter* www.rororo.de

Stefan Klein
Die Glücksformel
oder Wie die guten Gefühle entstehen

Experimente offenbaren, wie in unseren Köpfen das Phänomen «Glück» entsteht – und sie eröffnen zugleich neue Möglichkeiten, das Glücklichsein zu lernen. Denn Glück ist trainierbar.
rororo 61513

Stefan Klein bei rororo
Glück ist kein Zufall

Stefan Klein
Einfach Glücklich
Die Glücksformel für jeden Tag

Glück kann man trainieren – nur haben wir bisher die falschen Übungen gemacht. Wie jeder von uns mehr Freude und Zufriedenheit erreichen kann, zeigt uns Stefan Klein in diesem Buch.
rororo 61677

Stefan Klein
Alles Zufall
Die Kraft, die unser Leben bestimmt

In einer zunehmend unübersichtlichen Welt scheint das Leben zum Spielball des Zufalls zu werden. Während Wissenschaftler früher vor dem Chaos im Universum erschraken, erkennen sie jetzt die schöpferische Seite des Zufalls.
rororo 61596

Weitere Informationen in der Rowohlt Revue *oder unter* www.rororo.de